MENSAJES DE DIOS

ESCUCHANDO A DIOS COMO NUNCA ANTES

Escuchando la voz de Dios con claridad
(Escuchando la voz de Dios cada día mejor"
"Escuchando a Dios Cada día mejor")

YVON BELL

authorHOUSE®

AuthorHouse™ UK
1663 Liberty Drive
Bloomington, IN 47403 USA
www.authorhouse.co.uk
Phone: 0800.197.4150

Publicada por AuthorHouse 04/27/2018

ISBN: 978-1-5462-8735-3 (tapa blanda)
ISBN: 978-1-5462-8736-0 (libro electrónico)

Información sobre impresión disponible en la última página.

CONTENTS

PROLOGO

¿Te has preguntado alguna vez si existe la "Voz de Dios"? Has alguna vez reflexionado sobre lo que sería realmente escuchar lo que Dios te está diciendo, ahora tienes en tus manos un boleto de ida a esa increíble experiencia. "Solo de ida", porque, una vez que llegues a ese destino donde realmente escuches la voz de Dios, no querrás volver. No importa la edad, ni en qué estación de la vida te encuentras, ni siquiera la religión que profesas. Lo que importa es la apertura, la voluntad, y el deseo sincero que tienes de permitir que la esencia de Dios entre en tu vida y te dé una visión "Divina".

"Los mensajes de Dios" está basado en una historia personal que enseña que no hay límites para escuchar la voz real de Dios y recibir claramente su instrucción. Escrito cronológicamente, traza el increíble viaje de Yvon Bell a través de los años en donde Dios primero la alcanza, luego le enseña, y finalmente la guía.

Yvon es sudafricana, esposa y madre de dos hijos. Además de su título universitario, Yvon está certificada como Mentora y motivadora. Sin embargo ella confiesa claramente que no existe nada ni nadie, ni siquiera un instituto, que pueda enseñarte a escuchar la voz de Dios. Sólo Él puede entrenarte.

El libro que estás a punto de leer te abrirá la puerta hacia una experiencia que te cambiará la vida para siempre.

Hace más de 20 años que Yvon escucha con claridad los mensajes de Dios y es por ello que un día tomó la decisión de compartir lo que ha vivido.

Nos comparte abiertamente cómo Dios la guía a través de canales de comunicación a los que todos podemos acceder y aprovechar. Comenzando con sueños, visiones, sensaciones y, finalmente, experiencias sobrenaturales que abren la mente. En estas páginas, aprenderás a abrirte a la voz de Dios y a ser un canal receptor.

Después de asistir a un evento social un hombre de la comunidad hispana, le confía a Yvon, que él también ha estado recibiendo mensajes por parte de Dios. Ese encuentro fue clave, ya que dicho hombre fue el que, solo una semana después, organizaría la participación de Yvon en el Centro de Convenciones de Los Ángeles en Studio City, California. Pareciera que, de la nada, tales oportunidades comienzan a llegar a la vida de Yvon. Ella cree firmemente, que cuando uno se abre a los planes de Dios cosas extraordinarias comienzan a suceder. En estas páginas, aprenderás lo que eso realmente significa.

En Sudáfrica, ha sido galardonada como oradora pública en contadas ocasiones. Sin embargo, Yvon encontraría otro nivel de satisfacción en una nueva misión; llevar el mensaje, primeramente a Los Ángeles California y luego ¡Al Mundo!

Los eventos de Los Ángeles marcaron el camino e impulsaron el crecimiento de Yvon como una "mensajera" de la voz de Dios. Aunque no se hicieron reservas previas antes de su llegada a Los Ángeles, Yvon se encontraría hablando frente a audiencias repletas, no sólo en convenciones, sino meses después, en un sin número de lugares.

Sesión tras sesión supo mantener a todos fascinados a través de formas sorprendentes:

- Sus charlas fueron totalmente únicas y espontáneas. Ella nunca preparó una presentación antes de ninguna de las reuniones.
- Con Dios impulsándola, Yvon planteó preguntas inusualmente específicas a cada una de sus audiencias. Ella supo llegar a sus oyentes a través de explicaciones simples y directas, en los momentos justos.

- A medida que crecía la emoción, las interacciones con el público se volvieron muy emotivas. Imaginen la siguiente escena: Auditorio lleno de gente, gente compartiendo abiertamente sus confesiones más personales. Nadie quiere irse porque todos están sintiendo «algo».

Luego de tales acontecimientos y guiada por la voluntad de Dios, inevitablemente vuelve a Sudáfrica para completar el libro que estás leyendo ahora.

En las siguientes páginas verás que la escritora se abre completamente y nos comparte sus experiencias de fe, usando anécdotas personales e historias de terceros. Historias conmovedoras que ilustran cómo Dios trabaja en su vida.

Mientras se enfrenta a sus temores, explora sus dudas y las perplejidades que experimenta en situaciones de la vida real; Yvon ilustra cómo encuentra la guía - y comodidad - a través de la voz de Dios.

Las bendiciones de lo sobrenatural, ahora una parte permanente de la vida de Yvon, están al alcance de cualquier persona. Las bendiciones pueden también formar parte de tu vida y transformarte para siempre.

La escritora sostiene que su manera de enseñar está despertando a la gente, también despertando la conciencia en todos que lo desean lo suficiente, que una vez que se entregan a Dios por completo, pueden comenzar a escuchar La Voz Divina. Yvon te dirá que no tienes que ser un "experto", sólo tienes que pedir a Dios con un corazón puro para iluminar el conocimiento que ya está dentro de ti.

Un extracto de *"El Mensaje"* (La Biblia, en el lenguaje contemporáneo) nos dice:

«No me sentía muy seguro de decir lo que pienso porque soy muy joven y ustedes son mayores de edad.

Me pareció que era mejor dejar que hablara la experiencia y que la gente de más edad se luciera con su sabiduría.

Sin embargo, no depende de la edad entender lo que es justo; no son los muchos años los que dan sabiduría.

Lo que nos hace sabios es el espíritu del Dios todopoderoso, ¡y ese espíritu vive en nosotros!

(Extraído de Job 32:7-9)

Con eso, espero que todos vean que los expertos no tienen ningún rincón de la sabiduría...

DEL AUTOR

Mientras escribía *Mensajes de Dios*, dejé que las palabras llegaran por su propia cuenta, a su tiempo, en la secuencia exacta en la que yo estaba siendo instruida por Dios. Dicho esto, encontrarás este libro único y diferente a los que hayas tenido en tus manos. Por ello, te pido que no compares esta obra literaria por su lenguaje, por su estructura, ni siquiera por evaluar si es lo más erudito que hayas leído. Para mí, al momento de escribir, esas no fueron mis principales preocupaciones. Lo que fue importante, fue crear contenidos prácticos, accesibles y útiles. Por este motivo, tienes mi palabra de que lo que leerás en las próximas páginas es real, es palabra viva y está en una forma en la que puede compartirse con todos. Leerás sobre el viaje que emprendí hasta convertirme en una guía. El propósito de este libro es de prepararte para que puedas tener tus propias experiencias a través de escuchar la voz de Dios.

Mi objetivo no es explicar a Dios, sino presentar ejemplos claros y explorar situaciones de la vida real en las cuales Dios se manifiesta en nuestras vidas.

Como tal, estás a punto de hacer un viaje que no recorre una línea recta y predecible, porque francamente, la vida misma no es así. En cambio, encontrarás que la escritura a veces atraviesa memorias, sueños e incluso pasajes. Mi esperanza es que al relacionar mi despertar y mis experiencias personales, la sabiduría de Dios se te revele a ti también; a través de simples hechos y ejemplos de la vida diaria. Creo que encontrarás algunas revelaciones bastante impactantes sobre cómo Dios realmente es, y cómo no hay un "calendario" específico cuando se trata de sus enseñanzas.

Permítanme darles un ejemplo rápido. Una noche tranquila, hace años, ya estando en la cama a punto de dormir, tuve la experiencia sobrenatural de escuchar un proyecto de cine. Era tan claro y audible como las campanas que marcan las doce. ¿Por qué lo escuché? ¿Por qué lo estaba escuchando en medio de la noche? Extrañamente no tuve respuestas hasta muchos años después. Recibiría esas respuestas cuando Dios creyera que estaba lista, no un minuto antes, no un minuto después. Dios toma el control y muestra el camino. Si somos inteligentes, lo seguimos.

Dios Toma el control y muestra el camino.

Antes de comenzar este viaje, quiero agradecerles por atreverse - quizás por curiosidad, o incluso porque no pueden hallar las respuestas en otro lado - a estar conectados con Dios de una manera muy personal. Verás pronto qué tan personal puede ser. Después de todo, esa es mi intención, o mejor dicho, la intención de Dios: ¡Ayudarte a encontrar tu propia verdad y tu propia entrada a la vida sobrenatural!

Gracias en especial a mi marido por su paciencia mientras no pueda leer este libro. También un agradecimiento especial a Deon Fourie por apoyar este proyecto desde el principio financiero, emocional y espiritualmente. Un último gracias a mi editor Carl Rachal por su pasión y esfuerzo en el redondeo de este libro. Un agradecimiento especial a los traductores: Raymundo Betancourt, Emmanuel Kwasi Owusu, Andrea Kalaydjian, Roberto Ríos.

DEDICACIÓN

Dedico los "***Mensajes de Dios***", a Dios mismo, a quien doy las gracias por su paciencia, orientación y capacitación. Él me permite oír su voz de una manera increíble, y me da la semilla de la comprensión de que la voz de Dios crece con y dentro de todos nosotros.

Con esta dedicación, extiendo mi más profunda oración a usted, el lector, que pueda ascender a un nivel superior de conocimientos y sabiduría mucho más profunda de la que pude lograr en mi vida. ¡Espero que usted pueda escuchar la voz de Dios mejor que yo!

Abreviaturas de las Biblias de referencia:

AMP Biblia Amplificada
GNB Buenas noticias Biblia (Traducción)
NKJV Nueva versión King John
NVI Nueva Versión Internacional
NLT New Living Translation
MSB Biblia Mensaje
DARBY TRADUCCIÓN
SCHLACHTER 2000

PREFACIO

Comencemos con la verdad ineludible: Oír la voz de Dios por primera vez, lo que te dirá, lo que le ofrecerá a usted, lo qué le pedirá a usted, será a la vez sorprendente y estimulante. En primer lugar, tendrá que afrontar seriamente dónde usted está en la vida, lo que está haciendo, y cómo usted puede hacer lo que serán invariablemente cambios, para mejor.

¿Cómo puedo saber esto? Porque lo he vivido. Cuando empecé a escuchar la voz de Dios, que al instante me llevó a comprender que mi vida estaba destinado para un propósito muy diferente de la que estaba viviendo. Y, déjenme decirles, Dios no se rinde. En cualquiera. Estoy convencida de que Dios hace su mensaje claro a quien abre su corazón. Una vez abierto, su vida comienza.

Vendrá con gran emoción, un gran reto, una gran confusión y una gran alegría. Después de escuchar la voz de Dios regularmente, empecé luchando con los cambios yo sabía que tendría que hacer. No más mundo corporativo para mí.

Me di cuenta de que tendría que dejar mi antigua vida trabajando en los almacenes de ropa al por menor de nuestra familia e ir adelante para entregar mensajes de Dios. Primera parada, Los Ángeles, California. Pero no quiero ir por delante de la historia, aquí. Sus mensajes y su instrucción serán bastante diferentes. Todos los mensajes son para su propia existencia y finalidad. Así que, por favor, no asuma ni prejuzgar lo que estoy diciendo ahora. Siga leyendo y vea por usted mismo, lo que se desarrolla como mientras usted se prepara para esa epifanía.

Permítanme compartir esto también. Al principio, he luchado para comprender los mensajes que he recibido de Dios, tanto que sorprendentemente y bastante inesperadamente incluso perdí la fe. ¿Puede esto ser posible? Bien, despertaría en medio de la noche y me pregunto, "¿Estoy loca? ¿He perdido mi mente?" Pensé, "Qué terrible sería si yo fuera a morir y mi marido fueron a leer el libro inacabado. Él sin duda ciertamente pensaría, "ella definitivamente estaba perdiendo en sus últimos días. ¿Cómo podría no saber?" Sin embargo, en mi corazón, yo sabía que Dios estaba de hecho formándome y cuidado de mí. Y todo tenía que ver conmigo actuando sobre los mensajes muy claros que debo compartir.

Tan loco como parece, incluso como estos mensajes comenzaron hacerme sentir lisiado, la única cosa que salvaba mi cordura fueron precisamente estos mensajes de Dios que yo estaba recibiendo constantemente. Pero aun así, necesitaba madurar, para lograr una comprensión más profunda de lo que esos mensajes se convertiría en: un nuevo camino de vida.

Como se mencionó anteriormente, el entrenamiento de Dios toma tiempo. Y PACIENCIA. Y una mente abierta dispuesta a aceptar lo que nunca hemos escuchado ni considerado antes. Afortunadamente, durante años, tome abundantes notas de todo lo que yo estaba sintiendo y experimentando, de lo que "soñé" y "escuche" a lo largo de todo este tiempo.

Muy importante, y un poco de miedo, también: existe una probabilidad casi seguro que cuando usted se abre a lo sobrenatural en que se produce la comunicación divina, escuchará otras voces. Esta es una etapa crítica, a través de la cual usted debe aprender a reconocer la única verdadera voz entre las otras voces. Esto, en sí, me tomó años alcanzar. Pero Dios no te dejará durante este aprendizaje. Ni siquiera una vez.

La parte más difícil para mí fue no tener a nadie con quien hablar acerca de las cosas que yo estaba escuchando literalmente "del Cielo". Mi regalo, durante este tiempo vital, se convirtió en mi mecanógrafo Lishani, con quien he comenzado a compartir mi historia. Sólo puede imaginar cuán complaciente estaba cuando ella también, empezó a oír las mismas cosas. Fue entonces que, juntos, nos dimos cuenta de la verdadera existencia de esas otras voces y la dirección engañosa que presentarían. ¿La tentación? ¿Quién sabe? Nos cercioramos de centrarnos en lo que se convirtió en el único y verdadero camino inquebrantable que parecía "iluminado"" para nosotros.

Este libro es su guía para que se unan a mí en ese camino donde usted reconocerá que los mensajes son realmente de Dios, discernir y aquellas que no lo son, aquellos que nos pueden hacer vivir vidas menores que los destinos para los cuales están llamado a ser.

Incluso después de haber escrito todos mis pensamientos, documentando mi nuevo aprendizaje, y la captura de lo que fue la gran emoción de saber que yo estaba en contacto con el poder sobrenatural, mi fe fue muy cuestionada. Aquí estaba, manuscrito en la mano, palabras que podrían convertirse en este libro, sin embargo Dios entonces guarda silencio sobre qué debía hacerse. En este silencio rugiente, entonces me di cuenta, tenía que poner mi confianza en Él. Y, de alguna manera, me quedé absolutamente convencida de que Dios iba a mostrarme el camino.

Romanos 4:21
"él estaba absolutamente seguro de que Dios sería capaz de hacer lo que él había prometido."
[GNB]

Para escuchar a Dios, usted debe -y será- su amigo.

Santiago 2:23
"y la escritura se hizo verdadera al dice que Abraham creyó a Dios, y por causa de su fe, Dios lo aceptó como justo. Y entonces Abraham fue llamado amigo de Dios." [GNB]

Para escuchar a Dios, usted debe -y será- su amigo

Y así, estamos aquí hoy. Cuando llegue a leer este libro, la mayoría de todo lo que yo he profetizado habrá sucedido. Esto no sólo le habrá demostrado que he oído los "mensajes" antes de su tiempo, también revela detalles claro para mí. Más importante entre ellas es que dedico mi vida a compartir lo que ahora sé y ofreciéndome como una guía para que usted, también, comience a obtener mensajes de Dios.

Si usted está listo, únanse a mí en lo que sigue.

1

INTRODUCCIÓN

Para empezar, sugiero que usted encuentre un lugar tranquilo, y un momento de tranquilidad. A partir de esa serenidad, surgirán cosas extraordinarias.

Primero, me gustaría compartir con ustedes mi concepción de lo que es u n "secreto". Digo esto porque si son ampliamente conocidos, todos tendríamos que oír de Dios y este mundo sería sin duda un lugar mucho mejor de lo que es ahora. Una vez que aprendí, no, en realidad, una vez que fui guiada a aquel "cierto lugar", empecé a oír la voz de Dios, escuchándole llamarme para algo.

Permítanme explicar esto. Al principio, todo me parecía totalmente ajeno. Pues, yo no sabía lo que estaba haciendo, lo que debería hacer o incluso si debería escuchar. Cuando escucha algo que usted no entiende, puede ser bastante irritante. Desea escapar de ello y también ignorarlo.

Sin embargo, como he dicho previamente, Dios no renuncia a nadie de nosotros. Afortunadamente, nunca se me renunció. Paso a paso, comencé lentamente, como creo que usted también. Me llevó años para comprender ese secreto. Pero no tenía este libro para leer, aprender de alguien de que se trataba estos nuevos "mensajes" extraños. Ese secreto que mencioné arriba es lo siguiente: lo que recuerdo más claramente es que nada de esto ha sucedido hasta que Dios ante todo "me apostó" aislada y sola durante tiempos muy largos. Fue en esa soledad que hice "contacto" por primera vez.

Ahora, aquí viene la parte difícil:

Para empezar, voy a pedirle a usted que renuncie a sí mismo, a su vida, a la idea de hacerse disponible para Dios. Realmente para entender Dios, hay que desear escucharlo. Uno tendrá que dedicar mucho menos tiempo en cosas sin sentido, distraer a los desechos de tiempo, e incluso amigos indulgentes. Por supuesto los amigos. Pero le puedo garantizar esto: la mejor decisión que jamás uno tendrá que tomar, será renunciar a sí mismo a Dios, entregar su tiempo y dejar que Dios le ponga en un lugar de aislamiento espléndido con sólo él y usted.

Cuando me alcanzó esta revelación, aunque me tomó algún tiempo, pude "escuchar" y entender por qué Dios había dicho que no volvería a ver a algunas personas de nuevo. Donde Dios le lleva a usted, no se puede ir con algunos porque sólo le distraerán y no compartirán necesariamente el hambre por grandes sucesos en la vida. Incluso, muchos no se enterarán de esa posibilidad.

Así, su viaje puede empezar en un "escondite", y esto puede llevar algún tiempo. No se desanime cuando digo esto, pero mi viaje duró casi 14 años. De nuevo, yo no tenía ninguna guía. Sus mensajes podrían venir mucho antes. También, en mi caso, por las razones que fuesen necesarias, Dios planeó algunas experiencias extremas.

En la Biblia, Dios utiliza algunas circunstancias casi increíbles en la vida de Moisés y los Israelitas; y un arduo viaje lejos del Faraón. Recuérdese, Abraham fue realmente probado por "escuchar" que tenía que sacrificar a su hijo propio. Al utilizar estos ejemplos como guía, cuando se abre a sí mismo para aprender de ellos, su viaje, casi seguro, no será tan largo o difícil.

Permítanme de nuevo compartir esto. Es algo que repetiré a menudo. Llevar una vida de oír a Dios es absolutamente increíble. Es una recompensa que aparentemente vale con cada paso difícil.

Cuando usted esté en su "escondite" y que esté abiertos y pidiendo a Dios que le guíe, Dios empezará a ordenar las cosas en su vida y la adición de la perspectiva. Sé, ahora, que esto es un paso básico para llevarles a "el lugar de la audiencia y mejor", un lugar donde el alma puede ser incluso más abierta.

En este viaje, Él le llevará hasta una cerca que separa el nivel de la mentira y lo de la verdad. Este es un cercado vigilado y la única manera que usted puede pasar más allá es destruirlo e irse a la "guerra". Usted se enfrentará y luchará contra lo que le está retrasando - una buena guerra, un conflicto que usted se ganará con determinación porque, ya sabrá que se está acercando.

Uno ha de declarar la guerra contra todas y cada una de las falsedades en su vida para desplazarse del nivel de la mentira a la de la verdad. Se librará a una guerra contra lo que Dios llama pecado. Librarse de las mentiras en tu vida te hará rico en pureza. Es en esta riqueza que los "mensajes entrantes" caerán y se plantearán en el suelo fértil de verdad y cobran vida en sonidos que escuchará literalmente.

Independientemente de si el "escondite" de su elección se encuentra en un gran desierto, una ciudad pequeña o un bosque espiritual, usted está un paso más cerca cuando estés allí. Aunque es muy probable que no escuche los mensajes desde el primer momento, con el tiempo, llegará a sentir un tirón. Por lo tanto, no se desanime si esto no ocurre el primer, segundo o incluso después de varias veces. Cada segundo que pasa solo es un segundo que realmente esta con Dios. Cuando esté listo, Él comenzará. Usted obtendrá su dirección y él llevará.

Cada segundo que pasa solo es un segundo que realmente pasa con Dios

Dios iniciará a enseñarle a escuchar y a partir de ahí, usted aprenderá a obedecer. Eso le pondrá en un muy buen camino que conduce a una realización plena. Pero, como ocurre con todas las cosas que son dignas de su tiempo, habrá desafíos. Usted será llevado a través de unas incidencias incluso mentiras persistentes que pueden impedirle pasar más allá de esta cerca en el reino donde esperan tus mensajes.

Su recta final será la más vital y la más reveladora. Es donde usted tiene que rendirse completamente a lo sobrenatural. Yo le digo como hacerlo en estas páginas. Quiero compartir con ustedes lo que necesitará para finalmente ofrecer, lo que tendrá que "poner en el altar." Haga eso y los mensajes vienen lloverán sobre ustedes como fue en mi caso.

Por favor, habrá que notar que he analizado con determinación mis veinte años anteriores con Dios; cómo crecí en el lugar donde estoy ahora, un ámbito donde puedo escuchar la voz de Dios. Es un lugar hermoso que vale la pena todo el dolor que tuve para llegar hasta aquí. En mi corazón, yo creo que Dios quiso hablar conmigo cuando se dio cuenta de que yo estaba escuchando con todo mi corazón buscando la verdad de manera acertada. Obviamente, esto tomó tiempo y estoy todavía aprendiendo.

El proceso de aprendizaje me recuerda mucho la escuela. Veo cómo me "gradué" a lo largo del tiempo, aprendiendo a escuchar la voz de Dios. Superando las mentiras y ganando las batallas interiores con las cosas feas en su vida, le hace graduarse y le propulsa alto. Mientras más se eleve, más Dios le enseñará acerca de su voz y su voluntad.

Cuando pregunto por qué Dios me bendice tan abundantemente hablando conmigo tan a menudo, me recuerda, "¿Yvon, alguien paga el precio que pagas? Cuando hablo, sacrificas todo para mí. El precio que has pagado es enorme. Tu recompensa será mucho mayor."

Bendito aislamiento

Si lo que he experimentado personalmente es cualquier indicación, creo un notable cambio ocurrirá en su vida como usted comienza su viaje hacia adentro a la voz de Dios.

En primer lugar, la voluntad de Dios le guiará a un lugar donde usted podrá ver y escuchar las cosas de manera más clara. Un lugar lejos de las distracciones entre las que vive actualmente. En una palabra, Dios le "aislará" a usted. Esto es casi como si él te está dando refugio muy tangible para comenzar la su conversación, en paz. Dios aísla a la gente que Él "forma". Cuando pida escuchar Su voz, debe esperar que las cosas sucedan pongan espacio entre usted y la gente y las distracciones que previamente habían tomado todo su tiempo y toda su mente. Este aislamiento puede durar bastante tiempo. Pero, lo que lo llena será el trabajo duro y la alegría.

Entonces, mientras está en su período de aislamiento donde es sólo usted y Dios, Dios quitará los "bloqueos", los motivos, las causas, las fuentes, que le han impedido oír su comunicación.

Usted tiene que voluntariosamente y de buena gana ir a este lugar tranquilo donde no hay distracciones externas. Si usted tiene una casa llena de niños, su aislamiento puede incluir la retirada de las muchas actividades sociales con las cuales que aparentemente tienen que estar involucradas, al menos por un tiempo.

"Vistazo" Interno:

Personalmente, mi vida cambió después de un intenso período de aislamiento por dos años. Durante este tiempo, por donde que viajara, yo estaba casi siempre sola en una habitación pequeña en la oración primeramente y después en oración y comunión con Dios. No había nadie alrededor. Sabiendo lo que sé ahora, es muy poco para sacrificar cuando se le compara con el cumplimiento que recibe.

Porque "el aislamiento voluntario" significará un gran cambio en su vida, usted debe saber de antemano que esto es algo que "diseña" en su nuevo estilo de vida. No salte en el fondo profundo de la piscina. Vadee adentro. Acostúmbrese a la libertad nueva. Luego, disfrute de las profundidades con confianza. El aislamiento no necesariamente significa que usted tenga que abandonar su trabajo. En su caso, podría significar que sólo tienen que sacrificar algunas de las cosas típicas que hace, cosas que ocupan demasiado de su tiempo y la gente que demanda demasiado de las cosas equivocadas.

Tan radical como puede parecer a primera vista, es tan claramente explicado para nosotros en la Biblia.

2 Corintios 6:17
"Así dice el Señor, "Por tanto, salid de en medio de ellos y apártense Y no toquen lo inmundo y yo les recibiré. Ni siquiera comer con personas que hacen algunas cosas, por ejemplo, viven vidas inmorales sexualmente. Especialmente, las personas que se llaman cristianas pero tienen hábitos y maneras anticristianos."[RV]

1 Corintios. 5:11
"Pero está escrito quiero aclararles que no deben relacionarse con nadie que, llamándose hermano, sea inmoral o avaro, idolatra, calumniador, borracho o estafador. Con tal persona ni siquiera deben juntarse para comer. (NVI)

También sugiero que no pase tiempo con personas que convenientemente comprometen la verdad. Permita a Dios que le aleje de algunos de sus amigos, incluso familiares, de modo que usted pueda centrarse en su camino a convertirse en alguien con quien Dios puede hablar fácilmente. Al final, usted será mejor para sí mismo, mejor para su familia y amigos cuando escuche la voz de Dios. De hecho, usted mismo, será un guía para ayudarlos.

Salmo 26:1, 4, 5
Hazme justicia, oh Señor, porque yo en mi integridad he andado, y en el Señor he confiado sin titubear.

Examíname, oh Señor, y pruébame; escudriña mi mente y mi corazón. Porque delante de mis ojos esta tu misericordia, y en verdad he andado. Con los falsos no me he sentado, ni con los hipócritas iré. Aborrezco la reunión de los malhechores, y no me sentaré con los impíos.

Una vez que haya llegado a ese punto de aislamiento protegido donde está rodeado sólo con aquellas almas y esas cosas que le ayudaran en su viaje, comenzara.

Hay un proverbio que dice: ¡Sólo los que corren el riesgo de ir demasiado lejos, sabrán cuánto lejos pueden ir! Bien, una vez que decidí darle una oportunidad a la voz de Dios, fui sorprendida ver hasta donde Él me ha llevado, aunque no ha sido fácil.

En los primeros días de esta nueva forma de vida, esta nueva forma de pensar, esta nueva forma de apertura hacia el mundo más allá de lo que acabamos de ver y sentir, usted probablemente estará como yo estaba: impaciente. Pero puedo decirles esto: el aprendizaje toma tiempo. Mi experiencia es lo que veo cuando me adentro en mi diario de Mensajes de Dios. Y por supuesto, he creado un diario para capturar momentos, epifanías seminales e ejemplos que usted puede utilizar.

Porque visito con frecuencia ese diario, ahora me doy cuenta de lo afortunado que fue que yo eligiera documentar todas las cosas nuevas que comencé a experimentar. Recomiendo encarecidamente que usted, también, escriba todo lo que sientes y comprenda cuando oren y sueñen.

Hay que notar -y esto es muy importante- el hecho de que usted oirá otras voces. Como se mencionó arriba, sólo existe una "verdadera" voz que ilumina el camino. Usted tendrá que aprender a diferenciar lo que constituye una voz verdadera entre otras. Por consecuencia, en este libro, usted aprenderá cómo hacerla desde los ejemplos proporcionados.

Como comenzó mi viaje

Dios dijo:

"Recuerda el sueño delante del espejo cuando dije que yo recibiría un contrato en los Estados Unidos de América. Casi 10 años antes de que yo empezara a escribir este libro, he oído Dios decir que habría un contrato en los Estados Unidos.

A continuación, unos pocos meses después de oír esas palabras, tuve una experiencia sobrenatural durante la noche que realmente yo fui impresionada. Oí una voz audible diciendo: "Scarlett O'Hara, Lo Que El Viento Se Llevó." ¿Qué? ¿Qué posiblemente podría yo estar oyendo?

Traté de hacer sentido de la experiencia y de la "voz", preguntándome por qué tal cosa extraña me había ocurrido a mí. Yo creí que la voz debía venir de Dios porque era tan fuerte e imperiosa que me despertó de un sueño profundo. ¿Qué más podía pensar yo? No era una voz mala Era la voz de Dios. Fue también durante este tiempo que soñé con un terremoto en Hollywood.

Ahora, como la mayoría de las otras personas, siempre he sido el tipo de persona que suele descartar los sueños como, bueno, sueños normales. Sin embargo, algo era diferente aquí. Esos sueños me eran extraños. De alguna manera, yo sabía que estaba experimentando algo, a diferencia de lo que jamás yo había experimentado antes. ¿Por qué tendría yo un mensaje audible sobre un proyecto cinematográfico y sueños sobre un terremoto en Los Ángeles? Supongo que estarás un poco intrigado cuando encuentre las respuestas luego en este libro.

Mientras esta "voz" me dio esperanza, también era alarmante. Fue solo para distraerme de algo que debería hacer que yo desconocía.

Recuérdese que es la primera vez que estaba atravesando esto. Entonces no tenía ninguna idea o índice estaba sin guía o mapa para situarme. De alguna manera te hace sentir como si enloqueciera. Usted empieza a hacerse algunas preguntas profundas. Sin embargo, Dios siempre se sintió cerca de mí. Y por alguna razón, empecé a comprender lo que era totalmente incomprensible. ¿Es lo que se entiende por "ver la luz?" ¿Quién sabe?

En una claridad inexplicable, entendí que Dios quería que me fuese a los Estados Unidos para entregar un mensaje de su parte. ¿Pero a mí? ¿En realidad? ¿Qué mensaje? A pesar de esta posición totalmente improbable y aún menos creíble en la que me encontraba, decidí ir con ella. Sin duda alguna, puse mi vida en espera e hice lo que yo creí que Dios me estaba pidiendo. Yo estaba tan afectada por este mensaje sobrenatural que "salté", dejando mi trabajo, mi papá, mi casa y todo lo que sabía. Yo iba porque Dios me encargó que fuese.

No creería usted eso si estuviera haciendo el trabajo de Dios.

¿Lo haría el fácil?

En este punto, creía que mi misión era ir a Hollywood para advertir de un terremoto. Yo estaba convencida que algo planeado por Dios. Pero luego, "comenzaron» esas "otras voces". Y esto es lo que yo quiero destacar: Cuando usted se embarca en una misión siguiendo la instrucción de Dios, infaliblemente habrá obstáculos. Aún hoy, con lo que yo sé, no puedo entender cómo o por qué es así. ¿No cree usted que si estaban haciendo la obra divina, Dios lo haría fácil? Por razones que me son ajenas y a usted también, entendí que no era necesariamente de esa manera.

Una voz comenzó a añadir "cosas" a mi viaje y enseguida empecé a pensar que estos eran falsos mensajes sólo para distraerme pero una y otra vez, lo que ahora reconozco como el "verdadero" mensaje siguió volviéndome, tantas veces que tuve que reconocerlo. Había oído sobre un terremoto de un tipo muy concreto y vi el futuro de Los Ángeles. Fue en tres sueños tan reales como este libro que tiene usted en sus manos ahora mismo. No hubo nada que preguntarse o hacer sino empacar mis maletas y dejar todo en Sudáfrica e ir a Los Ángeles, sabiendo que lo que experimenté era algo extraordinario.

Sin embargo, incluso ahora que yo estaba en camino dirigiéndome a los Estados Unidos, yo todavía estaba distraída por la voz que dice "Lo que el Viento se Llevó". Yo simplemente no lo entendía. Recuerde que yo estoy diciendo esto para que más adelante, cuando reciba un mensaje fuerte y comience a actuar sobre él, no le coja por sorpresa si todavía está confundido. Usted recibirá toda la claridad sobre los mensajes al igual que los mensajes en sí mismos. Eso viene en su propio tiempo. Esto es una cosa vital para recordar. No tenga prisa a lo que usted piensa que entiende.

Como mencionado en el prefacio, sentí el cambio estacional para mí en el mundo corporativo. Hubo una presión innegable de Dios a renunciar a mi trabajo. Pero se vuelve demasiado loco. Esta convincente sensación también me llevó a retirarme de mi familia. Evidentemente, yo estuve dispuesta a ir a por donde Dios me enviaría. Usted puede imaginar las miradas que tuve cuando dije a mis amigos más cercanos, incluso mi propia familia, que a causa de un mensaje de Dios yo salía de Sudáfrica y dejar mi vida detrás.

Con el tiempo, me di cuenta de que abarqué más de lo que podía apretar. De hecho, este es un punto importante para recordar de ahora en adelante. Mucha gente, incluido yo, preguntan por oír la voz de Dios antes de solicitar la capacidad de entender, mucho menos pidiendo la orientación para obedecerla voluntariamente.

Piense en esto: usted pide un mensaje de Dios y el mensaje le llega a través de una voz. ¿Diría usted "Oh, este mensaje es demasiado extraño para obedecerlo?" ¿No se preguntaría usted si viene verdaderamente de Dios, ahora que usted sabe que es probable que escuchar otras voces que claramente no son suyos? Esta es la razón por la cual nunca se debe confiar en un solo mensaje. En cambio, confiese en Dios para que le lleve a contestar cuando Le dice: "Si esta palabra es de Usted, Señor, que sea como usted dice".

Salmos 25:3
"Ciertamente ninguno de cuantos esperan en ti será confundido; Serán avergonzados los que se rebelan sin causa"

Hice el mayor error por centrarme demasiado en el mensaje y no sólo confiándome que Dios me va a llevar a alguna parte que yo necesitaba estar. Ese sentimiento me causó mucho estrés innecesario.

Fue en ese momento que me di cuenta de que realmente estaba luchando con todo el concepto de la confianza lo cual que me llevó a volverme un poco desalentada, y luego peor, totalmente deprimida.

Salmos 84:12
"Oh Señor Todopoderoso, dichosos los hombres que en ti confían" [NTV]

Luego se me ocurrió que hay muchos ejemplos en la Biblia donde Dios da un mensaje a alguien que considera un digno oyente, alguien que obedezca. Toma Noé como ejemplo. Dios dio a Noé todos los detalles de cómo construir el arca y Noé escuchó, se confió y obedeció a Dios. Dios suministró a Moisés con los detalles para crear el Tabernáculo y el Arca del Pacto y Moisés escuchó, y confió y obedeció.

Éxodo 31:3
"Lo he llenado del Espíritu de Dios y le he dado gran sabiduría, capacidad y destreza en toda clase de artes manuales y oficios."

Aunque no soy Noé o Moisés, medité si, en ese momento cuando llegaron sus mensajes, no se preguntarán. ¿Estuvieron frustrados? Yo sí. Naturalmente. Necesitaba información sobre mi vida y lo que debía hacer en cuanto al "mensaje" que recibí.

Éxodo 36:1
"Así que, Bazelel Aholiab y cada persona a quien el Señor ha dado sabiduría e inteligencia para saber hacer toda la obra de construcción del santuario, harán todo conforme a lo que el Señor ha ordenado."
[BLA]

Creo que es una de las mayores bendiciones que jamás usted puede recibir. Para subir al nivel de comprender exactamente lo que Dios está diciendo. No podemos vivir, ni vivir simplemente, sin comprender.

Salmos 119:144
"Dame entendimiento y viviré."
[GNB]

Hasta este día, recuerdo el estrés absoluto. Me sentía destrozada y no podía dormir durante días porque mis noches estaban llenas de confusión y desesperación sobre el mensaje, "Lo que el Viento se Llevó". Consumido totalmente todo mi pensamiento. ¿Y por qué solía tener yo, sueños repetitivos sobre un terremoto en las calles de Los Ángeles?

Mis pensamientos fueron dirigidos al Rey David. Seguramente, él habría sabido cuánto frustrante es al no tener entendimiento. La Biblia dice que un hombre sabio, maduro es conocido por el entendimiento. ¿Pero qué somos nosotros quienes todavía no tenemos entendimiento? ¿Rajados, buscadores o tontos?

Proverbios 16:21
"Si no buscan comprender incluso puede separarnos de Dios." [GNB]

Isaías 50:5,
"El Señor me abrió el oído, y yo no fui rebelde, ni me volví atrás." [GNB]

¿Cómo se puede entender la Palabra de Dios? He luchado con esto hasta que me di cuenta de que para comprender, he tenido que demostrar mi fe en primer lugar, para tomar ese primer paso muy grande en mi viaje y mi «misión» para ser mensajera de Dios.

Se sentía muy mal y aterrador aunque la fe ordena finalmente donde reinó la duda una vez, hasta que realmente puse mi fe en marcha. Sin embargo, una vez que tomé una decisión, era eso mismo. Dios sabía que mi corazón era sincero y quería obedecerle.

"Vistazo" Interno:

En la redacción de este libro estoy compartiendo estas emociones muy personales, estos miedos, estas dudas, así que cuando usted los sienta, usted sabe que no están solos. De hecho, estos "problemas" son en realidad signos para mostrarle que usted está en el camino. Quiero que esta historia les ayude a encontrar el sueño que Dios tiene para su vida. Pero por encima de todo, es usted quien tiene que buscarlo. Tiene que encontrar ese lugar tranquilo y abrir su corazón. Tiene que escuchar el silencio hasta que se llene con el sonido más hermoso que nunca podrá escuchar: Su voz.

Ahora, antes de leer, mire hacia adentro y mire dentro de su propia alma. Pídele a Dios para que hable con usted. Pide a Dios por la capacidad de confiar en Él y por la completa disposición a obedecerle. Pero, en primer lugar, pida a Dios el conocimiento para entenderlo.

Recuérdese esto:

"La verdad es la verdad, aun si nadie cree en ella. Una mentira es una mentira, aunque todo el mundo jura por ella. Dios sabe esto y si en su alma abierta, busca la ayuda de Dios, Dios lo sabrá también. Es entonces todo empieza. Dios revela la verdad a aquellos que pueden escuchar o sinceramente sólo quieren oír de Dios mismo."

Que no esté sorprendido o tenga miedo de que si, en una etapa temprana, puede empezar a recibir mensajes no confiables. Desde mi propia experiencia, puedo estimar que en esta etapa sólo aproximadamente la mitad de lo que he oído, quizás inicialmente el 60 por ciento fueron los mensajes de esas "otras" voces; las mentiras o las distracciones. Pero, a medida que se acercan a Dios, esas otras voces vendrán de menos y menos. Usted tendrá que empezar a sentir que la verdad vaya a salir. Recuerdo pensar que casi el 70 por ciento, casi tres de cada cuatro mensajes eran ahora aparentemente y cómodamente "verdaderos."

Hay una razón específica por la que la gente escucha las mentiras. No me estoy refiriendo a personas esquizofrénicas "que escuchan voces". Hablando de personas que son mentalmente aptas que preguntan por Dios y luego escuchan una respuesta "falsa" Exploraremos eso aquí en "Mensajes de Dios".

Hoy, después de 20 años de preparación, confieso que oigo correctamente casi el 95 por ciento de los mensajes que recibo de Dios. Cuanto antes usted empiece a combatir las mentiras en su vida, más pronto podrá cruzar hacia el nivel de la verdad. Siga buscando humildemente a Dios y usted seguramente encontrará donde sólo reside la verdad.

Ahora, sé cuando algo grande y emocionante está a punto de suceder. De hecho, le digo a mi marido antes de que suceda. Discutiremos esta visión en un capítulo ulterior. Pero permítanme decir esto, justo aquí: aunque ya conozco el sentimiento, todavía es una sorpresa cada vez que oigo repentinamente algo ciertamente que no espero. Tendrá una vida emocionante una vez que oiga lo que Dios quiere que usted sepa.

En este punto, para que usted puede llegar a conocerme un poco mejor antes de aventurarse, por favor, únase conmigo para un breve repaso a mi pasado.

Cuando la Palabra de Dios viene, los cambios en la vida se producen eternamente.

Es muy difícil determinar el momento preciso en el que la esperma se reúne con el huevo, pero con Dios, todo es posible. Esto puede sonar infundadas, pero durante la primera semana de mi embarazo, había empezado a sentirme emocionada, como si hubiera recibido noticias de ganar 1 millón de dólares. Me recuerdo caminando hacia arriba y abajo, diciendo a mi marido, "algo increíble está sucediendo en algún lugar." Este sentimiento continuó durante cuatro semanas. Me sentí como un niño. Yo me herví con anticipación y emoción. En un trance gozoso, me puse a la razón que podría tener algo que ver con mi libro y mi plan de lanzamiento en Nueva York.

Entonces oí Dios decirme: "Estás embarazada".

2

MI HISTORIA

Introducción a los mensajes extraños

Aprender puede ser muchas cosas: divertido, excitante, aterrador, librante... y la lista continua. Lo que encontré es que el aprendizaje sólo ocurre cuando estamos "listos" y tenemos "ganas" de aprender. Los viejos adagios, "no se puede enseñar a un perro viejo, trucos nuevos," y "se puede llevar a un caballo hasta el agua pero no hacerle beber", han resistido la prueba del tiempo, porque en una palabra, son verdad. Dicho esto, lo que yo voy a contarles se basa en esos principios exactos: de disposición y voluntad.

¿Desea oír a Dios? Si es así, usted tendrá que caminar el camino de Su elección. Cualquier otro camino no lo llevará a ninguna parte, o lo que es peor, lo llevará a la falsedad.

En segundo lugar,- Dios es Dios; Él no tiene que explicarse a sí mismo. Algunos de los mensajes puede ser que usted entienda y otros no. Pero usted no necesita saberlo todo, siempre que usted sepa en su corazón, que Él forma parte de su vida, su vida será buena. Rendirse y confiar en Él completamente.

Así es como comienza mi historia - Confiando en Dios. Yo comparto lo que he aprendido para que usted también pueda aprender. Pero no es sólo acerca de cómo oír. Es acerca de comprender y aceptar lo que oye, confiar en lo que desea escuchar y obedecer lo que oye. Se trata de lo que se comparte con los demás y lo que usted debe guardar para sí mismo.

Hay cosas que Dios me dijo cuando yo estaba en el punto más bajo de mi vida, que eventualmente me sacarían de mi desesperación. Durante ese período de prueba, el dolor era tan insoportable que todo lo que hice, cada día, fue gritar, una y otra vez, "Ayúdame, ayúdame, Ayúdame, Señor." esos llantos no desaparecieron en un oscuro silencio. De alguna manera, en algún lugar lejano, Él los oyó.

Yo estaba más allá de la desesperación. Yo estaba verdaderamente sola, una mujer joven sin protección, carente de todas las cosas que la gente joven ve, hace y experimenta. En ese momento, yo estaba viviendo una vida muy sencilla, sola con mi papá, en una granja. Porque el péndulo de la "Acción Afirmativa "oscilaba totalmente fuera de equilibrio, su adverso impacto hacía imposible encontrar trabajo. Aprendí lo que se siente al no tener esperanza, sin visión y, eventualmente, sin soñar en una vida en Sudáfrica. Ahora me doy cuenta de que, a través de esta dura lección, Dios me estaba enseñando a tener compasión por todas aquellas almas que anteriormente, sintieron esa misma desesperación en cada instante despierto de sus vidas.

Aquí quiero destacar una vez más, cuán importante es estar al tanto de las "voces" que uno escucha, especialmente cuando ustedes se encuentran en un estado de depresión. Una persona que experimenta el trauma extremo, puede no sólo estar desesperada, pero también puede ser potencialmente peligrosa. Mientras ciertamente Dios quiere hablar con esas personas destrozadas y vulnerables, a veces también se reciben otras voces. (Puede ser un consuelo saber que Dios, el mismo, está cerca de un corazón destrozado, como Él lo promete en Su Palabra).

Veamos un ejemplo particularmente espantoso de cuando una voz ordenó actos inimaginables. ¿Te acuerdas de lo que sucedió en 2011 en un campamento de verano en la isla de Utøya en Noruega? El asesino noruego Anders Behring Breivik mató a 69 personas, la mayoría de ellos adolescentes. El era mentalmente inestable, escuchando la voz en su cabeza. Ciertamente no era la voz de Dios. Los psiquiatras forenses examinaron a Breivik antes de su juicio y lo diagnosticaron como paranoico esquizofrénico.

Luego de aprender acerca de la terrible y desesperada infancia de Breivik, uno puede comprender claramente como una voz impía pudo entrar en su mente. Su madre había abusado de él sexualmente y frecuentemente le decía que deseaba que él estuviera muerto. Cito este ejemplo perturbador para que usted pueda comprender y recordar que lo que se oye puede venir de lugares distintos a Dios. Si huele mal y es inmoral usted debe saber que no es Dios quién le está hablando.

A través de mis tiempos difíciles, yo seguí rogándole a Dios por ayuda. Y si yo me preguntaba entonces, ¿" Habrá El, escuchado mis ruegos?" Ahora si lo sé, porque mis respuestas llegaron. Hoy, sé muy bien, que Dios Todopoderoso oye muy bien cada palabra que le decimos. El me oyó muy bien. Fuera de estos momentos de desesperación, se produjo un cambio. Mi padre comenzó un negocio de familia en esencia para crear puestos de trabajo. Les invito a recordar éste punto, pues lo vamos a revisitar más tarde.

El león y el valle profundo

A pesar de que trabajé felizmente en una pequeña ciudad en el norte de Sudáfrica, la mayor parte de ocho años - las cosas comenzaron a cambiar con el tiempo y se volverían insoportables. Parecía como si algo literalmente me empujaba fuera de mi trabajo, ¡en nuestro propio negocio de familia! Pero ¿qué? ¿Por qué? ¿Por qué ahora? ¿Especialmente ahora? Yo no tenía a donde ir. Mi padre era un hombre de 80 años de edad. Y poco antes, mi novio rompió nuestro compromiso. En este punto, yo estaba tan sola como cualquier mujer podría estar en Sudáfrica, con muy pocas posibilidades de una futura carrera.

Después que dejé de trabajar, me metí por varios meses en una habitación pequeña, llorándole a Dios: "¿Qué quieres?"

La ayuda llegó, primero en forma de palabras. Después de eso, vino una voz en forma de visión que se repetía constantemente. Me vi por días recostada en un valle. Entonces, apareció un león y se echó a mi lado. La misma visión se repetirá de forma continua durante cuatro meses: un león echado junto a mí en un valle profundo.

Un día, de repente, la visión cambió. El león me ayudó a levantarme. Y entonces, él dijo, "Ahora vamos a caminar juntos fuera de este valle."

Yo estaba molesta, no entendiendo lo que debería haber sido tan claro para mí. En mi tristeza, yo todavía no me daba cuenta, de lo que el león simbolizaba.

Apocalipsis 5:5
"No llores. Mira que ha prevalecido el León de la tribu de Judá, la raíz de David......"
[GNB]

Sí, ahora sé que el Señor Jesús es representado por un león. De una manera muy personal, Dios me estaba mostrando que mi tiempo

Había llegado.

Era ahora, en ese momento, en que comencé a recibir los mensajes más increíbles. Sorprendida al principio y bastante confusa, pero extrañamente siempre consolada, comencé a prestar atención a el formato y a la secuencia de los mensajes y de la voz. Porque yo tan ardientemente le rogué a Dios que me ayude, cuando ese consuelo me invadió, supuse que era la voz de Dios. Mientras yo trataba de entender lo que estaba oyendo, muchos de esos mensajes estaban fuera de mi alcance, y sólo provocaban frustración. Sin embargo los mensajes de Dios llegan por una razón. Pero por nuestra incapacidad para comprender, estos mensajes, en primer lugar, pueden sentirse extraños e intimidantes.

Esa frustración me puso de rodillas. Y fue ahí que entró la claridad y la luz. El entendimiento se produjo sólo después de que me arrodillé y busqué al mensajero con cada fibra de mí alma y de mi misma.

"Vistazo" Interno:

Hoy, creo que mi propósito es llevar a las personas a comprender que todos nosotros podemos escuchar la voz de Dios hablando directamente con nosotros; todos nosotros podemos oír lo que Dios quiere hacernos saber, acerca de eventos futuros y desafíos personales.

Para mí, no importa cuánto tiempo haya pasado desde los primeros mensajes, la cosa más emocionante aún es recibir un mensaje de Dios. Por lo que siento y lo que veo, tengo que creer que se me ha concedido el don de la profecía. Desde mi fundación de base cristiana, y luego pasando a través de la maternidad, he sentido crecer dentro de mí, una imperiosa necesidad de ayudar a los demás a interpretar sus propios sueños, visiones y mensajes que vienen a escuchar. Más allá de lo personal y en un contexto más amplio, también puedo compartir mensajes proféticos recibidos sobre personas, lugares y eventos, pero solamente si es dirigido por el Señor.

En este libro he incluido algunos de esos mensajes que he recibido, resumidos para facilitar su comprensión. Como se ha mencionado ya varias veces, no todos los mensajes vienen de Dios. Quiero estar seguro de que usted entiende ese elemento esencial de la comunicación sobrenatural que escuchará. Más adelante, veremos qué es lo que abre la puerta a las malas voces que invaden su enfoque y hablan con usted.

Aquel león en el valle profundo me hizo dar cuenta de que Dios, con su infinita misericordia, puede ayudarnos a suavizar nuestros recuerdos de eventos adversos. No te preguntas ¿por qué somos todos tan capaces de recordar vívidamente ciertas fechas o acontecimientos, especialmente cuando han pasado cosas horribles? Una de esas fechas vino a rodearme, pero no antes de que Dios me dijera específicamente que no desesperara, que algo bueno iba a pasar. Y eso me quedó grabado y mi tristeza se tornó en una feliz expectación.

Dios me dijo que vendría en un sueño. Que en una fecha y día específico, yo experimentaría gran alegría. Pero, ¿cómo puede ser posible? En esa misma fecha, en 1985, mi madre se suicidó. Aun así, en esa fecha exacta,15 años más tarde, como la Voz me prometió, Dios me hablaría.

Zacarías 9:12
"... Y ahora os digo que yo les pagaré el doble de bendiciones por todo lo que ya han sufrido." [GNB]

Pero por no decir menos, pensar que yo sería parte de la producción de una película era confuso. Después que tuve el sueño, después que sentí la alegría que Dios me ofreció en ese duro día, lentamente, empecé a entrar en duda.

Esto es muy importante para que usted recuerde. Cuando usted recibe un buen mensaje, ¿no tendría más sentido celebrarlo, que cuestionar las buenas nuevas con preguntas? Por favor, recuerde esto.

Sin embargo, en estas primeras etapas de oír a Dios - y a pesar de la enorme Fe que yo derramé "Abriéndome" a su orientación - mi lado de humano mortal continuó inflándose hasta que barrió aquello que debería haber sido éxtasis. De hecho, me acuerdo que después del feliz sueño, lloré antes de dormirme durante muchas noches, pensando que para mí era un disparate fantasear sobre la producción de una película. Mirando atrás, yo estaba empezando a aprender que los sueños no siempre son secuenciales y que lo que vemos en nuestros sueños puede que no suceda inmediatamente, sino a lo largo de los próximos años

Los sueños pueden ser tanto una visión del pasado como una visión del futuro. Para Dios, todo es uno. En este sueño, el cual he luchado para comprender, se guarda un secreto que yo voy a revelar más adelante en este libro, junto con los pensamientos acerca de por qué tal sueño vendría a mí en el aniversario de la muerte de mi madre.

Mirada del profeta hacia el futuro,

Yo era muy joven cuando un profeta predijo que yo me casaría con cierto hombre. Pasaría el tiempo y finalmente conocería y me casaría con quien supuse era ese hombre. Siendo ingenua entonces, no me di cuenta que éste primer matrimonio, no era la voluntad de Dios. Sin embargo, en ese momento, yo no pude entender qué había salido mal, porque él era un hombre bueno. Ambos de nosotros pensamos que nuestra unión era la voluntad de Dios. Después de todo, nos casamos porque Dios "nos dijo que lo hiciéramos", o al menos yo pensaba que lo hizo.

Nuevamente, aquel recordatorio importante para usted: Cuando usted busque seriamente a Dios en su vida y usted quiera oírlo, debe ser consciente de que su petición abre la puerta a otras voces que intentarán decirle cualquier cosa para conseguir desviarlo del destino que Dios planea para usted.

En mi caso, un predicador se acercó a mí en un servicio en la iglesia para decirme que debía casarme con mi amigo que estaba sentado a mi lado. ¡Qué locura! A veces todos hacemos tonterías. Y esa es otra razón por la que debemos buscar a Dios: Protección de errores de por vida que nos roban nuestra verdadera razón de estar aquí. Quiero compartir esto con ustedes porque yo tuve sueños que me advertían sobre este matrimonio, pero yo ignoré esas visiones debido a dos razones irresistibles: Un "profeta" nos dijo que nos casáramos, y yo estaba tan sola que quería tener un marido.

La soledad lleva a hacer cosas que usted no haría si no estuviera siendo aplastado por la garras de la desesperación.

Después que Dios paró mi segundo compromiso con un psiquiatra en Sudáfrica, usted ya se puede imaginar lo difícil que era para mí. Durante semanas, tomé pastillas para dormir durante el día, para intentar olvidar el increíble dolor en mi corazón. Yo estaba desesperada por amor y nada más importaba.

Este psiquiatra me dijo que había tenido un sueño en que un ángel le decía que yo tendrá que hacer una cosa "transcendental" en la tierra. Pero todo lo que yo quería era una familia y una vida normal.

Entonces Dios dijo que yo iba a ir a los Estados Unidos.

Este mensaje vino en un sueño - muy extraño en el cual que una voz empezó a darme detalles. Esa Voz quiso darle esperanza a una mujer que se negaba a levantarse de un suelo empapado en lágrimas. Cómo es que este viaje a los Estados Unidos estaba conectado a mi sueño anterior, en el yo que sería parte de una película que se haría por segunda vez, no lo sé.

Lo que sin embargo reconocí, fue que la película original fue hecha con un elemento histórico muy fuerte. Sin embargo, yo no tenía absolutamente ningún indicio de que la película se refiriera a la Voz, y cuando usted piensa acerca de ello, hoy hay miles de versiones.

¿Fue éste un mensaje de Dios? ¿Por qué recibí una promesa de este tipo en un sueño? Estas preguntas siguieron sin respuesta, lo que me llevó a preguntarme continuamente a través de todo el tiempo de mi vida: ¿Qué me está pasando?

Mientras yo estaba orando, oí el nombre de un hombre. Pero de nuevo, yo no entendía lo que significaba. Lo extraño es cómo el nombre de ese hombre apareció en mi mente. Sin ninguna idea, decidí olvidarme de eso.

Dios no confundirá a sus hijos ni les dará falsas esperanzas.

Yo creo esto con todo el corazón. De hecho, mientras yo estaba en el punto más bajo de mi vida y buscando ardientemente la voz de Dios, creo que un mensajero falso estaba trabajando para tratar de confundirme. Entre todos los mensajes divinos que comencé a recibir, quizás este demonio esperaba finalmente hacerme perder la fe en mi habilidad para escuchar las instrucciones de Dios. Si eso sucediera, conduciría a una mujer a rechazar los mensajes de Dios. Eso sería una victoria para una fuerza dedicada a interrumpir la divinidad.

La serie de sueños continuaron. En uno de ellos, yo recogía dos anillos. Uno de los anillos estaba grabado con un símbolo de la industria del entretenimiento. El otro era un anillo de bodas. Hoy entiendo esto como que Dios me mostró que el primer pacto sería con la industria del entretenimiento, y el segundo sería mi matrimonio. Dios estaba haciéndome una promesa acerca de mi futuro.

Pero todo este simbolismo se volvió extremadamente confuso. Yo me preguntaba qué es lo que iba a pasar. Mientras yo entendí que algún día me casaría por la razón correcta y por motives verdaderos, de alguna manera, mi vida sería primeramente conectada a Hollywood.

En un sueño posterior, una voz describió mi futuro marido. Mientras que casarme era mi máximo deseo, por la razón que sea, en éste momento, no quería oír nada acerca de un marido. Aun así, la voz, la imagen, el mensaje, simplemente no desaparecerían. En lugar, llegaría a crecer hasta convertirse en el centro más importante de mi vida. ¿El Mensajero estaba enviando el mensaje de un esposo para darme esperanza? El peligro real parece residir en el hecho de que este mensaje se volvió muy consumidor. Es un poco aterrador cuando no se puede conseguir sacar algo tan poderoso fuera de su mente.

Fue entonces, justo antes de preparar mis maletas para ir a Los Ángeles, que fui sacudida de un sueño profundo, oyendo la "Voz" decir claramente el nombre de un proyecto de película, "Lo Que el Viento se Llevó". ¿Recuerda esa épica? Ganó 10 premios de la Academia en 1939 y se convirtió en el clásico más popular de América, durante muchos años.

¡Ahí está! Ese es un proyecto de película que tiene un elemento histórico ¡muy importante! En este romance de la época de la Guerra Civil, la protagonista, Scarlett O'Hara, captiva a los espectadores por innumerables razones. Aunque muchos podrían pensar que ella merecía una buena azotada a la antigua - ella es engreída, mimada y arrogante - ella también muestra gran coraje y determinación, finalmente ella salvaría la vida de muchas personas.

Bueno, ahora, usted podría estar pensando, que usted definitivamente no desea recibir mensajes extraños, especialmente porque no son garantizados que vengan de Dios. Sí, es aterrador y desconcertante cuando estos mensajes vienen; y sí, en primer lugar, es difícil escuchar la voz de Dios cuando otras voces engañadoras están allí también, tratando de romper su equilibrio. Estoy de acuerdo, totalmente. Pero usted será capaz de discernir la diferencia siguiendo mis ejemplos. Aprendiendo a diferenciar y haciendo una elección segura le traerá una vida completamente diferente, más grande y más prometedora que nunca.

Mire a Ester en la Biblia: Su obediencia al "llamado" durante su vida, salvó la vida de millones de judíos. El deseo de mi corazón es que, quizás, mi historia puede cambiar las vidas de billones de personas, también hoy en día. ¿Por qué otra cosa uno sería enviado en tal misión de ese tipo?

Sí, incluso ahora, me doy cuenta lo extraño que todo este concepto puede parecerle a usted. A mí también me pareció igual, cuando yo estaba pasando justo por todo eso. Pero la fuerza dentro de mí no me permitió abandonarla. Dios llama a una joven mujer de Sudáfrica para servir como profeta con un mensaje para Hollywood. Ella obedece, predicando su evangelio y diciéndole a quienes escuchan, que pidan la ayuda de Dios, porque va a haber un terremoto gigantesco.

Sí, un real movimiento cataclísmico de la tierra. Los sueños persistentes de un futuro terremoto en Los Ángeles no pararían. Y fue este repetido horror que me impulsó y añadió fuerza, empujándome a seguir adelante.

Claramente, yo no soy Ester. Por lo tanto ¿por qué yo? Yo sé muy bien, que no soy nada perfecta. Aunque yo le di mi corazón a Jesús en 1991, me mantuve viviendo por normas sueltas que copiaba de otras personas, e incluso de los medios de comunicación. ¿Por qué Dios?

Me eligió a mi entre toda la gente; yo, que obviamente no estaba tratando muy duro por obedecer lo que está tan claramente enseñado en la Biblia

Miré profundamente dentro de mí, encogiéndome ante los muchos errores que he hecho, y las muchas, muchas veces he pecado. Por años, yo no podía ni siquiera leer la Biblia, mucho menos dar un mero pensamiento a la vida de ahora en adelante.

Como mucha gente, yo detestaba todo el dolor y lágrimas que veía en todas partes. Como tantos otros, que hubieran hecho algo para ayudar, pero no harán nada para empezar, yo constantemente sentía, que alguien necesitaba intentar poner fin a todo este sufrimiento global. Pero ¿quién? Yo no.

Aun así, tomé una decisión: permitir que la voluntad de Dios sucediera en mi vida - lo que sea que eso significara. ¿Fácil? De ninguna manera. A veces, después de renunciar formalmente a todos mis propios deseos, yo trataría de recuperarlos. De alguna manera, yo siempre terminaba en lágrimas ante Dios. Ahora me doy cuenta, de que yo estaba persiguiendo su Voz, buscando por la esperanza en mi vida.

Por último, abriendo la Biblia, me di cuenta de cómo Dios ha convocado muchas almas para hacer su trabajo. Lo curioso -y extrañamente reconfortante – era esto, que la mayoría de ellos tenían terrible pecaminosos pasados. ¡Pero que epifanía fue esto para mí! Fue en ese momento que me di cuenta de cómo fui bendecida al ver que yo podría aprender de sus vidas. Dios "llamó" a Ester, José, Moisés, David. Él puede hacer lo mismo, en cualquier momento. Tal vez la persona sentada a su lado, en el bar, esté en camino de ser el nuevo elegido de Dios.

Habacuc 3:2
"Oh Señor, he oído hablar de lo que has hecho, y me llena de admiración. Ahora, haz en nuestra época las grandes hazañas que solías hacer." [GNB]

Ahora, hemos llegado al punto en la historia de mi vida, donde me doy cuenta totalmente que sola estoy, no debido a la situación, pero por causa de la revelación. Aquí estaba yo, oyendo voces que me decían cosas que yo no podía entender, no me dejaban sola por un segundo, insistiendo por mi atención, ordenándome que tomara algún tipo de acción, pero sin mostrarme exactamente de qué se trataba la asignación. Lo que hizo las cosas especialmente difíciles fue el hecho de que no tenía a nadie con quien hablar, nadie en quien confiar que no creyera que yo estaba delirando. La soledad que yo sentía, era por estar consciente de que no podía hablar con las muchas personas que me rodeaban.

Imagínese oír éstas locuras: Habrá un terremoto en Los Ángeles. De alguna manera, una vieja película clásica presentará un mensaje para usted y para mí.

No teniendo a nadie con quien compartir estas visiones es un sentimiento muy solitario. Comparto este historia aquí, en estas palabras, para que usted pueda ver el modelo que Dios, el Creador, eligió para mí, un camino para asegurarse que yo estaría totalmente enfocada, capacitada y preparada para enseñar.

Exponiendo mi alma en este libro, me doy cuenta que me abro al agudo criticismo, a la burla y peor. Aun así, yo pienso que el hombre que una vez les dijo a todos, que él era Dios, que el destino eterno de ellos dependía de creer en él. Y mientras que yo - como cualquier otra persona- me considero indigna de ni siquiera aflojar sus sandalias, Jesucristo parece siempre estar cerca de mí, dándome coraje que ni siquiera yo sé que tengo.

En este día y época, para que alguien proclame, que él es Dios, es solo un poco más locura que sugerir que es Napoleón. Obviamente, todos lo mirarían y pensarían, que esta "delirando", o incluso que es esquizofrénico. Sin embargo, en la luz de todo lo que sabemos acerca de Jesús, es difícil imaginar que el deliraba y que tenía trastornos mentales. Pero recuerde que, en su día, Él decía "locuras", cosas que no tenían sentido en aquel momento. ¿Cómo sabemos realmente, quiénes son los mensajeros de Dios entre nosotros?

¿Por qué Dios, eligiera a usted, o a mí? Es porque Dios hace una distinción entre la persona que le sirve y le honra y aquel que no.

La respuesta está en la Biblia.

Malaquías 3:17-18
"Ellos serán mi pueblo, dice el Señor Todopoderoso. Una vez más, mi gente verá la diferencia entre lo que sucede al justo y al impío, a la persona que me sirve, y el que no lo hace."
[GNB]

Servir a Dios - ¿Qué significa eso exactamente? Si mi vida, hasta ahora, es un ejemplo, puedes ver cómo Dios trata de forma diferente a una persona que se esfuerza por servirle. Empezando con una niña que perdió a su madre por suicidio, convirtiéndose en una adolescente que intensamente llamaba a Dios, en aquel entonces, esperando y deseando, no muy pacientemente, que su plan trajera orden a su vida y que aliviara el dolor, me llevó a un lugar que no podía imaginarme: una madre casada copropietaria de acciones en Worth's, una de las tiendas más famosas de Sudáfrica, y una "predicadora" en Hollywood.

Llegar al lugar donde estoy ahora, es un viaje penetrantemente emocional... Como yo lo veo en este momento, hay unas cuantas cosas que son seguras:

parece que Dios bendice todo lo que yo toco; yo atentamente busco un continuo y profundo entendimiento acerca de mi vocación; Constantemente yo me esfuerzo para ser lo mejor que puedo ser y hacer lo que Dios me dice; y Dios repetidamente pone a prueba mi fe acerca de las cosas que yo oigo, no porque Dios necesite asegurarse, sino porque yo lo necesito.

Salmos 105:19
"Hasta el momento en que se realice su presagio y se acredite la palabra del Señor."
[RV]

La necesidad de asegurarse, supongo que es una verdadera necesidad humana. Creo que las constantes caídas y vueltas de mi viaje personal a través de la fe se producen porque es exactamente de estos retos que salen los casos claros.

Él está haciendo un ejemplo de mí que será mantenido para la inspección.

Porque yo lo honro, Él me honra

Él permite el dolor y el sufrimiento en mi vida, como vías para aprender y crecer espiritualmente

Tenemos que usar lo que aprendemos, para compartir nuestras experiencias; y para mí, esto incluye la redacción de este libro y la enseñanza de cómo oír la Voz.

Más que nada, Él quiere que usted oiga su voz.

Mateo 6:33
"Más buscad primeramente el reino de Dios y Su justicia, y todas estas cosas os serán añadidas."
[NVI]

Habiendo llorando por años, yo me vi como la persona con más lágrimas sobre la Tierra. Yo no podía entender ni atender lo que a mí me estaba sucediendo. Yo siempre parecía estar diciendo "Perdón Dios, por favor perdóname".

Pero ahora me doy cuenta que yo era entonces, simplemente quien se suponía que yo fuera, haciendo y sintiendo exactamente lo que yo debía hacer y sentir. Fue a partir de ahí - como lo es para usted, donde quiera que usted esté ahora mismo en la vida- que alcanzando a Dios, pidiéndole desde lo más profundo de su ser, por su ayuda, que seamos educados, criados y amados. Dios sabe que la alegría y las lágrimas son poderosos maestros, y Él utilizará ambas con su infinita sabiduría para asegurarse que usted, en su corazón, sepa que Él es justo y amoroso.

Para Noé, llovió 40 días y 40 noches. Jesús pasó 40 días en el desierto. Moisés deambuló sin hogar por 40 años. ¿Y Yo? Ahora puedo decir que me llevó 40 años, también. Yo finalmente encontré la felicidad a la edad de 40 años, una vez que tuve mi propia familia, y después que maduré en la habilidad para oír la voz de Dios.

Anteriormente, yo era un poco como "Scarlett O'Hara", mostrando mi lado no-tan-bueno. Pero Dios me ató con una correa llamada aislamiento. Para mí era una lección necesaria. Para usted, será diferente, dependiendo de los obstáculos que Dios vea le impiden oír su voz. Cuando usted pida oír a Dios, sepa que parte del trayecto que incluye valles de dolor y malestar. Pero es ahí donde empezará a ver. Y lo que va a encontrar, es la alegría.

Dios sabe que no están cualificados, pero Él cualifica a los que llama. Si se esfuerzan por ser humildes y arrepentidos, ya están en su camino hacia Dios.

El final que no está a la vista

Después de 12 años registrando todos mis sueños, documentando todas mis visiones, y compilando todas mis experiencias para este libro, tuve un problema cuando le entregué el manuscrito a mi editor. Tuve que decir: "Léalo, el relato tomará cuerpo y forma a medida que proceda".

"¿Pero dónde está el último capítulo? ", preguntó el editor añadiendo rápidamente, "¿Cómo termina el libro?"

"Eso", le dije, "Usted lo recibirá solo antes de que se vaya a imprimir."

Asombrado, y obviamente sorprendido, el editor entonces preguntó, "¿Por qué?"

La única respuesta que pude darle es una honesta "Dios dijo eso."

Y así permanecí esperando. Esperando por respuestas a algunas cosas específicas contenidas en estas páginas. Y, lo que es más importante, esperando que Dios me guíe con el mensaje para cerrar este libro.

Esto, mi amigo, en una palabra, es cómo este libro surgió -- de la nada -- de una mujer, esposa y madre que vive en el sur de África, rodeada por la diversión silenciosa del hábito y del vicio, entonces escuchando desde las profundidades de la divinidad.

Ahora, demos la vuelta, miremos hacia adelante, y ver qué nos depara el futuro.

3

ESCUCHANDO PARA UN FUTURO

Tantos de nosotros creemos que el futuro se decide por lo que hacemos y decimos, hoy. Pero, ¿y si pudiéramos ver el futuro antes de que llegue? ¿Eso cambiaría lo que hagas o digas, en este momento? Probablemente, cambiaría. Cuando escuchas la voz de Dios, recibes más que una vista real del futuro, tú tienes el don de entender lo que pasará. Esto incluye tu papel en ese futuro. Pero es esencial que tú sepas absolutamente lo que estás oyendo y que seas capaz de detectar si es la voz de Dios o las muchas otras voces que se elevan para sacarte del camino.

Mi objetivo con estas páginas es enseñarte a "oír", de modo que puedas ser consciente de tu futuro y de las cosas que te afectarán tanto positiva como negativamente. Me he percatado de que las razones por las cuales este libro tardó tanto en nacer dependían de mi preparación y confianza. MI constante desafío era que yo no siempre oía la voz de Dios 100% correctamente. Por lo tanto, no tenía la confianza necesaria para empezar a escribir.

Esto se me hizo evidente mientras reflexionaba sobre los últimos 10 años de notas que había tomado. Durante este periodo inicial, interpreté correctamente sólo alrededor del 60 por ciento de lo que oía. Otro 20 por ciento terminó siendo correcto, pero luego mis interpretaciones inevitablemente resultaron ser erróneas. Peor aún, con el 20 por ciento restante, yo estaba totalmente equivocada, desde el principio, por una variedad de razones. Estaba claro que yo tenía mucho que aprender antes de que pudiera comenzar a compartir. Pero, sobre todo, ese 80 por ciento que era verdaderamente de Dios me impulsó con un sentido de propósito.

Primero y principal, adquiere un conocimiento sólidamente maduro de Dios, quien es Él realmente. De esa manera, las preguntas que tú pudieras tener albergadas toda tu vida son completamente, finalmente contestadas.

Esto nos lleva a lo fundamental en el proceso de aprender a oír la voz de Dios: Primero y principal, su objetivo debe ser adquirir un conocimiento sólidamente maduro de Dios. No estoy hablando de un conocimiento superficial, aquí. Me refiero a un esfuerzo dedicado a aprender acerca de Dios de una manera que todas esas preguntas que hayas albergado toda tu vida sean completamente, y finalmente contestadas. Dios es asombroso en que cuanto más aprendas, más te das cuenta de que quieres aprender. No hay muchos temas donde esto sea tan cierto.

Primer paso: Elimina todos los ídolos en tu vida. Estos ídolos son realmente distracciones. Elimínalos y eliminarás el 90% de las cosas que "oyes" que no son la voz de Dios

Así como hay leyes de física, también existen leyes de la "escucha". El primer paso es eliminar cualquier y todos los ídolos en tu vida. Al deshacerte de estos ídolos, que en realidad son distracciones, eliminarás el 90 por ciento de las cosas que "oyes" que no son la voz de Dios. Estarás limpiando el camino que te permitirá discernir qué mensajes son de Dios y cuáles están relacionados con cualquier distracción restante en tu vida. Examinaremos esta parte del proceso en más detalle en las páginas que vienen. Por ahora, sin embargo, considera e identifica las cosas que permanecen en tu corazón, que, en esencia, no deberían estar allí. Estate segura de que, cuando preguntes, Dios te dará un mensaje sobre esos "intrusos".

Obtener respuestas de forma natural

Se dice que ser mamá es un trabajo de tiempo completo. Para mí, aunque me encantó la indescriptible sensación de estar con mi pequeño bebé, también sentía un fastidio constante en mi corazón. Era tan extraño que yo no podía calmarme ni celebrar, aun en medio de la alegría de la maternidad. Sabía que estaba donde se suponía que debería estar como una madre, pero también sabía que algo muy persistente me estaba convocando, más allá de la maternidad. Era como si me estuvieran dotando con un vistazo de lo que iba a hacer con el resto de mi vida. Sólo un vistazo, aunque un vistazo frustrante. Me seguía fastidiando, mermando así mi alegría, siempre presente en mi mente la pregunta: ¿Qué carrera debo seguir?

Mi marido llevaba una vida ajetreada y, además, siendo un entrenador de rugby, me dejaba sola en casa durante muchos fines de semana, períodos de tiempo que duraban varios días.

Nuevamente me invadieron esos temores anteriores de soledad. A pesar de que yo ahora estaba casada y aún mejor, era una madre, sentía un cierto "empuje" para tender una mano, para formar parte de algo extraordinario, algo ilimitado, y algo profundo.

Me acordé de mi experiencia en los Estados Unidos. Sólo unos pocos años atrás, pero parecía otra vida. Allí estaba yo, dirigiéndome a salas llenas en tantas iglesias y centros de conferencias. Hablé acerca de la voz de Dios, oyendo a Dios, finalmente entendiendo que realmente existe un Dios que nos ama más allá de nuestra comprensión. Este fue un momento muy emocionante en mi vida. Me sucedieron cosas maravillosas y sobrenaturales. Pero aún más importante, sucedieron cosas significativas en la vida de mis audiencias.

Al volver a Sudáfrica, me sentí de maravillas. Pero a medida que pasaba el tiempo, este sentimiento iba disminuyendo lentamente pero de forma continua. Y luego, desapareció. De nuevo, comencé a sentir esa desesperación familiar por lograr algo significativo en mi vida. Miré a mi bebé y le agradecí a Dios, con todo mi corazón, por esas bendiciones inmensas. Pero al mismo tiempo, mientras le agradecía, una vez más me acerqué a Él en busca de orientación. ¿Qué se suponía que debía hacer con respecto a mi conciencia de la capacidad de escucharlo, de entender los notables mensajes de Dios? Era todo tan confuso.

A diferencia de las personas que dicen que si ganaran un montón de dinero, sabrían exactamente lo que harían, me di cuenta de cuan diferente soy. Podrías darme diez millones de dólares, pero todavía no sabría qué hacer, a menos que lo oyera claramente a través de la voz divina de Dios.

Permíteme aclarar algo en este punto. A veces, Dios te dará una respuesta muy clara acerca de la dirección que debes seguir. En otras ocasiones, sin embargo, Dios puede llevarte a un espacio natural donde tú debes explorar, investigar y buscar respuestas. Hazlo humildemente y con la mirada puesta en Dios, y sorprendentemente, en el camino a la respuesta correcta, eliminarás todas las rutas y direcciones equivocadas.

Veamos esto con un ejemplo real:

Una joven sufrió, en agonía, con una inflamación en todo su cuerpo. Con el tiempo, el dolor la superaría completamente, cambiando su vida. Ella se enfermó tanto que tuvo que abandonar la escuela. Buscó alivio en todas partes, yendo de un especialista a otro. La medicina moderna le falló. Entonces intentó la medicina alternativa, seguida por intentos de dietas de alimentos crudos. Mientras tanto, ella rezaba para obtener respuestas. Recuerde esto, porque es a partir de este acto de oración sincera que eventualmente su vida dio un giro y mejoró.

Mientras seguía la dieta de alimentos crudos, se recuperó e incluso experimentó una vitalidad que no tenía hace rato. Pero sólo duró cuatro meses, y luego las cosas se pusieron definitivamente peor. Ella comenzó a experimentar brotes agudos de psoriasis. Parecía una persona con una enfermedad terrible de la piel; era tan malo que la gente hacía movimientos groseros para evitarla. Fue a esta altura que ella se fue a vivir con su abuela, pensando que se iba a morir. Mientras que todos los médicos la diagnosticaron como incurable, fue en su desesperación y aislamiento que ella comenzó a buscar en la Internet, con la esperanza de encontrar esa cura que era particularmente difícil de alcanzar. Y a través de todo este dolor, ella continuó orando para obtener una respuesta.

Bueno, su respuesta llegó. Fue "guiada" a ver un consejero macro biótico, fue guiada a comer de una manera muy diferente que aseguraba que su cuerpo absorbiera todos los nutrientes necesarios para mejorar su metabolismo y tratar su condición. Ella, en una palabra, en "la Palabra", se curó.

Esta joven encontró su respuesta explorando. Y ella exploró porque fue guiada a investigar a través de sus plegarias a Dios, pidiendo una respuesta. Dios no dijo simplemente, "Macro biótica." Dios le dio el espacio y la motivación para hacer la investigación necesaria. Fue a través de la misericordia de Dios que ella se curó. Al escuchar sus súplicas, Dios entregó instrucciones, llevándola al único camino que le devolvería su vida.

En otros casos, Dios intervendrá con instrucciones claras. Veamos la historia de Josué. La Biblia no describe con detalles explícitos cómo Josué escuchó los mensajes, pero seguro que él sabía exactamente lo que hacer. Compruébelo:

Josué 6:2-5
"y el Señor le dijo a Josué, «Ves he entregado en tus manos a Jericó, y a su rey, con sus guerreros. Tú y tus soldados marcharán una vez alrededor de la ciudad. Esto ustedes lo harán durante seis días. Y siete sacerdotes llevarán delante del arca siete trompetas, todas las personas deberán gritar con un gran grito; y los muros de la ciudad se derrumbarán, y cada uno entrará sin impedimento.»».
[AMP]

Dios ofrece bastantes detalles precisos, ¿verdad? Pero, ¿por qué? ¿Quién sabe? ¿Cómo podemos saber? Quizás era una descripción necesaria justificada por el tiempo, la situación, la etapa. ¿Y qué hay acerca de cada uno de nosotros, en este momento? ¿Tenemos un tiempo, una situación o una etapa donde Dios será tan generoso con los detalles de lo que tenemos que hacer?

He aprendido, de una manera dura, que la "Etapa" de tu vida en la que te encuentras puede afectar el número de mensajes que recibas de Dios. Permíteme darte un ejemplo. A medida que la época de mi casamiento se acercaba, Dios no me envió muchos mensajes.

Antes de eso, otra etapa de mi vida comenzó cuando volví de Los Ángeles, después de predicar en esa ciudad durante un año. En ese momento, me alojé en Pretoria, Sudáfrica. Es muy cerca de Johannesburgo, y esto era importante por mi papá. Estaba extremadamente enfermo. Tenía muy poco tiempo. En esta etapa, no sabía si o cuándo Dios me enviaría nuevamente a Hollywood. Resultó ser que me quedaría aquí más tiempo de lo planeado. Es decir, en mi plan.

En efecto, por los próximos dos años o "Etapas", yo estuve desempleada, y mi papá se estaba muriendo. A pesar de que oré durante horas, no recibí ninguna respuesta. Era evidente que tendría que explorar para obtener una respuesta. En mi primera incursión, solicité empleo en un gimnasio con la esperanza de poder enseñar algunas clases de ejercicios. A pesar de que yo no estaba técnicamente capacitada, necesitaban a alguien desesperadamente y estaban dispuestos a capacitarme. Aunque era un trabajo de sólo comisión, yo estaba satisfecha, incluso con muy poco dinero porque lo vi como una oportunidad que me ocuparía sólo cuatro a cinco horas diarias, dejándome suficiente tiempo para escribir. Quizás el aspecto más importante de la incursión de esta etapa fue que aprendí cómo nuestras acciones exploradoras pueden llevarnos a enseñanzas motivadoras acerca de los mensajes de Dios.

En este club en el que entrenaba, terminé ganando el mayor ingreso de todos los entrenadores personales. Pero de repente, el ambiente cambió y mis ingresos comenzaron a disminuir. Sabía que esto era un mensaje para mí. Era momento de cambiar por completo a otro gimnasio, en otra zona.

Y así cambié. Encontré trabajo en otro gimnasio de cinco estrellas. Y de nuevo, después de un mes, me convertí en la entrenadora personal que ganaba más que todos. Y nuevamente, después de unos meses, mis ingresos comenzaron a disminuir. La persistencia de estos hechos es más que coincidencias cuando observas profundamente todas las dinámicas que te rodean en tu vida. Cuando cosas como estas suceden y siguen sucediendo, es porque estás recibiendo un mensaje. Y no se detendrá hasta que tomes medidas para seguir el verdadero recorrido que te está llamando.

Sabía cuando recibí este segundo mensaje que me iba a trasladar a otro lugar. Me dirigí a otra área en Johannesburgo, pero aquí, simplemente no pude encontrar la tracción necesaria para atraer nuevos clientes. Así que seguí buscando trabajo.

Luego, de repente, inesperadamente, mi etapa cambió.

Mi padre murió.

Pero luego, en un instante, mi etapa cambió nuevamente.

Poco después de decir adiós a mi padre, le dije hola al hombre que se convertiría en mi marido.

Yo estaba pasando por etapas de mi vida más rápido de lo que podía sentir.

Cuando apenas lo conocí, salíamos informalmente, nunca hablábamos de matrimonio. Luego en el medio de una noche en esta nueva etapa, me desperté y escuche con claridad una palabra del cielo. Una sola palabra: Expansión.

Con esto, comencé a sentir una necesidad imperiosa de encontrar y comprar una casa grande en una extensa propiedad. Bueno, esto puede ser magnífico como una visión, pero en realidad, me di cuenta de que ciertamente no estaba en condiciones de financiar tales bienes, especialmente en Johannesburgo.

Mi nuevo novio pensó que yo estaba loca cuando le hacía conducir para ver propiedades todos los fines de semanas - ¡por un año! Pero descubrí que el amor es el amor, porque fue él quien me condujo finalmente a la zona donde compraríamos nuestra casa. Nos sería posible construir un estudio de entrenamiento personal en el terreno de esta espaciosa propiedad.

En este momento, sentí que había respondido debidamente al mensaje de Dios de expansión. Pero no sabía que iba a convertirse en una base para ampliar mi escritura, también.

Los próximos cuatro años fueron la etapa De Dios para adaptarme al matrimonio, empezar una familia y comenzar una batalla que se convertiría en una guerra por mi estabilidad económica.

Durante este tiempo, Dios utilizó una mezcla de dos elementos para enviarme mensajes. Además de los mensajes que escuchaba a través de Su voz, Dios alteró el ambiente en mi lugar de trabajo para crear una mayor conciencia acerca de los cambios futuros. Ahora, en mi cuarto gimnasio, volví a convertirme en la entrenadora personal con mayores ingresos económicos. Y de nuevo, casi como era de esperar, el entorno cambió. Yo estaba muy ocupada preparando mi boda cuando empecé a notar que tenía menos y menos clientes. Al mes de nuestra boda, quedé embarazada. Entonces me di cuenta de que tenía que empezar a entrenar clientes en mi casa; me sentía agotada la mayor parte del día.

Tuve la sensación de que lo que yo estaba experimentando y sintiendo eran lecciones vitales que Dios me estaba enseñando. Como con mis días en Los Ángeles, dando presentaciones en conferencias repletas de ansiosas almas que deseaban saber cómo escuchar la voz de Dios, yo de nuevo estaba totalmente en "armonía" con los mensajes que estaba recibiendo. Recordé cómo Dios me fue llevando a diferentes áreas en Los Ángeles

Dios es muy práctico y protector. Fue durante este tiempo que aprendí que si alguien te quiere tirar abajo, Dios te ayudará a levantarte. Siempre.

Al planificar nuestros presupuestos mensuales que ahora incluían las necesidades de nuestro bebé, nos dimos cuenta de lo importante que eran nuestros dos ingresos sólo para subsistir. Aunque, este estrés realmente ayudó. Me llevó a pensar más allá de lo inmediato, me motivó a revisar lo que había hecho anteriormente que podría ser de ayuda, ahora. Es importante señalar que fue durante esta auto-reflexión que me di cuenta de que no había recibido ningún dividendo de mis participaciones en las tiendas Worth. Pero lo que debería haber sido una recaudación sencilla se convirtió en una batalla legal para proteger mi participación accionaria, una batalla que duraría más de cinco años.

Esto fue una etapa agotadora en la que Dios me enseñó a impugnar y no sólo aceptar o confiar en las acciones y comportamiento de la humanidad. Durante esta etapa, oí su voz, extraordinariamente tratando incidentes muy concretos.

En los próximos capítulos, ofrezco ejemplos de cómo Dios eligió hablarme, con pocas palabras que contenían sólo hechos esenciales, enseñándome precisamente a cómo actuar en esta "guerra" en la cual Él me había colocado.

Para cuando tuve a mi bebé, yo era muy consciente de que esta nueva vida dependería de mí para su sustento. Sabiendo esto, ciertamente, sumaba a la extrema frustración que ya sentía sobre qué tipo de futura profesión debería buscar. Yo estaba particularmente preocupada de que las finanzas estaban atadas en las manos equivocadas; aún no había recibido mi dinero accionarial de las tiendas. De hecho, mi batalla legal se estaba arreciando ya que mi ex socio de negocios se las estaba ingeniando para mantenerme alejada de lo que me pertenecía. Hoy, me doy cuenta de que este incidente fue lo mejor que me podía pasar. Me enseñó un lado de los negocios que nunca había considerado, y al mismo tiempo me mostró cómo la confianza, si depositada en la persona equivocada puede ser un error costoso. En resumen, he madurado como empresaria y vi el peligro de la avaricia.

No para aburrirte con lecciones de Economía de Negocios, pero una anécdota rápida, aquí, ayuda a explicar mi situación a medida que se desarrollaba. Como muchos de ustedes ya saben, en los negocios, es común la práctica de hacer un análisis "año tras año". Suena complicado, pero realmente es sólo una comparación directa. Preparas informes para ver cómo han aumentado las ventas de tu empresa mediante la comparación de ingresos para una determinada semana y mes con exactamente la misma semana y mes del año anterior. Estos datos y otros varios números básicos de negocios, te permiten planificar estrategias para tanto metas a corto plazo como a largo plazo. En el negocio de la venta al por menor, presupuestas un porcentaje de crecimiento que incorpora gastos mientras tomando en consideración también las cifras de ventas del año anterior y la proyección del crecimiento de las ventas para el próximo año.

Eso es lo que haces.

Lo que no puedes hacer es entrar en un negocio con un socio de poca confianza.

Pero eso es lo que hice.

Al ser una mamá que se queda en casa con un pequeño negocio de forma física, yo estaba preocupada. Sin embargo, también me di cuenta de que estaba bendecida: Dios ya estaba dándome una vida, buena salud, un bebé saludable y fuerte. Además de esto, subconscientemente, yo sabía que todo crece. Los árboles crecen. Los salarios crecen. La inflación crece. Los negocios crecen. Diablos, incluso el Universo crece. Bien, dicho esto, entonces, ¿por qué, después de 10 años de experiencia laboral, estaba ganando un sueldo anual que algunas personas ganan en sólo un mes?

Aunque yo era co-propietaria de una conocida franquicia, aquí estaba, sufriendo económicamente a causa de un socio sinuoso. Para empeorar las cosas, yo no podía entender cómo las cosas llegaron a este punto. Sabía que Dios me había llamado, y yo era plenamente consciente de que cuando lo hizo yo dejé el negocio. Fue mi decisión de dejar la franquicia en manos de alguien de confianza.

Llámame fiel a los que confío. O llámame ingenua. Este socio de confianza demostró cómo el poder del dinero, el hechizo de la avaricia, lleva a que uno viole incluso la confianza de un amigo fiel. Es traumático y restablece tu visión del mundo. Mi asociado no sólo demostró ser poco fiable, pero más tarde, incluso se convirtió en un adversario.

¡Sin embargo, yo no podía - y no estaba a punto de - echarle la culpa a Dios! Sí, fue Dios quien dijo, «Deja el negocio». Pero, me di cuenta, Dios no nos debe nada. Reconocí que sólo a través de Su gracia es que recibimos bendiciones. La propia vida, es un gran regalo. Cuando dejé nuestro negocio familiar para ir a entregar el mensaje de Dios, simplemente tenía que confiar en que no me faltaría nada. Así que, incluso ahora, en este momento de profunda decepción y trauma asestada por un mal socio de negocios, creí que mi fe iluminaba mi camino.

Dios dijo, "no te preocupes por tu crecimiento económico."

Imagínate escuchar esto cuando ya estás corto de dinero, sin expectativas de mejora a la vista. Era especialmente duro escuchar este mensaje porque era ahora, en ese momento, en el que yo ya había empezado a escribir este libro, el cual se estaba pareciendo, sin proponérmelo, a mi autobiografía. Y mientras que una autobiografía puede ser una manera profundamente emocional y satisfactoria para que su autor adquiera una perspectiva sobre sus experiencias, afrontémoslo, las autobiografías no conducen necesariamente al crecimiento económico.

Yo simplemente no podía conciliar las palabras tranquilizadoras de Dios para no preocuparme por mi crecimiento económico cuando todo lo que podía ver era la notoria depreciación de mi valor accionario, en un banco pagando intereses raquíticos mientras que mi socio de negocios aparentemente se enriquecía a expensas mías, haciéndolo muy difícil para mí el poder extraer un poco de mi propio dinero de sus manos.

Por lo tanto, aquí yo estaba en una batalla conmigo misma, incluso sabiendo en mi corazón que el plan que Dios tenía para mi proveería. Esto es una cosa importante para recordar. Tú, en algún momento, también lo sentirás. Mi corazón me dijo que no me preocupara. Mi cabeza me seguía recordando que debería estar asustada por mi futuro. Tú sin duda viajarás por un camino similar, un punto donde tu corazón y tu cabeza están gritando mensajes totalmente opuestos, todo el tiempo mientras Dios te habla.

Entonces, recordé el mensaje de Dios de hace cinco años: "Las tiendas Worth no son mi voluntad para ti, pero te bendecirán".

Cuando mi papá y yo, junto con otros inversores, abrimos por primera vez nuestras propias tiendas, Dios claramente me habló, diciendo: "Esta no es Mi voluntad para ti." Se me estaba empezando a hacer claro: las tiendas Worth sólo sirvieron un propósito temporal. De hecho, como vería, Dios tenía otros planes para mí.

Yo estaba cerca de Dios. De hecho, el escuchar Su voz te hace sentir como si tus oídos acabaran de nacer.

Pero la tristeza me rodeaba. Eso era innegable. Y yo estaba realmente muy asustada. Sentía como si estuviera viviendo mi vida al revés. Yo había sido una copropietaria de las tiendas Worth, luego una evangelista de Hollywood compartiendo un mensaje muy personal acerca de cómo escuchar la voz de Dios, y ahora, de repente, soy una madre que cambia pañales, cocina, limpia, reempaca armarios. ¿Qué había sucedido a todos los "mensajes" de Dios que había recibido antes de ir a Hollywood?

A estas alturas, tú pensarás que he estado luchando con inseguridades toda mi vida. Y, estoy segura de que eso es cierto. Pero estaba más que insegura. Estaba confundida. Yo tenía miedo. Estaba desesperada por tener dirección y sentido. Seguía pensando que no tenía ningún futuro. Me sentía como un fracaso y, finalmente, me enojé con Dios. ¿Puedes imaginarte eso? Aquí estaba yo, alguien a quien se le dio el increíble don de escuchar la voz de Dios, y ahora, ¡Estoy enojada con Él!

Siempre he sido honesta con Dios. Pero realmente, nada menos, no tiene ningún sentido, ¿no es así? Así, que Le pregunté, "¿Cómo puedes amar a alguien y estar enojado con ellos?" oré y le preguntó, "Señor, ¿he terminado con mi aprendizaje en mi vida? ¿Qué pasa con mi bebé? ¿Quién le va a enseñar a mi hija sobre Tu voz de la misma manera que yo puedo oírla?" Estaba insegura en todos los niveles: económico, de carrera, e incluso del matrimonio.

De nuevo, y siempre en estos momentos críticos cuando de todo corazón pides orientación divina, la voz de Dios llegó Él dijo, "Tengo algo planeado para ti". Él no dijo qué, pero sólo de manera muy simple, "Tengo algo planeado para ti". Nada más. Se sentía como un juego de gato y ratón. Pero incluso en esas pocas palabras, había consuelo.

Veamos las palabras: "Tengo algo planeado para ti." ¿Ves algo aquí? Deberías. Porque cuando somos miserables, deberíamos no rendirnos. En oración, pide ayuda. Espera. Pacientemente. Esa es la clave, a pesar de que pueda ser difícil en nuestra infelicidad temporal. He aprendido que

Dios planea terminar nuestra miseria, de manera que cuando Él habla, simplemente tenemos que confiar y creer y decir, "¡Okay!"

Puedes argumentar que esto te deja con una sola opción: aguantar y confiar solo en tener fe. Puedes ser uno de los miles de graduados que no pueden encontrar un trabajo. Claramente, nuestra generación, como tantos antes que nosotros, está rodeada por grandes sufrimientos. Demasiados jóvenes, hoy en día, están acostumbrados a depender de las limosnas de los padres y no saben cómo proveer por sí mismos. En el lado natural, muchos argumentarán que esta generación debe encontrar oficios y proporcionar servicios que son tan necesarios en la sociedad. Muy bien. Pero entonces, surge la pregunta: ¿en qué industria debo graduarme si ni siquiera sé lo que hay ahí afuera, o cuál es mi talento? ¿Cómo sabré qué carrera seguir?

Todo lo que tenía, y siempre tendré - es mi fe en que Dios me va a hablar. Después de todo,

Él dijo, «Tengo algo planeado para ti».

Presenté mi currículum a una agencia de reclutamiento, con la esperanza de encontrar un empleo adecuado. Un día, me invitaron a una entrevista. Era muy temprano, yo estaba esperando en el carro fuera del edificio cuando Dios dijo, "Este no es el lugar donde tú trabajo será." y, no lo era. Pero que me llamen para una entrevista era una emoción momentánea donde la esperanza aumenta. Verla romperse tan repentinamente fue duro y decepcionante. Además de esto, yo estaba cada vez más ansiosa ya que mi libro estaba casi completo. Necesitaba hacer algo. Pero ¿qué? Ciertamente no le pedí a Dios si este otrora mensajero Suyo debería encontrarme un trabajo corporativo de ensueño. No, no hice "demandas".

Quizás, Dios me estaba enseñando empatía. Sin una carrera durante ocho años, seguramente aprendí a sentir la misma frustración sufrida por tantos jóvenes que no pueden encontrar empleos. Es una desesperación durante la cual haces cualquier cosa por un poco de dinero y para lograr cierta rutina en tu vida.

Cuando empecé a escribir este libro, tenía una causa, pero yo no tenía ninguna visión para mi vida. Ahora, yo tenía mi bebé y necesitaba estar allí cuando lloraba. Sabía que sólo en mis brazos sus lágrimas se detendrían. Pero entonces, las cuatro paredes que me rodeaban cada día empezaron a recordarme los muchos años que había pasado aislada. En este estado mental, me di cuenta de que, aunque podamos avanzar, aunque podamos experimentar cambios importantes en nuestras vidas, algunas cosas pueden todavía tenernos prisioneros. A veces es lo que traemos con nosotros, lo que llevamos en nuestros corazones, que se convierte en las barras que nos mantienen prisioneros y frenados

Y ahora, para poder avanzar a partir de aquí, debemos retroceder, vamos a retroceder a la única palabra que he oído directamente de Dios: Expansión.

Esta sola palabra se manifestaría en mi expansión, pero no en todo el mundo. No, sucedería justo aquí, en nuestra casa. Me expandí mediante el establecimiento de una base desde la cual operaría. Me sentí guiada para prepararme para un negocio del cual aún no tenía ni idea.

Durante esos años, cuando la voz de Dios aparentemente se silenció, mi marido y yo encontramos una casa y comenzamos una familia. Ahora, si bien se puede argumentar que uno debe primero asegurar una carrera antes de comprar una casa y tener una familia, sólo puedo responder que Dios sabe mejor que nadie lo que necesitas. En el sentido más verdadero, todo lo que necesitamos es un "mensaje", y la disposición a escuchar, a oír, y más importante aún, a obedecer.

Me he convertido en una verdadera creyente en una fuerza Universal, una corriente que nos lleva por el río de la vida. Cuando nos movemos con ella en lugar de resistirnos a ella, nos eleva una ola que nos lleva a fluir con la vida. Pero, muchas personas luchan contra esta corriente, entre las que me incluyo, antes de aprender a través de mis errores y desesperación. Llámalo "la condición humana". Sea lo que sea, parece salido directamente de nuestro ego.

El "ir con la corriente" es a menudo una cuestión de renunciar a la idea de que necesitamos estar en control en todo momento. La corriente siempre nos transportará exactamente donde debamos ir. Es simplemente una cuestión de decidir si aceptamos que nos lleven o de remar, desesperadamente, contra la corriente.

No sólo estaba arrastrando mis pies, pero estaba luchando el flujo de mi vida, prefiriendo sucumbir a la corriente de la insignificancia... Sólo recuerda lo que comparto sobre mis primeros años para ver dónde te lleva. Me olvidé de reconocer el poder y la liberación de las oraciones anteriores, incluida la más importante: Dios me condujo hacia donde era completamente necesario para encontrarme con el hombre que ahora es mi esposo - una oración contestada - después de haberle rogado por eso exactamente durante ocho años. Como se ha mencionado anteriormente, después de predicar en Hollywood, ¿no fui a casa y lloré por un marido?

Quiero recalcarte lo importante que es que nunca pierdas la fe porque crees que Dios no te está escuchando. Tú podrías pensar, "Eso es fácil decirlo para ti, tú oyes a Dios". Bueno, déjame decirte que hay veces, largos períodos de tiempo, cuando puede que no escuches ni una palabra de Su voz. Eso no significa que Dios te ha abandonado.

Acaso Jesús cuando se iba apagando lentamente en la cruz, ¿no clamó, "Dios mío, Dios mío, por qué me has abandonado?" Cuando tengas tiempo, y te recomiendo hacer tiempo, lee este verso en particular - Marcos 15:34; o Mateo 27:46 - y aprenderás, como lo hice yo, que Jesús estaba realmente clamando a Dios porque, aun cuando la muerte vino a reclamarlo, Él seguía aferrado a Su increíble fe, en el momento de mayor desesperación. Y, como todos sabemos, Él fue entregado. Como tú lo serás.

Dicho esto, aquí estaba, yendo a través de mi vida, recibiendo mensajes de Dios, obedeciendo estos mensajes, e incluso viendo sus frutos en flor. Sin embargo, siendo sólo humana, yo también caí víctima de mi propia autocompasiva desesperación. "¿Es el fin de mi vida?", clamaba a Dios. "¿Voy a morir pronto? No he tenido ninguna visión ni he oído Su voz desde hace mucho tiempo. Sólo tengo el vago recuerdo de una experiencia, hace más de diez años, cuando Usted me dijo algo muy grande iba a suceder en mi vida".

Y, luego, se me hizo claro Siempre sucede, cuando estás abierta a ello. El silencio no era porque Dios me abandonó, pero porque yo estaba haciendo lo que yo debía hacer, siendo quien se suponía debía ser. Dios debe haber estado satisfecho conmigo. Para mí, eso significaba crecer de nuevo, aprendiendo a aceptar el hecho de que Dios estaba contento conmigo sólo siendo una madre, cambiando pañales y haciendo todo lo que me venga a la mano.

Pero no existe tal cosa como "simplemente ser madre." Para ser una madre dedicada, toma todo de mí -y estoy seguro que si tú eres una madre, sabes exactamente cuánto es eso - y algo más. Como yo lo veo, las madres, en gran parte, determinan quiénes somos, porque no sólo dan la vida, sino también son las personas que más influyen en los primeros años de nuestras vidas, y más allá. Incluso antes de que seamos lo bastante mayores como para entender y apreciar esa influencia, las madres nos otorgan los inicios de nuestra espiritualidad y nuestro sistema de valores.

Verdaderamente, la maternidad es una institución sagrada, no limitado por estrechas restricciones. Me doy cuenta, ahora, que la maternidad fue lo mejor que me ha sucedido. Probablemente incluso más allá de mi propia comprensión. Y quizás porque la maternidad me enseñó el significado más profundo del sacrificio y del compartir, me encontré, una vez más, añorando desesperadamente compartir lo que Dios me había enseñado anteriormente sobre cómo prepararnos para oír Su voz. Pero yo no quería hacer esto, según mi agenda o para alimentar las egoístas demandas de mi ego. Estaba ansiosa por la tranquilidad de saber que estaría con Dios cuando, y dondequiera, que sucediera.

Aquí hay otra cosa que usted necesita entender bien: Necesitamos estar donde la voluntad de Dios nos lleve, aun cuando eso podría llevarnos a un lugar más incómodo. Imagínate los israelitas, pasando años en el desierto. ¿Incómodo? Sí, seguro. ¿Un lugar feliz? No, en absoluto.

Pero si oras todo el tiempo, no sólo cuando necesites algo, a veces te encuentras orando en situaciones difíciles e incluso desesperantes. Pero, siempre es bueno pedir dirección a Dios.

Salmos 2:32:8,
"*Yo [el Señor]* Te haré entender, y te enseñaré el camino en que debes andar; Sobre ti fijaré mis ojos".
[amp]

Si pides dirección pero estás exactamente donde debes estar en ese momento, si te quedaras quieto y no fueras a ninguna parte, yo creo que Dios no te dirá de irte a otro lugar. Pero, Él podría hablar de otros retos que enturbian tu corazón.

Salmos 37:23
"Por el SEÑOR son ordenados los pasos del hombre, y el SEÑOR se deleita en su camino. (Y se afana por cada uno de sus pasos)."
[amp]

Ahora, para que sepas que no fue fácil para mí, aunque ya "sabía mejor", permíteme recordarte, aquí, que yo tenía un sentimiento, que me acosaba constantemente, de que yo tenía algo más, algo "grande" para hacer De alguna manera, no podía dejar de luchar contra Dios acerca de mi futuro. En esos momentos agotadores cuando lo único que podía hacer era tratar de dormir una siesta, aún dormitaba con una silenciosa confesión: "Señor, si me muero ahora, a la edad de 40, está bien. Tengo una herencia para mi hija y para mi marido". Pero había un problema, incluso después de esa confesión: Sentí que mi libro sería un legado más valioso si estuviese completo. Y sólo lo podría terminar si seguía siendo una mujer oyente de Dios.

Yo quería vivir por dos razones. Primero, por mi hija. Conocía el dolor de una vida sin madre. Quería enseñarle a mi hija de y acerca de la voz de Dios para que ella también, pasara a ser una buena oyente. En segundo lugar, le dije a Dios que necesitaba otro hijo; otro hijo duplicaría el impacto de "los expertos en la voz". Pero también era muy consciente que para mi esposo, el lado práctico de tener un ingreso era más importante que tener más hijos para enseñarles acerca de la voz de Dios.

Sin embargo, tenía una historia que contar sobre la voz de Dios y creía que el mundo que yo veía necesitaba escucharla. Un día alrededor de este tiempo, mi hija de dos años de edad estaba sentada delante de la televisión y de repente gritó, "¡El avión no debe caer!" Unas pocas horas más tarde llegó un informe terriblemente preocupante sobre un avión de Malasia que con muchos pasajeros había desaparecido en el océano. A partir de este evento, el cual lo he guardado en lo más profundo de mi corazón, sé que ella también "escucha".

Si Dios planeó algo para mí, oré para que sea algo para un buen fin. Qué tonto, ¿verdad? ¿Qué otra cosa planearía Dios?

En este momento, de alguna forma me dediqué a mi matrimonio y simplemente vivía para cada momento que mi marido retornaba del trabajo o de un viaje. En mi corazón, más allá de la felicidad que yo ya tenía como esposa y madre, sentí que iba a haber un cambio. De hecho, me sentí realmente desesperada por ese cambio.

No es fácil de entender el estado de desesperación, aun en medio de un sueño hecho realidad. Mi objetivo original era tener un futuro significativo, una carrera haciendo algo importante. Sin embargo, aquí estaba yo, una mamá que podía dormir la siesta con su niña. Si bien esto parece ser un cliché, mi hija era "una conmigo." ¿No es esto el sueño de cada madre? No hay duda que para mí, lo es. Incluso le pedí al Señor que concediera a Bella y a mí un futuro juntas.

Además de este acertijo, yo también estaba consciente -y me dolía- de que mi esposo estaba frustrado con su carrera como profesor de escuela. Mientras todas estas sensaciones bullían en mi corazón, de alguna manera, algo me dijo que no tenía que esperar para que él encontrara paz, o el sentido de la vida. Sentí que había llegado el momento de ser quien debía ser. Pero tan rápidamente, me preguntaba si la predicadora en mí había sido "despedida". ¿Era yo inservible? ¿Había ya pasado mi tiempo y mis mejores años? ¿Había ya entregado mi mensaje y servido mi propósito?

De tiempos difíciles surgen preguntas difíciles. Sabiendo que estos pensamientos me podrían deprimir, llegué a lo profundo del poder de la fe, algo valioso que aprendí en mi pasado. Pero yo seré el primero en decirte que cuando los tiempos difíciles llegan, es especialmente difícil conservar la fe.

Algo dentro de mí me dice que tú, leyendo esto ahora, conoces esa sensación.

Me veía sola como un ama de casa. Mientras que algunas personas están comprensiblemente felices de ser amas de casa, yo seguía estando atraída a la idea de que todavía era una mujer de negocios. Y, de nuevo, recordé el sentimiento de estar realmente viva, por primera vez en mi vida, cuando estaba en el escenario en Hollywood, hablando de oír a Dios.

Ahora, por alguna razón que Dios deseó, fui llevada de regreso a Sudáfrica para convertirme en una mamá, pero también me hicieron llevar este ardiente "secreto" de tesoros que yo desesperadamente quería compartir. Cuando las cosas absolutamente no tienen ningún sentido es bueno recordar que Dios no comete errores.

A través de esta lucha personal con la culpabilidad, parecía que mi puerta de oportunidades se había cerrado sobre sí misma. Yo estaba buscando algo, pero no podía identificarlo; era algo que nunca antes habían tenido. Me sentía empujada a obtener algo que nunca tuve. Piensa en las veces que has sentido las ganas de hacer algo que nunca habías hecho antes. Para mí, era un doble golpe de desesperación y culpa, la desesperación de no ver el progreso o incluso un camino; la culpa, porque yo no estaba satisfecha con el statu quo, que, en sí mismo, estaba repleto de una vida de bendiciones.

Lleva tiempo construir un futuro porque
Lleva tiempo construir un personaje

Comparto contigo estas confesiones personales para que las puedas entender si es que tú también las sientes en tu vida, está bien. He aquí el por qué, en mi experiencia: Dios ve nuestra frustración. Lleva tiempo construir un futuro porque lleva tiempo construir un personaje. En nuestro camino a nuestra vocación, Dios a veces envía objetos de alivio, algo que no sólo nos ocupan sino que también nos desarrolla.

Como hemos visto anteriormente, la "Etapa" en la que estas juega un papel importante. Yo deseaba tener más hijos. Además, lleva una cantidad extraordinaria de tiempo para completar un libro de esta naturaleza. Por lo tanto, mi etapa, entonces, requería una vida de bajo perfil. Estaba construyendo mi familia, o más bien, Dios estaba construyendo mi familia antes de que Él me "liberara" tal como lo había hecho en Hollywood. Mirando al pasado, ahora sé que él hizo esto después de oír mis lágrimas y sentir mi dolor de estar sola, llorando hasta dormirme porque no tenía familia.

Para ese entonces Dios tuvo misericordia por mí. Y ahora, yo sé que Él tuvo misericordia por mí. Su misericordia es ilimitada. Él envió socorro en la forma de un trabajo de tiempo parcial durante cuatro meses, sólo para sacarme de la casa por un tiempo. Yo estaba fastidiando a Dios: ¡Imagínate eso! - para algo más que hacer ya que la escritura del libro estaba llevando tiempo y necesitaba escaparme por un par de horas cada día.

Cuando mi bebé tenía 7 meses de edad, me fui a trabajar durante la semana, escribía mi libro durante los fines de semana.

Pero no me molesté en darme cuenta -o reconocer- que Dios me había concedido mi pedido, mi desesperada súplica durante esos meses de aislamiento mientras yo estaba siendo "entrenada".

Yo volvería al mundo exterior como una persona diferente.

La predicadora de Hollywood debía cambiar - debía madurar - en la voz de Dios para permitirle trabajar eficazmente para Dios.

4

¿QUIERES TRABAJAR PARA MÍ?

Yo sentía la presencia de Dios, pero yo no esperaba de Él para decir nada. Entonces, Él hizo una pregunta que no esperaba. Una pregunta que yo no podía responder con confianza.

Preguntó, "¿Quieres trabajar para mí?"

Yo no podía ignorar la cuestión pero tenía miedo de responder. De forma muy débil, sólo logré decir un "Sí" muy dudoso.

Cuando me fui de Sudáfrica, unos años antes, para hablar en Los Ángeles, la voz de Dios me aconsejó que no sería necesario el dinero. Ahora, todo era diferente. Fue un problema para mí porque tuve que proveer para mi familia en cada modo. Mi "sí" salió muy débilmente porque sentía que trabajar para Dios era trabajar de gratis. ¿Después de todo, quién espera a Dios para ponernos en su nómina?

Recuerdo que me dije yo mismo, "Oh, Yvon, lo que va a decir va a parecer tonto." Me senté allí, en silencio, preguntándome cómo explicar a Dios algo que Él siempre sabe. Sin embargo, sentí que era necesario. Entonces le dije a Dios que: "No soy una buena trabajadora". "Siempre no me concentro al 100 por ciento en lo que hago". Con toda honestidad, demasiadas veces, mi cabeza está en otro lado. Constantemente hago pensar en mi bebé. Casi nunca estoy "dentro" de mi trabajo. Y eso iba repitiéndose casi todo el tiempo.

Yo estaba en el medio de cada disparo rápido posible razón por la cual yo sería un mal empleado cuando le oí decir: "¡Estás contratada!"

Pero no Le hice caso y me puse ignorándole.

Seguí de enjambrando, razón sobre razón por encima de él: Siempre estoy pensando en otras cosas. Siempre estoy ponderando en mi propia cabeza. Yo no soy una persona muy productiva.

Aunque he pedido algo "grande" para lograr en mi vida, yo soy el tipo de persona que suele trabajar en una pequeña y tranquila centralita. Me pierdo en mis propios pensamientos»

¡Cómo podía haber soñado algo tan ridículo! Pero, como siempre, no sabía cuándo terminar. Luego me proporcionó Dios otra cosa que ciertamente no necesita: un ejemplo de la vida real. Era como si supiera que, en este momento, yo trabajaba en un bufete de abogados, teniendo en mi mente que luchaba por la justicia para quienes la tenían mucho más dura que yo, y por supuesto me puse a luchar. Imagíneme lidiar con un padre que no pagaba las cuotas escolares de su hijo. Eso no es digno de verse.

Pero mientras tuve que estar trabajando en asuntos de responsabilidad civil, mi mente estaba en otro lado. Yo constantemente me quedaba preocupada por lo que debo hacer con respecto a mi matrimonio o estaba profundamente ponderando la cuestión que me preguntó Dios la noche anterior. ¿Realmente, qué quiere decir Dios? Me parecía, conjurando imágenes para resolver todas las cuestiones de la vida es enorme. Lo que yo no hacía, por supuesto, era mi trabajo. Entonces, por consecuencia, un montón de procesamientos de seguros se quedaron sin hacer en esos días.

Sin embargo, yo tuve el presentimiento de no quedarme mucho tiempo en esta oficina. Dios me lo había dicho. Sin embargo, yo estaba incierta, y más que un poco irritable sobre cómo debía informar a mi marido que ahora yo iba a trabajar para Dios y que el dinero vendrá desde otro lugar. En verdad, mi marido realmente no me conocía tanto; no conocía a la mujer que pasó varios meses en escenarios en Hollywood, instruyendo a otros la voz de Dios.

En efecto, la unión entre mi marido y yo no era perfecta. Necesitábamos estar más cerca el uno del otro y quería ser capaz de compartir con él todas las cosas que me mantuvieron agotada. Pero no me sentía segura y yo era casi censurable para compartir mis sentimientos con él: yo sentí que trabajar para hacerme dinero debería ser mi hobby pero trabajar para Dios debe ser mi carrera de tiempo completo. Para ello, necesitaba encontrar coraje de mi convicción.

Dios nos hace conscientes de las cosas

Tuve otros sueños que me volvieron verdaderamente agotada. Por ejemplo, he soñado mi mano había tocado la mano de un amigo cercano de sexo masculino mientras caminábamos juntos en un almacén. Me gustó la sensación de cercanía que me dio. Entonces, me di cuenta de cómo me sentía distante de mi marido.

Pensé también de cómo físicamente no había mucho en nuestro matrimonio. Porque mi marido no es una persona tocona, no suele dar besos, o incluso abrazo muy a menudo. Lo mismo sucede al tratarse de sexo. Nuestro matrimonio carecía en esta esfera y el resultado fue que me sentí alejada, que no pude compartir fácilmente con él lo que yo sentía acerca de Dios me llama a trabajar para Él de nuevo.

En un valiente pero fugaz momento, pensé en decirle a mi marido, "Hey, yo trabajaba a tiempo completo para Dios en Los Ángeles sin remuneración, pero yo comí en el restaurante cada noche, nunca tuve hambre, no me careció nada".

Por supuesto que sí, nosotros todos tenemos palabras que quisiéramos, podríamos, deberíamos decir cuando la hora de la verdad se presenta. Pero cuando no lo hacemos, tenemos que vivir con las consecuencias.

Una de las consecuencias para mí era la culpabilidad. Yo tenía un amigo a quien me sentí espiritualmente más cerca que de mi marido. Yo podría compartir cada sueño con él, todo lo que yo sentía que Dios estaba haciendo en mi vida. Fuimos grandes amigos durante muchos años, y después de que me casé, nuestra amistad creció aún más fuerte. De hecho, él me encaminó hacia el altar. Fue un verdadero hermano para mí.

Pero me di cuenta de que no era un buen signo de que yo podría compartir más con él que yo podría hacerlo con mi propio marido. Mi amigo creía más en mi libro que mi marido o incluso yo lo hice. ¿Dios había enviado mi amigo que me anima a trabajar otra vez por él? En realidad, Dios lo resucitó para reactivar mi coche de nuevo. Ese coche era efectivamente este libro.

A pesar y más allá de los retos de nuestro matrimonio, quería de verdad a mi marido y deseaba que nuestra familia creciese. ¿Por qué fue Dios tan visiblemente centraba mis sentimientos sobre la falta de unidad en mi matrimonio?

Aquí hay algo que vale la pena recordar: los sueños de la mañana temprano no tienen valor. Aprendí que usted debe prestar atención a ellos. Pero una palabra de advertencia: cuando tienes un sueño temprano por la mañana y usted intenta analizarlo, puede encontrar que es muy sinuosa carretera; que muy bien pueden acabar varias veces preguntando, "¿Entiendo este sueño correctamente?" Usted puede pensar que lo han averiguado, pero te llevará a tan vastas posibilidades que, después de un rato, te das cuenta de que hay más para entender que lo que originalmente se pensó.

El sueño de la "información" de gustarme ser tocada por otro hombre despertó en mí estar conscientes de las emociones que el sueño convoco. Es decir, me gustó la cercanía emocional. Asimismo, ¿me estaba mostrando el sueño la añoranza o la falta de algo en mi subconsciente? Posiblemente. Pero yo no debería reaccionar de forma exagerada. O ¿debo simplemente pedir a mi marido por más abrazos y besos, más contacto físico? Quizás. Entonces, una vez más, no debo hacer esto un problema importante. Después de todo, ¿no era sólo un sueño?

Dios no actúa en un frenesí y tampoco deberíamos. Para difundir su mensaje a través de nosotros nuestro subconsciente puede entregarlo en un sueño y nos hace subyugar a las emociones, anhelos y deseos que no hacemos y siempre no podemos poner en palabras. Al despertar de ese sueño temprano por la mañana, todavía sintiendo el oleaje de la sexualidad me arrollaba totalmente, me puse en pánico. ¿Estaba Dios diciendo que tengo problemas en mi matrimonio? Después de todo, esta era la segunda vez que me imaginé tales cosas, obligándome a centrarme en las emociones que sentía.

¿Qué viene ahora? Me pregunté. La respuesta llegó poco después. En el próximo sueño, mi marido y yo estábamos en Los Ángeles, visitando a amigos míos en la ciudad y yo estuve tan emocionada. Ahora, permítanme señalar que el mismo concepto descrito anteriormente, es decir, Dios enviando mensajes en este modo, mensajes que tienen que ser "decodificados". Estaba Dios diciendo, "Usted y su marido van a visitar a unos amigos en Los Ángeles", o ¿era mi subconsciente que me decía que extrañaba la emoción de viajar al extranjero y la vida que he experimentado en Los Ángeles? ¿Estaba Dios enviando otro sueño para estimular mis emociones para decirme algo? Como he dicho, Dios es muy persistente y sin duda repetirá una "idea" para hacerle consciente de una necesidad, un anhelo que se deben abordar.

Dios es muy persistente. Seguirá repitiendo muchas veces un mensaje para que sea consciente de una necesidad que se debe abordar.

Ahora, esto es donde usted puede hacer un grave error. Si usted reacciona demasiado rápido por lo que crees que Dios está diciendo, tus emociones pueden enjambrar para llenar esa necesidad de una respuesta. ¿Cómo lo sé ciertamente? Bueno, soy un poco paranoica; puedo saltar inmediatamente. Sin realmente pensarlo mucho cuando siento que Dios me está diciendo algo. Él podría estar simplemente mostrándome una emoción, quizás una "nostalgia" que debo atender, por darme una visión de ese deseo que tengo de esa necesidad. Con respecto a las necesidades que tenía y los sueños que seguí teniendo, ahora sé que Dios estaba simplemente mostrando que tengo nostalgia de algunas cosas como el toque de mi marido y los viajes en misión al extranjero.

Quiero repetir algo, aquí: Por favor, tenga bastante tiempo para trabajar a través de sus sueños y lo que podría significar. Hay muchas maneras de interpretar sueños. Es una ciencia en sí misma. Pero este libro no es sobre eso. Mantengamos nuestro foco en escuchar la voz de Dios, que puede muy bien venir a través de un sueño.

Tomando el ejemplo de mis sueños, imagine este escenario: una mujer tiene un sueño y no tiene experiencia en la recepción de los mensajes de Dios. Ella puede leer este sueño significa que ella tiene que decirle a su marido, "tenemos serios problemas en nuestro matrimonio porque me gusta el toque de otro hombre." o bien, tomar el otro sueño en el que le dice a su marido, "Dios nos está diciendo que deberíamos visitar a mis amigos en Los Ángeles. Era muy obvio que cualquier ejemplo sería una interpretación muy anticipada que podría poner tensión innecesaria en su matrimonio.

Imagínese tratar de encontrar los fondos para viajar al extranjero cuando sabe que el momento justo no es correcto. En un matrimonio exitoso, tales decisiones son hechas por ambos miembros de la pareja. Y en ese mismo matrimonio, trabajando una frecuencia excelente sexual satisfaciendo las necesidades físicas de ambos cónyuges es un compromiso común. De hecho, trabajando juntos en esos difíciles problemas es lo que define a un matrimonio. Los sueños que recibe esta mujer son una manifestación - cuan difíciles sean de interpretar cuando llegan - de las cuestiones que juntos deben abordar.

Dios creara conciencia de su problema, y Dios hará preguntas,
Y tanto la conciencia como la investigación le llevaran a la misma respuesta.
Es entonces cuando usted sabe que está en el camino correcto.

Afortunadamente, usted obtendrá algunos mensajes de Dios que realmente identifican muy claramente cuáles de sus asuntos emocionales necesitan la atención más inmediata. Recuerde que yo estoy diciendo esto porque usted lo notará en su propia vida: Dios creará una conciencia de su problema, y Dios le hará preguntas. Tanto el conocimiento y la investigación le llevarán a las mismas respuestas. Es entonces cuando usted sabe que está en el buen camino.

Lo mismo podría suceder con alguien oyendo a Dios decir, "¿Quieres trabajar para mí?" Ellos podrían reaccionar de forma exagerada, renunciar su puesto de trabajo, o incluso vender su negocio. Creo que nuestro conocimiento eternal de Dios es un maestro que se da cuenta de que primero debe averiguar cómo decirnos lo que tenemos que oír porque Él ya sabe cómo vamos a reaccionar. Como todas las cosas son posibles para Dios, Él encuentra los medios para llevarnos a tomar la decisión correcta y tomar la senda correcta: su propio camino. Pero, recuérdese de lo que dije en las páginas anteriores de que usted también ha de abrirse a dirección de Dios. Usted tiene que ofrecer su libre voluntad a cambio de la guía divina.

El sueño con gustarme la sensación de un amigo sosteniendo mi mano me hizo consciente de una necesidad emocional. El sueño de visitar a mis amigos puramente subrayó que deseaba alguna emoción. Por lo tanto, un viaje habría podido crear esa sensación. Era un mensaje simplemente para mostrar que Dios sabe cuando necesito yo un cambio importante, o incluso simplemente para escapar. Es tan obvio que Él ve y entiende que la vida se puede tratar de una madre que no puede ir a todas partes con un niño recién nacido. Sus respuestas a esas necesidades vienen. Pero, de nuevo, deben entrar en su agenda.

Cuando otras personas nos hacen conscientes de las cosas

Ahora que hemos visto cómo la voz de Dios puede llevarnos a hacer una profunda reflexión antes de realmente empezar a entender sus mensajes, hablemos de otra faceta desafiante de lo que experimentará al iniciar su viaje a oír a Dios. Como he mencionado anteriormente, cuando tiene hambre de oír de Dios, otras voces también vendrán a usted. Ya he explicado cómo algunas de estas voces intentaban tirar fuera del camino que será establecida por Dios. Usted debe ser muy cuidadoso con lo que usted decida creer cuando escuche la voz de Dios no sólo pero también otros mensajes que no parecen coincidir o soportar lo que cree usted que Dios está diciendo.

Un conocido mío fue a ver a una persona conocida por su asesoría profética. Este vidente, quien alegó tener visión y sabiduría, dijo que Dios estaba ocupado "preparando a todos sus generales". Siguió diciéndole a mi amigo que Dios dijo, "Tú eres uno de sus elegidos generales. " Wow! ¡Que es enorme! De hecho, este tipo de cosas pueden causar reacciones prematuras y presiones indebidas. Mi amiga dejó esa sesión pensando que tiene que abandonar su trabajo para convertirse en una especie de evangelista. Pero pregúntese, ¿suena esto como Dios actuando aquí, en el mejor de los intereses de quienes desean servirle? En mi opinión, no apenas.

Si usted oye algo así, primero necesita calmarse, y luego coloque todos los "grandes" mensajes en espera. Recuerde este punto esencial: quien Dios llama, Él provee y dirige. Sobre esto, usted puede estar seguro.

Esto nos lleva a algo que quiero impresionar a usted. Hay veces, como en este ejemplo he descrito más arriba, que usted necesita para comprobar lo que usted oye hablándolo con alguien. La Biblia dice, "muchos asesores tienen sabiduría."

"Yo sigo lo que predigo." Cuando yo tenía esos sueños y preocupaciones sobre mi matrimonio, lo primero que hice fue ponerlos en espera, lo que me dio el tiempo necesario para reflexionar sobre la mejor manera para comenzar a desentrañar lo que significaban. Entonces, me puse en contacto con un intercesor con quien he compartido los detalles de estos alarmantes sueños. Un intercesor es alguien que sinceramente busca a Dios y reza por su sabiduría. Esto puede ser un sacerdote o un confidente cercano con quien usted tiene una confianza a diferencia de lo que sucede con la mayoría de los demás.

Mi intercesor me dijo que debía vivir de nuevo la intimidad en el matrimonio. Yo no debería bajar los brazos y esperar a mi marido hacer algo. Necesitaba actuar y acercarme de mi esposo con coraje de manera íntima. Al darme cuenta de esto, me estremecí porque me recordé lo que Dios me mostró en un sueño anterior que, lamentablemente, yo opté a no creer ni actuar. Lo más probable es porque no me gustó realmente la respuesta. Sentí que se me obligó a hacer algo que no quería hacer: hacer todo lo posible para tentar sugestivamente mi marido y seducirle. Seguí luchando contra esta noción, pensando que "Esto no puede ser Dios"

Pero era bien Dios. Él envió una solución muy práctica. Pero fue una respuesta que me puso demasiado incómoda para probar.

Si están casados o no, usted probablemente sabe que el matrimonio es trabajo y usted sabe pertinazmente que Dios no favorece el divorcio.

Cabría recordar que al pedirle orientación a Dios, a veces se oye lo que no queremos oír. Y va a requerir que usted tome completa la acción desinteresada, poniendo las necesidades de otros antes de la suya propia. De todas las cosas que he aprendido, un pedazo de sabiduría es el núcleo de lo que Dios quiere. Para vivir de verdad, vivir al servicio de los demás.

Salmos 107:17
"Algunos son tontos [enfermedades] debido a la forma de sus transgresiones, y sufren a causa de sus maldades."
[amp]

Al insistir en ser santurrón, hay un precio que pagar por esa hipocresía. Inevitablemente, sufrimos por nuestra propia falta de voluntad para ser la menor parte, ya sea en un matrimonio o en una relación cotidiana. Todo se resume en orgullo, ¿no es así? Cuando yo estaba orando por una solución a mis problemas en mi matrimonio, Dios dijo, "Mujer, empiece a cuidar tu cuerpo. Usted será la única que enfoques físicamente y atrae a tu marido." Si quería oír que o no, no importa. Era la voz de Dios, persistente y clara. Esta era la solución que yo oraba. Y punto.

A veces, lo que escuchamos vuelve a suceder incluso sin nosotros haciendo que suceda. Por ejemplo, yo sabía que Dios me dijo que no iba a trabajar en el bufete de abogados mucho tiempo. Aunque me preocupaba que yo estuviera siendo utilizada como "mano de obra barata", tuve que salir de la casa, y necesitábamos dinero extra. Además, fue una oportunidad de trabajo conveniente porque estaba cerca de casa. Y por supuesto, apenas me quedaba con dinero después de pagar los gastos escolares incluso los cuidados de los niños.

Entonces, escuché algo cuando el principal socio del bufete estaba hablando con alguien en la oficina junto a la mía. Le había oído quejarse de que yo estaba siendo pagado demasiado. Me sorprendió. Lo que él quería pagar me dejaría con sólo lo suficiente para comprar comida y poco más; no extra dólares para ayudar a cubrir el alquiler, ni agua, ni electricidad; y ciertamente no es suficiente para contemplar incluso el más leve pensamiento de lujos. Supe de inmediato que esta empresa estaba tomando ventaja de la situación en Sudáfrica, de la falta de oportunidades de trabajo, y la crisis del desempleo. Y yo sabía que Dios ve todo y me estaba diciendo algo. Me di cuenta de que debido al mercado de trabajo extremadamente apretado en Sudáfrica y en todo el mundo, muchos empleadores están ahora tomando ventaja de su personal. Pero poco me di cuenta en ese momento, que Dios me enviaría subsiguientemente en otro entorno incluso más duras para revelar en detalle las realidades de esta práctica innoble.

Seguramente, pensé, es mejor trabajar para Dios que para ser parte de lo que vi allí.

Me sentí enojada y culpable como me di cuenta de que mi socio de negocio en los almacenes Worth se pagaba demasiado y muy poco a los empleados, aunque todavía dentro de la Ley de salarios mínimos decididos por el gobierno.

Irónicamente, dentro de unos meses, recibía millones de Rand para la venta de mis acciones de la valía de los almacenes. Pero, por ahora, he aquí, yo estaba trabajando en un bufete de abogados y como un entrenador personal a tiempo parcial. Lo que Dios estaba haciendo era abrir mis ojos y orejas. Ya no iba a ser mano de obra barata. Yo iba a trabajar para Dios. Sin embargo, antes de que suceda, Dios estaba asegurándose que tuviera la experiencia necesaria para estar muy consciente de situaciones reales y de cómo tratar a las personas de mejor manera.

Sea lo que sea la tarea que Dios nos llama a hacer, para preparar ese papel nos puede llevar años y duras experiencias antes de que estemos "listos". Sin embargo, usted puede estar seguro de que Dios no dejará de asegurarnos de tener la sabiduría y los conocimientos esenciales. Él nos pondrá en situaciones de la vida real a través del cual crecemos de forma adecuada para adquirir el corazón de la conciencia necesaria para hacer Su trabajo.

Cuando pienso que, a la edad de treinta y nueve, escuché a Dios preguntándome: "¿quieres trabajar para mí?" me recordé lo que estaba pasando yo. ¿Estaba lista? Me preguntaba "¿Cómo?" Que sepa, esto fue bien después de mi tiempo ya "de trabajo" para él a través de mis presentaciones en Los Ángeles, pero luego caer en ese período tranquilo del matrimonio y de la construcción de nuestra familia. Mi vida había cambiado significativamente. Las demandas sobre mí ahora eran muy diferentes y esencialmente más importantes. Yo era una esposa y madre.

¿Trabajar por Dios? ¿Ahora? Seguí adivinando. Aún no tengo una profunda experiencia del mundo. ¿Cómo me puede querer Dios que trabaje para Él, sabiendo muy bien que no tengo conocimientos avanzados? Mi conjunto de habilidades era limitado solamente a las tiendas comerciantes y de gestión. Y yo sabía bastante sobre esa industria que yo lo odiaba y todas las funciones asociadas con él, incluso comercialización, ventas, operaciones de caja registradora. Por supuesto, hoy, me doy cuenta de que todo lo que enduré en el pasado, como usted se dará cuenta de que toda experiencia, es por una razón bien definida. Crecemos a pesar de nosotros mismos. Incluso en hacer cosas que no queremos hacer, podemos adquirir sabiduría, músculo, compasión y paciencia. Dios es quien obra en trabajar dentro de nosotros.

Ahora, esto podría sonar más que un poco incauto, pero fue sólo después de que empecé a trabajar. Me di cuenta de que la mayoría de la gente simplemente trabaja por el salario. No se llama a nadie para retirar la basura, hasta ser un operador o un fontanero. Pero nosotros hacemos lo que hacemos para hacer la vida habitable para todos en nuestra comunidad, y porque nos ayuda a crecer en formas diseñadas específicamente para nosotros, aunque la mayoría de nosotros no consideramos esta posibilidad.

Sin embargo, es importante porque en algún momento, su temporada va a cambiar, y al sucederse, lo que se hizo antes de que le asegurara de que esté listo para hacer lo que ahora se requiere de usted.

Como las estaciones cambian, siempre me voy recordando de lo que sucedió en mi propia vida. Con trabajos en Sudáfrica siendo tan escasos como son, nadie cambia de trabajo a menos que una puerta se abre para ellos. Durante ocho años, yo no tenía trabajo permanente, pero yo nunca carecía de nada. Dios me atendió de forma extraña. A veces me preguntaba si había mantenido deliberadamente el dinero de los almacenes Worth lejos de mí sólo para mantenerme dependiente de Él, solamente, para que pudiera desarrollar las habilidades que requiere de mí para cuando mi temporada iba a cambiar. Incluso estudié administración de riqueza y eventualmente me convertí en un consultivo financiero. Fue un trabajo que me encantó y me mantuvo pero me acordé de mi última dependencia en Dios.

Así, la cuestión llegó, de nuevo: ¿Quieres trabajar para mí? Mi pensamiento fue, "Puedo confiar en mi propia mente que esto es verdaderamente Dios quien me llama". Me pareció que yo estaba tratando de convencerme para perseguir otras opciones. Por ejemplo, prefiero hacer lo que dice la Biblia y ayudar a los pobres, los huérfanos, los desposeídos. Y, mientras cumplí todas estas obras altruistas y generosas, podía divertirme de mi carrera como asesor de riqueza porque era algo que me apasionaba. Aunque yo amaba a Dios con todo mi corazón, sentí que tenía que ser honesta y rechazar su oferta de trabajo. Pero yo no quería hacerle daño, así que prometí que trataría de vivir una buena vida, para enseñar a los demás mediante la impresión de mis propias experiencias. Yo esperaba que fuera bueno para publicar mi trabajo. Yo no podía trabajar para Dios, había pensado yo.

Justo después que "rechace" su oferta de trabajo, sucedió algo extraño. Inesperadamente, un contacto se acercó a mí de forma críptica diciendo sólo dos palabras: «Dios dijo». Con estas palabras, el contacto comenzó a financiar mi proyecto y empujando dinero tanto en mis cuentas de publicación en Sudáfrica como en las de Estados Unidos.

¿Estaba Dios diciendo: «Sé que rechazó mi oferta, pero, si usted cambia de idea, habrá fondos en cualquier caso»?

5

OBEDECIENDO A LA VOZ DE DIOS FRENTE A LA VOZ EQUIVOCADA

Como dije en la apertura de este libro, si decides seguir lo que comparto en estas páginas, se consiente de antemano que tienes que apostar todo a esta experiencia. Tienes que ceder el control de tu vida a fin de que Dios pueda tomar control de ti. Haz esto y toda tu vida se verá afectada sobrenaturalmente. Piensa mucho acerca de lo que esto realmente significa. "Ceder el control sobre tu vida" a la Mano Divina no es una decisión de conveniencia sino de fe absoluta.

El momento en el que comencé a aceptar y tratar de entender los sueños que Dios me dio, Dios comenzó a hablarme con más frecuencia. Y empezó a decir algunas de las cosas más increíbles. Yo podría pensar, "¡Esto suena ridículo!", o, "¿Dios me está diciendo esto?", o "¿Por qué estoy recibiendo este mensaje?". Ves, en esta primera etapa, el nivel de tu fe es de suma importancia. Con poca fe, deambularás casi de inmediato. Y, si te alejas demasiado o frecuentemente, te perderás en las palabras que Dios comparte contigo. Pero si tienes fe en tu fe en Dios, recuerda lo que te estoy diciendo, verás una luz.

Me convertí en una cristiana renacida. Pronto después de eso, Dios me mostró en un sueño que yo viviría en una pequeña ciudad en la Provincia del Norte de Sudáfrica, que era el último lugar en el que hubiese querido vivir. Pero lo que yo quería no importaría. Pocos años después de ese sueño, me trasladé a esa pequeña ciudad. Durante los tres primeros meses, yo sólo lloré. En el fondo de mi alma, no quería estar allí.

Esta pequeña ciudad está situada en la parte rural de Sudáfrica. La población, mayoritariamente negra, vive en condiciones extremadamente difíciles y en gran pobreza. La zona es conocida como "La puerta de entrada a África". Estratégicamente situada, se abre como una puerta para alguien que viaja al norte de Sudáfrica. Sería aquí que Dios no sólo me colocó "en la clandestinidad", sino que también convocó a algunos de mis "etapas" más difíciles y dolorosas. Pero, al mismo tiempo, Él también utilizó la lejanía y el aislamiento de este lugar para estabilizarme económicamente, increíble como pueda parecer.

Fue durante estos días solitarios de penuria que comencé a darme cuenta de que Dios me estaba llamando, como un mensajero. Cuanto más consciente estaba de esa luz, más me preguntaba cómo esto podría ser real. ¿Quién me iba a enseñar? Yo era muy ignorante de cualquier "plan mucho mayor" en mi vida.

Todo comenzó con mi encuentro con el profeta que adivinaba falsamente, desde el podio de la iglesia. Cuando me dijo que debía casarme con el amigo que estaba sentado junto a mí ese día, pensé que tenía que demostrar que obedecería a Dios.

Al menos este hombre con el cual supuestamente debía "casarme" era un hombre bueno. Estaba estudiando para ser un pastor. Porque yo pensaba que las palabras del profeta venían de Dios, incluso ignoré mis sueños de advertencia indicando que algo estaba mal con el anillo de compromiso en mi dedo. Poco sabía que los sueños tienen mucha mayor importancia que la visión de un profeta.

Desde el momento en que me casé con ese hombre, nada de lo que le tocaba era bendecido. Él sufrió -y yo con él, no sólo económicamente, sino en todos los aspectos de su vida. No podía recordar un solo día durante los próximos cuatro años que haya ido a la iglesia y no haya llorado.

A partir de esta experiencia, ciertamente sé cómo una falsa profecía puede destruir gente. Por lo tanto, soy realmente cuidadosa acerca de lo que yo profetizo.

¿Por qué tengo que soportar esto? Yo creo que Dios permitió que este dolor me enseñe el principio profético más fuerte: Tienes que oír de Dios mismo. Si le pides a Dios, él hablará, directamente contigo.

Dios no abandona Sus planes para nuestro futuro. Nunca. He trabajado muy duro para permanecer fiel en mi matrimonio. Sin embargo, mientras seguía desintegrándose en pedazos irreconciliables, al final, caí. Me volví una mujer adúltera. No tenía esperanzas. Aquí estaba yo, una persona en busca de la voz de Dios, alguien que haría cualquier cosa que Él me pidiera. Pero ahora, una pecadora mortal. El problema era doble: mi inmadurez y mi incapacidad para saber que no sólo Dios habla con nosotros, pero otras voces también, con intenciones nefastas para llevarnos a la deriva.

Cada día, me decía que yo era una mala mujer. Sólo una mala mujer intentaría huir de su matrimonio. Yo sabía que alguien como yo no tendría ninguna posibilidad de trabajar para Dios.

Ahora, aquí estaba Dios hablándome en sueños durante estos cinco años, mientras yo estaba por consiguiente destrenzándome a mí misma. Como constantemente me acusaba a mi misma de ser una mala persona porque quería dejar el marido con el que pensé que Dios quería que me case. Aquí Dios estaba diciéndome cosas acerca del gran futuro que estaba planeando para mí. Pensé, ¿Cuándo la confusión se fusiona con la revelación? O ¿Se unen? ¿Alguna vez?

Mi firme convicción es que el divorcio está mal. ¿Quién creería que Dios me estaba dando libertad para divorciarme? ¿Dónde está la claridad cuando la necesitamos?

Aparentemente, claridad surge, como lo hace la palabra de Dios, por su propia iniciativa. Páginas atrás, te dije que soñé que me habían dado un papel en una producción. Pero yo estaba viviendo en una ciudad pequeña, muy lejos en una zona rural; yo pensaba que nada parecía encajar. Recuerda que, en este momento, mi vida se caía a pedazos. Seguía culpándome, todo el tiempo deseando escapar de mi matrimonio.

Fue entonces que tuve un sueño en el que vi un enorme león, pero no del tipo dócil que se sentaba junto a mí en los sueños anteriores. Pensé que este león estaba aquí, posiblemente incluso fue enviado aquí, para comerme porque soy una mujer adúltera. En este sueño, estoy corriendo hacia un autobús. El león, como un predador, está resoplando y jadeando en la búsqueda. Yo estoy parada, petrificada, justo en la puerta del autobús, con el aliento caliente del león sobre mis hombros. Pero el león me ignora. Incrédula, sigo congelada, sólo para ver que el león me pasó de largo para agarrar a mi marido, y ¡comerlo! A través de esta visión aterrorizante, llegué a comprender que esta "León de Judá" iba a eliminar a mi marido.

Estaba sorprendida. Yo era una mujer tratando de escapar de su matrimonio, pero Dios no me estaba acusando, él me estaba ayudando. Pero, ¿por qué Dios sacaría al hombre fuera del autobús, el hombre con el que me había casado? Pensé que era la elección de Dios para mí, como dijo el profeta, mi marido - según la voluntad de Dios. Yo pensaba que la iglesia no me creería. Dirían, "Ustedes están casados. Es mejor que se queden juntos." Me condenaba a mí misma. No podía creer que, como mujer, sería llamada para llevar a cabo una tarea para Dios, el mismo Dios que ahora estaba permitiéndome divorciarme.

Sin embargo, durante todo el tiempo en mi corazón, lo que más quería era ser una mujer piadosa que no tuviera el estigma de estar divorciada. Las imágenes se sucedían como destellos en mi cabeza mientras recordaba el sueño donde mi anillo de boda estaba deforme. ¿Qué significa todo esto?

Durante este período doloroso, escribí todos y cada una de los sueños. Y, curiosamente, cuando le mostré a Dios que yo estaba tratando de ser fiel, él me envió sueños más frecuentes. Las respuestas que tanto quería, sin embargo, seguían a la deriva en algún lugar, en las brumas de una confusión total.

Parecía que nada tenía sentido y se estaba volviendo aún más absurdo con cada día que pasaba. Ahora, yo estaba divorciada y me sentía inmensamente deprimida. Me senté aislada, pensando en que el mensaje anterior que sonaba tan positivo: "¡Grandes cosas van a ocurrir en tu vida, Yvon!". En este momento, era suficiente para volverme loca.

Odiando la sensación de estar sola, salté a la primera oportunidad de otra relación. La única cosa que era cierta acerca del sueño de *Lo que el viento se llevó* era mi comportamiento completamente irresponsable. Yo estaba viviendo la verdadera vida de "Scarlett O'Hara". Recién divorciada, aquí estaba, planeando casarme de nuevo.

Luego, días antes de que esa segunda boda ocurriera, Dios intervino. De repente, las cosas se desmoronaron. Dios detuvo la boda.

Eso fue el punto final para mí. Tuve un ataque de nervios Por semanas, estuve tirada en el piso en un estado catatónico, Para olvidar lo que parecía una inevitable depresión, ingerí pastillas para dormir como caramelos. A diferencia de Scarlett O'Hara, no pude ligeramente sólo decir, "Voy a pensar sobre ello, mañana."

Después de un tiempo, incluso las pastillas para dormir no podían ayudarme. Y así, comencé a orar. Como nunca antes, oré por horas. Dios tendría que escucharme. Yo había estado tan emocionada acerca de la boda. El dolor era absolutamente insoportable. En realidad pensé que era puro amor. Pensé que tendría una segunda oportunidad de un matrimonio verdadero, un hogar y una familia propia. Poco sabía yo entonces que este hombre no sentía el amor que yo sentía, pero más bien estaba totalmente intrigado por mi don para escuchar a Dios.

Fue durante este punto más bajo que escribí dos poemas. Quizás, fue mi débil intento para purgar lo interior sólo sacándolo fuera, en palabras.

El affaire

Si tan sólo pudiera encontrar
La clave para ser independiente
De todas estas maravillas poco claras

Y mis paredes de hielo y cristal
De mi prisión
Rotos de su belleza
Y pude ver
La vergüenza en la cara de mi Padre.

Mi tristeza

La profundidad de mi tristeza
Yace debajo
Ninguna comprensión
De lo que puede ser
La semilla de mi comportamiento.

Estos poemas siguen siendo hoy, un registro del pozo en el que yo estaba.

Todo lo que podía hacer era seguir pidiendo a Dios que me hablara. La vida misma, parecía tener nada para mí.

Luego, escuché el mensaje más importante. Dios dijo que yo era una "ofrenda", y como una ofrenda, yo no podría darme a cualquier hombre. Sólo Dios podía darme - al marido de Su elección.

Una luz apareció, mostrándome tan claramente que ahora no era sin duda el momento para que Dios hiciera eso. Porque arruiné mi vida debido a las malas decisiones y comportamientos que fui tomando yo no estaba lista. Tenía que dejar de pelear con la voluntad de Dios para mi vida, para mi destino.

Durante los próximos cuatro meses de completa auto-quebrantamiento, Dios me recordó que Él tenía planes específicos para mi vida. Él hizo cada vez más evidente que me había elegido para hacer algo específico para Él.

Nuevamente, quiero repetir que cuando tu espíritu está completamente quebrado, tú estás también más vulnerable. Los errores que cometí en las situaciones desesperadas, cualquiera podría y probablemente los haría. Tú debes ser extremadamente cuidadoso, en estos momentos, porque existen fuerzas impías y estas persisten exactamente cuando estamos abatido, como yo. Y van a trabajar con celo para confundirte.

En este tiempo, una mujer Cristiana vino a decirme que ella creía que su hijo iba a ser mi esposo. Esto me confundió mucho, tanto es así que soñé que me salían gusanos de mi nariz. La nariz representa la capacidad de discernimiento. Dios me estaba diciendo que yo tenía que determinar la verdad acerca de lo que me estaba sucediendo. Él no iba a enviar otro "Mensajero" con instrucciones revelando con quién yo debía casarme.

Pasando a otro aspecto completamente distinto: Asegurar mi propio bienestar económico

En medio de la prolongada confusión de relaciones imaginarias, posibles relaciones y relaciones rotas, la vida continuaba y yo no estaba en ninguna posición de pararla. Lo único que podía hacer era aferrarme a lo que me quedaba. Y descubrí que eso era tener fe.

Yo era una mujer que trabajaba duro. La respuesta a la pregunta de por qué Dios me enviaba a esta pequeña ciudad estaba a punto de revelarse, aunque el impacto total vendría años más tarde. Inverosímil como puede parecer, sería en este poblado del interior que mi padre y yo tendríamos una oportunidad y abriríamos una franquicia Sudafricana my conocida, llamada Worth. En nuestra tienda, teníamos principalmente artículos de ropa y alimentos de nivel superior.

Ocho años pasarían mientras trabajaba diligentemente en la tienda, aprendiendo destrezas que, de lo contrario, me serían desconocidas.

Para la época que había comenzado a hablar en Los Ángeles, podía satisfacer mis necesidades básicas. Pero Dios me dijo muy claramente que el comercio minorista no era lo que quería para mí y que más tarde me haría saber la razón de esta época y experiencia. Un día sería una bendición.

Un poco más adelante en estas páginas, podrás leer lo que ocurrió con estas tiendas de franquicia cuando Dios decidió quitármelas y liberarme de ellas.

Aunque yo era cristiana e iba a la Iglesia, nunca sentí realmente que conocía a Dios. Pero esa sensación desapareció en el momento que me sentí desmoronada. En medio de la noche, Dios me entregó la siguiente escritura:

1 Pedro 1:6-7
"Estén contentos sobre esto aunque ahora puede ser necesario que ustedes estén afligidos por un tiempo a causa de los múltiples tipos de pruebas que sufren. Su propósito es demostrar que su fe es genuina."
[GNB]

¿Ves lo qué pasó? Cuando comencé a obedecer a Dios, cuando dejé de resistirme, cuando cambié mi comportamiento por él, comenzó a comunicarse conmigo, más y más.

Se dice que aquellos que creen en Dios nunca están solos. Y he llegado a comprender esto, primero, en mi corazón, y luego, en mi vida. Durante mi aislamiento, absolutamente nadie me visitó. Y yo aumenté mi reclusión quedándome en casa todo el tiempo. En esta quietud, Dios me empezó a enseñar más, en sueños. Me di cuenta de la realidad de la batalla espiritual en la que yo estaba involucrada. Yo estaba constantemente limpiando la casa espiritual.

Una cosa se me presentó en una etapa anterior. Hay tanta gente que quiere ser famosa, pero la fama, en este mundo no dura. Sin embargo, empecé a comprender algo en otro nivel: que para ser "famosos" en el mundo espiritual, su eminencia dura por toda la eternidad. Era increíble.

He visto como Dios me preparó, tanto como Lo hizo con Ester, como Él la preparó emocionalmente, curándola, purificándola, y santificándola para que ella eleve una petición en Su nombre. Mientras me transformaba, sabía cada vez más que Dios tenía, según me dijo, una misión específica. Para mí, sería en principio Hollywood y la industria del entretenimiento y los Estados Unidos.

Ya me has oído decir que Dios puede escuchar tus oraciones. Y lo digo de nuevo, yo sé que Dios puede escuchar todas las oraciones. Me dijo que mis oraciones eran muy poderosas. Me di cuenta entonces que cuantos más peldaños subían en el reino espiritual y "obtenía un rango", quizás "fama", mis oraciones se volvían más poderosas. Durante estos meses, yo estaba muy cerca de Dios. Él hasta me advertiría, en un sueño, antes de que alguien "malo" me llamara por teléfono.

En la escuela de Dios, el programa de capacitación está diseñado exclusivamente para ti. Tuve que aprender a caerme y a levantarme. Una y otra vez. Cualquier distracción podría haberme afectado. Incluso una llamada telefónica simple y espontánea en la que alguien marcara mi número por error podría desviarme e invitarme a ser parte de algo en lo que yo no estaba destinada a estar involucrada. ¿Suena increíble? Bueno, no lo es. Por favor recuerda que te dije esto cuando te suceda a ti, cuando sientas este tipo de protección "espiritual", sabrás que es real.

Mirando en retrospectiva ahora sé que fue durante este tiempo de preparación que Dios empezó a enviarme "extraños" a mi camino, gente que necesitaba ayuda. A veces, sentiría un dolor físico. Sabría entonces que yo no estaba aún en el lugar donde podría ayudarles. He aquí un ejemplo: cuando ciertas áreas en su vida personal, son impuras, digamos que usted es un fumador, usted no podría orar por alguien para librarse de fumar. Cuando sentía un dolor y me daba cuenta que una puerta estaba abierta, pero yo era incapaz de ayudar a la persona, me hacía sentir impura en cierta área.

Cuanto más conocía a Dios, más quería conocer a Dios. He recibido un mensaje muy claro que la mejor manera en que yo podría ofrecer mi amor por Él era sirviendo a su pueblo. Considerando este pensamiento trascendental, me di cuenta de que aún había mucho que necesitaba cambiar dentro de mí.

No me gusta demasiado la gente. ¿Suena extraño? Mientras puede ser extraño, aún creo que muchas otras personas sienten de esta manera, también. Ya sea timidez, miedo, falta de confianza, o simplemente preferir estar solo, sé que hay quienes están bien, solo asociándose con un grupo muy pequeño de almas "de naturaleza similar". Yo prefiero gente que haya sufrido, pero que hayan utilizado esa experiencia para desarrollar más carácter y un sentido de propósito. Era y, hasta cierto punto, aún es difícil para mí ser sociable. Pero amo a Dios y sé que sus mensajes realmente salvan vidas desesperadas. ¿Qué más necesita uno para darse cuenta de que pueden ayudar a alguien más?

En mi búsqueda personal para purificarme física, mental y espiritualmente, fui cada vez más consciente de que tenía que tener cuidado de lo que miraba en la televisión o en películas. Cualquier cosa "sucia" afectaba mi relación con Dios. Además de esto, tuve que enfrentar las opiniones de una iglesia sin amor, también. Incluso el pastor joven de la iglesia, quien no podía pasar por alto el estigma de que yo estuviese "divorciada", no tenía expectativas de que yo lograra algo grande para Dios.

Tu cercanía a Dios crece

Mientras tu conciencia de lo que es divino se desarrolla.

Durante este período, de estar en el bosque, Dios me presentó una escritura:

Proverbios 8:13
"Honrar al Señor es aborrecer el mal; yo aborrezco el orgullo y la arrogancia, el mal camino, y falsas palabras".
[GNB]

Mi cercanía a Dios crecía mientras mi conciencia de lo que es divino se desarrollaba. Y, te digo esto como un aliento en tu propio viaje, hay recompensas a lo largo de todo el camino. En un caso que recuerdo muy bien, Dios realmente me dijo que mi perrito estaba enfermo y lo que estaba mal con este querido compañero. Esto sucedió mientras yo estaba en los Estados Unidos y mi perro estaba atrás en Sudáfrica. Esto me recuerda que con Dios no hay distancia, tiempo y espacio. Sólo el amor.

Cuando volví a casa, Dios me comenzó a probar proféticamente, enviándome, con mensajes, a varios líderes de la Iglesia en toda Sudáfrica. Una de las iglesias era muy tradicional. Dios dijo, "Ve, a decirles que tienen una serpiente pitón blanca en la iglesia". Blanca, porque lo que parecía santo, era en realidad un engaño muy lento que poco a poco iba a sofocar la iglesia. Le llevé el mensaje, según las instrucciones recibidas, a una parroquia que no quería alejarse de sus comportamientos tradicionales.

Otro caso involucró un pastor de Nigeria, que comenzó un sacerdocio intercesor en Sandton, Johannesburgo. Cuando visité la iglesia, el Espíritu Santo me dijo que estaba presente en el servicio y que el culto y canto era como una rosa negra. La rosa negra representa culto basado en la incredulidad y rebelión. Me dio la sensación de que debía decirle al líder que su sacerdocio quedaría improductivo si él no se arrepentía de su rebelión. Y ¿qué crees que sucedió? ¿Yo fui aceptada o rechazada? El pastor respondió que yo era "sólo una niña con nada mejor que hacer". Este sacerdocio, con el tiempo, completamente desapareció.

Lleva la palabra de Dios y tú serás reprendido en muchos lugares.
Pero la semilla, por su propia cuenta, encontrará un terreno fértil.

Lleva la palabra de Dios y tú serás reprendido en muchos lugares. Pero lleva Su palabra, siempre. La semilla, por su propia cuenta, encontrará un terreno fértil.

La palabra del Señor vino a mí y me dijo, "Yvon, serás mi instrumento, pero la condición es la obediencia en todas las cosas, tanto las pequeñas y las grandes. Pues las pequeñas cosas son tan grandes como las grandes cosas". He aprendido a repetir todo lo que Dios me dijo, sin temer de la gente.

Como todavía estaba en un período de recuperación de mis heridas emocionales, no siempre era fácil comprender el camino que estaba caminando. Hubo momentos en el que lloré ante Dios, implorándole para que enviara a otras personas para confirmar los mensajes para mí. Aunque yo estaba ministrando proféticamente a muchas personas, permanecí como una niña que aún necesitaba algunas palabras de aliento. La respuesta de Dios fue que Elías nunca había corrido a otras personas. Me dirijo directamente a ti.

"Te hablo directamente a ti".

Al escuchar esas palabras, yo sabía intrínsecamente que mi vida acaba de cambiar delante de mí. Todo lo que le pedí a Dios era simplemente una vida buena y significativa. Nunca rogué para ser una profetisa, o una gran sanadora. Sólo una vida útil, eso es todo lo que pedí. Aunque no puedo explicar con palabras extravagantes tampoco estoy designada de ninguna manera a analizar por qué puedo escuchar la voz de Dios tan claramente, sólo sé una cosa: el universo sigue expandiéndose, pero la humanidad no está ampliando su capacidad de escuchar la voz de Dios.

Cuando me enteré de que mi destino era Los Ángeles, me preocupaba de que yo no tuviera suficientes conocimientos acerca de cosas como la religión de la Nueva Era. Yo pensaba que debía leer y estudiar tales cosas antes de partir. Luego, una noche soñé acerca de muchas serpientes cayéndose sobre mi cuello. Las serpientes representan el engaño. A medida que me mordían, pedí a mi hermano, quien era Jesús en el sueño, que me ayudara, y me llevara al hospital. Todo lo que dijo fue: "¿Tienes lista tu voluntad?". Una voluntad espiritual, representa tu crecimiento y conocimiento espiritual.

Dios me estaba diciendo, "¿Por qué aceptas el engaño?". No hay necesidad de estudiar las obras de una religión mentirosa porque el Espíritu de Dios te llevará a discernir la diferencia entre lo que es verdad y lo qué es mentira.

He desarrollado mi voluntad espiritual, como tú también lo harás, a través de experiencias. Un testamento es el total de todos sus activos a medida que crecen. Para ese entonces, yo tenía la formación espiritual, así como formación profética. Esos eran mis bienes. Dios consideró que dichos bienes eran suficientes para enfrentarme con una ciudad como Los Ángeles, y lo que me esperaba más allá.

En la oleada de momentos y acontecimientos antes de mi partida, Dios me dijo que preparara mis maletas y que estuviese lista para partir de Sudáfrica. Sin embargo, me seguían llegando noticias e informaciones alarmantes. Yo oraba constantemente, pero la novedad y la inmensidad de toda esta realidad me tenía en lágrimas. ¿Quién podría creer mi historia? Parecía loca, incluso para mí que estaba viviendo este sueño hecho realidad.

Una mujer no deja todo, todo lo que ella conocía, para subirse a un avión, porque Dios le dio instrucciones ¿No es cierto?

Recuerdo bien que mientras Dios me preparaba para mi futuro, me explicó que el proceso sucedería en cuatro etapas. La primera etapa sería donde yo agarraría todo lo que me pertenecía. La segunda sería la peor. Las personas saldrían de la selva como un grupo de murciélagos, pero los vientos de Dios los silenciarían y Él les cerraría la puerta. En el piso, yo vería una serpiente amarilla, que representa una engañosa influencia que podría convocar pensamientos de envidia y odio; también habría ranas muertas, representando falsas palabras proféticas.

¿Por qué Dios me dijo esto? Después, me di cuenta de que Él habló de estas cosas que todavía estaban por suceder así las podría reconocer cuando aparecieran. De esta manera, estaba preparada para la secuencia de acontecimientos que iban a ocurrir.

Luego vino el sueño de tres tornados, aterrador y espeluznante. Sin embargo, estos vientos siniestros normalmente no significan ningún daño pero sólo anuncian el cambio, ya que estaría completamente separada de mi familia y mi vida en Sudáfrica, por aguas masivas, no obstante colocada de forma segura en un lugar completamente diferente.

Aún así, este gran acontecimiento de vida estaba más allá de mi comprensión. Son increíbles cuantas lágrimas tiene uno cuando se preguntan si Dios les está diciendo que abandonen todo, incluso su familia. Yo todavía estaba llorando cuando salí de mi casa, pensando que nunca volvería a ver a mi papá.

Poco sabía yo, entonces, de una separación mayor que sucedería seis años más tarde. Dios me apartó, a tal punto que Él me disoció de mi hermano y hermana de sangre después de la muerte de mi padre.

Lo que cada uno de nosotros decide luchar por, riqueza, salud, fama, iluminación espiritual, determinará la calidad de la vida que finalmente viviremos. Algunos tendrán riquezas más allá de la imaginación. Algunos podrán correr eternamente de sus miedos. Algunos miran desde la jaula de la fama. Algunos solo quieren paz que pueden ser compartida con los necesitados: los ricos, los sanos y los famosos.

Me di cuenta de que Dios iba a poner a la iglesia en la pantalla abierta. Que la etapa de lo sobrenatural estaba a mano y que Él crearía el nacimiento de lo imposible.

1Corintios 2:9
"Sin embargo", como está escrito: "Ningún ojo ha visto, ningún oído ha escuchado, ninguna mente humana ha concebido lo que Dios ha preparado para quienes lo aman".
[GNB]

¿Qué es una iglesia? No se trata de un edificio. Es una comunidad de personas que se esfuerzan por servir a Dios en serio. Me sentí como José, el soñador. Dios me recordó que muy pronto después de que la vocación de José fue satisfecha él encontró a su esposa. Yo sabía que tenía que concentrarme en ir a los Estados Unidos y completar mi misión. Los sueños de encontrar un esposo tenían que esperar. Tuve que ir y decirle a la ciudad de un terremoto.

Justo antes de que partiera desde Sudáfrica, Dios me advirtió acerca de mis temores. Realmente, me vi en este sueño. Estaba sentada en un árbol, temerosa de cruzar el río. Lo que aprendería es que tenía miedo porque, incluso después de todo lo que me habían mostrado, todavía no confiaba completamente en Dios. Por lo tanto, el estrés innecesario y sufrimientos me acosarían durante muchos meses, mientras vivía y hablaba en público en Los Ángeles.

Dios me puso a prueba al decirme que comprara mi boleto de avión, sin haber organizado ningún alojamiento en Los Ángeles. Obedecí y salí de Sudáfrica con este pensamiento especial:

Salmos 89:34
"No quebrantaré mi pacto con él ni cambiaré las palabras de mis labios.".
[GNB]

En mi camino a la ciudad del entretenimiento (ciertamente no "ángeles"), yo esperaba que las palabras que me serían dadas, los mensajes que yo compartiría, cayeran en tierra fértil. Confiaba, de la mejor manera que sabía, que de algún modo, algún día, yo estaría lista en los ojos de Dios para entrenar a la gente sobre cómo recibir la palabra de Dios, y Dios solamente.

Sígueme ahora al siguiente capítulo donde veremos los niveles de verdades y mentiras en nuestra propia vida, como cada uno determina nuestras habilidades específicas para comprender los mensajes que Dios nos da. Como sé muy bien, es realmente difícil obedecer a un mensaje cuando no lo entiendes, o te cuestionas de quien procede.

6

EL NIVEL DE LA VERDAD FRENTE AL NIVEL DE LA MENTIRA

Lo sé seguro: El poder de Dios es liberado sólo en la superficie de la verdad. Recuerde lo que dije anteriormente: una mentira crea una valla que está custodiada por fuerzas demoníacas. En tal caso, el verdadero flujo sobrenatural, no va a llegar, porque sabe que el suelo no es fértil.

Creo, hoy, que la gente vive en uno de los dos niveles como esos tan bien animados en la película "Matrix". Entre esta gente, muchos viven tranquila y cómodamente en el nivel de la mentira. Dios una vez dibujó una imagen, dentro de mi espíritu, para que yo viera. El nivel superior, el nivel de la verdad, es para aquellos que viven muy cerca de la cruz y la palabra de Dios. Luego, está el nivel inferior, el nivel de la mentira, de la que muchos tentáculos ascienden, hacia arriba.

Por ejemplo, hay fragancias deliciosas que ascienden desde el abismo inferior, como una niebla de humo. Las personas que están en el nivel superior (la verdad), pero que no permanecen cerca de la cruz, empiezan a oler los aromas del engaño que se elevan emanando en volutas espirales que tientan nuestras flaquezas, y que poco a poco se deslizan hacia el nivel de mentiras. Para muchos, un simple lugar natural para estar.

El nivel inferior es un nivel fácil y cómodo. Muchos programas "reality show" presentan típicamente una vida en el nivel inferior, y estos programas hacen que parezca más "agradable".

En la imagen de Dios, he visto tantas personas sentadas en tronos, algunas llorando, algunas deprimidas. Otras parecían zombies, actuando casi como robots, manteniéndose ocupadas para no tener que pensar. Me di cuenta de que no había ningún control o poder en sus vidas. Algunos decidieron que era tiempo - tiempo para bajar de sus tronos- y buscar los pasos que podrían conducir hacia arriba hasta el nivel de la verdad.

Cuando se vive en el plano de la verdad, es emocionante porque puedes recibir mensajes de Dios, en cualquier momento, para ayudarte a seguir mejorado tu vida. La vida en el nivel de la verdad es un, estilo de vida "no contaminado", un plano limpio, un plano en el cual Dios te da poder para vivir una vida plena, significativa. En contraste, cuando se vive en el plano de la mentira, tú estás acorralado en un estilo de vida que sólo aparenta ofrecer todo lo que deseas, mientras que secretamente te roba el poder real que podrías tener sobre tu propia vida. Piensa en "Matrix". El nivel de la mentira es una obra maestra de la ilusión.

Pero, afortunadamente, hay una manera de salir de la oscuridad y hacia la libertad que viene con la luz, El camino o "pasos", de hecho, son una dicha para los que lo encuentran y comienzan su viaje hacia arriba; y un regalo de esperanza para aquellos que deciden buscarlos para escapar de los grilletes de la mentira. Es fácil encontrar estos pasos porque Dios siempre está entusiasmado y feliz de llevarte allí. Pero ten en cuenta que una vez que te hayan entregado a este nuevo "comienzo", una vez que fuiste conducido allí, cuando te encuentres prado en el fondo y mirando esos peldaños que te llevarán a la verdad, la única manera de subir es mediante "la guerra" espiritual.

Como he descrito anteriormente, sus espíritus mentirosos protegen el cerco y la frontera. Para empezar a subir los peldaños que llevan a la verdad y a la libertad, tendrás que luchar contra los espíritus mendaces y cuestionar el control inmoral pero tenaz que tienen sobre tu vida, y enfrentar los vínculos perniciosos, aunque, a veces, paradójicamente legales, en las que te han encadenado.

Estoy agradecida por algo tan sencillo: La televisión no me ha acaparado. De hecho, la televisión me aburre. Te pegunto, ¿no es que la mayoría de los programas de televisión retratan una vida que nunca podría conducir a lo sobrenaturalmente divino? Yo creo que una vez que llegas a ese lugar de búsqueda, de vivir y de hablar la verdad que Dios te da, la puerta se abre cada vez más ampliamente para que la Divina Providencia avance en tu vida.

En este capítulo, veremos diferentes ejemplos de los "tronos mentirosos" en los cuales la gente se sienta. Cuando usted reconoce la ubicuidad y la astucia de muchas situaciones que te pueden poner en estos tronos, tú estarás mejor equipado para evitar y para escapar de los errores que muchos de nosotros cometemos, incluso sin saberlo.

Quienes viven en el nivel de la verdad están en primera línea para recibir los favores de Dios. Para quien no lo sepa, estos favores son vistos como milagros.

Además, mediante la lectura de este libro, estás caminando conmigo. Juntos, pasaremos a aumentar tu vista, tu visión, tu integridad y tu alma para encontrar esperanza, paz, dirección, destino, amor verdadero y la voz de Dios en tu vida. Como mi simple historia ofrece, no es sino una sola prueba de que Dios no se queda sin ideas. Él puede y siempre hace algo nuevo y totalmente inaudito. Y los que viven en el nivel de la verdad son los primeros que recibirán los favores que Dios, que para quien no lo sepa, son vistos como milagros.

Cuando vives en el nivel de la mentira, serás prisionero de muchas cosas falsas. Al igual que innumerables personas que he conocido, puedes estar tratando de vivir una vida detallada y descrita por los ejemplos presentados en los medios de comunicación. Tu vida podría ser una en la que trabajas duro, te diviertes mucho. Suena muy noble, pero ¿cómo te diviertes? ¿Vives tú de acuerdo a los mandamientos que nos ofrecen como una manera de crecer? La Biblia dice claramente lo que está bien y lo que está mal.

Aunque nunca hayas creído en los muchos ejemplos de sabiduría de la Biblia, te será difícil argumentar desde la cancha opuesta. Cuando se trata de esto, casi todo el mundo sabe, intuitivamente, lo que está bien y lo que está mal. Muchos, sin embargo, reclaman y, por ende, toman su propio trono mentiroso. Se emborrachan. Tienen parejas sexuales fuera del matrimonio. Engañan. Roban. Ellos adoran al dios del dinero.

En el nivel de la mentira, hay grandes y pequeños tronos. Tienes que hacer la guerra contra todas las mentiras, incluso las pequeñas, los tronos pequeños. Permítame darte unos ejemplos.

El Trono del "Silencio"

El primero es el que yo llamo el trono del "silencio". Puedes sentarte en este trono durante las horas que prefieras no decir nada porque la verdad podría lastimar a alguien. Por ejemplo, una jovencita tiene un amigo que está locamente enamorado de ella. Ella disfruta de la atención y la adulación. Por no perder la amistad, ella se queda en silencio sobre su falta de atracción mutua, dejándole pensar lo que él prefiera. Ella le está dando falsas esperanzas y su silencio es en realidad una mentira.

Otra forma de la mentira "no diciendo nada" es pretender que algo es de cierta manera pero realmente no lo dices con palabras. Por ejemplo, una mujer que no quiere que su marido salga una noche, pero sólo se encoge de hombros en un "no me importa lo que haces" está mintiendo a su marido, levantando un muro entre ellos, simplemente pretendiendo. Tú probablemente sepas, de tu propia experiencia, de una vez que hayas hecho esto, y también debes recordar la ansiedad o la ira que convoca.

Fingir escuchar: ¿es una mentira? Puedes decidir por ti mismo. Algo curioso que he visto a menudo en los Estados Unidos mientras observo gente conversando, es cuando una parte habla y la otra parte se está casi sacudiendo mientras dice :, "¡Oh, sí! ¡Impresionante! ¡Sí! ¡Impresionante!" Y ese oyente que se está cayendo de la silla con su aparente aval ni siquiera está escuchando al orador. Para mí, creo que cuando pretendes estar escuchando, pero no estás realmente escuchando, en realidad estás mintiendo. Tales minuciosamente pequeñas mentiras pueden convertirse rápidamente en parte de la totalidad de tu conducta. Y eso es peligroso.

Otro ejemplo del trono del "Silencio" es cuando sientes que dirás la verdad —más tarde. Demasiado a menudo, ¿no eliges decirles a los demás lo que piensas que ellos quieren escuchar, porque tienes miedo al rechazo o a la reprimenda?

Me di cuenta de que Dios está muy preocupado por mantenerme en el plano de la verdad, tanto que reaccionó diciéndome que yace una mentira en lo más profundo de mí ser, incluso cuando yo solo estaba soñando o fantaseando acerca de mi futuro marido. Dios no dudó en decir la verdad, no perdió ni un momento esperando a que yo, quizás, esté en un mejor estado de ánimo. No. Dios me ofreció la verdad cuando me vendría mejor Lo sé, ahora, que la incautación de la inmediatez del momento ayuda a hacer la verdad de modo mucho más evidente, y útiles. A partir de este encuentro personal, me enteré de que creer en lo que queremos creer —aun cuando sabemos que es el producto de una fantasía— puede ser peligroso; puede dar lugar a expectativas poco realistas. En mi caso, en un matrimonio que no existe todavía. Curiosamente, siento una señal en mi oreja izquierda cuando estoy deslizándome en una mentira.

El Trono del" Pasado"

El segundo trono se llama "el pasado". Muchos de nosotros vivimos y actuamos de determinadas maneras debido a lo que sucedió en nuestro pasado. Un ejemplo sencillo: Si un hombre se casa con una mujer que, en su pasado, era una prostituta, pero luego, le había dado su corazón a Dios, el marido debe olvidar por completo su pasado — y ella debe también. De lo contrario, su esposo podría comenzar a desconfiar de ella.

Estaba revisando my viejo diario y me sorprendí al leerlo, había habido un punto en el que yo estaba viendo a tres hombres al mismo tiempo. Era una etapa tumultuosa durante la cual estaba tratando de decidir exactamente quién era el señor de mis sueños. Leyendo las entradas del diario fue desconcertante, pero tengo que admitir, que también un poco fascinante. ¿Fascinante? ¿Qué? No puede ser. Fue entonces que me di cuenta de que cuando Dios me perdonó por mi pasado, el pasado se borró. No existía más. Él no mira hacia atrás, de modo que cuando nosotros miramos a nuestro pasado, es, de hecho, nada más que una mentira

Cuando Dios perdona, Él abre todo el espacio que necesite para que te perdones a ti mismo.

Este es un punto fundamental que puede ayudarte a superar los errores que hayas cometido. Cuando Dios te perdona, Él abre todo el espacio que necesites para que te perdones a ti mismo. No permitas que los sentimientos de auto-acusación y auto-desprecio te superen. Nunca más. Este es el momento para cambiar totalmente tu vida en torno a Dios y olvidar tu pasado que ya ha sido perdonado. Hacerlo es dejar que Dios te lleve más cerca de los peldaños hacia el nivel de la verdad.

El Trono del "Creer en la Mentira"

El tercer trono es el "Creer en la mentira". Sentado aquí, te convences a ti mismo de aceptar lo que crees es la verdad, cuando en realidad es una mentira. En este trono, yo una vez me entregué a Dios, pidiéndole que me muestre la verdad de cada mentira en la que yo creía después de convencerme de que era verdad. Y Dios hizo exactamente eso.

Por ejemplo, cuando llegué a los Estados Unidos para entregar un mensaje, me agarró un dolor de muelas intenso. No sabiendo dónde encontrar un dentista, oré, "OH Señor, necesito un dentista, urgentemente". Y el Señor respondió, diciendo, "no necesitas un dentista". Suena gracioso, pero empecé a discutir con Dios, diciéndole que por el dolor que tenía parecía que iba a necesitar un tratamiento de conducto.

Entonces el Señor dijo, "Yvon, pregúntame la verdad acerca de lo que está mal". Cuando lo hice, me dijo que era sólo una infección en mis encías. El momento en que oré en verdad, apareció un poder sobrenatural, mostrándome que yo me estaba "mintiendo" a mí misma en lo que yo creía, y que la verdad no era tan mala.

Debería explicar la razón por la que yo podía oír a Dios tan claramente, corrigiendo la mentira que me estaba diciendo a mí misma. La razón es, que por entonces, yo ya había pasado años luchando contra las mentiras en la cerca. Yo ya estaba avanzando hacia el nivel de la verdad. Pero debo decirte esto: no creo, ni siquiera por un instante, que estoy completamente allí, todavía.

Incluso cuando apenas empecé a subir los peldaños, yo ya podía oír a Dios. En el momento en que empiezas tu guerra contra las mentiras en tu vida, empiezas a escuchar a Dios. Pero no te olvides que las otras voces también estarán allí, poniendo su mejor esfuerzo para distraerte y desviarte de tu camino.

El trono de "creer en la mentira" reclama muchos almas ignorantes. Pero yo sabía cuando estaba en ese trono porque Dios me envió mensajes claros.

Aquí hay otro ejemplo de donde yo estaba dotada con la verdad, venciendo la mentira, y surgió a causa de lo que yo creía acerca de mi cuerpo. Tenía un poco de sobrepeso, y ese peso estaba alrededor de mis caderas. Mientras miraba mi foto, se la mostré a Dios y me quejé, "Parezco malformada debido a esta grasa". Nunca olvidaré cómo me sentí mal por lastimar así a mi Padre celestial. Esa noche, él me contestó con una voz audible. Yo estaba profundamente dormida cuando oí la voz de Dios diciendo, "45:10". Me desperté en shock, diciendo ¿"Señor, es usted? ¿Qué significa 45:-10?". Luego, oí una palabra adicional, «Isaías»

(Isaías 45:10
"Nos atrevemos a decir a nuestros padres, ¿por qué me hicieron así?"
[GNB]

Yo estaba triste y arrepentida. Y decidí que amaría el cuerpo sano que Dios me dio. Desde esa epifanía y en adelante, cuidaría muy bien de mi cuerpo. Hoy, realmente, creo que tengo el cuerpo más hermoso que nuestro Dios amoroso me ofrecería, y no quiero cambiar nada. Pero trato de mantener mi promesa de cuidar este cuerpo haciendo ejercicio y trabajando para mantenerme saludable.

Viendo que estamos hablando de creer en la mentira en lugar de la verdad, la flagrante verdad es que hoy crecemos viendo mujeres extremadamente delgadas y poco saludables, que son glorificadas en las portadas de las revistas, protagonistas de películas, y en todas partes, en cualquier otro lugar que los medios puedan poner estas imágenes en nuestras caras. Sólo considere las fotos. Vemos las "modelos" que se han hecho cirugía plástica para ser perfectas, vemos que las fotos que han sido retocadas y mejoradas en el laboratorio de fotografía para hacer que estas mujeres tengan un aspecto aún más que perfecto. Las niñas crecen queriendo parecerse a estas imágenes falsas de la persona real. ¿Sabías tú que si Barbie - esa muñeca original perfectamente esculpida, que durante décadas, estableció el estándar para la perfección femenina - fuera de tamaño real, sus medidas serían 99/58/83, y ella mediría más de dos metros de altura, con un cuello dos veces más largo que el de un ser humano normal? Si tú no compras esa farsa de la "mujer perfecta", entonces no te sientes en el trono de "creer en la mentira".

La obsesión con tu aspecto te mantendrá cautiva en una mentira.

El Trono de "La Mentira del Ejemplo"

Esto nos lleva al cuarto trono. Aquellos sentados en este trono lidian con la "mentira del ejemplo". La gente mira lo que otros dicen y hacen, y utilizan estas observaciones como ejemplos para juzgar, para refutar, o peligrosamente, para emular. Se obsesionan sobre lo que las películas están ofreciendo, lo que las revistas están presentando. Ven los ejemplos que los medios de comunicación quieren que vean y son guiados por una peligrosa senda donde podrán encontrar buena compañía, porque lo que el Mono ve, el mono hace.

Cada año durante las vacaciones de primavera, unos 15 millones de estudiantes universitarios estadounidenses se reúnen en las playas de Florida. Detrás de ellos hay un gran negocio, patrocinando concursos de camisetas mojadas, diversión bajo el sol, juegos de beber para captar la atención de los grupos más vulnerables del país, el más grande consumidores. Cada año, esos jóvenes de 18 a 24 años de edad - a pesar del hecho de que la mayoría no puede permitirse el lujo - representan algunos de los consumidores más descuidados, despilfarradores en los Estados Unidos.

Con consumo de torrentes de alcohol, con los concursos de bikini, los certámenes de camisetas mojadas, y un número de otros eventos bacanales, un espectáculo común en cualquier dormitorio del sur de Florida durante este período son botellas vacías, cajetillas de cigarros, chupitos y condones desparramados sobre los muebles. Aquellos que son incapaces de pensar claramente, una vez que se establece el ejemplo, siguen el ejemplo.

¿Qué pueden aprender estos parranderos después del receso de primavera? ¿Crees que vuelven a las universidades contemplando el gran destino que Dios los está llamando a cumplir? Muy probablemente no. Estarán más propensos a vagar sin rumbo, entre «recuerdos ardientes» guardados en sus cámaras digitales y Smartphone, volviendo a su prisión de mentiras, cómodamente jugando a "lo que el mono ve, el mono hace". Están firmemente asentadas en el trono de "la mentira del ejemplo".

El Trono de "La Mentira de Ver"

En este trono, estamos sentados mirando la "mentira de ver". Hablaremos acerca de este concepto detalladamente más adelante. Pero por ahora, la "mentira de ver" es cuando tomas lo que ves en tu entorno como la verdad indiscutible. Esto es diferente al trono de "creer en la mentira", porque en este trono, no estás pensando sino actuando únicamente sobre los estímulos visuales que impulsan tu comportamiento.

Es como si estás en medio de un fuerte temporal en el océano, ves las crecientes olas rompiendo en la proa y gritas - una mentira, - "¡Ayuda, me voy a ahogar!". ¿De verdad? ¿Sólo porque estás en una gran tormenta? ¿Otros barcos no han estado peor? ¿Los marineros no experimentan estas tormentas regularmente? Sí, sabemos que esto es cierto. Pero, tú ves lo que ves y - aunque es una mentira - tu desesperación percibida te obliga a ver lo peor como verdad.

He aquí otro ejemplo. Un muchacho se "ve" a sí mismo no teniendo trabajo. Y ve que todos sus esfuerzos están fracasando, uno tras otro. Ve su situación como una batalla perdida. Finalmente dice, "Dios no me está ayudando, ¿por qué molestarme?" Mientras él crea en lo que ve, y él insista en mirarlo sólo de esa manera, él vive la mentira.

Para dejar este punto claro, permítanme utilizar mi ejemplo, aquí. Pasé ocho años sin trabajo. Yo no "vi" casi ningún ingreso. Lo que tampoco "vi" era cómo mi carácter se iba formando y construyendo, mientras confiaba que Dios había elegido una época muy especial durante la cual he tenido que luchar con lo que estaba en mi mente. En mi mente. ¿Lo entiendes? Para ver claramente, tenemos que tener - fe.

Isaías 43:2
"Cuando pases por las aguas profundas, yo estaré contigo; Tus problemas no te agobiarán. Cuando pases por el fuego, no te quemarás; las pruebas duras que se presenten no te harán daño."
[GNB]

Dios nos pone en ciertos entornos y circunstancias muy especiales, todo con el fin de enseñarnos a no actuar sólo en lo que vemos, sino a actuar en lo que creemos en nuestra conciencia interior, un lugar donde lo que vemos no puede influirnos a causa de la fe.

Hasta ahora, hemos cubierto cinco tronos de mentiras: el silencio; el pasado; creer en la mentira; el ejemplo mentira; la mentira de ver. No es difícil comprender cómo cada uno de nosotros termina en estos tronos. A veces, nos sentamos allí porque estamos confundidos. A veces por comodidad. A veces por desesperación. A veces por ingenuidad.

Algunas almas languidecen durante años en estos tronos de mentiras. Pero hay más tronos más allá de éstas. Continuemos un poco más.

El Trono de La "Mentira de la Iglesia Común"

En el trono de la "mentira de la iglesia común", encontrarás una congregación que no está creciendo, un grupo de fieles, cuyo principal objetivo no es la comunidad a la cual la iglesia debería servir, sino que ellos mismos, los miembros internos. Viven, oran, veneran, mientras que se aíslan de la misma comunidad a la cual deberían ayudar. En su propio dolor, ellos se lamentan de su estancamiento, incluso mientras se niegan a tender una mano para saciar las necesidades de los demás. Lo creas o no, toda una Iglesia puede encontrarse sentada y anquilosada, en tronos en el nivel de la mentira.

Una vez, aconsejé a un líder de culto de `una pequeña iglesia. Él estaba bastante deprimido por las cosas que había visto y vivido allí en su propia congregación. La ironía en este ejemplo es que fue la congregación misma, la que llevó este hombre a la desesperación. Durante muchos años, su iglesia no creció y el trabajó mucho para afectar las vidas de sólo treinta personas.

Tuve que ayudarlo a romper esa persiana de incredulidad, de modo que pudiera ver más, para que él pudiera comenzar a reconocer que Dios lo estaba llamando a tocar las vidas de cientos de personas. Tuve que llevarlo a comprender que todavía estaba en formación. Su época para crecer junto con su congregación, aún estaba por delante.

Otro fenómeno que vi suceder en una iglesia fue un cambio repentino en sus enseñanzas, una súbita obsesión con el "Rapto" o con un "nuevo" programa. Esto ocurrió en un lugar espiritual, una iglesia, donde todo el mundo sabe que la palabra de Dios es para que nosotros vayamos y formemos discípulos, y no hacer hincapié,más allá de la razón, en cualquier cuestión, y especialmente en cosas que no sirven al propósito evangelistero. La congregación, durante esta época de su obsesión con el rapto, estaba siendo llevada a concentrarse exclusivamente en algo distinto a las instrucciones supremas de Dios. En definitiva, se luchaba por la salvación mediante la búsqueda de la comprensión, no en la verdad total, pero en una mentira.

Creo que esta es la razón por la cual no hay señales, no hay maravillas, no hay milagros, y ningún crecimiento en algunas iglesias. El egoísmo, el egocentrismo, el delirio; estos son rasgos esenciales en alguien vulnerable a creer una mentira porque están predispuestos a buscar lo que ellos sienten que es bueno para ellos mismos, sea cierto o no. Estas personas se olvidan que el reino de Dios no es una cuestión de hablar, sino de poder.

Y que el poder surge sólo de la verdad, un lugar que ya hemos visto no es necesariamente: cómodo.

Sorprendentemente, puedes sentarte en una iglesia y convertirte en un prisionero de mentiras. Una vez, me acerqué a una señora que estaba muy involucrado en su iglesia. Yo no conocía la zona y necesitaba ayuda para encontrar alojamiento para una madre sin hogar. Aunque esta devota congregante estaba presente en cada reunión de la iglesia y cantaba con el equipo de culto, ella no me pudo sugerir los contactos de ni una sola iglesia donde yo pudiera pedir ayuda. Me sorprendió tal hipocresía, cómo alguien tan dedicado a su iglesia, a la palabra de Dios que debemos ayudar al otro, no podía ni siquiera comenzar a ayudar a un miembro de la comunidad en necesidad.

El Trono de "La Mentira de Dios No Me Ama"

El estar sentado en el trono de "La mentira de Dios no me ama" puede comprensiblemente ser confuso. Aquí usted encuentra un alma desalentada porque Dios sanó al vecino de al lado, pero no él. A pesar de todos nuestros entendimientos maduros y más allá de todas nuestras creencias, podemos caer en la mentira de "Dios no me ama". Sin embargo, es sobre todo en este momento que nos haría bien a demostrar nuestra fe ciega de que Dios elige cómo Él responde, que no debemos perder nuestra fe cuando Dios no responde de la manera en que pensamos que debería. Cierto, en nuestros desesperados apuros, podemos sentir que no tiene ningún sentido lo que Él hace.

Pero permítanme dar testimonio de mi propia experiencia que hay épocas en las que Dios permite el sufrimiento. Recuerda, no obstante, estás yendo por el camino del sufrimiento con Cristo.

Si has leído hasta aquí en el libro, ya sabes que yo no estaba libre de sufrimientos. La temporada de sufrimiento, sólo dura tanto como Dios lo estime necesario para preparar tu alma para tu vocación superior. Es mejor aceptar lo que Dios ofrece y dejarlo que termine con tu crecimiento espiritual en Su propio tiempo. No seas víctima del trono de la mentira de "Dios no me ama".

También creo que hay un tiempo para todo. Pero algunas cosas simplemente llevan mucho más tiempo de lo que nos gustaría. De nuevo, esto puede llevar a creer en la mentira del "Dios no me ama". Esta mentira, en particular, puede invadir, sin previo aviso, nuestra fe sólida. Sin embargo, con el tiempo, esta mentira queda expuesta y llegamos a saber por qué Dios hace lo que hace, por razones que traen la verdad.

Aquí está una breve escena para demostrar este punto. Durante aproximadamente dos años, he sufrido el dolor de cabeza más extraño. Sentía como si alguien me estaba golpeando en la cabeza cada 20 minutos. Tras haber consultado un médico tras otro, que finalmente me enviaron a hacer un escáner (TAC). Incluso después de este examen especializado y exhaustivo, no pudieron encontrar nada malo. Yo recé y no pasó nada. Sólo mucho más tarde se me hizo claro, Dios usó este "milagro" para enseñarme algo. Cuando fui liberada de un espíritu nefasto, los dolores de cabeza desaparecieron, del mismo modo que llegaron: un misterio. Lo que estaba mal en mi vida espiritual se había manifestado en mi cuerpo, lastimándome físicamente.

Ahora mismo, piensa si te duele algo físicamente. A continuación, piensa en lo que podría estar mal espiritualmente, desequilibrado, o faltando en tu vida. Te pido que consideres la posible conexión.

Te puedes encontrar con La mentira de "Dios no me ama" en cualquier lugar, en cualquier momento y aparentemente por cualquier motivo, ¡incluso mientras está sentado en la iglesia! Sí, la iglesia. Incluso cuando te encuentras en un lugar religioso, puedes ser abordado por la mentira de "Dios no me ama". Durante cinco años, me desanimé silenciosamente en cada servicio religioso, me sentía que estaba en un lugar poco agradable, e incómodo. Por lo tanto, sí, incluso en la iglesia, nuestras almas son vulnerables a creer menos que la verdad.

Profundizando en la mentira de "Dios no me ama", me encontré preguntándome cómo - en toda Su majestad, Dios podría permitir que una falsa palabra profética me lleve a mí y a otra alma creyente pero desprevenida a tomar la palabra de un profeta como la verdad y casarnos.

Pero, como se dijo antes, Dios hace lo que hace por una razón, y es siempre una buena razón. Me enseñaron a honrar y respetar a aquellos que se consideran "profetas". Así, que ingenuamente creía que todos los profetas son dotados por Dios mismo. Cuando un profeta dijo que yo debería casarme con mi amigo, no temíamos razón para dudar de la providencia. Pero mi tiempo para aprender la verdad estaba al alcance de la mano. Dios me permitió ser perjudicada por esta palabra del profeta, algo que yo no podía entender.

Hoy a partir de esta experiencia de primera mano, se que profetizar es invocar un gran poder que viene con la infinitamente profunda responsabilidad. Mi "dolor" de aprender esta verdad me ayuda a tomar esta responsabilidad muy seriamente. Nunca voy a compartir una profecía con nadie salvo que sienta que tengo la interpretación 100% correcta.

Dios me hizo pasar a través de una época horrible, enseñándome claramente la responsabilidad de un profeta, los peligros que pueden invocar una profecía falsa, e incluso cómo reconocer un culto, un grupo obsesivo liderado por un profeta falso.

Durante esos cinco años en los que yo fui parte de la iglesia mencionada anteriormente, he sido testigo de cómo los miembros llegaron a temer y a complacer a los pastores más de lo que temen a Dios. Dios me permitió ver los errores de otros que aparentan ser profetas hacen para que yo pudiera estar atenta a las señales de advertencia que ponen en peligro toda la profecía.

A menudo medito sobre estas preguntas: ¿Soy un profeta? Si uno puede escuchar claramente la voz de Dios y, después de pasar por el largo y arduo camino, llega a comprender los mensajes de Dios, ¿eso lo hace un profeta? ¿Alguien puede ser un profeta pero sentirse como una madre normal que recibe mensajes de su Creador? En mi corazón yo sé que voy a trabajar en este misterio personal por el resto de mi vida.

En muchos sentidos, la mentira del "Dios no me ama" es, en realidad, una experiencia con sólo la fuerza opuesta - amor, en sí mismo. Saber, cuando Dios te envía una experiencia dolorosa, es muy probable que te desarrolles a un mayor nivel de comprensión. Tu crecimiento espiritual puede ocurrir y ocurre de esas maneras. Tú no tienes que estar en un lugar de culto a la hora de aprender eso. De hecho, de muchas maneras, he aprendido mucho más sobre mi Dios explorando espiritualmente - a través de la meditación - mis experiencias de vida, que de las enseñanzas de la iglesia. Esto no quiere decir que los lugares de culto ofrecen menos o nada en absoluto. Por el contrario, una casa de culto dirigido por un sacerdote talentoso, divinamente ordenado por Dios, puede ser un lugar enormemente gratificante para poner en perspectiva los muchos enigmas en tu vida.

Cuando se trata de la mentira de "Dios no me ama", un gran desafío en el desarrollo espiritual, es que muchas personas no están dispuestas a pagar el precio del dolor que es necesario para la formación del carácter. Los dones que Dios te da a ti y tú utilices justamente pueden elevarte, en maneras mundanas; pero es tu carácter (el alma), en sí mismo, que requiere el desarrollo de mayor alcance y, frecuentemente, eso viene a través de las dichas del dolor.

Sigamos avanzando.

El Trono del "Acusador"

Acusar es mentir. Mientras que tú podrías perder tu temperamento, y por ello se te puede ir la lengua, sabe de antemano que cuando tú acusas a alguien de haberte ofendido, te convertís en víctima de una mentira. Esto puede sonar un poco fuera de la lógica. De hecho, demasiadas veces esto ocurre con almas no espirituales que sucumben al simple orgullo.

Es mejor dejar que Dios juzgue a otros. A veces, Dios permitirá que una persona te trate injustamente para que puedas aprender a medir en tu propia vida, si has desarrollado la mentalidad de Cristo. Como he dicho, Dios hace lo que Dios hace por una buena razón.

Lucas 6:37-38
"No juzgues a otros, y Dios no te juzgará; no condenes a otros, y Dios no te condenará; perdona, y Dios te perdonará. Da a otros, y Dios te

dará. De hecho, recibirás una plenitud, una generosa ración, servida en tus manos, todo lo que puedas tener. La medida que usas para los demás es la que Dios utilizará para ti."
[GNB]

Por favor, por favor, lee y relee esta cita de Lucas. Recuerda la próxima vez que te enfrentes con una persona difícil, una situación desafiante, una excusa para "ser humano" y perder el control.

El Trono de "La Mayor Mentira"

En este trono, las personas creen que si ellos dan su vida a Dios a través de los sacrificios que anticipen necesarios, todos sus placeres acabarán, no se satisfarán ninguno de sus deseos, y todas sus posesiones se desvanecerán. ¡Qué pensamiento Increíble! De hecho, la verdad es justo lo contrario: ganas la recompensa de tu vida.

Mirando en retrospectiva, me pregunto dónde estaría en esta vida si no hubiera sido por Dios. Lo que lleva a las personas al trono de "la mayor mentira" es su limitada comprensión de las cosas espirituales.

Considere esto: Somos alma, espíritu y mente. El alma de una persona que aún no está "salvada" y, por tanto, no unida con Dios, está dominada por su mente, o, en otras palabras, el ego. Cuando eres "nacido de nuevo", es decir, cuando te das a ti mismo a Dios, permites que Dios te envíe el Espíritu para dominar tu alma. Esto es una bendición que alterará el curso de tu vida. Con el Espíritu Santo en tu alma, tomando control sobre tu ego (la mente), puedes realmente comenzar a entender lo que Dios te está diciendo. No puedo enfatizar suficientemente la importancia de estar totalmente entregada a Dios.

Romanos 8:26-27
"De la misma manera, también el Espíritu nos ayuda en nuestra debilidad. Pues nosotros no sabemos cómo orar; el Espíritu mismo ruega a Dios por nosotros con gemidos que no pueden expresarse con palabras. Y Dios, que ve en nuestros corazones, sabe el pensamiento

del espíritu; porque el Espíritu le suplica a Dios en nombre de su pueblo y en conformidad con su voluntad."
[GNB]

Juan 14:16-17
"Yo le pediré al Padre, y él ***les dará otro Consolador, para que los acompañe siempre. 17 Él es el Espíritu quien revela la verdad acerca de Dios. El mundo no puede recibirlo, porque no lo ven ni lo conocen. Pero ustedes le conocen, porque vive con vosotros y está en ustedes."***
[GNB]

Date a Dios. Lo que obtienes a cambio será una vida que nunca has imaginado.

Esto nos lleva al trono que concluye esta serie.

El Trono de "La Mentira Final"

La gente corre a este trono tratando de encontrar soluciones sencillas para sus problemas. Por ejemplo, encontrarás en este trono a alguien que sufre de depresión. Mientras que la medicación para los trastornos depresivos en parte puede ayudar a lograr una forma de estabilidad que es más bien elusiva, recuerda que somos seres espirituales más que seres físicos. Lo que está mal en el Espíritu no puede ser reparado con un medicamento; debe ser corregido a nivel espiritual para evitar que se manifieste en el cuerpo.

Puede ser que la depresión te lleve hasta el umbral del conocimiento, pero tienes que atreverte con todo tu corazón, para buscar las respuestas del alma y no depender sólo de la medicación para resolver tu dolor. Mi propia madre se quitó su vida luchando con depresión; era una época en la que la enfermedad mental no se entendía. Puedes imaginarte el terrible impacto que el evento tuvo sobre mí en ese momento. Pero ahora, yo conozco a Dios de una manera muy personal, y me doy cuenta de que el enorme dolor me llevó a un cambio de vida, al conocimiento que me salvó la vida y a la comprensión.

Oseas 4:6
"... mi pueblo fue destruido por falta de conocimiento."
[NVI]

Comencé a saber y mi conocimiento aumentó en el momento en que decidí pedir apoyo y aprender acerca de lo que, anteriormente, sólo había temido. Asistí a la 156ª reunión anual de la Asociación Psiquiátrica Americana en San Francisco. Y participé en una sesión sobre la depresión y la prevención del suicidio. He aprendido sobre el estrés, la psicopatología y el cerebro. También he asistido a reuniones sobre evaluaciones espirituales y religiosas en la práctica clínica, así como lo que la ciencia propone desde el punto de vista psiquiátrico. He aprendido la importancia de los sistemas de creencias espirituales cuando se trata de sanación.

La "gran mentira" nos lleva a muchos de nosotros a buscar soluciones, simples, fáciles y rápidas para nuestros problemas. Donde el conocimiento puede ayudar a los más, demasiadas veces es visto como inalcanzable. Aunque el aprendizaje lleva esfuerzo, la recompensa es innegable. La "gran mentira" no debería impedir que busques la verdad, sólo porque esa búsqueda requiere esfuerzo de tu parte.

Uso la enfermedad mental porque sirve como un excelente ejemplo de lo que se necesita a modo de esfuerzo. Las personas, hoy en día, deberían tratar de comprender las diversas formas de esta enfermedad. Alguien en tu propia familia podría estar luchando con una grave depresión y ni siquiera saberlo, o, si lo saben podrían sentirse suicida, puede que no sean capaces de pedir ayuda. Imagínate que tuvieras al menos un conocimiento superficial; podría significar la diferencia entre salvar a tu hermano o hermana, o asistir a un funeral.

En 1985, no había mucha información disponible sobre la depresión. Mi madre ni siquiera sabía que tenía un desequilibrio físico-químico en su cerebro. No había forma de que ella entendiera que necesitaba medicamentos, así como ayuda espiritual. Si yo hubiese sabido más, quizás podría haberla ayudado, pero yo sólo tenía 13 años de edad. Pero sé, ahora. Y el conocimiento vive en mí juntos, vamos a avanzar para ayudar a aquellos que luchan contra su enfermedad, no sólo a través medicamentos sino también a través de la sanación profunda y personal del espíritu.

A medida que nos acercamos al final de este debate sobre el nivel de la verdad y el nivel de la mentira, quiero compartir contigo esta advertencia sobre lo fácil que es caer rápidamente desde la luz a la oscuridad.

Una familia cristiana, de hecho, los líderes de una iglesia, me invitaron a un almuerzo de Navidad. En aquel momento, sus dos hijas estaban en pareja, y mientras entraba por la puerta, sentí algo muy malo. Me di cuenta inmediatamente de que los padres estaban haciendo vista gorda ante los pecados que sus propias hijas estaban cometiendo. Porque no tengo un botón de encendido/apagado para controlar mi visión profética, resultó ser una experiencia muy extraña, ya que no podía ir a la casa y fingir no ver lo que el Espíritu de Dios me estaba mostrando.

Lo que estoy diciendo es que si los padres tratan de vivir "la buena vida" en busca de Dios y Su voz, pero luego dejan que sus hijos comprometan estas creencias - en su propio hogar, no menos - es como si ellos aprobaran las acciones de sus hijos. En este punto, ellos caen desde el alto nivel de la verdad hasta el nivel bajo de la mentira. De la luz, a la oscuridad.

Si desea escuchar la voz de Dios, usted tiene que limpiar su vida. El primer paso esencial: Busque, y nunca ponga en peligro: la verdad.

En estas páginas que acabas de leer, espero que hayas llegado a aprender que si quieres oír de Dios, tienes que limpiar tu vida. El primer paso esencial: Busca - y nunca pongas en peligro: la verdad.

Este fue un largo capítulo, y me doy cuenta de que la información y los detalles pueden ser emocionalmente agotadores. Toma un descanso breve ahora mismo y pídele a Dios que te ayude a asimilar lo que Él quisiera que aprendas.

En la sección siguiente, experimentarás conmigo la preparación final antes de partir de Sudáfrica. Cuando uno deja su hogar en una misión desconocida, realmente sólo podes confiar en Dios...

7

"LA PREPARACIÓN" DEJANDO SUDÁFRICA PARA ENTREGAR EL MENSAJE MAYOR

Cuando convoco estos recuerdos y escribo estas palabras, me siento como si estuviera contigo en tu hogar, compartiendo mi historia de una manera muy privada. De hecho, en mi mente, estamos tomando un té en tu sala, explorando los mensajes que Dios me dio en los últimos 14 años de mi vida.

Cómo llegué aquí no fue un camino de mi propio hacer. Como tantas otras personas esperanzadas que albergan sueños privados, más temprano en la vida quería convertirme en actriz de Hollywood. Poco sabía yo que cuando llegaría a Hollywood, mi misión sería bastante diferente: Predicador. Y aunque ahora estás leyendo este libro, puedo decirles, llanamente, que nunca, jamás, tuve intención de convertirme en un autor. Estos son claros ejemplos de cómo su vida puede y probablemente cambiará cuando usted oiga las palabras de Dios y seguir las palabras que le guiarán.

Veamos por qué, en un período de pocos años he "decidido" escuchar la voz de Dios. Es verdaderamente sorprendente que en el momento en que empecé a aceptar los sueños que Dios compartió conmigo, y tratando de entender estas visiones para que yo pudiera sentirme seguro que estaba haciendo la cosa correcta, Dios comenzó a comunicarse conmigo cada vez con mayor frecuencia.

Y El empezó a decir algunas de las cosas más increíbles. Cierto, yo podría haber pensado, "¡Esto suena ridículo!" o, "¿Dios me está diciendo esto? ¿Quién puede detenerlo?"

Fue en ese momento cuando vi el primer gran reto: Según fui en dirección hacia el nivel de la verdad, las mentiras se estaban introduciendo furtivamente. En el capítulo anterior, leyeron cómo empecé a identificar estas mentiras y sus fuentes. Una vez aprendido eso, siempre tan lentamente, comencé a adquirir la capacidad de aflojar los grilletes que me tenían -manteniendo a todos nosotros -en el plano de la mentira. Esto es algo que estoy absolutamente segura le sucederá a usted también.

Para mí, dejar el nivel de mentira detrás significa también, inevitablemente, dejar mí casa, mi país. Aquí está la forma en que surgió.

Han sido 20 años desde que me convertí en un cristiano nacido de nuevo. Pero recuerdo esto tan claramente; fue muy poco después de esa experiencia que cambia la vida que Dios me mostró que estaría viviendo en una pequeña ciudad en el Provincia Norte de Sudáfrica. ¿Qué? Ese es el último lugar me gustaría elegir para alojarme. Los recuerdos del suicidio de mi madre me esperaban, en esta misma ciudad. ¿Quien quisiera vivir en medio de ese dolor? ¿Cómo pudo Dios elegir tal camino para mí? Y, sobre todo, ¿por qué? Muchas difíciles preguntas, sin mencionar las enormes dudas que surgieron como obstáculos Pero, unos años más tarde, como dijo Dios, me encontré ahí.

Es difícil describir los sentimientos que pululan sobre uno cuando se dan cuenta de que están viendo los mismos lugares, oyendo los mismos sonidos, caminando por las mismas rutas, como mi madre hizo antes de quitarse la vida. Para esos tres primeros meses, hice como cualquiera, lloré. Era el comienzo de mi formación guiada por Dios. Este no era sólo un lugar donde Dios me oculto, pero también me permitió pasar por algunas temporadas de preparación, realmente difíciles, e hirientes.

Y ahora, se iniciaría, en medio del dolor: los mensajes que tuve que escuchar y comprender antes de salir de África.

En el comienzo, yo lógicamente no comprendía plenamente lo que estaba sucediendo. Vi mi vida tomando una dimensión peculiar, sobrenatural. En un sueño, Dios compartió conmigo que algo realmente grande y emocionante que iba a suceder en mi vida. Pensé, "¡Si Dios está diciendo 'grande', entonces debe ser realmente, muy grande!"

Poco después, llegó otro sueño en el que me vi en Los Ángeles, rodeado de gente "de color". Mientras que las personas con una piel de color marrón oscuro fueron conocidas como mulatos en mi país, Sudáfrica, fue años más tarde, cuando me reuní con la gente hispana de Los Ángeles que me di cuenta de la claridad que presenta este sueño. Yo sería bendecida con multitud de hermanos y hermanas hispanos en mis reuniones cuando hablé de los mensajes de Dios.

Meses después de ese sueño, me vino una visión que mi marido estaba en una especie de coma. Coma representa a una persona en un estado separado de usted. Dios iba a quitar este hombre que había sido profetizado falsamente a ser mi esposo. En este sueño, Dios claramente envió un mensaje acerca de "divorcio", tras lo cual me avanzaría muy fuertemente. Además soñaba que subía una montaña. Yo era tan fuerte que podía llevar mi propio coche en mi mano derecha. Mi coche no me llevaba. Un coche representa a su ministerio, o llamando.

Meses pasarían. El año pasa. En este nuevo año, me visitó de nuevo con un sueño de estar en Los Ángeles, donde un hombre de blanco se me aproxima para preguntarme si quiero ir a una audición para una película. Por alguna razón inexplicable, ¡no tenía interés en una audición! Imagínese esto: ¡Alguien que siempre quiso ser actriz renunciando a una audición! Entonces, él dijo, "déjame mostrarte las calles de Los Ángeles." y salimos, yo torpemente confundida acerca de renunciar a una audición, pero viendo en este sueño que me sentiría diferente en el futuro. Mientras el hombre de blanco me mostraba Los Ángeles, seguí pensando que se parecía a Venecia.

La claridad de Dios continuó y me ayudó a ver mi vida, mi pasado y mi futuro. Fue después que me di cuenta de que el propio Dios me fue guiando con mi divorcio en lugar de acusar o condenarme reconocí que algo pasaba entre Dios y yo, y estaba ocurriendo a través de los mensajes que estaba recibiendo. Cuando usted consigue esta sensación, sólo parecen "saber" seguir la corriente.

Luego he soñado de ganar siete premios. De la nada y aparentemente conectado a nada.

Escribí todos y cada una de los sueños. Empecé a comprender que mientras le mostraba a Dios que era fiel, El empezó a darme más sueños.

En un sueño posterior y muy potente, estaba en la escuela, lo que representa un lugar de aprendizaje. Fue a mediados de julio. En este sueño, vi que estaba embarazada; el embarazo se refiere a estar espiritualmente listos para dar nacimiento a algo. Supuestamente iba a tener mi bebé a finales de Julio. El bebé se refiere a su propio proyecto personal, que, sí, puede incluir un ministerio. Es cuanto Dios te da, cuanto Él escoge, cualquier cosa que llegue a ser y por la que sea responsable. [Rápido Hacia delante: Un año más tarde, a finales de julio, comenzaría a hablar en Los Ángeles.]

Ahora, aquí está el lado humano, quizás una perspectiva más accesible, a todo esto, porque es importante que usted vea cómo Dios gentilmente nos ayuda a dejar a un lado lo que sentimos y cambia quienes somos. Estaría recibiendo estas visiones, pero recuerde, todavía estaba en una diminuta aldea en el África subsahariana. Las cosas iban mal, y yo estaba inmensamente deprimida.

Escuche la voz de Dios mientras estaba en oración. Oí la voz decir, "Yvon, ¿Aún quieres actuar?"¿Por qué Dios, preguntaría eso? Hacía mucho tiempo ya de la última vez que tuve el deseo de actuar; era un deseo que deje atrás cuando sentí cuando Dios me decía que abandonara todo y mudarme a la Provincia del Norte. Siempre he estado fascinada por la industria del entretenimiento, pero me sentí mucho más atraída a la realidad. Antes fue un sueño, pero ahora, tenía un sueño mayor: seguir a Dios. E incluía algunos cambios bastante difíciles. Para uno de ellos, en este mismo mes, yo estaba divorciada de un hombre bueno, simplemente porque me fue mostrado que sería lo correcto de hacer.

Tras el divorcio, el psiquiatra que atendió mi depresión se convirtió en mi amigo cercano y, más tarde, mi novio. El soñó con una tarea que iba a tener, en un hotel de lujo, en los Estados Unidos. Debo explicar: Siempre que alguien se alberga en mi casa, o yo en la suya, ellos empiezan a soñar. La Biblia dice que si usted acoge a un profeta, obtendrá la recompensa del profeta. Los mensajes fluirían lo mismo hacia el o a la persona que recibe al profeta.

He soñado que Dios vino a visitar la tierra de una manera sobrenatural.

En otro sueño, yo estaba en una fiesta fabulosamente lujosa en los Estados Unidos, ¡con un hombre diferente sentado a mi lado!

De nuevo, los mensajes, pero sin ninguna explicación. Todo era bastante chocante. Mi siquiatra me estaba preguntando que me casara con él. Yo me había enamorado de él. Pero aquí, en un sueño, yo estaba sin embargo con otro hombre.

Algunos sueños simplemente tienen que aplazarse. En ese momento, yo no podía decir qué iba a suceder. Como cualquier otra persona, sólo podía ir con lo que "sentía" y eso significaba cómo me sentía espiritualmente en la medida que estos acontecimientos surgían y reconciliaban con el plan de Dios para mí. Como ya hemos visto, algunos mensajes pueden venir con años de antelación y hasta que obtenga sus respuestas, ellos tendrán muy poco sentido.

En los meses que estaba comprometida, tanto mi novio y yo sentíamos extraño dolores atravesando nuestros cuerpos. Sólo me di cuenta más tarde, la razón era que nuestra unión desagradaba a Dios. El también era divorciado también, y yo sólo estaba supuesto a enseñarle acerca de Dios, no casarme con él. Esto abrió las puertas del reino espiritual para que los demonios nos atacaran. Aunque queríamos servir a Dios y hacer lo correcto, no estábamos para estar juntos, y Dios envió un mensaje muy claro.

Después de Dios detuvo la boda, tuve un colapso de nervio total. Estaría tumbada en el suelo durante semanas, llorando, tomando pastillas para dormir - durante el día, así no tendría que enfrentar la realidad de que realmente había tenido una relación adúltera. Conocí a este hombre mientras aun él estaba casado.

¿Cómo puede Dios estar llamando a tal mujer para ir hablar en Hollywood? Habiendo estado tan emocionada por la boda, ahora estaba tratando con un dolor insoportable. No tenía interés por nada sobre los Estados Unidos. No me importaba nada sobre Hollywood.

Mientras todo esto sucedía, Dios me pregunto por qué había dudado de mi vida en los Estados Unidos. ¡Yo estaba enamorada! La última cosa en que quería pensar, en ese momento, era en los Estados Unidos. ¿Por qué Dios estaría preguntando esto de mí? Él ya sabía que lo único que quería era un marido verdadero e hijos.

En el próximo sueño, Dios me mostró que estaría en un lugar desconocido, con mis maletas. En este lugar, existía un templo grande. El juicio de Dios vino, y con él, un diluvio de agua que barrió y lleno el lugar. Me di cuenta de que estaba viendo lo que Dios me estaba mostrando por una razón; estaba viendo cosas aun por suceder en la Tierra, sino esperando en el futuro.

Era diciembre, el mes en que me hubiera casado si Dios no lo hubiera parado. Ahora, Dios me estaba preparando para salir de Sudáfrica. Él me mostró, en un sueño, que mi viaje sería como alguien en un tren, obteniendo su siguiente dirección en cada parada de tren. Fue durante este mes que comencé a pasar horas en oración, buscando a Dios como nunca antes.

Y luego vino la palabra: Dios me dijo que estaría casada. Y tendría hijos. Pero, en primer lugar, tendría que pasar tiempo a solas con Dios y encontrar plenitud con Él. En medio de la noche, Dios me llevó a un pasaje de la Escritura:

1 Pedro 1:6-7
"Siéntase contento sobre esto aun cuando puede ser necesario ahora que usted este triste por un tiempo a causa de los múltiples tipos de pruebas que sufre. Su propósito es demostrar que su fe es genuina.

Incluso el oro que puede ser destruido es probado al fuego y, por tanto, vuestra fe, la cual es mucho más preciosa que el oro, también debe ser probada, de modo que puede resistir, entonces usted recibirá la alabanza, la gloria y el humor en el día cuando Jesucristo sea revelado."
[GNB]

Dios especialmente ilumino las palabras del versículo 10: "Que era relativo a esta salvación que los profetas hicieron cuidadosa búsqueda e investigación, y profetizaron acerca de este don que Dios te daría."

Mientras yo plenamente desconocía como todo esto iba a ser, si sabía intuitivamente que Dios me estaba diciendo de traer la bendición a Hollywood. Y, de hecho, descubrí la gracia.

Pasaron seis meses, antes de que yo me marchara para Estados Unidos que soñé que me iba a trabajar en de proyecto de la película mencionado anteriormente, un proyecto que sería producida por segunda vez. He "visto" las ubicaciones: África Central, así como en Europa. Yo no entendí mucho de esto, pero sabía que Dios me estaba llamando a una temporada de aislamiento donde Él curaría mis heridas. Fue en uno de esos días por venir que, mientras lloraba en el suelo, Dios me mostró esa visión del león de Judá que describí en los primeros capítulos. Esta bestia de la naturaleza sólo vino a echarse junto a mí. Me di cuenta de que aunque yo aun estaba en un estado de dolor, en mi época de sufrimiento, Dios me estaba mostrando compasión, mostrándome que yo no estaba sola.

Llegaron falsos mensajes para distraerme

Alrededor de este tiempo, un amigo vino a verme para compartir conmigo un sueño que tenía. Jameson dijo que en su sueño estaba claro que Dios me estaba llamando para caminar con Él a través de un bosque. Mi amigo me explicó que, mientras estaba caminando por el bosque con Dios, había un hombre con cabello oscuro tumbado tranquilamente dormido.

Esto me era interesante, porque sé que usted puede encontrarse con personas a tu alrededor que serán utilizados como mensajeros. Lo que aportan es de valor, porque puede ser un mensaje para ayudar a clarificar un mensaje falso o interpretación. En ese momento, estaba preocupada y preguntándome sobre ese hombre de cabello oscuro." Hoy, creo que los "falsos" mensajeros querían que me aferrara a una mentira. Comparto con ustedes este mensaje como otro recordatorio de que algunas personas, que puede parecer muy piadosas, pueden dar mensajes de "mentira". Imagínese si hubiese pensado que cada hombre de cabello oscuro iba a ser mi futuro marido Mi amigo me trajo una claridad que le fue dada por Dios.

Durante los próximos meses de aislamiento, Dios estaba iluminándome el camino en formas cada vez más complejas. Empecé a comprender que ahora estaba luchando una batalla espiritual. Estaba constantemente haciendo "limpieza de la casa" espiritual.

Dios envió aliento a través de otra mujer llamada Sandy. Ella me dijo que Dios compartió con ella que Él estaba enviándome a los Estados Unidos. Sandy confesó que ella había sabido esto ya - ¡por unos pocos años! Así, ella estaba muy enfadada cuando escuchó acerca de mi compromiso con el psiquiatra.

Ella me advirtió sobre el compromiso y sentía gran angustia al ver que yo estaba enamorada. Sandy fue un verdadero mensajero de Dios y habló de verdades que yo no quería oír. Como una relación casual, ella era una persona totalmente imparcial. Buscando ganar nada pero sólo para compartir lo que le fue dicho por Dios, Sandy intentó guiarme en que Dios ya tenía un plan predestinado para mí, y me llevaría a los Estados Unidos.

Permítanme compartir con ustedes algo muy curioso. ¿No cree usted que con todo esto, yo hubiera tenido al menos un simple indicio? ¿No debiera saber que lo que estaba experimentando era - diferente? ¿Extraño? ¿Divino? Tal vez, ¿un don? Bueno, yo no sabía. No fue hasta estar bien dentro de este camino que las cosas comenzaron a tener un poco más de sentido.

Comenzaba a darme cuenta de cuan especial y precioso era el regalo que Dios realmente que me había conferido. Por ejemplo, me convertí en ultra-consciente de que siempre que hubiera una mentira a mí alrededor, sentiría algo realmente sucediéndome. Sentiría el dolor en mi oído izquierdo. Note que los signos entre usted y Dios probablemente pueden tomar diferentes formas. Cuando necesito concentrarme, prestar especial atención a o ser cuidadoso acerca de las cosas que me rodean, tendré dolor en mi oído derecho. Como he madurado espiritualmente, me parece haber superado este tipo de "audiencia". Últimamente, identifico las "mentiras" en una forma completamente diferente.

Parece que mi mayor debilidad -si se me permite utilizar esta palabra- es que quería casarme. Así, el mensaje acerca de un marido consumió, todo de mí. De hecho, sólo el pensamiento de un marido era tan embriagador. Este "marido" - un hombre que yo todavía tenía conocer, se estaba convirtiendo en un ídolo para mí, un ídolo representando a un dios que uno adora.

Reflexioné sobre este mensaje cada hora del día. Y me preguntaba: ¿Pudiera ser este Dios hablándome? Entonces, pensé: Él no enviaría un mensaje que consumirían a uno de esta forma. En un capítulo posterior, compartiré con ustedes la "ley" que abrió esta puerta y el motivo por el cual recibí un mensaje falso. En este punto, sin embargo, con poca comprensión, me mantuvieron preguntándome.

Un mensaje acerca de un fuerte deseo que ya está albergando en su vida puede traer confusión total, así como completa distracción. Tenga cuidado cuando desee algo fuertemente y de repente oye hablar de él en forma detallada. ¿Se puede imaginar lo que podría hacerle a una mujer que sinceramente busca a Dios, aunque también sienta absoluta desesperación por estar casada? Ella escucha, "va a casarse con un hombre rico, alto, oscuro y guapo." ¿Puede usted imaginar cómo y por qué constantemente estaría mirando alrededor en todas y cada una de las esquinas?

Seria ahora sólo tres meses antes de que saliera de Sudáfrica. Despertándome de un profundo sueño, oí la voz de Dios diciendo, "Scarlett O' Hara, Lo Que El Viento Se Llevo." Este mensaje me arrastro lejos y cautivo mis despertados pensamientos. Evidentemente era la voz audible de Dios. Pero no la entendí. Poco sabía de lo que iba a suceder en Los Ángeles, y que "Lo Que El Viento Se Llevo" fue un mensaje conectándome con algo que todavía tendria que captar. Hasta este día, que me asombra -y espero que después de escucharlo, a usted también -lo que yo iba a descubrir una noche en el futuro.

Comenzaron el rodaje de la más querida epopeya de Hollywood de hace más de 75 años. Se convirtió en una leyenda. Esta película, que se llamaría, Lo Que El Viento Se Llevo, fue la ganadora de 10 premios de la Academia incluyendo Mejor Película en 1939. Echa contra el telón de fondo de la Guerra Civil Americana, se convirtió rápidamente en la película más popular del país. El autor del libro a partir de la cual esta película nació, Margaret Mitchell, tomó 10 años para escribir la obra maestra. ¡Iba a ser su primer y único libro! Habiendo estudiado el libro como un alumno obsesionado, me di cuenta de que podría decirle al mundo por qué Scarlett O' Hara hizo exactamente lo que hizo, por qué lo hizo, y que la hizo ser quien era. Hubo, sin embargo, más que aprender acerca de lo que esta película le hizo al mundo.

David O. Selznick compró los derechos de la película Lo Que El Viento Se Llevo el 30 de julio de 1936, ¡por $50.000! Lo que hoy parece una ridícula miseria, fue entonces el precio más alto jamás pagado por el original de una novela Las ventas del voluminoso libro - alcanzo 1.037 páginas - superó los 50 mil ejemplares en su primer día en el mercado. Destrozó todos los registros de ficción.

Margaret Mitchell comenzó a escribir lo que Lo Que El Viento Se Llevo en 1926, con la mayor parte del libro completado para 1929. Pero en los años hasta su publicación en 1936, mucho trabajo adicional se había hecho, incluyendo el acabado de capítulos incompletos, la reescritura de algunos otros, y comprobación de los miles de hechos históricos y otras referencias objetivas para mayor precisión. Hoy en día, Lo Que El Viento Se Llevo existe en 16 idiomas y ha vendido cerca de dos millones de ejemplares, de los cuales 1,75 millones de ejemplares fueron comprados en los Estados Unidos.

Para la película, el director George Cukor realizó una búsqueda nacional para una muchacha para actuar la parte de la inimitable Scarlett O'Hara. Los registros muestran que 149.000 candidatas fueron entrevistadas, de las cuales 90 fueron probadas en pantalla. Coincidentemente, 149.000 pies lineales de película en blanco y negro y 13.000 pies de película Tecnicolor fueron utilizados sólo en estas pruebas de pantalla. Los gastos solamente de la búsqueda de la "correcta" Scarlett llegaron a los $92.000, computado por los contadores del estudio. Aproximadamente dos tercios de este presupuesto fue utilizado por las pruebas de pantalla. Obtener la debida Scarlett se convirtió en el centro del universo desde el cual esta película eventualmente surgiría. Y esto es comprensible porque, durante años, las mujeres de todo el mundo idolatraron a Scarlett O'Hara y querían ser como ella. Así, cabe decir que quien fuese actuar en esta película iba a ser examinada.

Ahora, un ángulo diferente en Lo Que El Viento Se Llevo. Rehacer una película que fue un fracaso en su primer intento es más bien una tarea artística benigna considerando que probablemente sólo puede obtenerse mejor. Pero para rehacer una película que ganó 10 premios de la Academia - seguramente, esto sólo puede hacerse produciéndola con la ayuda de lo sobrenatural. Me di cuenta de esto cuando pensaba acerca de este proyecto. Pero la pregunta aun permanece: ¿Por qué Dios estaría diciéndome acerca de esto? Usted puede comprender, estoy segura, cómo todo esto capturo mi imaginación y por qué pasaría meses preguntándome por qué me recibirá tal mensaje. ¿Por qué yo? ¿Cuál era el vínculo entre esto y mi mensaje de ir a Hollywood?

Mientras todo esto se generalizaba en mi cabeza, tuve otro chocante, igualmente perturbador sueño. Vi tres tornados, y entonces yo estaba completamente separada de mi familia y de mi vida en Sudáfrica, por masivas aguas. Apenas logre arrebatar mis pertenencias de la casa antes de que fuera arrastrada por las aguas. Extrañamente, había sido colocada de forma segura en un lugar totalmente diferente.

Y los sueños siguieron llegando. En el siguiente, yo estaba jugando al rugby para los Springboks, nuestro equipo nacional en Sudáfrica. Yo estaba representando a mi país en Los Ángeles, como un embajador. Dios estaba construyendo un rompecabezas cada vez más enigmático para mí a través de estos "mensajes".

Lo sé, ahora, que fue durante esta temporada que Dios me enseñaría que Él no me llamo para ser listo, o inteligente, o para impresionar a la gente. No, yo estaba llamada a aferrarme a Él como mi Padre. Dios dijo: Yo soy Padre, primero, y esa es la razón por la que Jesús acude a mí todo el tiempo.

De nuevo, vine al lugar donde vi la visión de estar en el valle, con el León de Judá junto a mí. Esta vez, el león, y yo estábamos caminando fuera del valle. Este fue un momento Epifanio para mí. *Fue ahora que finalmente me di cuenta de que porque yo creía, podía ver, no al revés.* Me di cuenta de que si Dios se levanta y camina hacia adelante, lo mismo debo caminar hacia adelante. Y, al parecer, caminaríamos junto a Los Ángeles, para entregar un mensaje. Sin embargo, eso sería sólo el comienzo de mis conexiones a los Estados Unidos.

Como se dijo anteriormente, entonces Dios me puso a prueba al decirme de comprar mi billete de avión, sin haber previsto ningún alojamiento en Los Ángeles. No hay instrucciones. No hay planes. Casi ningún dinero. Pero yo sabía, intrínsecamente, que Dios estaría ahí conmigo en cada paso del camino.

Salí de Sudáfrica con un pensamiento en mente:

Salmos 89:34
"No voy a romper mi alianza con Él o ni siquiera retractarme de una promesa que le hice a Él." \[GNB]

Dios, por alguna razón desconocida, quería que esta mujer tomase un gigantesco salto de fe desde África para estar en el "poderoso" de los Estados Unidos.

8

LLEGANDO A LOS ÁNGELES - MI MISIÓN A LO DESCONOCIDO

Ese gigantesco salto de fe comenzó en el momento que salí del avión y entré a una bulliciosa multitud en el aeropuerto, llevando mi bolso, dos maletas, el libro, Lo que el viento se llevó y mi Biblia. Al igual que cualquiera otra persona que se encuentre en mí misma posición, me sentí abrumada con incredulidad y luchando para hacer frente a esta extraña nueva vida en la que yo formaba parte de repente.

Encuentros sobrenaturales que experimenté reafirmaron la voz que me dieron los mensajes. Yo sabía que Dios quería que fuera a Los Ángeles. Pero todavía no sabía el significado del libro, Lo que el viento se llevó, y por qué debería acompañarme en mi viaje.

Mi primer sueño en los Estados Unidos fue de mí montando un caballo negro hacia el océano. Esto representa un miedo paralizante a causa de la incredulidad. El océano representa el espíritu del mundo. A medida que el caballo rompiera a través de las olas chocantes, entonces se dio la vuelta, situándome en un árbol, pero llevando consigo el libro, Lo Que El Viento Se Llevo. Yo le grite al caballo, advirtiéndole de devolverme el libro, de lo contrario, seria aplastado El me dio el libro de vuelta.

Este sueño - con sus giros sobrenaturales - dejó algunas preguntas dando vuelta, sonando en mi cabeza: ¿Por qué el caballo se apodero del libro?

Nuevamente, que es lo que el viento se llevo tiene que ver conmigo. ¿Los mensajes que he recibido van a revelar algunos secretos en el reino espiritual?

Los significados de ciertos principios en los sueños están claros para mí. Sé que el negro representa la incredulidad, y un caballo representa movimiento. Lo que no podía entender era mi relación con la industria del entretenimiento, y algo como lo que el viento se llevó, una gran película icónica idolatrada durante muchos años por generaciones antes que yo.

Hoy en día, existen incontables películas, telenovelas y reality shows que la gente adora. Parece que cada día surge algo diferente para tomar el comando temporalmente de la atención mundial: El X-Factor; Américas Got talent; American Idol; The Kardashians. Pero aquí estaba yo, con un trabajo hecho hace unos 75 años; por lo tanto, naturalmente me preguntaba, ¿cuál es la conexión? ¿Y por qué está ligado con un "terremoto?" Continúa leyendo.

Como estoy segura de la que mayoría de ustedes lo ha sentido alguna vez, yo tuve temor a lo desconocido, y me pego bien fuerte, antes de salir para Los Ángeles. Me preocupa el dinero y por una buena razón: el rand sudafricano estaba ocho veces más débil que el dólar. ¿Dónde iba a quedarme? ¿Cómo todas las partes de esta visión iban a ocurrir? Y a través de este miedo, aprendí una lección fundamental. El miedo destruye nuestra capacidad para escuchar a Dios con claridad. A través de mi miedo, estaba presionando a Dios a que me diera respuestas. No sólo sobre el lugar donde me alojaría, incluso, si es que iba a sobrevivir.

Salmos 45:19
"Él suple las necesidades de quienes lo honran
SLACHTER." [2000]

A lo que todo llevo era simple: Solo tenía que confiar.

Los Ángeles era la ciudad más grande que jamás allá visto. Abrumadora, realmente.

He luchado con esto porque sabía que, para confiar en Dios en los grandes problemas, primero, debía confiar en él, las cosas más comunes. Por esto,

Dios me dio dos sueños para hacerme sentir mejor y para confiar en él en mi viaje a Los Ángeles.

En el primero, yo soñaba con ir donde mi padre terrenal, pidiendo su ayuda para mis necesidades básicas. Este primer sueño representaba el problema. Muchas veces, Dios ofrece dos sueños, el primero seguido pronto por otro. Ese primer sueño aborda el problema o lo que es negativo. La segunda es la solución o lo que es positivo. En mi segundo sueño, tomé mi ropa vieja a una tienda en Los Ángeles y la cambié por ropa más usable. Sí, inaudito, lo sé. Pero sentí a través de este sueño que Dios estaba diciendo que no me preocupe. Estaba por recibir favores sin precedentes en Los Ángeles, me sentí - increíble.

Salmos 32:8
"Así dice el Señor, "Te enseñaré el camino que debes seguir; Yo lo instruiré y le aconsejare."
[GNB]

Ahora, una nota personal, aquí: nunca he sido la niña "mimada". De hecho, nunca tuve el privilegio de comprar ropa nueva en una tienda hasta la edad de 18 años.

Pero fui bendecida. Siempre tuve un techo sobre mi cabeza. Siempre hubo suficiente comida. Pero más allá de eso, nada más.

Nota cómo mi primer sueño representa cómo me sentía. Mi padre terrenal no pudo aportar más que mis necesidades básicas durante mi infancia. No tuve los privilegios que otros niños de mi edad disfrutaron, como ropa bonita y dinero en el bolsillo. En el segundo sueño, Dios me re afirmo sobre sus provisiones, su favor sobre mi vida, y que todo lo que necesitaba hacer era confiar en él.

Durante mi primera semana en Los Ángeles, recibí una llamada de un pastor que nunca había conocido. Me dijo que Dios le mostró que él me envió a los Estados Unidos con un propósito, que yo ministraría por medio de sueños y visiones. Que Dios le reveló que iba a ser una pionera - Una corredora de primera - que la gente me seguiría y que iba a ser ¡un profeta vigilante! Te puedes imaginar cómo me sentí cuando recibí la llamada de este pastor. Este fue el impulso que necesitaba, y llegó en el momento justo, porque yo me estaba sintiendo sola ya en Los ángeles. No sólo solitaria, pero presintiendo el futuro con inquietud por el total desconocido. Aquí estaba yo, ya en Los Ángeles y sin la menor idea de que, a pesar de mis anteriores visiones, que realmente predicaría en Hollywood.

Poco después, tuve otro sueño en el que Dios me mostró que algo muy grande, muy importante, sucedería en Los Ángeles. He previsto un enorme terremoto, el mismo suelo se sacudiría hasta el fin, pero agarre firmemente todos mis diarios de forma segura en mi mano. Los diarios representan palabras de Dios para mí.

Como en un sueño anterior que tuve en Sudáfrica, mi hermana estaba conmigo. Hermanas representan a aquellos que hacen la voluntad de Dios. En este nuevo sueño, mucha gente gritaba y caía mientras edificios colapsaron alrededor de ellos. Esta terrible revelación llegó a mí como la instrucción que Dios quería que le avisara a la gente. Algo muy grave va a suceder.

En ese momento, estuve alojando en el condado de Orange. Fue una lucha constante por mantener mi fe, porque me preguntaba, por qué Dios me mostraría un evento de esta magnitud, que puede cambiar la vida de todos, un gran terremoto, pero no compartir conmigo el conocimiento de cuando todo esto iba a ocurrir.

Fue entonces que Dios me conecto con algunas almas muy especiales, amigos que me animaron, e incluso me ayudaron con mis sueños. El Sr. y la Sra. Atkin se convirtieron en amigos cercanos. Fue el Sr. Atkin que escuchó a Dios decir que yo estaba conectado a algo sobre la Guerra Civil Americana. Compartí con ambos mis mensajes sobre Lo que el viento se llevó.

Tan claro es ver cómo Dios ocupara específicas almas para animarme en mi camino. Supe entonces que yo no estaba solo en Los Ángeles. A cambio, he usado mi propia experiencia para enseñarles a interpretar los sueños, animándolos a pasar más tiempo con Dios.

Pero ¿por qué estaba sucediendo todo esto?

Uno de mis amigos de Sudáfrica, quien trabajo en la producción y gestión del concurso de belleza Miss Sudáfrica, escribió lo siguiente:

"Recuerdo claramente una cosa: que nunca he entendido realmente los "sueños" y nunca pensé que yo podría oír a Dios muy claramente a través de mis sueños. Después de unas pocas semanas de que nos reuniéramos, Yvon y yo pasamos mucho tiempo junto. Todo lo sagrado que estaba untado en su vida fue transferido a mí, en cierta medida, y empecé a oír claramente al Señor a través de mis sueños. Aunque no podía interpretar estos en el momento, Yvon aportó mucha perspectiva y comprensión. La otra cosa que noté desde que empecé a pasar tiempo con ella fue que mi deseo de rezar y pasar muchas horas con el Señor incrementado enormemente y mi relación con Dios se profundizó considerablemente."

De alguna manera, tengo una influencia sobre la "audición" de las personas después de pasar un tiempo con ellos. Esto me hizo comprender más profundamente que me estaba envolviendo con un don. Aun así, sentí que era un bebe que necesitaba despertar a los hechos de que hay otras voces en el mundo.

Cuando estés fuera de tu zona de confort como yo estaba en ese caso, viviendo de mis dos maletas, Dios utiliza estas oportunidades para lidiar con problemas en tu vida. Y la claridad siempre viene cuando Dios interviene y te ayuda a ver tus problemas. Me tomó un tiempo aprender y entender por qué estaba soñando algunos sueños. Por ejemplo, soñaba que actuaba en un escenario, me preocupa un poco de estar con sobrepeso, y mi acento sudafricano fue una fuente de gran preocupación para mí.

En el fondo, he creído una mentira. Yo creía que tenía que ser perfecta para que la promesa de Dios se cumpliera a plenitud. He tenido problemas con mi capacidad para hacer las cosas. Esta fue otra mentira que yo creía. Así que fuera de la zona de confort, Dios no sólo me envió a hablar por Él en Los Ángeles en el "escenario", pero también me "oriento", y así, he descubierto graves falencias en mi vida que necesitaba superar.

Mientras rezaba en una habitación en Laguna Niguel, Dios me mostró lo que realmente sucedió el día en que mi madre se suicidó. Como un bebé, casi muero justo después de nacer. Luego, cuando tenía casi dos años, mi madre me disparó accidentalmente. Ella pensó que me mato, pero la bala sólo golpeo a mi lado izquierdo.

Cuando Lucifer fallo los dos primeros intentos de matarme, hizo otro plan. La próxima vez, trató de hacerme destruir mi propio destino. Él intentó convertir Yvon en una mujer sin autoestima, hacerla sentir como una persona carente de valor, hacerla sentir indigna, eventualmente, intentando que ella destruyera el destino que Dios planeó para ella. A través de Dios, vi que fue Lucifer quien hizo a mi madre matarse y que yo debía creer que no era digno de una madre, que mi propia madre no quería vivir. He visto, en este sueño, que casi muero cuando bebé. Pero sobreviví. Después me dispararon accidentalmente. Pero sobreviví. Viví. Y creo que Dios salvó mi vida de modo que pueda enseñar de su voz, de modo que pueda ser una madre para mis propios hijos.

Cuatro meses pasarían mientras vivía sola en una habitación, en Los Ángeles. Durante este tiempo, Dios me dijo que el 26 de julio sería un día muy importante. Pero justo antes de que ese día llegara, experimenté ese extraño, fuerte dolor de cabeza que he mencione anteriormente. Se sentía como si alguien golpeara mi cabeza con un picahielos. Era un inexplicable corto dolor agudo, que de repente empezó de la nada.

He visto una visión de Lucifer con la cabeza de un ciervo. Inmediatamente, he percibido a través de una revelación divina que yo estaba teniendo un gran resurgimiento de sentimientos de indignidad. Aquí vamos otra vez. Sentía que no era lo suficientemente bueno para nada. Es como si ahora estaba siendo totalmente poseída por un espíritu de indignidad.

Porque ya he pasado muchas semanas preparándome para este momento, rezando en mi habitación, Yo creo que Dios me mostro esta visión para que pudiera sacar de mi vida a estos espíritus de indignidad. Y así sucedió. El 26 de julio, el espíritu de la indignidad fue expulsado de mi vida y de inmediato los extraños dolores de cabeza -que ni doctores o TAC pudieron identificar - también desapareció por completo de mi vida. Parecía que Dios necesitaba que me deshiciera de ellos, de una vez por todas, antes de que me convirtiera en su predicador de Hollywood.

Entonces Dios me mostró lo que un espíritu de indignidad hace a la vida de una persona. Es como un pulpo con muchos tentáculos. Un tentáculo hace que una persona se estanque. Esa persona pueda que siempre tema que nunca será suficiente. Recuerda a los Israelitas en el desierto. Dios les dijo que tomaran justo lo suficiente para el día, no que tomaran para los próximos días. Este tentáculo también puede hacer que una persona coma en exceso debido al temor de que serán privados de todo.

Otro tentáculo es la incredulidad, la tendencia a no actuar simplemente por la falta de fe. He visto esto en mi propia vida, en las pruebas que dios me puso en el camino. Una amiga, Yolanda, me llamó desde Sudáfrica para decir que ella no creía que debería estar en los Estados Unidos y que debo volver a Sudáfrica. ¡Ella creía que "había perdido el camino!

Cuando me quejé con Dios acerca de la incredulidad de ella, Dios me reveló que no era Yolanda con la incredulidad. "Yvon, tú eres la única con la duda", fue la palabra de Dios para mí.

Tenía que saber más allá de mis propios miedos que - aunque no tenía ninguna cualificación o experiencia – yo era verdaderamente una elegida de Dios. Pero todo lo que importa, como sé ahora, era seguir creyendo. Dios me estaba mostrando que debía liberarme del tentáculo de la incredulidad que el pulpo de la indignidad había envuelto herméticamente alrededor de mí. Una semana más tarde, Yolanda me llamó de nuevo desde Sudáfrica, esta vez diciendo que estaba equivocada, ahora Dios confirmó a ella que lo que yo estaba diciendo era, de hecho, la verdad.

El pulpo tiene muchos tentáculos, pero este tentáculo de la duda, de la incredulidad, es una ponderosa que puede apoderarse de nosotros y desbaratarnos de nuestras divinas intenciones. Lo estudiaremos con más detalle a medida que avanzamos en el libro.

Otro tentáculo de un indigno espíritu es el miedo. Siempre temí que me casaría con un hombre que no podía cuidar de mí correctamente, un hombre en el que podía depender. Seguramente, mi trayectoria hasta ahora muestra que el miedo era real. Siempre me sentí atraída a hombres con problemas financieros, hombres sin empleos decentes. Pero estaba equivocada. Dios quería ser el uno en mi vida, el que proveerá para mí.

Otro tentáculo de indignidad es auto-odio. El agarre de esta puede sutilmente entrar a tu vida a través de muchas puertas; por ejemplo, a través de la culpa. Y yo llevaba una carga pesada de culpa. Me sienta culpable al ser incapaz de detener el suicidio de mi madre. Experimente el auto-odio cuando me di cuenta de que no estaba cuidando bien mi cuerpo y mi salud. Yo vivía en gaseosas y endulzantes artificiales, y no comía alimentos saludables. Incluso el hábito de fumar puede ser el resultado de un sutil auto-odio fruto de un indigno espíritu. También he visto que el auto-odio está en la raíz de la vida de personas que fantasean, personas que son lujuriosas.

Otro tentáculo de indignidad es el egoísmo. No hay nada divino en siempre querer lo mejor para ti mismo, querer algo mejor que los demás.

Incluso el gran Apóstol Pablo luchaba con un tentáculo del pulpo de la indignidad. En su caso, era el tentáculo de la ignorancia. Mire lo que Pablo está diciéndonos.

1 Timoteo 1:13
"Habiendo yo sido antes blasfemo, perseguidor e injuriador; mas fui recibido a misericordia porque lo hice por ignorancia, en incredulidad. [GNB]

Pero no sólo fue Pablo quien lidio con un indigno espíritu. Creo incluso que Moisés que huyó por su vida y fue obsequiado por sus padres, así como José, cuyos hermanos querían matarlo. Tenían problemas con respecto a su dignidad.

Y si alguna vez hubo alguien con motivo para luchar con indignidad y rechazo es Jesucristo mismo. Incluso Lucifer intentó tentar a Jesús atreves del cuestionamiento de su identidad cuando dijo: "Si eres Hijo de Dios..." Sin embargo, Jesús no estaba ocultando la verdad cuando él llamó a sí mismo "el Hijo de Dios." Él también dijo que era el "El pan que descendió del cielo; y el pueblo lo tomo con resignación, duda y desprecio, ya que no lo entendían.

Juan 6:41-42
"...la gente empezó a quejarse sobre él, porque él dijo, "Yo soy el pan que descendió del cielo." A lo que le gente dijo "¿Este hombre es Jesús, el hijo de José, no lo es él? Conocemos a su padre y su madre. ¿Cómo, entonces, ahora el dicen que bajó del cielo?"
[GNB]

Jesús se identificó muy sencillamente porque él sabía quién era, no desde el orgullo a manipular o a aumentar su autoridad.

Creo que la búsqueda de la fama por tantos se debe a sentimiento de indignidad.

Tú necesitas saber firmemente tu propia identidad, para así convertirte en lo que estas llamado a ser y realizar lo que estas llamado a realizar.

Mientras tanto en Los Ángeles, aprendí hay una línea muy fina entre el orgullo y tener un sentido de valor. Por encima de todo, necesitas tener clara al 100 por ciento tu propia identidad para así poder ser el que estás llamado a ser y hacer lo que estás llamado a hacer. Pero, hay que tener cuidado de no sobrepasar el límite de conocerse a sí mismo para que no se convierta en el orgullo que lo lleva por mal camino.

Piensa en cómo el orgullo hace que algunas personas abusen de sus títulos, falsamente ganar respeto para manipular a los demás. Estos no son sólo actos inmorales, sino también actos pecaminosos llenos de orgullo. El orgullo, aunque levanta tus sentimientos de indignidad como falsa compensación, nunca debe tirar fuera de su propio camino de la verdad. Mantenga el orgullo controlado-

Al pulpo aún le quedan unos tentáculos, todavía. Uno de estos, que se esconde en todo tipo de situaciones es la inseguridad. Muestra su fealdad en lo que obliga a una persona a hacer. Como el auto-odio, la inseguridad puede hacer que desees escapar, a buscar consuelo en los alimentos, en el alcohol, o peor. Con una actitud insegura, tú no estás equipado para manejar el rechazo. De hecho, la inseguridad muchas veces te engaña y te produce negar el rechazo. En efecto, la inseguridad puede llevar incluso a mentir por miedo de ser rechazados. Ninguno de nosotros es inmune. Podemos y muchas veces hemos sido víctima de la inseguridad. Yo todavía luchar contra la inseguridad, de vez en cuando.

Pero he llegado a un punto en mi vida donde me doy cuenta de que Dios está preparándome, y no sólo para enseñar a otros. A través de los sueños que tengo, Dios sigue mostrándome las cosas en mi vida, y el camino para santificarme. Tengo la sensación de su trabajo de limpieza en mi vida.

Efesios 5:26-27
Para hacerla santa. Él la purificó, lavándola con agua mediante la palabra,** 27 **para presentársela a sí mismo como una iglesia radiante, sin mancha ni arruga ni ninguna otra imperfección, sino santa e intachable. [GNB]

Es en el corazón de Dios que nos llenara en Su amor.

Un poco más acerca de cómo esto está funcionando en mi vida. Compromiso, para mí, es tan sagrado como el matrimonio. Mientras estaba rezando un día, de repente, sentí la presencia de Dios. Dijo que quería hablar conmigo sobre mi marido.

"Oh, no, Señor," le dije, "Señor, no puedo lidiar con eso ahora, hay demasiado que hacer en Los Ángeles."

El Matrimonio no era un tema que quería discutir, especialmente no en ese momento. Mi corazón estaba destrozado por todas las relaciones fallidas en mi vida. ¿Y ahora? ¿De todos los tiempos? Yo estaba en una ciudad extraña, un lugar donde yo necesitaba primero poner los pies en la tierra. Yo simplemente no quería que Dios me hablara acerca de contraer matrimonio. Este fue mi gran reto mientras predicaba en Los Ángeles. La soledad me estaba molestando realmente. Ciertamente no quiera oír nada acerca de un esposo, o de la idea que Dios buscara uno para mí – de algún modo.

Luego, sucedió algo extraño. Empecé a sentir un toque de Dios. Constantemente. El mismo toque que me da cuando creo en una mentira. Sentí un dolor en el oído izquierdo. Así que en el dolor y molesta dije, "Señor, ¿cuál es la mentira que creo?" Su respuesta me impactó. Él dijo, "que no contraerás matrimonio". Realmente estaba luchado con esto. ¿Dónde iba a encontrar un marido?

En octubre, volé a Seattle, Washington, para ser públicamente ordenada como un reverendo. Dios habló a un pastor y pidió que esto debiera hacerse cuanto antes. Y así, como todas las cosas que Dios diseña, sucedió. Después de esto, Dios unto en mí algo especial y las puertas para predicar se empezaron a abrir de la nada.

Sin embargo, en estos meses, Dios me puso a través de muchas pruebas. Él me dio mensajes, pero a diferencia de tantos otros mensajes que he recibido hasta ahora. Estos eran para personas específicas.

Yo agonizaba. Le pedí a Dios que me demostrara que él es realmente bueno, aunque yo realmente sabía que uno no debía probar a Dios. Exigí que Dios me muestre cómo demostrar a la gente que él es realmente un Dios de bien, en medio de todos los sufrimientos que estas personas enfrentan cada día de sus vidas.

Lo que quería eran respuestas reales, y no estaba dejando a Dios de lado. Y así, aprendí: pide a Dios y recibirás. En respuesta a mis preguntas, me permitió pasar estas esclarecedoras luchas mentales antes de que yo pudiera preparar cada mensaje.

Cuando hablé en el Centro de Convenciones de Los Ángeles, el público estaba en lágrimas después que compartí lo que he aprendido acerca de Dios siendo bien. Posteriormente, hablé en diferentes iglesias casi todos los fines de semana. Cada vez, cada mensaje fue único porque Dios me ordenó a trabajar, sin preparación, a través de estas conversaciones, y a través de mis lágrimas.

El idioma, para Dios, no es un obstáculo. Dios le habló a mi intérprete hispano, en un sueño, no para hacerme esperar innecesariamente. Me sorprendió, porque sólo Dios sabía que el fin de semana iban a ser muy agitado. Después de que hablé el viernes por la noche y ministré todo el sábado en una conferencia de la mujer, en mi agotamiento, me olvidé de que estaba invitado a hablar en otra iglesia esa misma tarde y todo el domingo.

Ese fin de semana, me di cuenta de que el Espíritu de Dios fue el fortalecimiento en mí para poder ministrar a la gente durante horas interminables. Durante este tiempo, también tuve algunas entrevistas en la televisión hispana. A través de estas experiencias que jamás habría tenido excepto a través de Dios, empecé a amar a la comunidad hispana, un pueblo cuyos dolores y preocupaciones nunca fui consciente de, y, en cambio, recibí un muy claro y cálido amor.

No sólo estuve viendo que este Dios que estoy sirviendo estaba preocupado por mí, El me honro porque lo acepte.

La voz de Dios vino a mí diciendo:

> **"Yo soy capaz de hacer una cosa nueva,**
> He hecho a todos mis hijos diferentes.
> Yo puedo derramar mi ungüento de manera diferente,
> Por el toque que yo derramaré en ti
> Será único:
> Y, sí, E llevado a mi pueblo en una
> Dirección y les he dado mi palabra y mi promesa
> Pero no les he contado cómo sucederá.
> Josué, Moisés, todos solo comprendieron,
> En el último minuto
> Cómo iba a suceder.
> Moisés no sabía que
> Iba a partir el mar,

Josué no sabía que las paredes
Simplemente caerían.
No desanimarse por cosas indirectas.
O ser movido por otras personas las distracciones.
Espérame a mí
Y verás cómo voy a realizar milagros para ti….
Pero tú no lo sabrás
Hasta el último momento."

¡Hasta el último momento! Yo ya estaba viendo esta realidad, ni siquiera sabía cómo iba a ser una predicadora, en Los Ángeles. El efecto fue inmediato. Dios abrió las puertas. Mi «regalo», abrió el camino. Sólo por la palabra de bocas en bocas, yo estaba totalmente llena donde sea que hablé.

Una noche, en mi camino a una charla, Dios me comento que, para tener un milagro, necesitas tener un problema. Claramente, tuve un problema. Yo sólo estaba autorizada a permanecer en los Estados Unidos durante seis meses, y mi visa había expirado. La Biblia dice que tienes que obedecer al gobierno y sus reglas. Por lo tanto, tuve una gran lucha interior porque sentía que Dios quería que me quedara en Los Ángeles por unos meses más. Necesitaba llenar una extensión de la visa, pero no estaba dispuesta a mentir. ¿Crees que otorgarían una aplicación como la mía?

Pero Dios me dio un milagro. Cada vez que llamé en el sistema, parecía que mi solicitud no estaba completa, o no podían encontrar nada indicando que debería irme. Fue un tiempo estresante, pero Dios necesitaba que me quedara un poco más y ¡así fue!

Mientras tanto, yo estaba predicando en varias iglesias hispanas donde he conectado con otros compañeros de oración y, de nuevo, milagrosamente, un productor cinematográfico. A pesar de que el hombre no era un cristiano, él me divulgó que había un profundo sueño que Dios quería que interpretara para él. Casualmente, él siempre había soñado con serpientes. Las serpientes representan una forma de engaño en la vida de una persona. Hoy, este hombre es un buen amigo mío.

Ahora, quiero compartir algo muy importante. Por favor tome nota. Cuando reflexionen sobre algo constantemente, usted puede comenzar a soñar sobre esto. Cuando esto ocurre, no es un "mensaje" de Dios. Por ejemplo, yo estaba muy sola en ese momento, sólo hablando en un lugar tras otro. La necesidad de un marido me consumió, hasta el fondo, y se convirtió en una obsesión. Escuche cuidadosamente a esto. Cuando ya son 40 años de vida y Dios quiere enviar a un esposo o esposa, déjalo ser, dejarlo ir.

Incluso diría que si tiene una obsesión o un ídolo como yo tenía, ni siquiera piensen en pedir a Dios que hable con ustedes. Usted está en un terrible estado vulnerable. Usted invariablemente va a recibir un mensaje falso.

Me aferraban mensajes falsos sobre mi marido durante años. Fue sólo cuando reconocí mi ídolo que la verdad llego. Hay leyes espirituales que Dios desea que nosotros respetemos. En Hollywood, Dios declaró que su objetivo era enseñarme, cuánto un "ídolo" puede influir en mi vida. En efecto, Dios me pondría directamente en la ciudad de los ídolos, para demostrar cuán fuerte puede ser el efecto de un ídolo en la vida de una persona. Un ídolo local puede incluso afectar a un estado o un país. Imagínate esto durante un segundo. Apuesto a que de inmediato pueden pensar de un ídolo.

Aun hablando en iglesias hispanas, tuve que aprender a obedecer a Dios, cuando me dijo que me ha permitido presentar en cada lugar sólo una vez y no volver. Pero en primera instancia, yo no "escuche". Y esta desobediencia a sus instrucciones me llevó a presenciar cosas que me molestaron y enojaron a Dios.

Cuando yo era desobediente y volvía a una iglesia, Dios me mostraba el muy religioso - pero muy orgulloso - espíritu en el pastor. Para ser un profeta, Dios envía un mensaje a través de ti, que puede exponer cosas ilícitas, incluyendo los pecados en ambos líderes eclesiásticos y congregaciones religiosas. Fue difícil para mí escuchar estas cosas. ¿Qué se supone que debo hacer cuando Dios me mostró su "pensamiento" y me permitió ver un pastor que había caído completamente del proverbial autobús? Creo que las verdaderas visiones ocurren cuando la persona se deshace de los obstáculos que Dios muestra.

Pero esta fue más allá que simplemente el pastor. Dios también me han expuesto a los grupos que intentan destruir la iglesia, sí, por un desenfoque y las falsas enseñanzas.

Cuando desobedeces a Dios, el dolor viene desde todas las direcciones. Dolor interno, y dolor por lo que ves. Durante los últimos meses que estuve en Los Ángeles, gran parte de mi tiempo se fue en un desgaste espiritual. Me sentía desesperada y no sabía nada de las intenciones de Dios. Recé y lloré ante el Señor.

En este momento, me estaba quedando con una chica rusa de 16 años, Janey, quien sentí que Dios me quería para influirla. Fue una experiencia emocional. La madre de la niña regreso a Rusia y la dejó sola en la ciudad. Me quedé con ella en una pequeña habitación durante meses. Yo dormía en un pequeño colchón en la cocina.

Dios estaba pacientemente enseñándome muchas cosas, y aunque yo no podía parar de llorar, me empecé a dar cuenta que mi nivel de discernimiento está aumentando de manera considerable. Todo esto mientras yo obedecía a Dios, durmiendo en una cocina junto a una nevera.

Esta habitación en la que me alojé era tan pequeña que podía oír a la gente teniendo sexo en la puerta de al lado. Me pasé días enteros en esa cocina, en el colchón mayormente, hasta que iba a predicar durante los fines de semana. Cuando me tenía que ir, Janey lloraba. Este memorable momento está permanentemente fijo en mi mente. Las penurias. La tristeza. La piedad.

De alguna manera, me "sabía" las cosas, antes de que sucedieran. Incluso tipo de cosas cotidianas. Cosas intrascendentes, pero lecciones de todos modos.

Una vez consciente de mi "visión", comencé a probar este poder de "discernimiento". Como predije a mi amigo, Siomara, podía oír cosas pequeñas. Podía saber, de antemano, cuando iba a un lugar si iban a proporcionar servicio malo o descortés. Se me ocurrió que estas situaciones tenían una razón, un motivo que yo debería tener en cuenta. Mi espíritu se estaba volviendo tan sensible que sabía dónde ir para no perder mi tiempo.

Muchos cristianos van a subir la montaña de crecimiento espiritual sólo a mitad de camino. ¿Por qué? Porque encuentran un lugar de comodidad y deciden quedarse allí.

Una noche, mientras dormía en ese colchón en la cocina, Dios me mostró que hay muchos cristianos que van a subir la montaña de crecimiento espiritual sólo a mitad de camino. ¿Por qué? Porque encuentran, un lugar de comodidad y deciden quedarse allí.

En un sueño, yo no tenía comida, ni mantas, y sin dinero, pero decidí subir al pico más alto de la montaña, el lugar de las obras sobrenaturales del Espíritu Santo. *Cuanto más se sube, más confort dejas atrás*. Recuerda, el nivel de la mentira ciertamente es una zona de confort. Buscan comodidad y no la verdad, y quedaras atrapado. ¿Cuánta gente puede pensar que son oh-tan-satisfechos con su vida "de rutina" - van a trabajar durante la semana, socializar durante los fines de semana? Estas Almas están totalmente atrapadas, encarcelados en su propia zona de confort. La pregunta es ¿Qué sucederá si una tragedia golpea sus vidas? ¿Se acercarán a Dios?

Fue también durante estos meses, que Dios me puso a prueba. En una ocasión, vi un hombre muy buen mozo en el gimnasio donde yo entrenaba. Sentí un dolor en mis ovarios apenas lo miré, y el dolor sólo me dejó cuando me arrepentí, diciendo a Dios que voy a esperar de su gracia para encontrar a mi marido. Mi lugar de entrenar era tierra Sagrada - un lugar de milagros a diario.

Dios también me puso a prueba al permitir distracciones innecesarias, como ser invitada por alguien para convertirme en parte de un proyecto. Esto es donde el discernimiento es extremadamente importante, un factor que te llevará a conocer lo que está bien y lo que está mal.

Una mañana, tuve un sueño que yo sentí era para distraerme de mi misión. Recordar mi debilidad: desesperadamente queriendo tener un marido. En este sueño, conocí a un hombre en una reunión y nos presentamos. Salimos y conversamos sobre el césped, en privado, lejos de las demás personas. Entonces, de repente, un reportero apareció y me preguntaron qué hacía para vivir. Yo estaba increíblemente tranquila, porque había sido preparada por Dios.

En la segunda fase del sueño, es otro día y el hombre y yo estábamos comportando muy profesionalmente el uno hacia el otro, tomando un paseo lejos de mis colegas. Aunque seguíamos siendo muy formales el uno con el otro, él me sorprendió y tomó mi mano. De repente me puse nerviosa y le dije que quería ir a casa. Él se rio y me dijo que no mc preocupara. Así pues, aquí voy, de nuevo, luchando contra otro sueño atándome en confusión.

Como he dicho en repetidas ocasiones, tenga en cuenta que recibirá mensajes falsos y estos mensajes se repiten a sí mismos, a hurtadillas, en diferentes formas.

El sueño anterior me engañó, en mi estado vulnerable, pensando que iba a casarme con un hombre en los Estados Unidos. Porque yo lo que quería era casarme, no pensé que tal vez podría ser sólo un sueño diciendo que me gustaría conectar con alguien con quien trabajaría en el futuro, quizá en un proyecto.

Un sueño puede ser correcto, pero si tu interpretación es incorrecta, todo el contenido se convierte en un camino falso.

Mi proceso de aprendizaje continúo. He experimentado una tremenda lástima por la bondad de la gente cuando me invitaron a un restaurante de tipo bufé. En este lugar donde la gente podía comer tanto como ellos querían, me sentí físicamente enferma de verlos. Pero Dios me estaba enseñando acerca del escapar del pueblo, esta vez, los alimentos.

He visto cristianos que no irán a una tienda y compraran pornografía, pero ellos irían sin ningún problema a un buffet, a caer presa de la gula. Desde ese día en adelante, no me gusta los restaurantes de "comer tanto como puedas" debido a la falta de autodisciplina que veo en otros parroquianos, y la forma hacen que mi espíritu se sienta. Cuando trabajas para Dios y eres consciente de que están sirviéndolo a él, su espíritu se vuelve sobrenaturalmente sensible.

Y con un espíritu sensible, lo qué experiencias consume un alto nivel de tu energía emocional, un estrés que pueda drenarte. Mi lucha emocional se intensifico a un ritmo muy rápido. Después de ocho meses en los Estados Unidos, predicando en las iglesias y rezando el resto del tiempo, estaba agotada y comenzando a experimentar un aumento de inseguridad. La ansiedad y el miedo despertaron, aun en medio de la noche, me despertándome cuando dormía. Estaba enferma de preocupación acerca de mi regreso a Sudáfrica y más aún, sobre mi situación financiera, o la falta de ella. Yo estaba empezando a dudar de mi propia fe y autodisciplina. Puedes ver cómo estos dolores humanos siguen volviendo, incluso cuando está completamente dedicada.

En una visión, Dios me mostró que existían tres coloridas garrapatas en Baby, mi perro. Dios usó a mi perro como un símbolo de lo que es precioso para él y para mí. Baby era mi Chihuahua de 13 años. Mi difunto padre la amaba tanto que al final, decidimos compartirla a ella. Me di cuenta de que Dios estaba utilizando Baby para decir que necesitaba destruir todos los sentimientos negativos sobre mí porque estaban pegados como garrapatas y chupando mi sangre.

Justo antes de que deje de Los Ángeles, mi amiga Siomara tuvo una visión cuando ella oraba. Ella vio un banner a través del cielo, y estaba escrito en español, "¡Algo grande viene!", Esto me alentó a completar todo lo que fuera necesario.

Dios me dijo, una vez más, que me estaría cansándome muy pronto. La temporada se aproximaba a mí edad de 39 años. Porque esto fue muy difícil para mí oír, Oré con todo mi corazón a Dios para confirmar que es cierto. Curiosamente, esa misma noche, soñé que mi ex suegra me vino a decir un adiós definitivo.

Dios me estaba dando esperanza, diciéndome que me iba a casar pronto, pero otro pensamiento vino también, diciéndome que quizás iba a casarme con un hombre en los Estados Unidos. Ahí estaba, a su vez, estas "otras voces." seguí diciéndome que tenía que casarme con un hombre que Dios aprobara, alguien que pudiera aportar equilibrio en mi vida y tenga fuertes valores familiares.

Un mensaje era verdadero. El otro fue destinado a engañar a mí. Conocí a mi futuro esposo cuando regresé a Sudáfrica.

Demasiado agotamiento puede ser peligroso. Yo estaba pasando por un momento muy difícil. Ministrando a miles de personas "me queme", y necesitaba desesperadamente descansar.

Me desmayé a menudo de fatiga absoluta pero afortunadamente tenía un maravilloso grupo de personas apoyándome en la oración. Los demonios visitaron mi habitación por la noche, diciendo que Dios me ha ayudado bastante ya; que ya no me iba seguir ayudando. Imagina escuchar eso. Pero yo sabía que era mentira, porque Dios ayudó a José, Esther, David, Josué y Moisés en mucho la misma manera.

Buscando a Dios, buscando la verdad, buscando tu propósito - si tu corazón está totalmente entregado a Dios, tu misión atraerá al mal. Me quedé atrapado en la guerra espiritual cuando el espíritu de la muerte vino a atacarme en un campo de batalla que yo ni siquiera sabía que existía. Mis queridos amigos, el Pastor Rudie y el equipo de Conny Escadu, intercedió por mí, por muchas horas y días. Ahora me doy cuenta de que tenía que aprender cómo es de peligroso estar involucrado en una batalla espiritual, y que hay muchas cosas en tu vida el diablo puede utilizar contra ti. Tuve que esperar pacientemente la intervención del Señor. Dios permitió la batalla porque él quería que encontrara la respuesta yo misma.

Fue durante este tiempo que "algo" se desató para atacarme, algo que no le gustó lo que hice en Los Ángeles. Ese algo me reveló un gran ídolo en Los Ángeles y, quizá, en todo Estados Unidos. Ese demonio entró en mi habitación y me golpeó con un violento golpe en mi corazón. Más que un demonio, que era un líder en el reino espiritual que odiaba lo que estaba haciendo. Tenía un nombre, que voy a revelar, más tarde.

A las tres de la mañana, pensé que mi "guerra" concluyo, pero entonces Dios se presentó con un mensaje. Dios me mostró que yo había ido a muchos lugares en el pasado y que traje destrucción a las vidas de los hombres. Un escalofrió me estremeció por completo. Yo comencé a pedirle a Dios perdón por lastimar a otro por mis propias luchas, empecé a sentir un terrible dolor en mi dedo anular. Dios me estaba diciendo que me arrepintiera, por todos los contratos rotos.

La primera vez que visité a los padres de mi entonces-Esposo, me sentí sumamente incómodo en mi espíritu. Fue como si Dios me estaba diciendo que mi futuro no estaba allí. He hecho caso omiso de los mensajes y en su lugar acepte una profecía falsa porque me sentía segura en casarme con este hombre. Un contrato que se romperá en el futuro.

También me he arrepentido por todas las relaciones en las que yo había participado, relaciones que terminaron, de nuevo, sólo con promesas rotas.

Dios puede usarte solamente una vez que estén limpios, y sólo Dios puede limpiarte. Cuando te haces más limpia en el reino espiritual, la protección de Dios se vuelve más poderosa.

Yo estaba cerca de un colapso total en estas últimas semanas como Dios me llevó a través de un proceso de liberación, trayéndome a un lugar de arrepentimiento por cosas que realmente me había olvidado. Pero esto se sintió como si el infierno de la oscuridad era vertido sobre mí y que me iba a morir.

Incluso si usted ha servido a Dios durante 10 años, jamás se piensa que ha "llegado" ¿Cómo puede usted ayudar a otros si usted mismo no llega a un nivel aceptable para Dios? Yo era un orador, sin embargo, Dios estaba revelando que era malo en mi vida. Yo todavía estaba probablemente sólo en el tercer o cuarto paso de escalada fuera del nivel de la mentira. Sin embargo, Dios decidió liberarme de ciertas cosas.

He experimentado terribles calambres y dolores en el corazón. Dios no sólo me estaba llevando a través de una liberación, pero poco a poco fue cambiando la forma en que pensaba acerca de ciertas cosas. Yo estaba en una guerra contra mis propios demonios. Usted puede pensar que usted está limpio porque le sirven a Dios, pero eso está lejos de ser cierto.

Ahora, porque ese demonio "Líder" que me atacó en mi dormitorio. Sucedió en medio de la noche. Era algo más que miedo, era terror. Yo sentía que me golpeó muy duro en mi pecho, como si alguien estuviera apuntando a mi corazón. De repente, me desperté y grité, "¿Quién eres tú?" El demonio, por lo que era, respondió: Soy *lo que el viento se llevó*." ¿Qué diablos era eso? ¿Que había entrado a mi habitación y se llama a sí mismo *lo que el viento se llevó*? La sorprendente respuesta tendrá que esperar, puesto que tenemos más que cubrir antes de que todo tenga sentido total.

Por último, afortunadamente, después de esta prueba, me di cuenta de que había surgido una nueva Yvon, pero incluso entonces, ella todavía no estaba lista.

Yo también había aprendido el poderoso significado de:

Miqueas 3:4
"Entonces clamarán al **Señor,** ***pero Él no les responderá; sino que esconderá de ellos su rostro en aquel tiempo, porque han hecho malas obras."***
[GNB]

Recuerde, Dios no es de mucha ira y es paciente, pero en mi caso, Él -durante diez meses – estuvo advirtiendo en sueños sobre algo que yo necesitaba corregir.

Dios usó esta experiencia para regalarme una bendición especial. Esto ocurrió en una iglesia hispana en la que yo estaba predicando. En esa reunión de la iglesia, muchos mensajes fueron entregados, y la mayoría de la gente en la congregación, al igual que yo, estábamos en llanto. Hoy, el pastor y su Iglesia en Wilmington, California, tienen un espacio especial en mi corazón.

Cuando todo se calmó después de los "ataques" espirituales en mi habitación, Dios me dio un regalo maravilloso: Fuerza y aliento. Mi amigo muy especial, a quien había conocido en Los Ángeles, La señora Atkin, tuvo un sueño. Tener en cuenta que ella no era consciente de la gravedad de la lucha en la que yo estaba involucrada. Milagrosamente, llegó precisamente mientras me sentía completamente agotada, exhausta y desesperada por aliento. Ella me dijo que soñó que un día en el futuro, ella estaba sentada al frente mío en una mesa cuando ella gritó con asombro acerca de lo que Dios había hecho por mí. En ese sueño, la Sra. Atkin dijo que todo lo que yo predije ocurriría, incluso *lo que le viento se llevó.* Conciliar estas noticias, aunque emocionante y estimulante escuchar, seguía siendo difícil para mí porque todavía no entendía mi relación con esta película, o cómo el mensaje del terremoto encajaría en todo esto. Y, sobre todo, ¿por qué el demonio en mi habitación se hace llamar *lo que el viento se llevó*?

Pero tomé este aliento por lo que valía, era un regalo. Y llegó exactamente el momento adecuado, un período durante el cual fui penetrada por el proceso de limpieza de Dios el cual recién había pasado a través de mí. Era difícil, hasta el punto de ser grave. Muy seguido me sentiría intranquila hasta que me arrepentía y aclaraba cuestiones que estaban entre Dios y yo. Entre más limpia estaba, mejor yo podía "escuchar", pero era evidente que todavía había algo en mi vida que abría la puerta para un severo ataque demoníaco.

Nunca supe que arrepentirse me llevaría tan cerca de Dios. Incluso comenzó a hablarme en reaccionando en mis pensamientos. Yo estaría pensando algo, y luego de repente Dios hablaría. Me di cuenta de que nunca hubiese podido escribir este libro si no hubiera pasado a través de este doloroso camino de formación.

Justo antes de que deje Los Ángeles para volar de regreso a Sudáfrica, y así completar *Mensajes de Dios*, El me enseñó más cosas que me encontraría en mi vida. La Biblia dice que, mediante la fe y la paciencia, heredas las promesas de Dios.

Me di cuenta de que, cristianos con demonios, podrían ser muy peligroso sin siquiera saberlo. La gente necesita ser sanada de las heridas emocionales y espirituales más que cualquier enfermedad física. Personas dañadas son lo mismo que animales heridos, seres que pueden y atacaran físicamente a otros. Dicho esto, ¿puedes imaginar lo que solo un dañado predicador podría hacer?

Dios me estaba preparando en Los Ángeles para guerras que seguirían en Sudáfrica.

Mientras podía ver muchas cosas en el futuro, todavía no sabía lo que me esperaba en Sudáfrica, mientras finalizaba mi libro. Dios iba a prepararme, sacudirme, limpiarme, reconstruirme, enseñarme y formarme - a oler como una rosa celestial. Pasaría dos arduos años encerrada en un arbusto, donde Dios me prepararía realmente para poder "Oír"- y comprender.

Puedo proponer que te tomes un descanso para que proceses lo que acabas de leer y para que Dios prepare tu espíritu a fin de que podamos avanzar, juntos.

9

CAMBIANDO A HOLLYWOOD, CAMBIÁNDOME Y CAMBIARTE A TI.

Dios tiene un mensaje, y Hollywood tiene un mensaje. Una pregunta fundamental es: ¿Cuál es el mensaje predominante que la humanidad está recibiendo desde la industria del entretenimiento, hoy?

Durante mi estancia en Los Ángeles, le dije a todos que yo podía -al menos aquellos que me escuchaban - de un terremoto que creo azotara a la ciudad y sus alrededores. Al mismo tiempo, pedí a Dios por su gracia sobre la ciudad, porque Dios es misericordioso.

También quedó claro que no solo las iglesias necesitan cambiar, todos debían, especialmente los cineastas, tienen trabajo que hacer para limpiar su ¡espíritu interior! Y necesitan la ayuda de Dios para hacerlo, como yo. Pero esta ayuda está disponible para cualquier persona que le pide a Dios con corazón sincero y disposición a estar abiertos a los cambios que Dios traerá a ellos.

Yo creo que Dios va a crear cada vez, más nuevos ejemplos en Hollywood. Esto se manifestará con personas con un cambio tal, que van a promover los valores familiares y la moral, levantarse en contra del adulterio, y demostrar un esfuerzo constante y consiente para no blasfemar de Dios, usando su nombre como garabatos o insultos, en las películas. Siempre le digo a la gente, "Si tienes a maldecir, utilice mi nombre en lugar del nombre de Jesucristo."

Los *Mensajes de Dios*, será publicado antes del terremoto y ante de otras profecías que caerán en su lugar. En este capítulo, quiero compartir mi profunda esperanza a través de una explicación de cómo suplicar a Dios, para pedirle que cambie su plan, para tratar de convencerlo de no hacer lo que él me indicó que iba a hacer.

Con sólo mirar mi propia vida y las experiencias que estoy teniendo, puedo decir una cosa muy segura: si Dios puede cambiarme, él puede cambiar a Hollywood.

La industria del entretenimiento, en su alcance e influencia, puede ser un regalo maravilloso para la humanidad. Mientras disfrutamos de las historias, las lecciones que vienen con el paquete, la industria puede y con demasiada frecuencia alimenta a las personas con suciedad y maldad, contaminando sus mentes. Los ejemplos se destacan en los Reality-Shows, estos pueden atraer a una audiencia masiva, pero estas cuasi-realidades puede y llevara a generaciones más jóvenes lejos de la verdad. Por lo tanto, otra pregunta: ¿Por qué no hay Reality shows que enseñen a las personas a escuchar lo que Dios tiene que decir de nuestros destinos? Dicho esto, sin embargo, verdaderamente puedo admitir que mi esperanza y mi fe por la vida en la Tierra se han reforzado ahora que puedo "escuchar".

Piense en esto: ¿si tu vida, lo que haces, lo que dices, lo que compartes, hace que otras personas se quedan cortos en el camino a sus destinos? La posibilidad es aterradora, ¿no? Pero también existe la posibilidad de que - si son de corazón limpio - lo que haces, lo que dices, lo que se comparte, podría orientar y ayudar a otros a alcanzar sus destinos. Y eso es lo que yo creo que Dios tiene en mente para nosotros.

Estás leyendo sobre el viaje que yo estoy tomando para cambiar; y aquí, en estas páginas, les estoy dando pautas para cambiar, ustedes mismos. Al igual que, ofrezco una toma similar en Hollywood y más allá. Los mensajes procedentes de la industria del entretenimiento son de gran importancia, simplemente por el hecho de que esta comunicación disfruta de tal cobertura de los medios de comunicación masiva. Estos mensajes pueden y afectarán un cambio en la siguiente generación. Y ese cambio puede ser positivo o negativo.

Génesis 17:12
Dice: "... ¡Yo soy el Todopoderoso! Anda delante de mí y ser perfecto." *[AMP]*

Vivimos en un mundo de "expectativa". Todo el mundo parece estar buscando entre nosotros la belleza perfecta. Para citar sólo un ejemplo, considere cómo muchas personas miran a las celebridades como modelos de perfección. Muchas personas trabajan para copiar como las estrellas del cine" se ven y sus actitudes, siguiendo sus estilos, imitando su comportamiento. Pero ¿qué es lo que las celebridades presentan como ejemplo?

Revistas - de hecho, toda la industria del entretenimiento- exalta y adora la belleza exterior. Sin embargo, para alcanzar la belleza perfecta en los ojos de Dios sólo puede lograrse permitiendo a Dios que nos cambie en lo que él quiere que seamos, hermosos y limpios en el interior.

Mi viaje es principalmente un viaje de limpieza espiritual. Permítanme compartir algunas escrituras para mostrarte cómo esta limpieza y el subsiguiente cambio que me trajo no sólo han ayudado a mejorar mi actitud sino también toda mi visión sobre la vida. Permítanme decirles lo que Dios ha dicho a mí.

Él dijo que mi nombre de nacimiento, el que significa «ejército victorioso», podría cambiar a «Aletheia», que significa «verdad». Mis padres me habrán llamado «ejército victorioso», pero sé, ahora, que mi ejército sólo puede ser victorioso si sigue la verdad.

Hace veinte años, cuando por primera vez me convertí en una cristiana recién nacida, la Iglesia me dio la bienvenida y me dijo que ahora yo tenía la claridad que ahora me iría al cielo. Lo que nadie me explicó - quizás porque ellos mismos no sabían- fue que entre "bienvenido" y "cielo" hay un duro y largo viaje de cambio.

Juan 1:12
"Sin embargo, algunos lo recibieron y creyeron en él, y les dio el derecho de convertirse en hijos de Dios."
[GNB]

Mira desde cerca lo que esto quiere decir: Aquí, la Biblia usa la palabra "convertirse" en los hijos de Dios – no, son- hijos de Dios. En el camino de convertirse un hijo de Dios, tus "orejas" se abrirán. Pero, francamente, esto no ocurre de la noche a la mañana. No es un cambio instantáneo. Es necesario un cambio constante.

Pero este cambio en tu vida significara convertirse en uno de los hijos de Dios. Permítanme decirles que este cambio probablemente será doloroso. Sin embargo, como estoy presenciando, cuando Dios trae dolor y juicios en tu vida, deberías estar sumamente agradecido porque esto es parte el proceso que purifica.

Como se describió anteriormente, he experimentado mucha molestia durante mi "cambio de temporada", donde Dios me había preparado no sólo para mi esposo sino también para una vida mucho más intense y plena. Lo que he compartido aquí, es muy personal, pero es también esencial para comprender el tipo de cambio del que estoy hablando. Comienza con mi preparación para el encuentro con el hombre que Dios planeó para mí, el hombre que caminara a mi lado. Al mismo tiempo, esta preparación también estaba actuando sobre mí para completar mi vocación en la vida.

Efesios 5:2
"Con el fin de presentar a la iglesia para sí mismo en toda su belleza, puro y perfecto, sin mancha ni arruga ni ninguna otra imperfección."
[2000] SCHLACHTER

Dios está volviendo para perfeccionar la raza humana, y la humanidad se presentará como una novia perfecta.

Dios está haciendo lo mismo conmigo. Pase a través de una preparación intensiva para convertirme en la novia que Dios ha querido que sea para mi esposo. Asimismo, Dios trabajo en mí para convertirme en la escritora de este libro. Como estoy segura de que les pasa a todos los demás, no vivo a la perfección. Pero, ahora me enorgullezco en mi verdad y honestidad perfecta, y soy consciente de ello en todo momento.

Dios espera que yo sea fiel a un hombre que ni siquiera había visto antes; por lo tanto, fiel a su plan y tiempo. Ahora, recuerde, aunque Dios dice esto, no significa que él no iba a ponerme a prueba o terminar con la tentación, y ponerme a prueba fue exactamente lo que hizo.

Pero Dios hizo lo mismo con Jesús. Él lo llevó a un lugar donde podría ser tentado, exactamente por la razón de que su fe puede ser probada, y la disposición de su espíritu para siempre probada.

Lucas 4:1-2
"Jesús volvió del Jordán lleno del Espíritu Santo y fue llevado por el Espíritu al desierto, donde fue tentado por el diablo durante 40 días. En todo ese tiempo no comió nada, así que tenía hambre cuando todo ha terminado."
[GNB]

Jesús fue tentado durante 40 días. Para mí, Dios constantemente ha permitido a los hombres intentar distraerme de la "llamada" que Él había planeado para mí. Y hay algunas verdaderamente asombrosas experiencias entre estas tentaciones. De hecho, algunos hombres incluso dijeron, "Dios dijo que ibas a ser mi esposa." Esto es peor que un absoluto sinsentido. Este es el diablo lastimeramente intentando usar el propio plan de Dios en su contra. Este es un hombre manipulando una mujer que es vulnerable. ¿No te parece?

La Biblia dice lo siguiente:

Salmos 138:3
"Usted me contestó cuando llamé a usted; con su fuerza me fortaleció."
[GNB]

El momento en que eres capaz de mantenerte firme contra la tentación, energía es liberada en tu vida.

Lucas 4:14,
"Entonces Jesús volvió a Galilea, desde el desierto, y el poder del Espíritu Santo estaba con él."
[GNB]

Para materializar esta energía en mi propia vida, tuve que cumplir con ciertas condiciones. En primer lugar, he tenido que cambiar con el fin de aceptar y respetar el tiempo de acción de Dios. Creo que esta aceptación es un primer paso esencial. Sin ella, el viaje no puede comenzar, y los milagros que vendrán a continuación, no serán posible.

Permítaseme ofrecer este ejemplo real: S. Wigglesworth. Este hombre, que -a través del poder de la oración - toco miles de personas a la vuelta del siglo anterior, un hombre que llegaría a ser conocido como el "Apóstol de la fe", un hombre cuya presencia, palabras y fe produjo milagros tan grandes como curar a los enfermos en fase terminal, tenía las mismas luchas de "en espera" en el calendario de Dios. Y esto incluía esperar el amor de su vida. Después de la primera vez que la vio, Wigglesworth, tendría que esperar cinco años antes de que su amor se convirtiera en su esposa.

Yo también he tenido que cambiar mi propia percepción del pasado, incluso de las cosas que yo pensaba que eran inocentes. Dios quería que tuviera nada en mi casa que pudiera recordarme a alguno de los hombres de mi pasado. Tuve que deshacerme de todos mis regalos y fotos antiguas. Después de que conocí al hombre que se convertiría en mi marido, me sentí mal incluso de llevar un viejo collar recibido por un novio anterior. Tuve que moverme, para vivir y dar de comer a mis ojos solo la "verdad" si yo iba a completar este viaje de cambio.

Esto no es una cosa fácil de hacer en el mundo de hoy. Muchas películas y programas de televisión llenan nuestras mentes con basura, contaminando nuestras expectativas. De nuevo, la industria del entretenimiento será juzgada por su tremenda responsabilidad.

1Tesalonicenses 4:7
"Porque Dios no nos llamó a la impureza, sino a la consagración, para dedicarnos a la más completa pureza."

[AMP]

Isaías 35:8
"Habrá una autopista allí, llamado "El camino de la santidad." Ningún pecador nunca podrá recorrer ese camino; los necios no va a confundir a quienes lo siguen". [GNB]

1 Timoteo 2:15
"Pero la mujer será salvada a través de tener hijos, si se persevera en la fe y caridad y santidad, con modestia."
[GNB]

Yo tenía 40 años cuando tuve a mi hija.

Amós 2:11
"y yo crie a algunos de vuestros hijos para profetas, y de algunos de sus jóvenes dedicadas (Nazaritas). ¿Esto no es verdad, oh, hijos de Israel? Dice el Señor." [amp]

1 Corintios 7:14
"para el esposo incrédulo es aceptable a Dios por estar unido a su esposa y la esposa incrédula es aceptable para Dios, al estar unida a su esposo cristiano. Si esto no fuera así, sus hijos serían como los niños paganos; pero como es, son aceptables para Dios." [GNB]

Seamos claros, aquí. No estoy diciendo que necesitas vestirte casi como una monja. Eche un vistazo a algunas de las fotos en mi sitio web - http://messagesfromgod.co.za/. Me considero como una mujer moderna, y he vestido un estilo que me parece individualmente expresivo, pero - Importante - modesto. Siento con cada fibra de mi cuerpo que mi marido tiene suerte. Dios me hizo una esposa "limpia".

Yo te digo todas estas cosas para llevarte dentro de mi mundo. A medida que iba avanzando en las experiencias revolucionarias que estás leyendo, el mundo me mostraba cada vez más como era yo, cosas que ni siquiera sabía. Mi viaje fue cambiando a Yvon. Yvon se estaba convirtiendo en una mujer de verdad. Me di cuenta de que si Dios podía cambiar quien soy hoy, él puede cambiar cualquier prostituta, cualquier asesino. Él puede cambiar ciudades. Él puede cambiar las mentiras que la gente cree. Dios puede cambiar a un hombre, y a través de ese hombre, él puede cambiar todo el curso de la historia.

De hecho, quiero decir aquí, en estas páginas, que la voluntad de Dios ya está afectando a un cambio en las formas de la generación actual para abrir camino a sus planes con la próxima generación. La esperanza de mi Corazón es servir con sólo un ejemplo sencillo a los jóvenes, para permitirles oír la voz de Dios, y así una nueva generación encontrará su verdadero destino.

Estoy plenamente consciente de que estas palabras tendrán a algunos de ustedes diciendo, "Esa Yvon, hmmmm... ella suena como si estuviera "fuera de sí misma", ella está soñando el sueño del soñador." Bueno, sí, yo podría sonar de esa manera. Pero mi sueño está arraigado en la fe. Creo, en mi corazón, que las personas que lean *Los mensajes de Dios* serán guiados a hacer cambios en sus vidas, y esto será seguido por ellos empezando a "escuchar", también. Como he dicho, Dios planea cambiar la voz que sale de la industria del entretenimiento. Este cambio ya está en marcha, empezando con más y más personas comienzan a escuchar a Dios, directamente. Esta es una razón primordial por la cual expuse la historia de mi vida, que ayudará a comprender los cambios que necesitan hacer para empezar a "escuchar".

Con el cambio, dos cosas vitalmente importantes suceden, y tu no sólo debes ser consciente de estas dinámicas resultantes, sino también estar preparado para enfrentarlas con valentía:

1. El cambio provoca dolor, malestar y soledad en la temporada de cambio.

2. Mientras el cambio está ocurriendo, fuerzas demoníacas te atacaran, engañaran, y trataran de oprimirte.

Pero debes darte cuenta de que esas fuerzas no solo están detrás de ti. Estas han estado atacando, engañando y oprimiendo a las almas desde el principio de los tiempos. El Rey David fue un hombre que viajó a través de estos duros entrenamientos, todos en el proceso de cambio de su persona. Y lo cambio, él lo hizo. Él se convirtió en algo más que un simple hombre a aquellos que dependen de su propia existencia icónica. Basta con mirar estas palabras de aquellos que lo vieron:

2 Samuel 21:17b
"... Entonces los hombres de David hicieron que David prometiera que nunca más volverían a salir con ellos a la batalla. "Vosotros sois la esperanza de Israel, y no queremos perderlos" dijeron."
[GNB]

Este hombre que fue la esperanza de Israel también era un hombre con muchos enemigos. Y él lo sabía. Pero también sabía volver a Dios por la ayuda que salva a los fieles.

Salmos 57:2-3
"Pido a Dios, el Altísimo, al Dios que alimenta todas mis necesidades. Él va a responder desde el cielo y me salvara; él derrotará a mis opresores. Dios va a mostrar su constante amor y fidelidad."
[GNB]

Simbólicamente, esto significa que cuando usted cambia la cabeza en la dirección correcta y justa, habrá enemigos que persistirán, quienes van a usar lo que este a su disposición para tratar de bloquear su futuro. Usando mi caso como un ejemplo, mis adversarios harían uso de finanzas que no sólo estaban siendo mal administradas sino totalmente en las manos equivocadas, por muchos, muchos años. Claramente, esto no ayuda cuando uno está tratando de hacer cambios.

Dios, sobre un calendario conocido sólo para él, un calendario que iba a respetar y aceptar cambió mi "Temporada" después de regresar de Hollywood, a escribir mi libro. Y luego, de nuevo, después de unos pocos años, Dios me llevaría a una guerra para abordar las injusticias que cautivaban mi solvencia financiera.

Sí, guerra. El cambio puede requerir una respuesta tan firme que se parece a la guerra, porque va a alterar el curso de la historia de tu vida.

De hecho, la guerra cambia la historia, pero también conduce a la desaparición de muchas personas y muchas cosas. Por ejemplo, veamos el resultado de un cambio que le ocurrió a un hombre llamado Martín Luther, cuyas experiencias demuestran que incluso una causa tan sagrada como la religión puede destruir a una verdadera relación personal con Dios.

Como el cambio que estoy pidiendo que consideren - el cambio que te lleva a Dios - Martín Luther cambió, y hacerlo exige osar hablar. Esto significa conquistar cualquier temor que puede haber albergado el sobre lo que otros puedan decir acerca de él. También requería que Luther se mantuviese firme e hiciera guerra contra interpretaciones engañosas y mentiras desafiando la verdadera intención de las escrituras.

Mostrando coraje y férrea voluntad, Luther enfrentó el desprecio y la reprensión de la política religiosa establecida y la predicación de su tiempo que mantuvo sus congregados como rehenes con falsas creencias, egoístas. Contra la marea de la doctrina religiosa popular, Luther enseño a la gente de que es una mentira pensar que podrían comprar su salvación con dinero. Explicó que el dinero no puede rescatar a los muertos del infierno. Tuvo que superar los obstáculos sociales y religiosos arraigados para introducir un cambio total de mentalidad religiosa a una generación que creía la salvación no podía existir fuera de la iglesia.

Lo que era evidente para aquellos que lo escucharon fue que Martín Luther creyó en la misericordia de Dios y en un abierto y buen corazón. Predicaba que cuando el diablo te acusa de ser malo, deberías decir, "Sí, admito que merezco el infierno, pero Jesús dejo el infierno afuera, por mi bienestar, así que me voy al cielo." Luther incluso reprendió la "mentira" que aquellos que cometen suicidio quedan malditos de por vida. Advirtió a los oyentes a no culpar a un niño que comete suicidio debido a la desesperación.

El cambio dentro de Martin Luther condujo finalmente al cambio en la comprensión religiosa, a la reforma de la iglesia y de la traducción de la Biblia. Hoy, gracias a las reformas de Martin Luther, más de 540 millones de personas adoran en una forma libre, generosa y misericordiosa, a Dios.

Los cambios de un hombre llevo a la gente de regreso al camino de Dios, pero no sin que Lucifer tratara en muchos niveles de que esto no sucediera. Hubo otros, también, que lucharon para asegurar los mensajes de Dios para que la humanidad no fuera a distorsionar o tergiversar estos con el fin de manipular a la gente. William Tyndale, por ejemplo, contribuyó con la primera traducción significativa del Nuevo Testamento al inglés, después del trabajo de John Wycliff. Pero tuvo que pagar un precio. Él murió en un altar de fuego en 1536. Él murió por lo que él creía era la verdad.

¿Crees que esta gente podía escuchar la voz de Dios? ¿Crees que ellos también obtuvieron «mensajes» de Dios?

Wycliff, y muchos otros, fueron asesinados a causa de su fe en el libro, la Biblia, la Biblia no adulterada. Solo piensa qué noticias haría hoy si personas fueran quemadas vivas por su creencia en un libro sagrado. En algunos lugares, esta noción se acerca peligrosamente.

Estos hombres trabajaron para poner fin a una ignorancia que mantuvo a la gente de su tiempo en una falsa prisión de una opinión manipulada. Todos hemos oído el refrán de que "la ignorancia es la felicidad." Bueno, estoy aquí para decirles, la ignorancia hace sufrir a la gente. Pienso en mi propia vida y cómo Lucifer colocó la desesperación de no saber sobre mi propia madre, y sobre mí, muchas veces. Pero supere sus ataques de reprender a esta desesperanza en el nombre de Jesucristo, y citando las escrituras de la Biblia. Simplemente correría hacia Dios como una niña. Sentía como si mi segundo nombre se había convertido en "¡Ayúdame, Señor!"

A través de la historia, las personas han tenido que pagar un alto precio por el cambio que han presentado. Me recuerdo a mí misma de esto constantemente. Yo sé que he pagado un precio por *Mensajes de Dios*. Este libro, sencillamente, nació a través de las lágrimas. Sin embargo, también nació con gran esperanza, debido a que rece que te lleve de vuelta a leer un libro singular que es y será siempre el mejor vendedor de todos los tiempos: la Biblia.

Antes de que cerremos este capítulo, permítanme compartir con ustedes lo que Dios me habló sobre cómo él va a traer cambios a Hollywood, e incluso a mi propio país, Sudáfrica.

En el mensaje completo, el Señor me reveló las sombras de un terremoto que golpeará a Los Ángeles. Tan difícil como es de imaginar, este desastre irá dirigido específicamente a la industria del entretenimiento. Vino a mí como una profecía, con un entendimiento de que se puede detener. Sin embargo, evitar esta catástrofe requerirá que la gente rece, no sólo oraciones superficiales, sino que realmente oren correctamente. Me dio la sensación en el interior de que mi profundo cambio sucedió por una razón; "Vi" mi cambio vinculado con ser "enviada" por delante de la catástrofe, una mensajera para la industria a cambiar.

El señor repitió este específico sueño tres veces. Y esto es importante, como bien sé yo por lo que he pasado. Cuando Dios repite un mensaje, tómalo muy en serio. ¡Cuando Dios repite un mensaje, tres veces, es porque necesita ser dicho! pero ¿por qué yo? ¿Por qué era la "elegida" para hacer esta tarea aparentemente imposible? Permítanme responder haciéndole una pregunta: Si tu tuvieras un sueño sobre un terremoto en Los Ángeles, dejarías todo lo que sabes, todo el mundo que amas, e irías a Los Ángeles, ¿o encogerías los hombros y dirías, "Ah, era solo un sueño?" Yo vi la obediencia a Dios como el único camino. Sólo la idea de no ir y, a continuación, escuchar acerca de un desastre que yo podría haber tenido una oportunidad, incluso la más leve, la más remota posibilidad de mitigar sería demasiado peso para vivir.

Veamos este sueño más específicamente. Por lo que me enseñaron, habrá un gran terremoto en el centro de la industria del entretenimiento, Hollywood. En los tres sueños, la "voluntad" del Padre, era yo. ¡Yo! Puedo ver y oír a la gente gritando mientras edificios colapsan e implosionan en el suelo. Este evento será mucho peor y definitivamente más devastador que 9/11. No terminara en unos pocos segundos. No. de hecho, en los sueños, aunque estoy en el centro de todo esto - en realidad atrapada por cinco días –me mantengo a salvo. Esta catástrofe ocurrirá, creo yo, más o menos un mes antes de la ceremonia de entrega de premios. Aunque no vi un año exacto, Dios me ha mostrado una línea de tiempo.

Y así he orado. Fue entonces que sinceramente la voz del Señor vino y me mostró exactamente lo que estaba en su corazón sobre esta profecía

Lo siguiente es mi mejor intento en la traducción, desde mi lengua natal, afrikáans:

Él dijo: «*La industria del entretenimiento se ha convertido y es un "dios." Pero no es un dios de piedra, oro, o cualquier otro metal. No es un dios muerto", es un dios con una voz. Es un Dios que le habla a mi pueblo, diciéndoles, enseñándoles, cómo ser inmoral. Trae un fuego al mundo, un fuego de inmoralidad que se propaga más rápido y más rápido, cada día, cada segundo. Voy a destruir este dios. Este Dios habla con una voz para engañar a mis hijos. Este Dios dice a mis hijos que es bueno estar involucrado con relaciones sexuales inmorales, aunque mi palabra dice que es incorrecto.*

"¡Ustedes deberían decirles a sus hijos lo que es correcto delante de mis ojos! Este dios está enviando un mensaje, una voz que da gusto a la carne de mis hijos, una voz que consuela la carne y destruye el espíritu."

¡Eso es todo! Ese es el mensaje que todavía resuena en mi cabeza. De todos los mensajes que he recibo, este es uno de los que conozco requieren el máximo de atención y acción, aunque hacia el final de este libro, verás que comparto otros tres sueños que recibí acerca de los Estados Unidos y lo que está por venir.

Tengo dos preguntas sencillas para preguntarle: ¿cree usted que Dios iba a hacer de la vista gorda a las cosas que están sucediendo en la tierra? ¿Hizo la vista gorda en la Biblia alguna vez?

Y, sin embargo, tengo la sensación de que tenemos una oportunidad de evitar que esto ocurra.

Jeremías. 18:7
"Si, en cualquier momento, voy a desarraigar, romper o destruir cualquier nación o reino, pero luego esa nación se convierte de el mal, no voy a hacer lo que he dicho yo."
[GNB]

En otro sueño, Dios me mostró una gran cantidad de agua. ¿Fue la lluvia? No estoy seguro, pero lo que vi fue montones y montones de agua y lodo. Era como si las tierras en algunos lugares se habían convertido en barro y hubiese desaparecido completamente.

Juan 9:11
"El hombre que se llama Jesús hizo lodo, lo froto en mis ojos, y me dijo que me vaya a Siloé y lavarme la cara. Así que me fui, y tan pronto como me lo lavaron, pude ver."
[GNB]

Esta simboliza que la visión vendrá. Con esto, siento que el Señor me ha dado la comprensión en torno al significado profético de esta agua y barro. Algunos sueños sólo simbolizan lo que Dios pide.

Lo que también escuché fue:

"*Mira en el norte.* Algo grande ocurrirá en el norte. Ve cómo rápidamente mi Espíritu se moverá. Mi espíritu pegara como relámpago. Puedes ver lo que sucede cuando el rayo toca el agua, el poder viajara rápido. Cuando mi espíritu toque el agua de justicia que he derramado sobre mi pueblo, será una "Nueva Vida", que se extendiéndola muy rápidamente."

Entonces me vino una visión de un zapato de tacón de cristal. El Señor tomó el zapato y rompió el tacón. Le oí decir: "Hay muchos que caminan en zapatos de cristal, que no están dispuestos a caminar en mis caminos." El Señor dijo que "romperá el tacón", a fin de que pudieran empezar a moverse hacia él.

El Señor dijo que su presencia era ignorada demasiado a menudo, y Su Espíritu Santo sólo podía responder a donde ha sido llamado. He llegado a comprender que el Señor nos "habla" a través de la naturaleza para producir cambios de acuerdo con sus caminos.

2 Samuel 22:12
"Él se cubrió a sí mismo con la oscuridad; nubes gruesas, lleno de agua, lo rodearon."

[GNB]

2 Samuel 22:17
"El Señor llegó de arriba y se apoderó de mí; él me sacó de las aguas profundas."
[GNB]

Algunos sueños tienen un propósito metamórfico. Esto puede simbolizar cambios concretos que Dios va a traer consigo. Estoy seguro de ello: Con respecto a mi propio país, Sudáfrica, Dios está llamando a la justicia, ya que hay muchos cambios necesarios aquí tras el término del apartheid.

Claramente, los dos sueños - la visión de Los Ángeles y el simbólico de Sudáfrica -son completamente diferentes, aún, cada uno es tan poderoso como el otro. Cada uno requiere atención y acción.

Después de horas, días, noches, semanas pensando en estas inquietantes visiones y sensaciones, he llegado a ver esto: Dios nos ama demasiado para dejarnos vivir como lo hacemos. Cambiar hacia su forma es lo único que nos guiara a lo que estábamos verdaderamente creados para ser.

Una precaución que quiero ofrecer antes de que sigas leyendo: tu transformación, tu propio cambio personal, profundamente no requerirá grandes dones, pero requerirá gran coraje. Dicho esto, recuerde que, si un "terremoto" llega a su casa, considérelo como algo bueno. El sufrimiento y el dolor producen que los oídos se abran. Momentos malos llaman a Dios. Él siempre está listo - y presente - para ayudarnos a pararnos nuevamente.

Voy a admitir que todo esto suena bastante inquietante. Sí, para cambiar parece un trabajo duro, tanto que, a veces, desearas tirar la toalla. Se sabe entonces que Dios nos ayuda a cambiar. Pide ayuda. El cambio que tú harás te producirá felicidad inevitablemente.

10

¿YA TE QUIERES DAR POR VENCIDO?

¿Leer este libro le está dando miedo? Por favor, no tenga miedo. Tal molestia tiene buena connotación.

Durante largos tiempos, Viví mi vida en aislamiento en diferentes lugares. Pasé dos años, sola, en una granja en el monte mientras no trabajaba. Cinco meses, sola, en un apartamento en Los Ángeles. Ocho años, sola en un pequeño pueblo, sin vida social alguna. Durante la mayor parte de estos tiempos, sólo tenía a mi papá, y mi perro Baby, y de vez en cuando, el hombre equivocado en mi vida.

Sí, me parecía vivir en una prisión. Pero no recibí ninguna tortura. De hecho, esta reclusión me facilitó no sólo el lugar donde recibí mis mensajes, sino también el lugar en el que fui probada, espacio en el cual yo experimenté cambios importantes. En efecto, es un lugar extremadamente duro, por lo que lloré mucho. En este lugar, luché con la autenticidad de los mensajes que sentía venían de Dios. Algunos vendrían por razones muy concretas, que analizaremos más adelante en estas páginas.

Se hizo tan difícil para mí que eventualmente le dije a Dios: "Señor, me he sentido como un león enjaulado por mucho tiempo y no puedo aguantar más ya." Ahora me sentí insegura de quien yo era. En un momento, mientras yo estaba escribiendo, se hizo casi insoportable para sentarme en esa granja en África, mientras que Dios guardó silencio durante semanas. Por la razón que sea, Él no quiere hablar o me permite oír nada.

Cuando se mantiene un león en una jaula durante demasiado tiempo, él se olvida de cómo ser un león. Pero ¿puede un profeta en una jaula olvidar cómo ser un profeta? Quizás esa jaula es necesaria para su preparación. Huelga decir que este era un momento infeliz en mi vida. Aun cuando yo sabía que no podía sólo empacar e ir a la ciudad para encontrar un trabajo, ya que esta no era la voluntad de Dios para mí – todavía, no me había liberado ni despedido. Él estaba callado. Pero, curiosamente, no me faltó nada. Dios claramente simplemente decidió que era necesario un momento de silencio.

La soledad llegó a ser abrumadora. Una noche, después de Dios mantuvo mi sueño alejado de nuevo, simplemente dije, "no puedo continuar con este viaje más aun."

Sentía lo mismo que David había en:

Salmos 77:1-4
"Con mi voz clamé a Dios, A Dios clamé, y Él me escuchará. Al Señor busqué en el día de mi angustia; Alzaba a él mis manos de noche, sin descanso; Mi alma rehusaba consuelo. Me acordaba de Dios, y me conmovía; Me quejaba, y desmayaba mi espíritu. No me dejabas pegar los ojos; Estaba yo quebrantado, y no hablaba".
[RVR 1960]

Supongo que David, como yo, estaba peleando con Dios toda la noche.

Me alojé en una casa de tres habitaciones. La atmósfera dentro mi habitación se hizo insoportable. Se llenó el aire de inquietud aunque sabía que Dios estaba allí y me sentí como si me encontrase en una olla de presión. ¡He cambiado un dormitorio para otro, tratando de escapar de Dios! Esa noche, las cosas parecían muy difíciles. Finalmente, al final, me dije, "Voy a dejar todo." He llegado a un punto en el que yo sólo quería renunciar de este supuesto programa de formación de Dios y tener una vida normal.

La gente se va a trabajar, tiene familias, van a la iglesia. ¿Yo? Aquí estaba, pegada a solas en una granja en el monte, solo escribiendo y rezando. Sin embargo, de alguna manera, yo todavía no pude hacer mis maletas y salir de la ciudad para adquirir una vida. Me sentía todavía joven. Aun así sentí que era hermosa. Y yo sabía que no era inmoral ni el tipo de fiestear. Pero aun sabiendo todo esto, ¿por qué no podía salir de allí? Empecé a darme cuenta de que precisamente esta atmósfera viciada fue de manera premeditada una manifestación ordenada por Dios. Este fue un momento hecho especialmente para mí. Sólo yo podía sentir lo que estaba sintiendo. Y se sentía como si Dios estuviese trabajando dentro de mí.

Lo que aprendí, dolorosamente, es la razón por la cual Jonás huyó de Dios y acabó en el vientre de un pez. Sintió que no podía hacer el trabajo que se requería. Eso es exactamente cómo me sentía. Yo podría soportar ni la soledad ni vivir una extraña existencia, no más. Hoy creo firmemente que Dios usa a los rajados. Lo que importa aquí es que Dios llama a una persona, no que una persona se da por vencida.

Usted podría pensar que una mujer como yo, con una vocación divina como esta, firmaría mi opción para salir de la cláusula. Si sólo fuese así de fácil. Pero yo estaba aprendiendo que no era eso. Yo estaba ahora en medio de pagar un precio enorme para completar los *Mensajes de Dios.* Entonces, una vez más, me recordé que, durante todos sus esfuerzos y sacrificios, Job no sabía que para todo su sufrimiento, Dios estratégicamente lo pondría en la Biblia para motivar a millones de personas en los siglos a venir. Estoy segura también de que Job hubiese firmado esa cláusula. Pero él debería haber aprendido la misma lección.

Cuando usted paga por algo muy valioso y luego se entrega, ¿cómo se puede quejar?

Job 36:21
"Ten cuidado no te inclines al mal; pues has preferido ésta aflicción." [NBH].

Aquí estaba yo, eligiendo la iniquidad de quejarme a Dios en lugar de someterme en la aflicción. Pero yo no podría haber estado más equivocada en mis quejas. Hoy, entiendo que, a causa de mi sufrimiento, Dios no sólo me preparó para la enseñanza sino, también me impidió hacer cosas ilícitas que me habrían perjudicado.

Mire esto:

Job 36:21"
Guardarte, no te vuelvas a la iniquidad, pues ésta escogiste más bien que la aflicción."
[RVG] traducción:

Después de regresar de los Estados Unidos, me quedé en un aislamiento severo y desempleo impensable. Su sufrimiento puede venir por falta de el empleo, la mala salud, el divorcio o la pérdida de un ser querido. Pero permítame asegurarle de mi propio corazón, el sufrimiento que usted tiene que soportar será breve mientras usted está moldeado y cambiado en su lado bueno.

Una vez, cuando conducía a la ciudad para comprar suministros, yo vi un gato tumbado junto por la carretera. Nadie le hizo caso al gato, probablemente porque se parecía más a un trozo de papel con cabello. Pero instintivamente me paré para averiguar. Al recogerlo, yo me di cuenta de que todavía estaba vivo. El gato era muy débil pero todavía vivo. Después de una semana de alimentación, poco a poco ella empezó a caminar. Eventualmente la adopté y la quería muchísimo. Pensando en ella cuando la vi por primera vez, este gato aparentemente había renunciado a la esperanza y se consintió a la muerte. Pero ¿no es el caso para todos nosotros en algún momento? ¿No llegamos a un punto, a veces, cuando sólo queremos que nos acostemos y dejar todo desaparecer? Sin embargo, creo que es precisamente en aquel momento, que debemos recurrir completamente a Dios y pedirle la gracia para llevar a cabo, para caminar en el valle de la muerte.

Salmos 23: 4
"Aunque ande en valle de sombra de muerte, No temeré mal alguno porque tú estarás conmigo; Tu vara y tu cayado me infundirán aliento."
[RV]

Muchas veces le dije a Dios que yo era como ese gato a quien yo di el nombre de Josefina. Muchas veces, me sentí como si yo estuviera acostada por la carretera. "Dios, Usted, tendrá que recogerme y sostenerme con esperanza", pensé.

En este punto, yo estaba luchando conmigo misma, queriendo salir de este doloroso viaje en el que me había lanzado, pero también sé que simplemente que no podía ceder. Pero, con toda sinceridad, yo no pensé que pudiera tener éxito. Histéricamente, al final, me agrieté ante Dios. "Padre, no puedo hacer esto más."

Poco después, percibí la voz de Dios, aparentemente en el último minuto, como el momento instantáneo antes que el número 99, 999 cambie. Dijo, "Ahora te voy a pasar al lugar siguiente." Y así, en mi tiempo de aislamiento en Sudáfrica, me sentí sola. Me sentí sola cada día, cada fin de semana.

Luego, los meses se convirtieron en dos años que pasé orando y escribiendo. A lo largo, luchaba con el dolor de la sensación de que yo no progresaba en la vida. Además de eso, en los momentos de más profunda desesperación, volvía a buscar a Dios, diciendo: "No puedo hacer esto más. Voy a morir, de nuevo." Entonces, una vez más, cuando llegué al número 99.999, con un libro completo pero inédito, Dios trajo una respuesta. Se me permitió ir a Johannesburgo.

Y el tiempo de Dios fue absolutamente perfecto para una temporada diferente. Conocí al hombre que se convertiría en mi marido. Eventualmente, nos casamos y mudamos a Krugersdorp.

Lo que estoy diciendo es que verdaderamente, usted querrá salir, a veces. Pero les garantizo que la gracia de Dios te recogerá del suelo. Él le llevará más cerca de Sus Promesas. De hecho, yo soy un ejemplo vivo de eso. Por favor recuerde esto.

Y además de lo mencionado antes usted podría sentir que está siendo impedido o retenido durante su preparación. Pero una vez que esté liberado, verá que se mueve a un ritmo mucho mayor que la mayoría de las otras personas.

Cuando llegue a la etapa donde está esperando que dios le dé sentido pero permanece tranquilo en su lugar, usted puede comenzar a sentirse preocupado y exasperado. Este es otro reto emocional que puede hacer que usted quiera renunciar o abandonar todo.

Una mañana, Dios me dio un sueño en el que me encontraba en un aula haciendo una prueba. Pero yo no entendía ninguna de las preguntas. Para empeorar las cosas, todos los otros estudiantes concluyeron su prueba y habían abandonado la sala. Allí estaba yo, sentada atónita. Yo no podría escribir ni una cosa. Incluso después de que el maestro se acercó y me explicó las preguntas, yo todavía era completamente incapaz de responder. Como me sentía desesperanzada, yo quise ceder.

Que tenga cuidado cuando usted se siente incapaz de hacer lo que Dios requiere de usted y usted no entiende lo que está pasando. Observe que su frustración no le permite abandonar lo que sea.

Fue mi propia falta de comprensión de los mensajes y lo que Dios me pidió que quisiera escapar, ceder. En este sueño, sin embargo, en esta clase, Dios me mostró claramente que la razón por la cual quiero salir es que no entiendo algo. Él me mostró que está bien. He visto que hay veces que nosotros no siempre entendemos lo que Dios está haciendo o por qué lo hace.

De hecho, las pruebas referentes a la voz real de Dios fueron muy difíciles para mí, especialmente cuando hubo una otra "voz". Considera esto y cuán difícil podría ser para usted. Usted oye lo que usted piensa es la voz de Dios y le está instruyendo sobre lo que debe hacer. Al final, se nota que nada de eso es fácil. Entonces, usted oye otra voz que le está diciendo que es sencillo, cosas fáciles de hacer, cosas que suenan mucho más naturales. Ahora, ¿qué voz va a seguir usted?

Preferiría tener una vida difícil escuchando a mi Dios que vivir una vida fácil sin Su voz.

Muchas personas sinceras rezan durante toda su vida para escuchar a Dios mientras muchos se enfrentan a este dilema. No es difícil entender por qué muchos de nosotros lo tienen más fácil escapar, seguir la voz natural. Por ejemplo, aun Abraham y Sara no pudieron esperar al hecho de que Dios les prometió tener a un niño. Se iban a "escapar a la natural" cuando Sarah sugirió que Abraham se acostara con su sirvienta. Este acto, sin embargo, fue lo que llevó Sarah a renunciar a Dios.

Personalmente, yo preferiría tener una vida difícil escuchando a mi Dios que una vida fácil sin Su voz.

Después de leer los ***Mensajes de Dios***, yo recomiendo altamente que haga su diario M*ensajes de Dios y escriba* todo lo que siente, sueña y experiencias. Usted puede comenzar a sentir que no puede enfrentarse a algunos desafíos específicos. Es posible que desee abandonar. Documente estos sentimientos. Entonces, entréguese a lo sobrenatural, haga paz con el hecho de que usted, como individuo, como un ser humano, no siempre es capaz de hacer lo que parece esperar de usted, ya que sólo Dios puede ayudarle a realizar esa tarea. Por eso es muy importante que usted siga preguntando por la gracia de Dios para llevar a cabo lo que usted puede hacer, en el ámbito de Su voluntad.

Cuando yo estaba en esta etapa, decidí buscar todos los milagros que Dios realiza en favor de las personas. Leyendo sobre estas obras divinas maravillosas en la Biblia, me animó más allá de la desesperación. Y, si usted hace lo mismo, espero que le anime también. Como con cualquier persona que ha logrado un gran éxito en su momento más honesto, tendría que admitir que para lograr esos triunfos, tuvo que renunciar a la ayuda sobrenatural.

Los milagros no ocurren por sí solos ni ocurren por "accidente". Sin embargo, hay muchas personas que desaprueban admitir que los milagros son una obra de Dios. Aun Albert Einstein, quien pasó toda la vida luchando con las inflexibilidades de la física, llegó a la conclusión de que Dios no juega a los dados con el universo. Sí, existe Dios, de verdad y estamos bien servidos para saber que es Dios quien puede hacer milagros. Lo importante, a través de la fe es que le permitimos a Dios que nos ayude, a cumplir nuestro objetivo, realizando milagros que aclaran nuestro camino.

Dicho esto, ¿por qué tantos grandes hombres en la Biblia le tuvieron que luchar para rendirse y confiar en Dios?

Jueces 6:36-37
"Entonces Gedeón dijo a Dios: "Si has de librar a Israel por mi mano, como has dicho.»[RVR]

Gedeón le pidió a Dios una señal para aclarar que Dios le había designado para esta ingente tarea, a ser el salvador de Israel. Para Gedeón, la magnitud de este comando era demasiado difícil para creer o incluso entender. Él quiso un "signo", sólo para estar seguro.

Salmos 78:13-16
"Dios partió el mar en dos, y para que ellos pudieran cruzar, mantuvo las aguas firmes como paredes. De día, los guiaba con una nube, de noche, los alumbraba con un fuego. Cuando llegaron al desierto Dios partió en dos una piedra, ¡de ella hizo que brotaran verdaderos torrentes de agua y así apagaron su sed!"
[TLA]

El Dios de los Judíos era y todavía es el que se manifiesta en los actos milagrosos. En consecuencia, los Diez Mandamientos fueron introducidos con la declaración:

Éxodo 20:2-3

"Yo soy Jehová tu Dios, que te saqué de la tierra de Egipto, de casa de servidumbre. No tendrás dioses ajenos delante de mí". [RVR 1960]

Sin estos milagros, el Dios de los Judíos sería abstracto y teórico. De hecho, si los milagros del Nuevo Testamento son tomados como posibles, entonces los del Antiguo Testamento también deben ser aceptados como posibles también. Como los milagros del Nuevo Testamento revela la naturaleza y la voluntad de Cristo, con palabras y con obras, por lo que aquellos del Antiguo testamento podrían revelar la existencia, la naturaleza y la voluntad de Dios.

Es la naturaleza de Dios que Le revela como "conocer el final desde el principio» y como el Gobernador de la vida y de la historia humana. Para que usted tenga una confianza completa y comprensión que Dios va a hacer milagros en su nombre, debe buscar y pedir una relación personal e íntima con El. Como yo hice esto exactamente, Su naturaleza me mostró, en un sueño, cómo mi hija, Bella nacería. En el momento de ese sueño, yo sólo tenía unos pocos meses de embarazo. Él escogió mostrarme el final del comienzo. Incluso yo estaba agradablemente sorprendida cuando Dios me dio un sueño respecto a mi segundo hijo, diciéndome cómo mi hijo Jonás nacería.

Si hubiera elegido a "renunciar en Dios", jamás habría tenido la comprensión extraordinaria que ha llegado. He aprendido y espero que usted también, renunciar no le librará de su angustia, dolor e incertidumbre pero es alojarse en creer, pidiendo la ayuda de Dios lo que lo hace.

Jeremías, por ejemplo, quiso renunciar. Quizás se olvidó de lo que no estaba en su poder, no está más allá del alcance de Dios. Visiblemente, Jeremías crecería a su lugar legítimo con la ayuda de Dios.

Jeremías 15:19
Por eso, así dice el Señor: "Si arrepientes, yo te restauraré y podrás servirme Si evitas hablar en vano, y hablas lo que en verdad vale, tú serás mi portavoz Que ellos se vuelvan hacia ti, pero tú no te vuelvas hacia ellos". [GNB]

Jeremías 15:20
"Haré que seas para este pueblo como invencible muro de bronce; pelearan contra ti, pero yo estoy contigo para salvarte y librarte – afirma el Señor". [NVI]

Aunque el profeta muestra la fragilidad humana en su llamamiento, Dios decidió responderle con buenas y consoladoras palabras, porque Él conoce nuestras limitaciones. Jeremías sufrió mucho para Dios pero, en algún punto, debe haber caído por mentiras también. Probablemente, escucho y siguió algunas voces equivocadas y acabó renunciando.

Sin embargo, el mensaje de Dios es bastante claro: quien regresa debe sacudir la incredulidad, las dudas y la insatisfacción en sus pensamientos y pasiones. Una vez que hemos perdido nuestro camino o estamos distraídos, -hoy, con andanadas de los grandes medios sociales, esto puede suceder tan sencillamente-, nuestra única preocupación debe ser que nos reiniciemos y vuélvanos a componernos nosotros mismos, reclamando un justo marco de la mente de nuevo. Es cuando usted sabe que está avanzando hacia el mérito que se siente la presencia de Dios amplificarse. Sólo cuando se sienta en su corazón que usted está de vuelta en el camino, puede estar seguro de que Dios le ayudará. Esta es una "voz" que escuchará por sentimiento. Sólo usted puede sentirlo. Cuando lo haga, tendrá algún poder apoyándole que no puede explicar. Sea humilde en esta energía y utilizarla sólo para acercarse a Dios. Él lo tomará de allí.

Muchas cosas pueden parecer aterradoras pero no le harán daño a un verdadero creyente en Cristo.

Mire lo que Dios está diciendo a Jeremías. El Señor llama al profeta para que pare su desconfianza y regrese a su trabajo. Mire lo que promete Dios. Si Jeremías obedece, Él está seguro de que el Señor lo salvé de sus enemigos. Aquí, y a lo largo de la Biblia, aquellos que viven para Dios y lo son fieles se salvan de sus problemas. Él les lleva hasta sus más terribles sufrimientos. Muchas cosas pueden parecer aterradoras, pero no le harán daño a un verdadero creyente en Cristo.

Mientras estaba escribiendo este capítulo, yo me sentía agotada, luchando con mis propios deseos para renunciar, pero en lo profundo de mi corazón, sentí que yo realmente no quería abandonar. No era mi espíritu, sino mi cuerpo queriendo desistir. No era el verdadero yo renunciando. Era una lejana, la parte más débil de mí, "presa de mis propias decisiones" que quería ser libre de todo esto. Esta liposucción del alma se deshace del exceso de equipaje que nosotros irónicamente insistimos en llevar con nosotros, es un proceso que conduce a la felicidad más grande que podamos lograr.

Romanos 7:15
"No entiendo lo que hago; pues no hago lo que quiero, sino lo que aborrezco, eso hago."
[RVR 1960]

Romanos 7:20
"Y si hago lo que no quiero hacer, ya no lo hago, en cambio, sino el pecado que mora en mí."
[RVR 1960]

Lee estas dos citas, una y otra vez, de nuevo. Esto es nosotros. Este es humano.

A veces, habrá momentos donde usted no quiere renunciar, pero de alguna manera sus acciones parecen renunciar por su parte, sin usted pensarlo o planearlo.

Experimenté milagros increíbles mientras predicaba en Los Ángeles. Sin embargo, aun cuando mi vida estaba más viva que nunca, una parte de mí aún quería algo más, algo diferente, algo más, como tener diversión como otras personas. En esta mentalidad, puede imaginar cómo se sentía al ser lanzado a una "tranquila temporada." Sí, era difícil de manejar.

En mi caso, no había nada más que hacer. Dios se puso silencioso con respecto a dónde debía ir. ¿Qué hago ahora? Cuando usted se está preguntando, y a Dios; esa misma pregunta, sabe que es una ineludible niebla. Recuérdese que yo era una mujer que intentaba estudiar Dios y sus mensajes. Grabé todos y cada mensaje como un investigador tratando de entender algo acerca de cómo habla este Creador del universo.

En este paso, mi instinto de mujer tomó el relevo. La soledad (¿para quién?) se hizo insostenible y la espera (¿para qué?) me sofocada, y el silencio (desde todas partes) me rodeaba, gritando continuamente en mis oíos. Por primera vez, pude entender realmente la mujer que dice a Cristo lo siguiente:

(Mateo 15:27
"Y ella dijo: Si, Señor; pero aun los perillos comen de las migajas que caen de la mesa de sus amos."
[RVR 1960]

Ella quiso decir esto sin intención de ofender a nadie. Conozco a muchos que tienen este mentalidad de "hambre de mendingo", y están satisfechos con las sobras. Pero es como si el Señor quiere que nosotros pidamos más que las sobras. Estamos creados por más que limpiar restos. Sin embargo, para mí, el problema en este momento es que tenía grandes dificultades imaginando nada más que las sobras en mi vida. Por ejemplo, ¿cómo en este mundo me iba a encontrar con mi marido mientras esté todavía en África, escondida en la selva, sentada y mirando, cada día? Es como si casi para mostrar la desolación de mi espíritu, los pájaros aun dejan de cantar. Yo podía sentir la emoción goteando desde mi corazón. Ni siquiera quería las sobras, en este punto. Sólo quería salir. Yo no quería terminar los *Mensajes de Dios.*

¿Cuántos de nosotros se sometan a una mejor después del primero relación, simplemente porque tememos la soledad?

Por ello, quiero decir que cuando alguien es vulnerable, está predispuesto a rendirse a su soledad y buscando comodidades en comprometer los medios que incluyen el gasto de tiempo y atención con un "discente amante." Ahora, que no se moleste. Cuando digo esto, no estoy tratando de degradar a las personas que han caído en estos apuros.

Dios invierte en las personas con la intención que buscaran sus destinos a través de Él.

Un "amante inferior" es una persona que no es la elección de Dios para usted. Esta persona puede ser una maravillosa, amable, amante ser humano, sino alguien que no tiene visión y no muestra ningún interés en Dios. Dios invierte en las personas con la intención que buscaran sus destinos a través de él. Sin embargo, algunas de estas almas favorecen compromisos sociales y ambiciones profesionales, primero, por encima de la búsqueda de llamado de Dios para su vida. Lo triste es que, en algunos casos, estas inversiones de Dios nunca alcanzan su potencial. Más triste aún, en algún punto, estas mismas personas llegan a sentir una vacuidad, rodeada sólo por sobras de una mesa mayor.

Tengo que admitir que, en mi soledad, me enamoré con las sobras de la mesa. Pasaba el tiempo con la gente equivocada. Hoy, la tengo delante de mí, con todo lo que hay de mejor y lo que es más importante fue que me esforcé para sostener mi carácter apreciativo, dándole gracias a Dios.

Vamos a declarar, justo aquí, que renunciar y las sobras son sólo para los rajados. Sí, usted sentirá que en algún momento, es demasiado difícil. Estoy de acuerdo que todos estos conceptos que estamos discutiendo son muy difíciles. Algunos, casi imposible. Y estoy seguro de que su experiencia será la misma. Pero pregúntese esto: ¿Dios jamás ha renunciado a sus hijos? De hecho, no. Incluso su voz no renuncia. Él es fiel a nosotros y consistente para nosotros en todas sus acciones. Como he aprendido y nos esforzamos para compartir, simplemente confiar en Dios. Deje de buscarle a Él para cualquier posible razón egoísta. No pregunte por los mensajes que sean solo para usted.

Increíblemente, Dios me habló, aunque yo estaba desobedeciéndole. De hecho, fue durante este tiempo que me di cuenta de lo bien que podía oír su voz: "Por favor, no renuncie." Aquí estaba yo, en medio de la confusión personal y el trauma emocional, en busca de consuelo, donde nunca puede ser encontrado, queriendo salir de las demandas que me exigía Dios. Sin embargo, a través de la gran grieta de mi obscenidad y desobediencia, Dios no me renunció. Yo había oído su voz llamando con mayor claridad. No se negara a Dios lo que Dios exige.

Permítanme concluir este capítulo como lo hemos hecho a lo largo de estas páginas. Con toda sinceridad, dejé de escribir este libro durante cuatro años. Lo tiré en una caja y lo sepulté. Le temía. Renuncié y se acabó todo. Entonces Dios envió a alguien para excavarlo de su "tumba" y financiar el libro para que me ponga a recogerlo de nuevo. Así que, como he dicho antes, como cualquier otra persona, no soy alguna alma "noble". Me motivaron para terminar la grabación de mi historia. Fue el dinero para ayudar a financiar la realización del libro y el apoyo psicológico para mantenerme centrada que me impedía renunciar, también para seguir adelante con ella y para completar lo que yo –lo que Dios –había comenzado. Se hizo evidente de que Dios quería que mi historia, incluido mi renuencia, iba a interponerse en su camino. Y hoy, el dinero es sólo una herramienta para mover un elemento de la nada a algún lugar.

En el próximo capítulo, veremos un aspecto muy esencial, una clave: Mantener la mente abierta.

11

LO QUE "VES" NO ES LO QUE "VES"

Si hay una cosa que Dios me ha enseñado es que incluso lo que vemos con nuestros propios ojos ¡puede engañarnos! Estar consciente de esto toma un sentido más profundo, un mayor nivel de significado, cuando uno está en una llamada profética, cuando tus ojos se vuelven la puerta entre Dios y el objetivo.

Esta puerta ofrece una perspectiva muy diferente. Fue después de comprender esto que la referencia simbólica de la vida de un profeta es similar a la vida de un águila empezó a tomar mucho más sentido para mí.

El águila tiene una visión extraordinaria. Años atrás, tuve una experiencia espiritual donde Dios repetitivamente me mostraba un águila. Tuve una visión donde estaba en la cabeza de un águila, mirando a través de sus ojos, viendo una vista impresionante. Sólo más tarde, a través de la intuición de esta vista increíble que me han dado, pude empezar a comprender y aceptar el don profético en mi vida. Vi, claramente, los mensajes extremadamente fuertes que Dios me estaba dando. Estos mensajes, potentes, luminosos y amplios, como si me estuviera mirando hacia abajo desde una milla más arriba, capturo mi atención.

Debemos renunciar a nuestros ojos para ver lo que el Espíritu de Dios ve. Es un proceso de cambiar la forma en que uno mira las cosas, y sólo Dios puede enseñarte.

Romanos 8:14
"Porque todos los que son guiados por el Espíritu de Dios, éstos son hijos de Dios."
[RV]

Fe es exactamente lo que no depende de lo que usted ve.

Recuerdo bien la primera vez que Dios me enseñó a no siempre creer lo que veo sino a ir con lo que mi espíritu ve. Fue hace 15 años. La lección vino a través de un incidente muy doloroso, especialmente para una ávida amante de perros. Yo tenía una poodle perro de lana blanca, muy pequeña llamada "Pillow." Sí, ella era muy esponjosa. Tuve a Pillow antes de que yo tuviera a Baby, mi chihuahua. Rescaté a Pillow desde el SPCA, que es un refugio de mascotas en Sudáfrica. Ella era una perra muy energética que odiaba estar encerrada, ya sea en su jaula o en un apartamento. Un día, mi amigo, sin saberlo, abrió la puerta delantera y Pillow se escapó. Ella se fue tan rápido, no pudimos encontrarla, en ningún lugar. Para empeorar las cosas, sucedió justo antes de ir a trabajar. Mas encima, me iba por 2 días, he regresado de mi turno, a la una de la madrugada. A medida que me acercaba a mi casa, aun conduciendo en la autopista, oí la voz de Dios decir, "Lo que ves no es lo que ves."

No era siquiera cinco minutos después de, que vi el cuerpo de un perro tendido en el medio de la autopista cerca de casa. Un esponjoso, pequeño, poodle blanco, cubierto de sangre. Inmediatamente me salí de la autopista y corrí hacia el perro. Cuando vi al perro de cerca, supe que era Pillow y empezó un llanto descontrolado en mí. Levante a mí querida Pillow y la lleve a casa, que estaba a sólo dos minutos de distancia.

A las dos de la mañana, llame a un amigo cercano, Jorgen, pidiéndole que viniera inmediatamente. Él me encontró con el perro en mi regazo, llorando de una manera descontrolada. Él conocía a Pillow también, y compartió mi pérdida. Amigo que era, la envolvió en su manta y la enterró, sin importar que fueran las 4 de la mañana. Perdida en el dolor, yo seguía llorando, "Señor, ¿cómo puedes dejar que esta cruel cosa me suceda? ¿No he sufrido bastante en mi vida ya?".

Ver a alguien que amaba tanto tener que sufrir una muerte como esa, era simplemente demasiado para mí.

Mi tristeza me empujó a estar realmente ¡enojada con Dios!

Para las nueve de la mañana la próxima mañana, me encontraba sin lágrimas, completamente agotada. Cualquiera viendo mis rojos ojos hinchados, sabría yo era incapaz de ir a trabajar. Para un amante de los animales, la muerte de Pillow me golpeó como un desastre mayor. Quería llamar a mi trabajo y decir que estaba enferma.

Estaba justo en ese momento, que mi teléfono sonó. Fue la SPCA preguntándome si yo había perdido a mi perro. Con una voz llorosa, le dije, "Sí, ya la enterramos". La mujer en el teléfono hace una pausa y luego, de repente, me dice: "Pero, señora, tenemos un perro aquí con su número de teléfono en el collar alrededor de su cuello."

¿Pueden ustedes imaginarse cómo esto me golpeó? Me había olvidado por completo sobre la etiqueta de Pillow. En el SPCA, Pillow estaba tan contenta de verme. Dejaré el resto a su imaginación. Había enterrado al amado perro de alguien más, envuelto en la amada manta de mi Pillow.

Me había olvidado por completo lo que Dios había dicho, "Lo que ves no es lo que ves."

Las circunstancias, incluso nuestras propias emociones, pueden ser tan engañosas. La Biblia dice que el corazón es malvado. No es difícil de entender, y contra la lógica de lo que todos piensan cuando oyen, "¿la Biblia?" Pero, cuando estamos sin Dios, tiene mucho más sentido. Tal como no podemos vivir sin oxígeno, ¿cómo podemos vivir sin la voz de Dios? Muchas veces, es la voz de Dios que me salva de la crueldad de mis propios ojos.

Después de la muerte de mi madre, mi padre tuvo tres ataques al corazón y, posteriormente, una cirugía de bypass. Por si no fuera poco, ¡el cáncer! Hubo un tiempo donde los médicos le dieron sólo unas pocas semanas de vida. Mis ojos me dijeron que iba a ser una huérfana. Temía que iba a terminar en un orfanato, extrañando a mi papá, mi seguridad, cada día de mi vida.

Durante este período de estrés, mi padre discutió abiertamente su testamento conmigo. Creo que, en este proceso, en realidad, él se estaba preparando para pasar a mejor vida. Para mí, fue un tiempo de temor constante e inminente abandono. Pero, desde el cielo, porque sólo desde allí puede venir tal suceso, Dios lo sanó milagrosamente. Mi padre estaría conmigo durante otros veinte años.

Antes de irme para los Estados Unidos, la condición y salud de mi padre mejoro. He rezado de manera muy dura ante el Señor, pidiéndole que tenga piedad de mí y que deje vivir a mi padre para que vea la obra de Dios en mi vida. Tales oraciones fueron contestadas. Sin embargo, cuando mi padre, teniendo 80 años, tuvo otro repentino episodio cardiaco, él me enseño nuevamente donde estaba todo. Recuerdo su cara blanca como la nieve. Y todavía puedo ver a mi padre llorando y muy emocional.

Yo corrí a Dios recordándole que él dijo que no se llevaría a mi padre antes de que él viera lo sucedido en mi vida. Pero yo tenía que mirar esta situación no con mis ojos, sino con mis oídos que "escuchan" como Dios había dicho. Tuve que recordarme a mí mismo que lo que he visto y oído de mi padre terrenal decir no era lo que me tenía que escuchar. Fue entonces que escuché a Dios decirme que mi padre no moriría en ese momento. Y, de nuevo, no lo hizo.

Cuando le llegue el tiempo que mi papá pase (a la edad de 83), iba a ser hospitalizado, estando muy enfermo. En lo que "vi" de lo que Dios me mostró, yo sabía que no sería en una semana y que iba a pasar pronto. Dios me dijo cuando mi padre se uniría a él.

Imagine saber exactamente el día de la muerte de tu padre, ¿en algún momento en el futuro? Como saldría, cuando finalmente recibí el mensaje de su próxima muerte, llegó como una de las principales experiencias de la voz de Dios en mi vida. Dios sintonizo mis oídos con una increíble claridad que cuando mi padre entró en coma, le dije a el que no era todavía el momento. A pesar de los diagnósticos médicos", le dije a mi padre lo que Dios dijo directamente en mi "oídos". Todavía hay más tiempo. Más detalles de este relato personal aparecen en las próximas páginas/capítulos.

Una vez tuve una visión de un manzano con solo una manzana. El propietario vino y yo, de alguna manera, pensé que podría cortar el árbol. Cuando recé para preguntarle a Dios qué significaba esta visión, me preguntó, "¿qué ves?" le dije que veo un árbol con solo una manzana. Él dijo, "Veo esperanza." a causa de la esperanza, Él es como un padre que espera, paciente, dando a sus hijos la oportunidad de dar más frutos en sus vidas. Él ve que un árbol con una manzana tiene el potencial de tener muchas más manzanas. Yo creo que esta es la razón por la que Dios no "derrumba" a toda la gente mala en el mundo. Él sostiene la esperanza en todos. A todos, él les da una oportunidad justa y extendida. La forma en que vemos las cosas y la forma en que Dios ve las cosas son muy diferentes.

Veamos otra historia de confianza y fe en la cual dios nos pide ver. Dios no le dijo a Moisés exactamente cuándo tenía que dirigir al pueblo fuera de Egipto. Él no le dijo a Moisés que tendría que estar en el océano, en la orilla del mar, exactamente a las cinco de la mañana para que los mares se partan y les permitan hacer su fuga en un espacio de treinta minutos. No, Moisés tuvo que llevar al pueblo sólo con lo que él podía ver con sus ojos. Un océano ¡No hay forma de salir! Dios estaba enseñando a Moisés a no buscar con sus ojos, sino que buscar con su fe.

Más sobre la fe. Mientras en el ministerio a tiempo completo, tuve un amigo cristiano que quería algo más que amistad conmigo. Me gustaba y compartíamos una maravillosa pasión por la misma visión. Fuera de la conexión que teníamos, él pensó que yo era la mujer con la cual es se casaría como parte del plan de Dios, un plan en el que estaríamos en el ministerio junto. Sin embargo, aunque sabía que mi futuro marido no era un pastor, estaba luchando con la soledad. Y así, esta fue una prueba.

Dios entregó esta experiencia para poder aprender dos cosas específicas. Este amigo masculino vio una visión de nosotros, caminando juntos. Incluso me confirmó mi mensaje de *Lo que el viento se llevó*. Recuerde, vi a un "amigo" que me respaldaba. Sabía que mi amigo era un devoto cristiano; mis ojos incluso vieron una persona amorosa, así que yo creía que él no iba a "oír" nada equivocado. Él, sin embargo, escucho y atendido una mentira, confirmando que era cierta. Esto me ha dejado, una mujer joven, preguntándome cómo iba a encontrar la verdad en medio de toda la locura. ¿Cómo sabría lo que es verdadero mientras intentaba "oír" de Dios? Estaba justo aprendiendo que, si yo usaba sólo mis ojos y no mi fe para ver, sería mi perdición.

Como has visto en lo que he compartido hasta este punto, Dios nos pone pruebas en el camino, con el objetivo de observarnos y aprender a responder a estas. Cuando te vuelves consciente de tus propias debilidades, te permite desarrollar el control sobre ellas. Dios hace maravillas con la gente humilde que llegan a darse cuenta de que no son tan inteligentes. Cuando tienen esta epifanía, también se dan cuenta de que necesitan ayuda para alcanzar su grandeza. Mantenga esto en mente: Dios está esperando para ayudarte a alcanzar sus mayores frutos.

En su infinita sabiduría, Dios sabía que yo necesitaba escuchar de alguien que confiara y estimara, así que él me dio un mensaje a través de buenos amigos. La pareja creía que Dios estaba dándoles palabras de sabiduría, especialmente para mí, durante este tiempo que yo estaba siendo tentado a través de una relación con mi amigo cristiano.

Ellos me enviaron por email el siguiente mensaje.

"El enemigo está tratando de sabotear tu llamado mediante frutos extraños, dice el Señor. No sea tentado a recogerlos. Usted reconocerá su tipo fácilmente, y claramente, por mi espíritu, dice Dios. Ponderando sólo le hace preguntarse a sí mismo en la carne, que es el principio de un agujero en su cobertura. Evitar dicha acción. Un cerdo con una sonrisa en su rostro, profesando tener un corazón para su bienestar, sigue siendo un cerdo. Hay una ecuación simple trabajando aquí. ¿Permitiría El Espíritu Santo que uno coqueteara con el pecado que acosa tan fácilmente? Esta es una simple "sí" o "no" pregunta. Ahora bien, si la respuesta es 'no', es evidente lo que está teniendo lugar aquí."

¡Wow!

Este es el mensaje completo que he recibido. "Es el tiempo de fortalecerse como persona", dice Dios.

Fue la tranquilidad y confianza total de Daniel que le impidieron ser devorado por los leones. Esas bestias lo vieron como un igual, un rey entre reyes, como usted," dice el Señor.

"Si bien es cierto que muchos son llamados, pero pocos son escogidos, también hay diferentes niveles de vocación y responsabilidad en el reino terrenal para mis Hijos. Aquellos en un nivel no pueden comprender verdaderamente las necesidades de los niveles superiores. Tratan de razonar y racionalizar con la mente humana, que, por supuesto, es una locura", dice Dios. "Ellos no saben que mi camino, que es la fe, es su único consuelo. Sin la fe, todo va a resultar muy difícil, incluso imposible. La ausencia de la fe promueve el miedo y, como usted sabe, el espíritu de temor no viene a través de Mí», dice el Señor, «pero desde el enemigo. Habrá otros cristianos en niveles inferiores en el reino espiritual que va a ver las cosas de manera diferente».

Dios permite que otros te confronten con "mentiras", aunque estas situaciones podrían no parecer mentira a los ojos de otros. Tales son las pruebas que encontrará. En tiempos como estos, debe protegerse los ojos, no ver lo que otros ven, sino que permanecer fiel a lo que Dios dice, para que pueda visualizar lo que es verdad.

En mi caso, Dios permitió que mi amigo que se cruzara en mi camino porque creía que iba a ser su futura esposa, pero él fue sólo un muy buen amigo. Él vio esto como una verdad; pero a través de los ojos de Dios, mi claridad vino por el camino de una visión de la pareja que mostro que la creencia de mi amigo era una mentira.

Si un ángel viene a usted con una sonrisa, pero Dios no ha enviado a este ángel, probablemente serás tentado a aceptar el ángel porque es encantador y amable. Sin embargo, no se deje engañar. Esto es muy difícil, -- pero muy importante - coyuntura en su vida. Sabiendo lo que es verdadero, mientras que el discernimiento de lo que una mentira es toma más que una ilusión. Muchos mensajes equivocados vendrán a ti como hermosa y vestida en lo que parece ser amable intención. Cuidado, lo que ve y oye no es siempre lo que ve y oye.

Yo sinceramente quiero decirles que no es fácil ver las cosas de la misma manera que Dios ve las cosas. Podrías creer que Dios no quiere que tengas diversión y emoción. ¿Por qué Dios no quiere que caigamos en coqueteos o superficiales relaciones con el sexo opuesto? Puede ser emocionante para agitar las emociones de alguien y permitir su propia ser movida, pero esto puede y a menudo lleva a uno por un camino peligroso. Un día, usted puede descubrir que sus emociones están fuera de control. El resultado podría ser una relación emocional con una persona que no es en absoluto adecuado para usted, y el dolor de una ruptura va a seguir.

Proverbios 4:23
"Guarda tu corazón por encima de todo, que determina el rumbo de tu vida."
[NLT]

En otras palabras, tu corazón es el manantial de la vida.

Dios ve el futuro. Él ya sabe cuándo y por qué te vas a hacer daño. Yo enseño por los ejemplos que he aprendido en visiones.

Los pescadores mienten a los peces. Pensemos en esto. Ese pedazo de carnada en el anzuelo atrae a los peces. El pez ve una "mentira", pensando que es una verdad que cumplirá su hambre básica. Por lo tanto, actúan y agarrar la carnada. No viendo que la verdad significa que quedan enganchados. Y, dependiendo de la compasión de los pescadores, o son capturados y liberados sin daño o la última cosa que aprenden es que una mentira los mata.

Esto sucede en la vida real, también. Volvamos a mirar el contenido que proviene de Hollywood. Millones de adolescentes ven ejemplos - carnada - en un gancho. Cogen a estas mentiras y crean objetivos para convertirse en lo que ellos ven, pensando que los completará y les dará la alegría y el éxito en la vida.

Yo estaba caminando entre esas personas en un centro comercial de West Hollywood. Las multitudes se paseaban por las tiendas de moda, tiendas gizmo, restaurantes, todos ellos centrados en hacer lo que todo el mundo estaba haciendo. Aquí estaban, viéndose los unos a los otros, - ver algunos peces agarrando la carnada y ser atrapados, incluso mientras ellos mismos también estaban buscando la precisa tentadora carnada. Mientras caminaba, Dios me dijo de repente, "Lo que ves no es lo que ves." Por lo tanto, le pregunté qué quería decir. La respuesta llegó, "todo es simplemente cosas. En algún punto, estas cosas se convertirán en nada. Esta no es la búsqueda de lo que importa; esto es escapismo."

Cuando recibí esa llamada de la SPCA sobre Pillow, me sorprendí. Yo no había, ni siquiera por un instante, considerado que el perro, el perro que mi amigo tan amable enterró, no era de mi perro. ¿Qué es lo que vi? Un perro muerto que era exactamente igual a mi perro. Yo jamás pensé que el perro que estaba en mi regazo era de alguien más. Cuando estamos angustiados, no sólo estamos ciegos, sino también sordos.

Ahora, piense en las muchas almas en este mundo quienes están angustiados, que están buscando, que son tentados a tomar la carnada, quienes no ven con su corazón, que no están a la escucha de la orientación de Dios. Mientras caminaba en el Teatro Kodak, vi todos los preparativos que se realizan para los Oscars. Nuevamente escuche la voz del Señor que me dicen, "Lo que ves no es lo que ves." Me di cuenta de que millones de jóvenes y ancianos están soñando con ser famoso, recibir un Oscar, atrayendo la atención y cariño de los demás. Muchas almas jóvenes piensan que esta fama será la mayor alegría en la vida. Ellos se visualizan rodeados por cientos de fans vayan donde vayan, se ven a sí mismos como la gente más feliz de la tierra. ¿Y por qué no deberían sentirse de esa manera? Ellos están siendo bombardeados con esos ejemplos de Hollywood, y lo que se ve influye en sus pensamientos, sus emociones, su comportamiento.

¿Necesitas otro ejemplo de lo que podemos ver no es verdad? Aquí va uno: un anuncio de una pastilla de dieta. Se presenta una mujer - en bikini, por supuesto - y pensamos que, si tomo esta pastilla, voy a tener ese aspecto. Porque esta "carnada" nos hace sentir optimista, incluso entusiasmados, nos muerde. Piense en todos los diferentes productos de dieta en el mercado. Todos ellos venden, no necesariamente porque trabajan, sino porque influyen en los ojos de tantos. Tenemos que hacer más que solo reaccionar ante lo que vemos. Necesitamos que el espíritu de Dios nos ayude a recibir la verdad a través de la visión verdadera.

Durante años, he visto historias de amor en la televisión. El resultado: Pensé que mi futuro marido y yo tendríamos que sentir pasión, ¡a primera vista! Pero no fue así, en absoluto. Me tomó dos años darme cuenta de que mi novio era, de hecho, exactamente lo que necesitaba en un marido. Nuestra relación creció hasta convertirse en una hermosa, cumpliendo con la convivencia, pero de una manera totalmente opuesta a lo que he visto en la televisión o en las películas.

Cómo nos vemos a nosotros mismos puede ser un producto de cómo pensamos nos ven los demás, especialmente cuando nos critican. De hecho, un padre que condena constantemente a su hijo diciendo que es estúpido seguramente afectará a ese hijo, por lo que le hace pensar y ver a sí mismo como un estúpido. Más irónico es que puede ser una reacción exagerada del padre provocada por el estrés en su propia vida y exagerar sus palabras duras, pensando que ayudará a su hijo a evitar errores él mismo ha hecho.

Aquí está un extracto de un poema escrito en África. Mira la forma en que esta mujer ve las cosas. "Un Amigo" es un poema sobre todas las fuerzas que pueden atacar a uno: falta de amistad, la falta de cuidados, alimentos, refugio, incluso el dinero. El único amigo, entonces, será la Madre Naturaleza, que ofrece tantas necesidades básicas, incluso la protección contra la intemperie.

Un amigo cuando las fuerzas opuestas de la vida me atacan
y no encuentro nadie que me consuele.
Estoy seguro de, al menos, un amigo,
que es la Madre Naturaleza.
La naturaleza es un padre para mí.
Cuando no tengo a nadie que cuide de mí o
me proporcione comida, refugio o dinero,

entonces sé que tengo que mirar
y usar el suelo alrededor de mí.

Cuando necesito refugio
Me siento bajo un árbol,
protegido del calor.
Cuando estoy en necesidad de dinero
puedo plantar hortalizas y vender la fruta.
La naturaleza es de hecho un amigo para mí.

Ver las cosas de una cierta manera puede dictar cómo reaccionamos. Viendo a la naturaleza como un amigo, esta mujer encarna una gracia que sólo Dios da, la comprensión de la verdad que brota como un frijol de seca, tierra blanqueada. He aprendido que requiere constante atención y mi profundo compromiso para detener a mí misma de "escapar" a lo que creo ver. Esto puede ser difícil de entender. ¿Cómo escapar a lo que uno ve? Bueno, para empezar, vamos a abandonar lo que sabemos que es mejor, pero más difícil - elección. El peligro: lo que veo muchas veces termina no siendo lo que yo pensaba. Creo que este es un reto de escapismo humano que todos compartimos. Gastamos mucho tiempo escapando a cosas que visualizamos como cosas cotidianas, eventos que son "sólo una parte de la vida"; el asado del próximo fin de semanas, un partido, la reunión semanal… nada que nos mantiene ocupados nuestra mente para que no tengamos que "oír" vitalmente importante, quizás verdades inquietantes. En su lugar, nos mantenemos "protegidos", nos mantenemos ocupados planeando qué cosas divertidas haremos a continuación.

> **Una persona que disfruta de las cosas en una mente justa, una persona que aprecia estas cosas como las bendiciones que verdaderamente son realmente está adorando a Dios.**

Con los conocimientos que adquirí, yo elegí el "inquietante" camino, porque yo quería estar en sintonía con el plan de Dios para mi vida. No quiero perder más tiempo con cosas no relacionadas con mi destino. Por ejemplo, ya no estoy tentada a pasar tiempo socializando sin sentido alguno. A través de la experiencia, he aprendido a discernir cuando una temporada de amistad comienza y cuando finaliza. Pero esto no significa que es incorrecto o malvado - disfrutar de la vida. No, una persona que disfruta de las cosas en una mente justa y quien es agradecido de estas como las bendiciones que verdaderamente son en realidad está adorando a Dios.

Pregúntese: ¿Es usted el tipo de persona que permites la voz de Dios en tu vida sólo los domingos? ¿Temes que cuando él empieza a hablar con usted diariamente, él podría pedirle que deje de determinadas actividades, o incluso poner fin a sus fantasías y placeres?

La gente me verá viviendo la vida de manera muy diferente. Y, estoy segura de que todos ellos tienen sus propias opiniones calladas. Algunos probablemente pensaban que yo era una introvertida pero nadie sabía que Dios me estaba entrenando, como le había pedido que lo hiciera. Yo no era plenamente consciente de los grandes cambios y lo que significa. Mis ojos sólo "vieron" que mi vida ahora era extraña, quizás incluso aburrida. Mis ojos vieron lo que yo percibía como muchos años solitarios, pero Dios me veía ya con un esposo y niños viajando por todo el mundo. WOW! Mi camino hacia lo sobrenatural comenzó con estas palabras: "¡Señor, ayúdame, te lo suplico, ayúdame!"

¿Suena desesperado? Claro que sí. Yo estaba desesperada. Había llegado a un lugar donde sólo podía escapar en una dirección: a Dios. Pero, a este punto, mi visión única y mi visión acerca de las enseñanzas de Dios me hicieron sentir que estaba en la cárcel. Mi mayor enemigo era, la soledad. Era difícil encontrar a alguien que me entendiera, quien no dudara de que lo que yo estaba experimentando era verdad, que no crea que lo iba a engañar, que no me viera como una loca.

Dios decidió enviar un "mensaje" en mi cumpleaños número 40. En mi fiesta de cumpleaños, Dios dijo, "a partir de ahora, tu vida va a cambiar - 360 grados. La mayoría de las personas que están aquí en tu fiesta nunca las volverás a ver"

Por cierto, no me esperaba un mensaje. ¡Especialmente, este mensaje! Pero tengo confianza en Dios y estoy comprometida a estar siempre abierta a la orientación que ha decidido enviar. Después de escuchar este mensaje, le advertí a mi marido que un gran cambio estaba llegando, y que este me iba a separar de la gente que conozco, que la época de la publicación de este libro ya llego, y quizás que Dios quería "eliminar" a determinadas personas de mi círculo interior o restringirme pasar tiempo con ellos y, lo más emocionante, que tal vez íbamos a salir de Sudáfrica, como una familia.

¿Qué hacer con esos mensajes? Corrió por mi mente: ¡esforzándose por alcanzar el éxito, la fama, jubilarse a una edad joven, siendo felizmente casada, financieramente segura, siendo bendecida con buena apariencia, y los niños sanos! Ahora, ¿no estaría bien? ¿Y no sería más que suficiente? Pero, en mi corazón, Dios parecía estar instruyéndome que incluso si queremos alcanzar todos estos hitos de la vida, que nunca será suficiente para nosotros para tener la verdadera satisfacción. Una fuerte sensación vino a mí que todos nos sentiremos vacíos hasta que poder oír la voz verdadera de Dios dirigiéndonos a su plan para nuestra vida.

Ahora creo que cuando encuentre la voz de Dios, que los dirigirá pasó a paso en un camino para ayudar a los demás cautivos de mentiras, a otros que están sufriendo. Él les pondrá en este camino para guiar a otros a la verdadera libertad. Es entonces que ustedes serán verdaderamente felices.

Una gran carrera, dinero y un montón de amigos pueden hacerte sentir bien por un corto tiempo, pero es como tener todo en una canasta llena de agujeros. Tal alegría desaparecerá. La felicidad es vivir según la voluntad de Dios y "escucharlo hablar y dar" una orientación específica para su propia vida.

Si usted piensa que las cosas materiales o éxito mundano son el billete, me gustaría compartir con ustedes una visión personal sobre la base de lo que he visto. He sido testigo de la terrible pobreza y sufrimiento extremo aquí, en África. Pero, también he visto una terrible pobreza y sufrimiento - vacío emocional y espiritual - en los Estados Unidos, una tierra de abundancia y aparentemente interminable de recursos.

Lo que Dios me mostró en todo esto es que cuando la gente no tiene una visión, un objetivo o un propósito, perecen. Creo que fuimos creados para tener una visión y un propósito. Puede buscar toda su vida e incluso tener algunas ideas, pero sólo cuando el plan de Dios viene a través de usted se siente completo y satisfecho. Sin duda, él nos crea con nuestra propia voluntad y elección, pero él plantas en nosotros un talento específico, único deseo, y se arraiga dentro de nuestro corazón, esperando que ocupemos nuestro libre albedrío para pedirle a dios su guía para que nuestro don de los frutos esperados.

Podemos elegir cómo queremos vivir nuestras vidas e ir intentando crear nuestro propio futuro

o

Podemos entregarnos a nuestro Creador y pedir que comparta con nosotros cuál es su plan - y por qué Él nos creó

¿Esa cosa de "libre albedrío,"? Bien, para mí, significa que tenemos que tomar una decisión: nosotros mismos, podemos elegir cómo queremos vivir nuestras vidas e ir intentando crear nuestro propio futuro o podemos entregarnos a nuestro Creador y pedir que comparta con nosotros cuál es su plan y por qué él nos creó.

Una parte de nuestro libre albedrío debería gastarse en pedir a Dios que nos ayude a ver lo que es la verdad total. Especialmente cuando los tiempos traen retos difíciles, como la muerte. ¿Qué ve usted cuando alguien muere?

Creo que, porque amo mis perros tan profundamente, Dios los utilizo para enviarme un mensaje. A través de ellos, he aprendido que lo que vemos nos puede traer un dolor terrible, pero lo que oímos, cuando estamos abiertos a Dios, puede quitar este dolor.

Cuando Baby, mi Chihuahua murió, era el momento perfecto, pudiendo decir tal cosa. Dios sabía que yo hubiera querido estar con ella. Era domingo y estaba en mi casa, con mi marido y mi hija conmigo. Concedido, la realidad de su muerte rompió mi corazón en pedazos, sucedió tan de repente. Fue un accidente cerebro vascular o una convulsión. Dios usó este minúsculo, amado perro para simbolizar lo que es valioso para él, para mí y para mi padre terrenal. Y ahora, ella fe llevada.

Vi morir Baby, pero, en ese momento, no vi la distribución sobrenatural del tiempo. El veterinario sólo estuvo abierto durante 30 minutos en un domingo. Y así, Dios, sabiendo que yo no sería capaz de manejar las emociones de mí amado perro muriendo en mi regazo o incluso sola en casa, él dejó morir como mi veterinario estaba, metafóricamente hablando, "sosteniendo mi mano." Considerando que esta sincronización, sólo Dios "tenía" desde las 11.30 a las 12.00 horas para llevarse a Baby.

"¡Jesús, Jesús, Jesús!", grite. Se sentía como si mi corazón fue empujado hacia abajo en una fosa común. Pero Baby era todo lo que iba a ser la imagen de la paz. Ella no lucho contra la muerte. Ella parecía estar tranquila en sus últimos momentos. Ella no grito ni gemía, se movió sólo ligeramente cuando su última incautación se apoderó de ella exactamente a las 11.45 horas después de que el veterinario la pronunciaba muerta, tomé Baby a casa, pero no se sentía muerta. La mantuve en mi regazo. No quería oír nada. Mi marido sugirió que la enterráramos, pero le dije, "No, no todavía. Ella todavía está aquí."

Allí estaba yo, sosteniendo a mi amiga, mi compañera, en mi regazo, pero yo no podía decir nada a ella. Ella había estado conmigo durante todos estos largos y dolorosos años que Dios me estaba entrenando. Se sentaba junto a mí, en el suelo, cuando me pasaba horas rezando y llorando. Mi mente vagó. Pensé, no volveré a comer tocino y huevos para desayunar. ¿Cómo podría yo? Ella siempre estaba allí conmigo, esperando que los pedazos que había dejado especialmente para ella. Su pequeño cuerpo estaba aún cálido, pero sin respiración. Todas las lágrimas me agotaron. A través de una fatiga terrible, sentí que mi mundo se había terminado. Nada importaba, ya. Baby había muerto.

Alrededor de una hora después, de repente, escuché hablar a Dios, "Ella se ha ido ahora."

Mire hacia ella y sabía, sí, ella se ha ido; pero ella todavía estaba allí conmigo. Esto me hizo pensar. Se dice que los perros no tienen alma, pero cuando su cuerpo muere, sentí que ella seguía allí, conmigo, por un tiempo.

Entonces Dios dijo, "Ella se ha ido ahora."

En algún lugar entre luto y quebrantos, hay Santidad.

Mi deseo hubiera sido que Baby hubiese vivido por 17 años y no 13. Mi marido siempre decía que sufriríamos demasiado el día que **Baby** muriera. A través de la tristeza, había una extraña comodidad. Yo sabía que Dios me ofreció misericordia por dejar morir a las 11.45 horas del domingo, cuando estábamos todos en casa y ella podía ser llevada al veterinario. Ella no murió sola. Esa misericordia también llegó rápidamente; ella no sufrió.

Y hay más, también. Cuando Baby murió, me trajo de vuelta a los memorables quebrantos que soporté durante años, en Sudáfrica y en los Estados Unidos. Sé, porque he vivido, que, en algún punto entre luto y quebrantos, está la santidad. Pude sentir que Dios estaba tan cerca de mí. Aunque no hay manera en la tierra que yo podría hablar de tal dolor, sé que él sabía cómo la pérdida de Baby me dolió. Dios también sabía que yo no podía dejar a Baby cuando me tocara ir a los Estados Unidos a lanzar mi libro. Como una regla cardinal, yo simplemente no la dejaba con extraños. Dejarla a ella, en absoluto, siempre fue un temor. Incluso cinco días después de que ella había muerto, no pude ir a cenar con mi marido, en el día de San Valentín. La tristeza es seguramente un invitado de piedra que se queda por más de lo planeado.

Mientras deseo que no fuese tan doloroso aprender a escuchar la voz de Dios, también debo admitir algo: Escuchar se lleva el dolor. ¿Qué estoy diciendo? Estoy diciendo que, si usted lamenta la pérdida de un ser querido y "escucha" algo, si tienes un "mensaje" de Dios, podrá comprender cómo se quita el dolor al instante. Esto realmente me pasó dos veces, una vez con Baby y, anteriormente, con la muerte de mi padre.

Ahora, echemos un vistazo a algo similar.

Éxodo 33:14
"Mi presencia irá contigo y te daré descanso."
(NKV)

Si alguien muere, ¿tiene usted la paz? Es muy probable que no. Pero ¿y si le digo que el mensaje de Dios vendrá a ti y, con él, te llevará a la paz?

He aquí un ejemplo, utilizando a Baby. Recuerdo salir de la oficina del veterinario, sólo por un minuto, para llamar por teléfono a mi marido y pedirle que venga. ¡He oído decir a Dios, "Anda adentro! Baby se está muriendo". Yo quería gritar: "No, Señor, no todavía. ¡Por favor, no te la lleves todavía!" Pero, recuerdo la firmeza en la voz de Dios. Era como un profesor instruya a una lección que había que aprender.

Cuatro días después de su muerte, experimentado un poco menos angustia "escuche" algo. Yo estaba un poco insegura de cómo sucedió, pero solo sabía que yo no estaba imaginando esto. Se sentía como si Dios quiera que viera las cosas desde otra perspectiva.

"Dios dijo, ¿" tú y tú padre compartieron Baby?"

"Sí, Señor", le dije. Sé que usted la utilizó en sueños como un ejemplo de lo que era valioso para mí y mi papá."

Entonces Dios dijo, "Por lo tanto, ella era preciada, para usted y para mí, pero su papá la extraña a usted y a Baby."

"¿Qué señor? ¡ Papá está con usted!", grite.

Entonces Dios respondió, ¿así? ¿Crees que todo es perfecto y que estas personas que están conmigo no extrañan sus seres queridos? No puedo llevarte donde tu padre aun, pero Baby es una parte de ti, y tu papá se sentirá mejor, ahora".

"Oh, no, Señor, ¿está usted diciendo que yo voy a compartir mi perro de nuevo - con mi padre muerto?"

Yo sabía que el alma de mi papá no estaba realmente muerta. ¡Su alma está todavía muy viva! Viviendo en otro lugar, ¿pero la de mi perro?

Así, la muerte no es lo que ves. Aprender a ver con los oídos y la eternidad es infinita belleza que te rodea al tocar - en el espacio y en el tiempo - a quienes amas.

La captura de la gracia de Dios en las meras palabras es casi imposible. Sin embargo, a veces algunos de nosotros nos acercamos. Y el siguiente poema, escrito en 1932 por Mary Elizabeth Frye, viviendo en Baltimore, Maryland, en los Estados Unidos, parece ofrecer esa gracia a quien lo contempla en estas palabras. Casualmente, esta fue la primera pieza de la escritura Frye haya compuesto - y el más perdurable. Leerlo y podrás saber inmediatamente por qué.

No se pare en mi tumba y llore

No se pare en mi tumba y llore
No estoy allí; no duermo.
Soy mil vientos que soplan.
Soy el Diamante que brilla sobre la nieve.
Yo soy la luz del sol sobre el grano maduro.
Yo soy la suave lluvia de otoño.

Cuando se despierte en el silencio de la mañana
Yo soy el surgir que se eleva
En un círculo de pájaros silenciosos en vuelo.
Soy las suaves estrellas que brillan en la noche.
No se pare en mi tumba y llore;
No estoy allí, yo no morí

Increíble, ¿no? Es como que lo que estoy compartiendo contigo: lo que se ve no es siempre lo que ves.

12

EL INCENTIVO DE DIOS

Desaliento y falso estímulo.

Ahora, tome un momento, y piense acerca de cada uno de estos dos aspectos. Son similares, ¿no es así? Aún, cada uno puede y debe distraerlo del propósito de Dios si cualquiera llega a tener su manera con usted.

Dicho eso, Usted está dotado con este conocimiento y debe estar constantemente atentos a lo que se ve y lo que oye. Le garantizo que usted, como yo, encontrará regularmente que las voces "equivocadas" van a presentar y animarlo a proseguir algunas ideas equivocadas. De caer para estas ideas, es probable que acabe aceptando y creyendo mentiras y falsas palabras de aliento.

Usted debería ser consciente de que Dios puede lícitamente desalentar algo. Sin embargo, Él va a neutralizar ese desaliento con un ánimo completamente diferente para un propósito más grande para usted.

Como explicación, al leer este capítulo, vamos a explorar lo que sucedió durante mi viaje. Ese viaje marca una etapa cuando me alentó Dios y nos vamos a tomar una mirada distinta en una coyuntura muy específica *cuando renuncié a la verdadera esencia de este libro debido a la frustración.* Puede parecer una locura porque ahora usted está leyendo el libro pero puedo decirle que no habría sucedido si no fuera Dios quien reanimó este trabajo como Su propia obra. En otras palabras, Dios me alentó a escribir y

Dios le animará de maneras diferentes, a través de Su voz, su Biblia, incluso con otras almas, a lo largo del camino. Dios estimula a un individuo en cada mensaje que El ofrece.

Entonces, ¿cómo sucede todo esto? ¿Cómo ha llegado este libro? Al principio, yo no tenía un mensaje directo o sueño diciéndome que escribiese un libro. Sin embargo, empecé a tener algunas experiencias de vida increíbles, apariciones, sucesos que me di cuenta de que me enseñaban, me ayudaban a ser más consciente, y empecé a sentir que debía compartir estas lecciones valiosas. A continuación, me llegó un mensaje a través de mi amigo, el Sr. Atkin que viven los Estados Unidos. Dijo que sentía que Dios me iba a "ungir" para que escriba este libro al regresar a Sudáfrica. Pero rechacé el mensaje.

De hecho, coloqué todas mis notas así como las notas que había recopilado durante mis charlas lejos en una caja. Como se mencionó anteriormente, una mentira morirá, pero una verdad siempre vive. Llenando el contenido de este libro en una caja, yo estaba tratando de matar a lo que yo pensaba que era mentira, pero Dios lo resucitó.

¿Cómo? Dios me envió un mensajero quien me podría apoyar financieramente y me ofreció «siembra y puente de capital», para cubrirme mientras terminaba la redacción del libro. No sólo eso, sino que este benefactor también impartió algunas palabras excelentes, pensamientos e ideas en mi vida.

Mencioné arriba que Dios utiliza a otras personas para animarnos a cumplir Su propósito. Por eso es importante que mantengamos nuestra mirada centrada solamente en Dios, en todo momento. He aprendido esto de la manera difícil. Yo ocupaba mi mente buscando trabajo, de modo que aun cuando mi patrocinador del libro intentaba alentarme, su aliento no era suficiente para cambiar mis decisiones. Yo sabía que mi libro tardaría meses en finalizar y, también, los comentarios después de la redacción, el ciclo de la edición, la finalización del manuscrito, todo esto incluso antes de que pudiera llegar a la estantería.

Sin embargo, llevaba pensando en cómo un significativo libro podría ayudar a otros, aunque también si el libro se vendería bien y llamara la atención sobre la necesidad del dicho mensaje. Incluso con este potencial aliento, sabiendo que mi escrito puede tocar las vidas de millones de personas, todavía no se sienten seguros de que yo pueda aprovechar una fuente potencial de ingresos que me permitan llevar a cabo el trabajo.

Cuando oraba a Dios, Le pedía que me diera un buen trabajo y le decía que estaba cansada del miedo de gastar dinero. Oraba diciendo: "Si me atan ahora, Tú, Dios, tendrá que desatar el nudo."

Mi patrocinador me aconsejó que no debiese buscar trabajo antes de terminar el libro. Me dijo que Dios me necesitaba para ser libre y que en este momento, no podía estar relacionada con la vida cotidiana Evocó también que no podía atascarme en un trabajo mundano. Dios me dijo: Ten fe, Yvon, las finanzas vendrán." Pero sentía que necesitaba salir para aprender cosas nuevas y adquirir experiencias de alto nivel.

Aunque su consejo fue realmente apropiado, ¿la retrospectiva siempre puede ser tan clara? Yo seguí orando a Dios para que me diese un buen trabajo. Yo era una madre y necesitaba un ingreso extra para proveer por dos niños. Pero yo no me di cuenta de lo que la organización de mis pensamientos y experiencias en secuencia, me agotaba emocionalmente.

La respuesta del señor me sorprendió. Simplemente dijo, "Usted no necesita el dinero."

Me sorprendió. Con esto, yo sabía que me faltaba nada. Tuve suficiente para tener la conciencia tranquila. Supe que Dios estaba desalentando la "mentira" que necesitaba un trabajo. En este punto, yo sólo tenía un hijo. Pero, ¿así luchamos, a veces, no? Prefería la rutina diaria: despertarme, tener ciertas tareas a realizar. Yo estaba impaciente, esperando para abrir una puerta, luchando con una temporada donde Dios simplemente quería que me quedase en casa y cuidar a mi hija. Entonces, me sentí alentada con la escritura siguiente:

Salmos 131:1-2
"Señor, mi corazón no es soberbio, no ando tras las grandezas, ni en cosas demasiado difíciles para mí; sino que he calmado y acallado mi alma; como niño destetado en el regazo de su madre, como niño destetado reposa en mí mi alma."
[BLA]

Si viene de Dios, el estímulo será tranquilo y relajante. Los mensajes de Dios no le hacen inquieto sino le dejan calma. Mensajes verdaderos no le ponen ansioso.

Salmos 94:13
"para darle descanso en los días de aflicción, hasta que se cave una fosa para atrapar el malvado".
[BLA]

Hebreos 4:1
"Por tanto, temamos, no sea que permaneciendo aun la promesa de entrar en su reposo, alguno de vosotros parezca no haberlo alcanzado."
[BLA]

Hebreos 4:6
"Por lo tanto, puesto que falta que algunos entren en él, y aquellos a quienes primero se les anuncio la buena nueva no entraron por causa de desobediencia."
[RVR1960]

Hebreos 4:9
"Por tanto, queda un reposo para el pueblo de Dios."
[RVR1960]

Hebreos 4-10
"Pues el que ha entrado a su reposo, él mismo ha reposado de sus obras, como Dios reposó de las suyas."
[BLA]

Job 11:18
"Entonces confiaras, porque hay esperanza, miraras alrededor y te acostaras seguro."
[BLA]

Me he dado cuenta que los mensajes que son demasiado "grandes" o demasiado "fabulosos" que aun engendran ansiedad. Estos son los mensajes sobre los cuales nos debemos cuestionar.

A este punto, el mensaje que había oído sobre "Lo Que El Viento Se Llevo" y mi conexión con él hizo que me preocupé y me sentí muy ansiosa pero ese mensaje era real. El mensaje tenía un motivo muy específico para llegar a mí. No lo pude dudar. Entonces, me pregunté porque por qué ponerme ansiosa sobre ello. Lo intenté comprender, pero entonces no era tiempo para hacerlo. Esa ansiedad que sentía, tenía que ver con el aprendizaje de que más detalles vienen sólo en lugares de descanso. Una mente muy ocupada, en sí misma, es una voz más fuerte que la voz que utiliza el Espíritu Santo. Una mente preocupada tantas veces atrae el mal aliento.

Sin embargo, a usted le puede alentar Dios, directamente, revelándose a usted. Aunque esto puede suceder en cualquier lugar, en cualquier momento, lo más probable es que venga a usted mientras usted está en una búsqueda conmovedora, donde usted está listo para escuchar. Recuérdese que la paz reside en el silencio.

Salmos 103:7
"Él reveló sus planes a Moisés..."
[AMP]

Pero, ten cuidado: Él podría decirle cosas que usted no desea oír y advertirle sobre problemas potenciales s en el futuro.

Vamos a ver como en este ejemplo en la Biblia, Éxodo 30:22-26. Él puede ser tan preciso y exacto con su mensaje. Aquí, Él da detalles de medición específica a Moisés.

"El Señor le dijo a Moisés, "toma las mejores hierbas; seis kilogramos de mirra líquida, tres kilogramos de olorosas canela, tres kilogramos de caña de olor dulce, y seis kilogramos de casia (todos pesaron según el estándar oficial). Añade 4 litros de aceite de oliva y aceite de la unción sagrada, mezclada como perfume. Utilícelo para ungir el Tabernáculo de mi presencia, el Pacto de verificación..."
[GNB]

Con la misma exactitud como Su orientación y aliento, Dios también desalienta el temor de la pérdida.

Tal estímulo puede llegar a través de los sueños, visiones y detalles que sólo tienen sentido después de captar su significado divino.

Permítanme explicar cómo, a través de un sueño, Dios me alentó al mostrar lo que me preocupaba y me daba el estrés. El Señor usó un escenario empresarial para mostrarme cómo yo había sido irremediablemente ligada en una escapatoria por más de veinte años. En el sueño, yo estuve tan molesta que culpé al comprador de moda de mala planificación de inventarios resultando en no tener reservas apropiadas durante una tremenda temporada de venta. Yo temía enormes pérdidas económicas a causa de las malas acciones del comprador.

Dios me estaba mostrando que temo perder a causa de las acciones de otras personas. Tomando esta idea, me di cuenta de que, por más de veinte años, culpé a mi familia para no impedir el suicidio de mi madre. Yo había sufrido una tremenda pérdida y sentía que de alguna manera la podrían haber parado poner la bala en su corazón.

Con esta conciencia del recién nacido, Dios me llevó a un lugar donde yo tenía que perdonarlos, un lugar donde yo no podía acusarlos basado en mis propias percepciones erróneas, donde yo podía ver que eran tan inexperto como yo, en el momento en que todas estas cosas ocurrieron. Dios, mismo me alentaba a no temer la pérdida debido a las acciones de otras personas.

Muchos años después, una experiencia que cambia la vida resultó aún más que Él me podía salvar de otras acciones de la gente. Cuando las actividades de mi socio de negocios llegaron en mí tener que luchar legalmente por el dinero de las acciones de mi empresa, Dios me mostró que, una vez más, incluso con mi conciencia creciente, todavía temía la pérdida a causa de las acciones de otras personas. Sí, podemos y podríamos a veces experimentar una pérdida como resultado de lo que otras personas hacen, pero debemos saber que Dios siempre nos ayuda contra nuestros enemigos. Esta fe es sinónimo de la fuerza contra el daño que prolongo la preocupación en nuestras mentes y cuerpos.

Siento este dolor de una manera muy personal y temor que había llevado acabaría en un estrés tremendo pocos años más tarde. El sueño en que me veía luchando con mi comprador de moda representa el miedo que iguala la incredulidad, luego la incredulidad igualando la falta de esperanza, y, finalmente, la falta de esperanza igualando tensiones peligrosas. Sólo la fe me mostró el camino para salir de esta depresión.

Así como Dios puede usar a otros para desanimarnos cuando estamos buscando el camino equivocado, Dios también nos anima a través de la gente cuando estamos en necesidad.

Por lo tanto, podemos "ayudar" a Dios. Cuando usted necesita ayuda, intente encontrar a alguien que orará por usted con toda honradez. Esta intervención de su parte, puede ayudar cuando usted necesita tomar una decisión importante y que está esperando la confirmación.

En mi opinión, esta ayuda llegó a través de un cierto pastor quien se acercó a mí y me dijo, "Yvon, recé y el Señor me mostró que el señor te ha llamado para un propósito específico. Usted es como un astronauta; irás a muchos lugares desconocidos." Lugares donde muchas personas no se pueden ir.

Dios alienta con visiones, también.

Una amiga mía rezó por mí cuando yo estaba desesperada por escuchar de la dirección que tuve que tomar. Esto ocurrió antes de que me fuese a Los Ángeles. Ella tuvo una visión de una oveja viejísima cargada con una lana muy pesada. Esta oveja necesitaba ser trinchada en serio. Aún necesito un poco de "aseo" y sabía que aún no había llegado el momento. Así, recé para que Dios enviara ángeles no sólo para aportar claridad sino también para luchar contra los demonios que tratan de impedirme tener un mejor entendimiento, como en la historia de Daniel:

Daniel 10:11-12

"Y me dijo: Daniel, Dios te ama, está atento a las palabras que te hablare, y levántate sobre tus pies; porque a ti he sido enviado ahora. Y estando hablando conmigo esto, yo estaba temblando.

Y me dijo: Daniel, no temas: porque desde el primer día que diste tu corazón a entender y a afligirte en la presencia de tu Dios, fueron oídas tus palabras, y a causa de tus palabras he venido."
[RVR]

Como Daniel, yo estaba ahora confiando en Dios para ayudar esta oveja desesperada a ser lo suficientemente "acicalada" para el trabajo que Dios me exigía. Mirando atrás ahora, no fue hasta muchos años después que fue claro cuan "incompleta" era yo, con respecto a entender la voz de Dios. Por supuesto, yo era inmadura. Cuando Dios me habló, me puse tan ansiosa para más información que yo iba por delante de la agenda de Dios. Y yo estaba viviendo en la creencia de que yo tenía que hacer algo, seguidamente, siempre que Dios hablaba. Ahora, yo sé. Algunos mensajes son sólo para fines de información. Le pido a usted que tenga en cuenta que tales mensajes -y usted lo sabrá cuando vendrán, serán para recordar y no para actuar sobre ellos de inmediato, o incluso para intentar ser entendidos completamente.

Otro ejemplo en el cual Dios usó un mensajero para alentarme cuando era un joven de mi iglesia tuve un sueño sobre mí. Fue sorprendido, aun avergonzado, y se mostró reacio para hablar de ello. En su sueño, yo estaba en el escenario de una película y yo estaba siendo despojada de mi ropa, con mi pleno consentimiento. Por supuesto, él fue mortificado al compartir esto conmigo. Pero, los sueños sobre la ropa significan preparación:

Apocalipsis 16:15
"He aquí, yo vengo como un ladrón. Bienaventurado el que permanece, el que vela, y guarda sus vestiduras, porque él anda desnudo, y vean su vergüenza."
[RVR 1960]

Mateo 22:12
"Amigo, ¿cómo entraste aquí, sin estar vestido de boda"? El rey le preguntó. Pero el hombre no dijo nada.
[RVR 1960]

Aquí es la interpretación plausible del sueño del joven. Mi "ropa" representada toda la preparación que había hecho. Sería "expuesta" en el mundo y, por supuesto, yo lo permitiría como fue el mensaje de Dios. El sueño de este joven me animó a e hizo que me diera cuenta de que un día estaba llegando cuando me quitarían toda mi preparación y utilizada para el propósito correcto. ¿Podría hacerse una película de este libro y terminar como un viaje de libro a pantalla? Cosas más extrañas han ocurrido.

En otro caso, una mujer que conocía tuvo una visión mientras ella estaba orando para mí. En esta visión, hombres pequeños llevaban una gran canasta llena de piedras de mi vida. Luego oyó el nombre de una casa de cosméticos baratos. Comprensiblemente, ella no sabía lo que significaba todo esto.

Pero entendí el significado: yo tuve una mentalidad de "pobre predicador" y sólo compraba el más barato de los productos cosméticos. No pude ponerme a gastar dinero en sólo yo misma. Lleve ese miedo de gastar el dinero como una gran canasta llena de piedras. El motivo de mi comportamiento fue debido al sufrimiento económico durante mi infancia, una privación tan vasta que mi madre se suicidó.

Tuve que pedir a Dios que me delibrase del espíritu de temor de la pobreza. Sin embargo, recordando que vemos más lejos cuando estamos en nuestras rodillas rezando, yo me entregué personalmente a la agenda de Dios. Me di cuenta de que tenía que tratar con esta incredulidad y hacerlo de inmediato. Una vez, Dios, dijo que necesitaba aprender a "vivir de modo extraordinario sin gastar dinero."

Para disfrutar de la herencia, usted tiene que liberarse de su mentalidad de esclavos y sumergirse como un digno heredero. Sólo un hijo fiel puede heredar de las promesas que Dios hace.

Ahora, hay muchos misioneros en el mundo que sufren financieramente. Pero, debo reiterar que Dios proveyó para mí para que no faltara nada, después de dejar el negocio de la familia para trabajar para Él.

Desde ese momento, cuando regresé a Sudáfrica, no he trabajado a tiempo completo durante casi siete años. Claro, que sí, siendo, "carrera-sabio" yo pagué el precio por ello. Pero, lo que he adquirido espiritualmente es inconmensurable. Yo descubrí y sigo descubriendo un conocimiento más profundo de Dios y la bendición de tenerle en mi vida.

Ahora, vamos a aclarar lo que quise decir en el inicio de este capítulo diciendo que Dios aun permite el desaliento. A veces permite el desaliento y sin embargo, esto puede ser una forma de estímulo para cumplir un propósito diferente más grande para esa situación particular. Durante años, me sentí demasiado desalentadas para intentar una carrera a tiempo completa. Eso fue, hasta que llegó el momento para que me asentase en otras cosas naturales.

Pero, ¿cómo uno puede explicar a los demás que usted se sienta demasiado desalentado viajando por el mundo para encontrar una carrera? Me sentí entumecida entonces no pude encontrar lo que se necesitaba para navegar por el Internet en busca de un trabajo de las nueve a las cinco. Al regresar a Sudáfrica, sentí que después de haber entregado el mensaje que Dios me había dado, tuve que descubrir lo que sería próximo en mi vida. Hoy, estoy todavía sorprendida ahora que sé que puede haber una temporada donde Dios simplemente hará que alguien esté fuera del "mercado de trabajo".

Fue el tiempo de Dios para que me asentara; un tiempo para que cree una vida con un marido y tener hijos. Este fue mi mayor deseo y eso llegó a ser mi "camino." Fue durante este tiempo que cambié mis pensamientos sobre el establecimiento de una carrera profesional y en cambio me convertí en un entrenador personal como pasatiempo. Yo viví una vida físicamente apta, esperando que Dios me ofrezca otra cosa.

Como se mencionó poco diferentemente en capítulos anteriores, durante este período de mi vida siempre no fue fácil para subsistir con mis ingresos limitados. Pero me sentía "limitada" de otras maneras también. Yo estaba decepcionada porque yo no podía expresarme libremente. Como mujer, yo deseaba ser una actriz de Hollywood, pero acabé como una predicadora en Hollywood. Entonces, de repente, llegué a ser aún más transparente como un ama de casa aislada, escribiendo *Los mensajes de Dios*. Es verdaderamente como si Dios ya hubiese olvidado que me había llamado.

Creo que este mismo sentimiento es lo que Jesús experimentó cuando él fue crucificado sin razón. En su angustia, Jesús clamó a Dios, preguntando por qué le había renegado.

Nosotros, también, podemos y debemos preguntarnos misma pregunta a saber si Jesús es el Hijo de Dios, ¿por qué Dios habría permitido una cosa tan terrible que sucediese? Hacer esa pregunta nos lleva a la respuesta: esto tenía que suceder para que podamos contemplar el último sacrificio también para que entendamos el amor infinito que Dios tiene para nosotros, para enseñarnos la salvación.

Yo estuve desesperada en este momento de mi vida porque yo todavía no había comprendido enteramente que Dios ha dedicado un tiempo para todo y que El usa cualquier situación de cualquier condición de cualquier experiencia para entregar su mensaje. De lo que estoy aprendiendo, debo decirles esto: no se ofenda usted con Dios. Si queremos tomar ofensa, podemos perder el aliento real integrado en la situación y no podemos ver y escuchar el mensaje que Dios está poniendo a través de nosotros.

José fue secuestrado de su casa por sus propios hermanos le metieron en un hoyo, y le vendieron a la esclavitud. Había muchos motivos para sentirse ofendido, pero su actitud se basa en una diferente y más divina fe.

Génesis 15:19-20
"...pero como para usted, que usted entiende mal contra mí, pero Dios significaba para bien".
[GNB]

Guarda tu corazón, en todo momento, para que no seas fácilmente ofendido. Si están preparados en su fe, su corazón está protegido de las inevitables indecencias que encontrará.

Lucas 17:1
"... Los tropiezos son inevitables, pero Ay de aquel que los ocasiona."
[NVI]

Mateo 24:10
"... En aquel tiempo muchos se apartaran de la fe; unos a otros se traicionaran y se odiaran;
NVI]

Dios nos anima para que no estemos en apuro.

Ahora sé que no tener una ocupación a tiempo completo era bueno para mí, aquel momento de la temporada en la que me encontraba. Coincidentemente si se puede llamar los actos de la divina por tales términos peatonales - Dios me envió otra mujer con una escritura. Claramente no estaba en la agenda de Dios para que salga de Sudáfrica de nuevo, sino un tiempo aún más cuestiones que tuvieron que ser ordenadas en mi vida. Les pido que consideren cómo desanimado yo era que, después de todo la preparación y batallas que yo ya había combatido, Dios todavía no me veía lista.

Desde entonces, he aprendido que tantas medidas humanas todos nosotros perseguimos como el dinero y el éxito, no cuentan para nada en realidad. A veces, los medios de comunicación sociales simplemente se convierten en un "canal de presunción", llevando ningún valor intrínseco sino pero sólo el hueco alardea y el ego viaja. Y estas ambiciones superficiales que perseguimos son las que nos pueden hacer inmundas, que nos distraen de nuestro verdadero objetivo. Dios usa a la gente "limpia" y esto lleva tiempo, a veces un poco de tiempo, para limpiarnos decentemente.

Isaías 52:2
"Sacúdete del polvo, levántate y siéntate, Jerusalén, suelta las ataduras de tu cuello, cautiva hija de Sion!"
[RVR 1960]

Isaías 52:11
"Apartaos, apartaos, salid de allí, nada inmundo toquéis; salid de en medio de ella, purificaos, vosotros que lleváis las vasijas del Señor."
[LBLA]

Isaías 52:12
"Pues no saldréis precipitadamente, ni iréis como fugitivos porque delante de vosotros ira el Señor y vuestra retaguardia será el Dios de Israel."
[LBLA]

Tenga en cuenta que cualquier cosa hecha de prisa no es de Dios. Pregunta lo qué estás haciendo cuando sienta la presión o la necesidad de actuar rápidamente en función de algo.

La razón por la cual tuve que esperar fue porque tuve que cambiar de mentalidad. Yo necesitaba eliminar las dudas procedentes de mi vida. Necesitaba deshacerme de la banda de actitudes del pasado que llevaba en mi cuello. Yo era "encadenada" a un pasado abrumador.

Esto sucedió también a David, pero Dios le prohibió a vengarse de sus compañeros cristianos.

1 Samuel 24:6-7
Y dijo a sus hombres: Jehová me guarde de hacer tal cosa contra mi señor, el ungido de Jehová, que yo extienda mi mano contra él; porque es el ungido de Jehová. Así reprimió David a sus hombres con palabras, y no les permitió que se lentezcan contra Saúl. Y Saúl, saliendo de la cueva, siguió su camino.
"."
[RVR 1960]

Dios le salvó de una grave acción, tal y como él envió a una mujer para impedirme comprar un boleto de avión de regreso a Los Ángeles. Fue un viaje para el cual pensé haber estado preparada. Hay que señalar que cuando Dios le para de tal manera en un dicho momento, considéralo como un aliento. Dios sabe mejor que nosotros el momento en que estamos listos. Cuando llegue ese momento, Dios despeja el camino antes que nosotros y, créame, nada, en absoluto nada se interpondrá en su camino.

Ahora, echemos un vistazo al falso aliento de los otros. Si bien algunos de ellos, aun los amigos que sean, pueden pensar que estamos listos para una misión y derramar sobre nosotros tantas palabras amables de aliento, recuerdes que sólo Dios conoce verdaderamente nuestro estado de preparación.

Os digo otra vez que guarde su corazón, sólo confiese en los mensajes de Dios para aleñarse. Atendiendo al halagador, pero seguridades falsas de los demás nos ponen en peligro de creer que estamos preparados para lo que se avecina. Permite que Dios decida para usted el tiempo cuando estime que está listo.

Como ejemplo, hubo un día cuando pensé que quizás iba a casarme con un hombre en los Estados Unidos porque soné con trabajar con un hombre en la industria del entretenimiento en los EE.UU. De hecho, yo estaba constantemente soñando con un hombre Americano convirtiéndose en mi marido. Esta emoción me apoderó y me cautivó. Me puse a reflexionar sobre esta "mentira" muchas veces diciéndome que hacerlo era peligroso incluso cuando usted tiene muy buenas intenciones. Para mí, con el transcurso del tiempo esta "mentira" se convirtió en una obsesión. Recuerda lo que dije sobre el tema de la obsesión que es distracción desde el crecimiento.

Para empeorar las cosas, fue durante este tiempo que una mujer profética vino a mi casa y confirmó una vez más la mentira. Ella no sabía nada sobre las promesas que el Señor me hizo en cuanto a un marido. Cuando ella entró en mi casa, el espíritu de la adivinación cayó sobre ella y se puso a profetizar.

Como se mencionó anteriormente, en mi sueño, vi a un hombre prominente moreno con quien me había conectado en los Estados Unidos. Sin embargo, no soñé de matrimonio. Mientras este sueño podría haber representado una simple relación de trabajo que nos reunió en un proyecto, la mujer profeta evocó las increíbles y palabras precisas siguientes, considerando que no sabía nada de mi propio sueño.

Al escucharla, sus palabras me alentaron a creer y malinterpretar mi sueño.

Decía la mujer: "Tu futuro esposo tiene cabello negro y casi parece italiano, pero no lo es. Él podría ser un famoso profesional; él es muy fuerte desde el punto de vista financiero. Él se viste de una chaqueta, pantalones largos y camisa blanca. Yo tendría que llegar a él con toda la verdad de Dios. Este hombre tiene fuertes conexiones con la industria del cine."

Ahora, aunque esta mujer sea cristiana, ella estaba escuchando mentiras que más me alentaron a creer la mentira de mi sueño. Ella podría haber malinterpretado la sensación de mí en un "pacto de relación" que funciona "con un productor de películas.

¿Puede usted imaginar mi asombro total? Aquí es este extraño viniendo a mi casa, sin saber nada de mi sueño y mi obsesión, sin embargo, ella está describiendo en detalle cada faceta de mi secreto. Es increíble cómo alguien puede aparecer en nuestras vidas, teniendo un mensaje detallado que puede llevarnos a caer en la creencia, pero estar completamente equivocado. Dios dijo que me iba a casar. Pero aquí está una otra voz queriendo asegurarse de que esperase al hombre equivocado.

Hoy, estoy casada y mi marido es un hombre maravilloso. Pero él es totalmente diferente de la imagen dibujada en la misma visión, la misma visión que la mujer había avanzado. Cuando una visión se interpreta incorrectamente y nos aferramos a ella, se convierte en un ídolo para nosotros, basándose en sus propias voces predispuestas a alentarnos más.

Mi sueño y la visión de un hombre moreno vinieron después del sueño que tuve de Lo Que El Viento Se Llevo. Pensando que este sueño me mostró mi marido, yo reflexionaba a tal punto que afectó completamente mis pensamientos. Doy gracias a Dios que su voluntad, no la mía, se manifesté en mi vida. Mi verdadero esposo, quien llegó más tarde, según el designio de Dios, es exactamente la persona que necesitaba. Somos una familia feliz.

Es importante notar que una persona que de verdad quiera seguir el plan de Dios para su vida puede irónicamente y sin saberlo, encarnar y presentarse como una fuerza peligrosa. Usted puede convertirse en una herramienta muy poderosa no sólo en las manos de Dios, sino también por ser utilizado por personas malas. Estas fuerzas pueden tal como Dios lo hace utilizar otros para llevarte por el camino malo. Una vez que es consciente de esto, debe ser continuamente en observación por falso o mensajes erróneos que le pueden llegar a usted. Pero esos mensajes no son de Dios; estos mensajes son fuerzas que Le imitan, son fuerzas que buscan apropiarse de usted como una poderosa herramienta para un fin malo. Se puede enviar a la gente en su vida para animaros a seguir creyendo en una mentira. Si, después de leer este libro, usted decide caminar este camino que estoy describiendo, usted, en algún momento, alcanzará el nivel de la verdad y llegará a ser quien conoce la voz del Padre.

Nacimos de la verdad, asediados con mentiras, pero a través de nuestra oración y de la gracia de Dios, volvemos a la verdad.

Ahora, la pregunta es ¿por qué un falso mensajero entraría en mi vida para alentarme a creer la mentira sobre un hombre para mí en Los Ángeles? La respuesta es simple y reveladora. Dios no permite que los ídolos así como la gente en el ministerio; las personas que trabajan para Dios, puedan dejarse llevar y permitir convertir sus propios ministerios en ídolos, los mensajes de Dios o promesas pueden convertirse en un ídolo en su vida. Usted puede, si busca sin dejar espacio para las verdaderas intenciones de Dios, encontrar falsas esperanzas en la voz de Dios. Me puse en una situación tan desesperada como quería casarme tanto que esta visión que tuve en consecuencia se convirtió en un ídolo para mí. Como resultado, llegó el falso estímulo. La verdad viene de sí misma, una vez que usted pone la presencia de Dios y de su Escritura antes de Su voz.

Yo había llegado a un lugar donde dije, "mi Dios, usted puede llevar lejos a Su voz, para siempre, pero por favor, no aleje su presencia de mí."

Si usted realmente quiere escuchar a Dios, tiene que ser humilde ante El, leer la Biblia y pedirle a Dios que le ayude a deshacerse de las mentiras en su vida. Como se ha mencionado en los capítulos anteriores, usted tendrá que hacer la guerra; sí, insisto que hay que hacer la guerra contra las mentiras y los ídolos en tu vida.

La Biblia ayuda a responder por qué Dios envió a una mujer para que "aliente" mi mentira, una mentira que yo había convertido en mi ídolo.

Ezequiel 14:3-5,
Hijo de hombre, estos hombres han erigido sus ídolos en su corazón y han puesto delante de su rostro lo que los hace caer en su iniquidad. ¿Me dejaré yo consultar por ellos? Por tanto, háblales y diles;" Así dice el Señor Dios, cualquier hombre de la casa de Israel que erija sus ídolos en su corazón, y que ponga delante de su rostro lo que hace caer su iniquidad, y después venga al profeta, yo, el Señor, le responderé entonces de con la multitud de sus ídolos, a fin de alcanzar a la casa de Israel en sus corazones, que están apartados de mi a causa de todos sus ídolos."
[LBLA]

Ezequiel 14:9
"Pero si un profeta se deja engañar y dice algo, soy yo; el Señor; el que he engañado a ese profeta; y extenderé mi mano contra él y lo exterminaré en medio de mi pueblo Israel."
[LBLA]

¿Ese falso mensaje de la mujer venia de Dios? Como una mujer de fe, yo ahora entiendo que Dios se hace disponible para cada canal a través del cual trae a su siervo dispuesto a un lugar de conocimiento, de disposición y de accesibilidad humana. Nacimos de la verdad, asediados con mentiras pero a través de nuestra oración y de la gracia de Dios, volvemos a la verdad.

No focalizamos ahora en algo que es inevitable cuando usted decide buscar a Dios con su alma. Invariablemente, se le invitará a ser "diferente".

¿Qué quiero decir por eso? Digamos simplemente que muchas personas afirman ser ofendidas con usted, o por usted, cuando esté firme y se compromete a obedecer el Espíritu de Dios. Algunos no le entienden. De hecho, usted no debe permitir que la respuesta desagradable que obtendrá usted para disuadirse de lo que sabe es verdad. Que no se moleste usted cuando escucha comentarios desalentadores procedentes de personas que, de lo contrario, están cerca de usted. De hecho, usted probablemente podrá aun escuchar una declaración ocasional y sorprendente de algunas personas religiosas que están operando dentro de los límites de parámetros determinados, porque ellos siempre van a proteger sus propias creencias. Casi siempre es mejor para compartir el mensaje sólo con personas que han revelado a usted su carácter abierto y de confianza. Y eso puede ser una sola persona. Nunca he tenido más de un verdadero amigo. Chocante, pero la calidad importa más que la cantidad.

Me di cuenta de que no me encontraba. Pero -y este es un gran "pero"-, también sabía que yo no estaba creada para adaptarme, pero a salir diferente.

Ni Moisés ni Joseph, Sansón ni Noé, podrían haber creído que lo encontrasen sencillo. Y allí estaba Esther, también, que permaneció inalterada aunque se encontraba entre todas las mujeres. Sin embargo, aunque ella no quiso enriquecerse, ella debía haberse sentido muy solitaria en no pertenecerse a alguna parte. Sin embargo, su condena fue pura y siempre le proveyó un lugar legítimo. Otra vez, mire a la Biblia, tome ejemplo sobre Esther para sacar el aliento.

Y, por supuesto, lo más importante, Jesús no encaja. Se destacó y todavía está de pie, cambiando el mundo.

Jesús es el mejor ejemplo de lo que puede suceder cuando se alcanza ese nivel alto de disponibilidad para oír a Dios. Junto con Sus mensajes, se puede que usted se enfrente a una vida difícil, quizás incluso una vida solitaria. Pero, usted también se encontrará de manera tremenda como un ejemplo para inspirar a otros, para ser un líder y para hacer una gran diferencia en este mundo.

Los ejemplos en la Biblia están allí para animarnos.

Éxodo 31:3-6

"y lo he llenado del Espíritu de Dios, en sabiduría y en inteligencia, en ciencia y en todo arte, para inventar diseños, para trabajar en oro, en plata y en bronce, y en artificio de piedras para engastarlas, y en artificio de madera; para trabajar en toda clase de labor. Y he aquí

que yo he puesto con él a Aholiab hijo de Ahisamac, de la tribu de Dan, y he puesto sabiduría en el ánimo de todo sabio de corazón para que hagan todo lo que te he mandado." [RVR 1960]

Como se señaló anteriormente, en Éxodo 31, leemos que Bezalel estaba lleno "con el espíritu de Dios en sabiduría, en inteligencia, en conocimiento y en todo tipo de artesanía." Este empoderamiento sobrenatural era fabricar obras de diseño artístico en oro, en de plata y de bronce, y en el corte de piedras para la configuración y en el tallado de madera, que él puede trabajar con excelencia divina como el último artesano. Bezalel recibió una importación divina de diseño arquitectónico y de ingeniería de realización. Pero Dios también nombró Ohaliab para trabajar junto a Bezalel, además de incluir la habilidad "en el corazón de todos los que son hábiles." Al final este verso demuestra claramente que lo que los artesanos producen con sus manos era un reflejo de algo más grande que Dios ha depositado en sus corazones.

Vamos a tomar nota, aquí, que este tipo de empoderamiento, o unción no es un caso aislado. Noé recibió una unción especial para construir el arca, una asignación sin precedentes para obtener, ¿no? Y entonces hay José que recibió una potente que permite gestionar el imperio egipcio. Incluye Moisés también en este grupo. Él recibió esa abrumadora misión y el poder para llevarlo a cabo como él condujo al pueblo de Israel a través del desierto. Incluye a Daniel, quien recibió la unción de Dios para convertirse en el primer ministro de Babilonia. Incluye Nehemías, quien fue bendecido con los medios para reparar la pared.

Cada una de estas personas operó en un nivel de eficacia sobrenatural. Tal excelencia es posible solamente por el Espíritu de Dios dentro de ellos. ¿Qué tienen en común?, podría preguntar. Todos se han comprometido a su objetivo específico, un propósito iniciado por un mensaje. De todos ellos para seguir adelante, sin embargo, cada uno tenía que convertirse en una persona diferente.

Un "evento impactante" que quiero compartir con ustedes es que este mismo poder –el poder sobrenatural dado a Noé, José, Moisés está disponible para ustedes hoy. Siempre está disponible, siempre presente y espera. Dios da este "regalo" para aquellos que son capaces de, entregarse verdaderamente y totalmente a Él.

Es importante, señalar que durante los momentos en los que necesitan desesperadamente el aliento de Dios, sus oraciones y su hablar con Dios a través de las palabras de absoluta fe pondrá ángeles a trabajar para usted. Los ángeles están siempre escuchando sus palabras. Y aunque Dios siempre no los dice qué hacer exactamente, es a Dios que debemos rezar para que Él envíe ángeles en su nombre. De nuevo, porque esto es importante: no debemos rezar a los ángeles, sino directamente a Dios. Es a partir de Él que, en última instancia, la "dirección" de la Hueste celestial emana.

Salmos 103:20
"Bendecid al Señor, vosotros sus ángeles, poderosos en fortaleza, que ejecutáis su mandato, obedeciendo la voz de su palabra."
[LBLA]

Recuérdese tener cuidado con lo que dice usted porque los ángeles que Dios le asigna a usted escuchan. Las palabras negativas de incredulidad tan fácilmente pronunciadas cuando estamos en una situación desesperada, impedirán los ángeles de Dios trabajen para usted.

Una nota rápida sobre la oración: pida a Dios sobre qué y cómo se debe orar.

Hace algún tiempo, me di cuenta de que Dios, como regla general, no proporciona mucho detalle demasiado mucho antes del momento necesario. De hecho, es como una necesidad de conocerla. La mayor parte del tiempo, cuando me enteré de que tenía que volar en algún lugar, normalmente se trataba de un corto tiempo antes del viaje. El Señor me dio muy pocos avisos para hacer mi maleta. Pero, después de que nacieron mis hijos, Dios proveyó avisos largos sobre viajes que yo estaría haciendo. Con este desarrollo como se ha hecho, lentamente pero seguramente, Dios estaba plantando las semillas tanto dentro de mi marido y yo que tendríamos que estar regresando a los Estados Unidos para encabezar personalmente el lanzamiento de *Mensajes de Dios*.

Aquí; vale la pena hablar de un otro aspecto de la comunicación con Dios. Ahora, permítanme decirles esto: es una experiencia maravillosa cuando habla conmigo, especialmente durante los tiempos antes de que comience mi oración. Sin embargo, hay una cosa más inmensa que escuchar Su voz, que es, encontrar Su amor.

Cuando empecé a ganar más confianza para pedir a Dios ciertos detalles, mi amigo y yo decidimos rezar la misma oración. Pedimos que Dios nos muestre qué es lo que debía hacer para demostrar al mundo que Dios me había dicho todas estas cosas. Mi amigo, Yulani, entonces tuvo una visión de una hormiga. Piensa en ello. ¿Qué hace una hormiga? Aparentemente funciona las veinticuatro horas al día y siempre lleva algo. ¿Qué en la vida de hoy hace la misma cosa? Los medios de comunicación. Me di cuenta de que los medios de comunicación nunca descansan y siempre están llevando noticias de importancia de última hora.

Con la visión Yulani, Dios me dio la idea de colocar anuncios en los periódicos. Pero estos no serían los anuncios habituales que vemos todos los días. De ninguna manera estos anuncios podrían llevar mis profecías antes de que sucedió.

Para uno, creo que cuando la gente en la industria del entretenimiento lea mi libro, nacerá un nuevo mundo en el corazón de muchos.

Isaías 66:7
"Antes de estar con dolores de parto, Jerusalén tuvo un hijo, antes que le llegaran los dolores, dio a luz un varón." [NVI]

Para todos aquellos artistas:

Isaías 65:1
"Fui buscado por los que no preguntaban por mí; fui hallado por los que no me buscaban. Dije a gente que no invocaba mi nombre." [RVR 1960]

Más sobre la orientación de Dios. Él nunca se cansará de alentarnos pero, es también importante saber que Él nos desalentará perseguir o confiar en lo que nos aleja de Su camino. En mi vida, El me desanimaba fácilmente para que la gente no me use.

Cuando quise desarrollar y mejorar mi propio conocimiento y ministerio, me uní a un grupo de estudio de la Biblia cristiana. Mientras yo tenía grandes esperanzas de que pudiéramos compartir nuestros estudios y conocimientos. El grupo no compartía nada positivo conmigo y Dios me mostro lo que tuve que hacer, incluso mientras yo pensaba que estaba haciendo lo correcto.

Dice la Biblia:
Gálatas 6:9

"No nos cansemos de hacer el bien..."
[NVI]

Gálatas 6:6
"El que es ensenado en la palabra, haga participe de toda cosa buena al que lo instruye."
[RVR 1960]

A través de mi corta incómoda experiencia con este grupo de estudio bíblico, sentí Dios avisándome hacia regresar al grupo. En efecto, Dios me desanimaba a seguir intentando enseñarles. Pero también me di cuenta de que el inverso era cierto, que si bien no estamos obligados a compartir continuamente con quienes no comparten con nosotros, debemos compartir libremente con quienes comparten voluntariamente con nosotros.

Lo que estoy diciendo es que usted debe bendecir a quienes les enseñen y que verdaderamente les aliente sobre la verdad. Como lo una ley espiritual: Si mi mensaje debe bendecir a usted, por favor, pase el efecto positivo en su vida a otros, usted piensa que puede beneficiarse de estas enseñanzas.

Tome mi caso como ejemplo más evidente: Recibí un capital inicial para poder completar este libro. Recibí esta ayuda de alguien a quien pienso ha aprendido de mis enseñanzas. En ofrecerme una ayuda financiera, esta persona no honra el libro sino, honra a Dios y también la verdad.

Disintiendo con este generoso "ángel", una cosa es realmente segura. Durante este viaje, es cierto que recibí poca o ninguna ayuda y fuerza de muchas otras personas. Encontré todo mi aliento en y desde Dios. Incluso cuando tiré mi manuscrito en un agujero, Dios resucitó mi trabajo. Ninguna iglesia jamás fue capaz de financiarme para que enseñe a la gente los mensajes de Dios. Solo recibí asistencia de dos personas: Xiomala, una mujer de Los Ángeles, quien viajó conmigo. Mientras en Los Ángeles, Dios me bendijo con un alojamiento gratuito durante más de cuatro meses, pero no recibí ningún tipo de apoyo financiero.

Tal vez no es una sorpresa para usted mientras usted lee esto que muchas personas no actúan sobre la palabra de Dios.

Pero permítanme dar testimonio de que Dios no mezcle algunas almas y claramente ha movido el corazón de la persona para que me ayude a completar este artículo.

Entendí por qué Abraham dijo:

Génesis 14:22-23
"Y respondió Abraham al rey de Sodoma: He alzado mi mano a Jehová Dios Altísimo, creador de los cielos y de la tierra, que desde un hijo hasta una correa de calzado, nada tomaré de todo lo que es tuyo, para que no digas: Yo enriquecí a Abraham." [RVR 1960]

Ninguna iglesia podrá jamás pretender que financio o estuvo involucrada, de alguna manera, con los *Mensajes de Dios*.

Mientras predicaba en Los Ángeles, vi muchas diferentes actitudes desplegadas por el pueblo. No cada alma es libre de disimulo. Por ejemplo, las personas adineradas me invitaban a cenar a sus casas, con la esperanza de que iba a profetizar sobre sus hijos. Sin embargo, desperdician su tiempo. Verdaderamente, fue el pueblo de las iglesias pobres que me atendieron sin esperar nada a cambio. Tenían muy poco para ofrecerme para que yo siga predicando. Sentí que este era el motivo por lo cual Dios me envió a varias iglesias hispánicas en Los Ángeles. Aprendí, por lo que he visto, la esencia misma de la fe verdadera y del amor divino. Me recuerdo de una mujer dándome cinco dólares. Esto era todo lo que tenía, y fue a comprar comida para el día. Aunque yo no quería aceptarlo, Dios dijo, "acéptalo". Fue entonces que yo sabía que iba a ser bendecida considerablemente.

2 Samuel 24:24
"No voy a sacrificar á Jehová mi Dios holocaustos que me costó nada." [NVI]

En mi caso, tuve que financiar personalmente mi vocación. Pero, también puedo decir que fue empleada a tiempo completo, por Dios, y El siempre proveyó para mí de muchas maneras, para que yo cumpla esta vocación. Aunque yo no recibí fondos suficientes procedentes de mi negocio que me permitiese alojar en hoteles durante mis viajes, Dios proveyó un techo. Yo sabía, más allá de toda duda, que tuve que confiarme completamente en Dios para proporcionar todos mis gastos. Y cuando me empujó el libro fuera de la caja, una vez más, Dios proveyó y trajo un mensajero para financiarme y completar el trabajo. Para aquellos que necesitan una "prueba" de que Dios les ayudará cuando parece que no hay esperanza o ayudar en cualquier lugar, vuelvan a tomar ejemplo sobre mí. Incluso cuando se trata de pagar sus cuotas mundanas, Dios no abandonará a usted. Dios me alentó financieramente, emocionalmente y en muchos sentidos que no se puede describir con palabras.

Dios va a desalentar la mentira y alentará la verdad.

No es un camino fácil. Pues, como hemos visto, está bordeado con muchas distracciones que parecen verdaderas. Añada a esto el hecho de que usted será acogido por muchos un falso mensajero que le anime con atractivas pero finalmente mensajes falsos. Así que, ¿cómo podemos distinguir la verdad de las mentiras? La respuesta es, y me profetizó que siempre será la Biblia. La verdadera prueba de los mensajes debe hacerse a través de la Biblia.

Dios va a desalentar la mentira. Dios alentará la verdad. Mantenga esto en su mente, especialmente cuando enfrenta los mensajes que suenan demasiado maravillosos para ser ciertos. En la mayoría de los casos, son mentiras. Intente ubicar un mensaje similar en la Biblia y úsala como prueba. La respuesta le llegará a usted cuando abre su corazón para escuchar y cierra los ojos a las mentiras.

Mientras hace esto, nunca olvide que Dios puede y a veces le enviará un gran mensaje. Pero para que esto suceda, el alma debe ser preparada, debe ser digna. Usted debe ser humilde.

Consideremos de nuevo los Salmos:

Salmos 131:1-2
"Señor, mi corazón no es soberbio, no ando tras las grandezas, ni en cosas demasiado difíciles para mí; sino que he calmado y acallado mi calma; como niño destetado en el regazo de su madre, como niño destetado reposa en mí mi alma."
[BLA]

Lo que viene de Dios vive y respira verdaderamente. Es realmente tan sencillo como eso.

Nuestra comprensión de la sabiduría de Dios crece a medida de que aprendemos a utilizar todos nuestros sentidos para ampliar nuestra visión y aumentar nuestra comprensión de Dios Mismo y de nosotros mismos. En las próximas páginas, progresaremos en este territorio prometedor.

Sugerencia: Tomemos un descanso ahora, de la fuerte concentración de la lectura de estos conceptos complejos personales y enormes. Voy a compartir un secreto con usted en el capítulo siguiente. Con suerte, usted lo encontrará un poco más ligero. Dicho esto, sin embargo, es importante y les pido que consideren sus posibilidades.

13

CUANDO TUS "OÍDOS" PUEDEN "VER"

¿Sabes lo qué es un tutor? Es un «arnés o correa» corta que algunas madres utilizan para sus niños cuando van de compras. La diferencia principal entre este y la correa para perros es que con la correa para perros, tu perrito va a tirar y aflojar cuando tu paras, así que tienes que seguir caminando, mientras que con el arnés para niños, tú puedes detenerte, digamos, en una librería, y hojear un libro o una revista, mientras tu niño juega de forma segura a tu lado, con un poco de espacio. Usualmente, no tienes que mirar hacia abajo para saber exactamente dónde está tu niño; puedes sentirlo moverse hacia adelante o hacia atrás al tironear ligeramente tu brazo.

En realidad, en este caso, estás "viendo" con tus brazos, de la misma manera que se puede ver con tus "oídos" cuando te encuentras en completa oscuridad.

Déjame explicarte: Tengo este arnés invisible o virtual con Dios, pero por una razón diferente. Esto no es para tratar de mantener a Dios a mi lado pero para detectar dónde Él va. Así que, no es exactamente una correa colocada en Dios. De hecho, creo que de alguna manera que Él me la puso a mí, para mi propia protección. Honestamente, soy yo la que realmente obtiene todos los beneficios de este arnés. Mientras pensaba sobre la siguiente historia, no sabía cómo explicarla. Luego me acordé de la imagen del arnés. Por lo tanto, ten paciencia conmigo cuando leas esto y piensa sobre esa imagen a medida que avancemos.

Cuando los oídos ven para evitar que te preocupes

Mi marido y yo fuimos de campamento. Recibimos un mensaje de texto muy inquietante de un amigo de la familia. Sabíamos que él estaba en un estado terrible, después de su divorcio. Él y su esposa habían estado casados por 15 años. El mensaje de texto nos asustó ya que mencionaba un "adiós", "lo siento", y "no puedo vivir más". Evidentemente, una nota de suicidio. Ambos estábamos inquietos y desesperados, ya que estábamos a cuatro horas de viaje en carro. Todo lo que pudimos pensar fue en contactar inmediatamente a su padre y le rogamos que intentara localizar a su hijo. El teléfono móvil de nuestro amigo estaba apagado, y su casa estaba vacía. Mi marido estaba muy preocupado, porque en una ocasión anterior, nuestro amigo había conducido su coche fuera de la carretera.

Luego, sentí una sensación repentina y extraña. Le dije a mi marido, "Él está bien. Él está muy bien". Tuve una sensación de "no te preocupes" o "Dios está calmo y para nada perturbado", por lo que yo realmente pensé que él estaba bien, dondequiera que estuviese. Ciertamente no estaba por suicidarse. La sensación de alivio que sentí fue tan intensa que casi pensé que Dios me estaba diciendo que el joven estaba, en realidad, disfrutando. Ahora, esto puede parecer una locura, pero yo pensé momentáneamente, en ese momento, que no deberíamos interrumpir nuestras breves vacaciones por algo tan trivial.

A la mañana siguiente, su papá nos explicó que había encontrado a nuestro amigo, después de conducir durante casi tres horas a todos y cada uno de los bares. Su papá le encontró bailando y divirtiéndose. Habíamos estado casi a punto de acortar nuestro fin de semana, sacrificar nuestra privacidad y volver a casa a toda prisa para intentar evitar un suicidio.

Pero Dios me confirmó que mirara con mis "oídos", y eso es lo que la imagen del arnés para niños me recuerda. Durante todo este episodio, no sentí que DIOS se apresurara en alguna dirección firme. De hecho, Él estaba muy tranquilo. Por lo tanto, yo estaba tranquila. El arnés no se había movido, y eso se convirtió en mi mensaje, ver con mis "oídos". Recuerda, ahora, el suicidio de mi madre me afectó terriblemente. Por lo tanto, no tomo ninguna nota de suicidio a la ligera. Pero, esta vez, yo estaba totalmente tranquila.

Cuando los oídos ven un buen desenlace

La mejor manera en que mis oídos ven es cuando de repente - de la nada - ciento una sensaciones de extremo entusiasmo. No es un entusiasmo normal, sino una verdadera emoción intensa - la manera en que te sentirías si te estuvieras por casar o irte a tus vacaciones soñadas. Sé, entonces, que mis oídos están viendo en el Espíritu.

En esos tiempos, Dios está diciendo, "Estate alerta, mi hija, algo grande está a punto de suceder".

Aquí hay un ejemplo de un buen desenlace. ¿Recuerdas cuando regresé a Sudáfrica desde Los Ángeles? Era un período donde no tenía ningún salario. Y era difícil encontrar un trabajo decente. En resumen, yo no tenía ingresos -¡aunque yo tenía 40 por ciento de acciones de dos tiendas Worth! Como mencioné en páginas anteriores, yo era una accionista minoritaria, y me habían hecho creer que yo no iba a recibir los dividendos. Pero este "acuerdo" abrió la puerta a posibilidades inquietantes incluyendo que el accionista mayoritario, sin escrúpulos, se llevara la parte de mis ingresos a su propio bolsillo, mientras que no declaraba dividendos, además de aumentar sus costos para la empresa.

Pero, yo recibí "buenas noticias" distintas. Esperaba conseguir un trabajo.

En menos de 24 horas después de sentir esto, recibí una llamada con buenas noticias, aunque vinieron de un modo extraño. Anteriormente, una buena amiga mía, - una mujer que padecía de rubéola mientras estaba embarazada - me confió su extrema ansiedad porque los resultados de su análisis inicial dejaron abierta la posibilidad de que la enfermedad había afectado a su bebé de 16 semanas. Ella estaba a la espera de un análisis final.

Cuando ella me llamó esta vez, no estaba preparada para noticias peores porque, irónicamente, tenía una extraña sensación de calma sobre todo. De hecho, yo ni siquiera consideré necesario orar por ella. Le dije que su bebé estaba en las manos de Dios y que ella debía repetir esto una y otra vez. Decidí no decirle que no sentía la necesidad de orar. Simplemente le dije: "El bebé está en las manos de Dios - y sigue repitiéndolo", a pesar de que dos informes de especialistas eran bastante negativas.

Ahora, recibí la buena noticia que yo ya "sabía". ¿Cómo puede ser? Porque yo estaba muy emocionada. Mis oídos ya habían visto las buenas noticias que iba a recibir. Este fue, de hecho, noticias muchas mejores que la de conseguir un trabajo para mí. ¡Un niño iba a vivir!

Cuando los oídos te dicen qué hacer

Una manera menos emocionante de que tus oídos puedan ver es cuando te sientes absolutamente enferma, tanto que te sientes sucia, como si estuvieras contaminada. Por ejemplo, hay un libro que todo el mundo me recomendó leer. Este libro contiene muchas escenas sexuales explícitas, plagadas con sexo prematrimonial. En la mitad del libro, me sentí físicamente enferma y sucia. Me di cuenta de que no necesito chapotear en el fango para saber que es fango. Mis oídos espirituales me decían que esto no era buen alimento...

Mediante la lectura de un libro, te alimentas a ti misma. Esa misma noche tuve sueños y pensamientos sexuales, pero no estaban dirigidos específicamente hacia mi marido. Supe entonces que había leído basura y no debía leer libros como este.

Leer libros lascivos e impúdicos es como comer vómito. Ello te influencia, te lleva al rumbo de un perdedor y, ciertamente, impide que tus oídos escuchen y vean. Lee y alimenta tu mente con lo que tus oídos te dicen que es nutritivo.

Como para otro ejemplo de dejar que tus oídos te digan lo que hacer por lo que Dios te muestra a través de la emoción, he aquí una experiencia que tuve. Yo estaba esperando que algo sucediera porque mis oídos estaban "viendo". ¡Sentía la emoción en el aire! Quería compartir esto con mi marido para que él también aprendiera de mis experiencias. Mientras conducía a mi casa, oí, "Te pondré en un barril y te catapultaré". Al oír esto, exploré lo que podría significar. ¿Quizás había llegado la hora para un trabajo o carrera?

Pero con la tarea de escribir una obra específica como *Mensajes de* Dios, un libro que planeé lanzar y comercializar comenzando con exposiciones de libros en Nueva York y Londres, he tenido que deducir que este mensaje debía significar que mi "trabajo" sólo sería temporal, salvo que era el tipo de trabajo que me daría mucha libertad para poder completar el proyecto del libro. La respuesta llegó cuando una puerta se abrió para que pudiera estudiar y convertirme en una asesora financiera y especialista en inversiones. Dios dijo que "me catapultaría", por lo que dejé que mis oídos me dijeran lo que hacer. Fui paciente y esperé, y "boom", salí adelante.

Debo mencionar que habrá momentos en que tus oídos simplemente no querrán ver. Por ejemplo, cuando estás demasiado emocional acerca de algo o incluso asustada para obtener una respuesta. Dios entonces te enviará un mensaje de otro modo.

Permíteme ponerme de nuevo como ejemplo. Yo era una mujer con una cicatriz. Cuando me asusto, corro. Y uno de los peores momentos que he experimentado fue cuando de niña recibí un disparo y cuando de adulta tuve una pistola apuntándome durante 9 horas. Esos acontecimientos, junto con el suicidio de mi mamá, me afectaron tanto que, si alguien era un poco cruel conmigo, inmediatamente me preparaba para escapar. Este comportamiento también afectó mi matrimonio, especialmente en los dos primeros años. Siempre que tenía sentimientos fuertes, quería un divorcio. Ningún debate. Ningún compromiso. Sólo correr y correr.

Luego, una amiga cercana tuvo un sueño que le pareció muy extraño. Pero yo sabía que era un mensaje muy claro para mí. Era acerca de mi actitud, una actitud extremadamente problemática.

En el sueño, yo era soltera, de nuevo. Estaba tomando drogas, heroína en pequeñas cantidades. No tenía mucho efecto en mí en esas pequeñas dosis, y me "escapaba", de vez en cuando. Pero el sueño también era una advertencia de "peligro" al escaparme constantemente de esta manera. Estaba usando heroína para escapar de una frustración emocional, pero aún no estaba adicta. En el sueño, era como si me tuviera que despertar y darme cuenta de que este comportamiento era más peligroso de lo que pensaba. El hecho de que una querida amiga haya tenido el sueño, me mostraba que Dios estaba tomando un camino diferente para advertirme sobre mi conducta de siempre querer escaparme de mi esposo cuando se presentaba el menor indicio de un problema. Mis oídos me ayudaron a ver el mal comportamiento en mi vida.

Aunque he sido bendecida con una "capacidad" para detectar donde Dios me lleva, todavía tengo una tendencia natural a ser temerosa. Cuando volví de Hollywood, tuve un gran shock acerca de mis finanzas, mencionadas anteriormente. Pensar, que mi socio, que controlaba todas las franquicias Worth -no había estado actuando de una manera que protegiera mi participación. El shock de darme cuenta que mi confianza había sido traicionada sólo promovió mi miedo innato.

Fue en ese momento que Dios quiso que yo viera algo con mis oídos. Inicié una investigación rigurosa a través de mis abogados. Sin embargo, mi ex-socio casi ni notó mis esfuerzos ni amenazas. Habiendo adquirido una sólida posición jurídica a través de la investigación, comencé a elaborar un caso criminal contra él. Contraté a una empresa independiente para auditar los libros de la empresa. Aunque resolvieron algunas de las discrepancias, no todos los problemas fueron tratados. Quedó claro que su objetivo, en todo sentido, era enriquecerse tanto como sea posible - a expensas de la otra única accionista, yo.

Esta experiencia fue extremadamente difícil y dolorosa para mí. Yo confiaba en él. Y ahora, tan vilmente traicionada, dolía. Me llevó meses antes de que yo pudiera construir un caso convincente para escribir una declaración jurada totalmente detallada para presentar en el tribunal. Durante este tiempo, trabajé con mi abogado para obtener respuestas, pero la evidencia para sustentar una acusación convincente nos eludía.

Al enredarme cada vez más en el asunto, puedes imaginarte cómo yo temía por mi futuro financiero. No tenía trabajo, y mis acciones de la compañía parecían que eran sólo de papel, y nada más. Cuando llegó el momento para presentar mi informe a la policía, no hice nada. ¡No podía ni siquiera rezar! Sin embargo, Seguí recordando que años antes, Dios me había dicho,

"Las tiendas Worth no son mi voluntad para ti pero te bendecirán". Este mensaje fue puesto a prueba. Mi fe fue puesta a prueba. Hoy me siento agradecida por estos problemas ya que Dios los usó para entrenarme.

Tan extraño como esto puede parecer, percibí a Dios sentado en una silla. Mis oídos vieron un mensaje en el que muchas cosas estaban sucediendo, pero Dios estaba tranquilo. A pesar de que llevó dos años para completar mis investigaciones y el informe subsiguiente, este mensaje de Dios tranquilizándose me hizo sentir perezosa. Sí, bien perezosa, para presentar mi informe a la policía. Dios estaba tramando algo...

Pasarían varios meses y luego, una noche, intuí que Dios estaba enviando a mi padre a decirme que ahora era el momento para continuar con el pleito contra mi ex-socio. Mi padre me habló y dijo que el caso debería avanzar porque mi socio actuó deshonestamente no sólo contra mí sino también hacia mi abuelo. En el sueño, él dijo, "gran-padre".

Mi papá también me mostró los documentos. Recuerda ahora, yo estaba "viendo" con mis oídos. Con esto, me pregunté lo que Dios estaba realmente diciendo. Y ¿por qué mi padre dijo que mi socio actuó deshonrosamente hacia mi abuelo, también? ¡Ay mi - fue entonces que me di cuenta de que "gran-padre" es Dios mismo! ¿Quién es el padre de mi padre? ¡Dios! ¡Ah, guau! Mis oídos estaban casi demasiado asustados para escuchar más. Estaba a punto de abrir un caso en contra de mi socio, el CEO de una franquicia Worth, una de las tiendas más populares en Sudáfrica.

¿Qué hace uno en esta coyuntura? Avanzar con certeza. Por lo tanto, avancé. Comencé siguiendo el tutor (arnés). Mis oídos vieron a Dios orquestar mi caso. Él dijo que las acciones deshonestas no eran sólo contra mí sino contra Dios mismo. Con esas palabras, yo sabía en mi corazón que se haría justicia.

Cuando los oídos ven los muertos,

Cuando alguien muere, quienes pueden escuchar la voz de Dios tienen una ventaja sobre otras personas. Digo esto mientras te pido que recuerdes que yo no hablo con los muertos, porque Dios no quiere que lo hagamos:

Levítico 20:6-8:
"Si alguien va a pedir consejos a las personas que consultan a los espíritus de los muertos, pondré mi rostro contra tal persona y ya no la consideraré como uno de Mi pueblo. Manténganse santos, porque yo soy el Señor, su Dios. Obedezcan Mis leyes, porque yo soy el Señor, y Yo los santifico."
[GNB]

No puede estar más claro que esto. Sin embargo, el puente entre la vida y la muerte está en el reino de Dios, y sé que Dios a veces permite que los muertos nos hablen, para entregar un mensaje específico. En estos momentos, sin embargo, es evidente que Dios los envía, y no somos nosotros quienes los llamamos.

Y así, aprendí que a través de mis oídos vería cosas y adquiriría conocimientos, especialmente en los momentos en que alguien cercano muriera, cuando yo era consciente de su enfermedad o muerte inminente.

Yo me asombré mucho, mejor dicho extremadamente, cuando mi padre estaba en coma y yo podía escuchar que él hablaba conmigo. Experiencias como éstas deben suceder más de una vez antes de que puedas captarlas, antes de que puedas darte cuenta de que en realidad son verdaderas.

Cuando mi padre falleció hace unos años, lo que mis oídos vieron quitó un poco el dolor de verlo partir. Mi papá, ya de 83 años, sintió que el final se iba acercando. Como su condición empeoró progresivamente y más rápidamente, me pidió que lo llevara a un hospital cercano a mi casa.

Mi padre pasó un tiempo en la unidad de cuidados intensivos y, luego, su estado mejoró, tanto que finalmente fue dado de alta y se quedó conmigo. Resultó ser que nuestro tiempo sería breve, durando sólo siete días. Dios me dijo que le había dado un "respiro" a mi papá porque quería rectificar ciertas cosas y preparar otras cosas. Mi papá también necesitaba tiempo para resolver algunos problemas con mi hermana, quien llegó desde el extranjero. Ciertamente, Dios es misericordioso a quienes buscan humildemente Su gracia.

Mi hermana llegó a Sudáfrica para pasar un tiempo con mi hermano y conmigo, pero sobre todo para visitar a nuestro padre. Viendo que mi papá estaba mejor, mi hermana decidió que era hora de volver a su casa el día seis. Irónicamente y funestamente, justo después de que ella partiera, la salud de papá empeoró muy rápidamente. Dentro de 24 horas, su cuerpo y su salud general, se volvieron mucho más frágil de lo que cualquiera esperaría. Un especialista que atendía a papá le recetó warfarin para anti coagular la sangre, pero esto resultó causar hemorragias internas. Aunque quería morir en mi casa, le rogué que me dejara llevarlo al hospital. Finalmente, aceptó.

Al internarse, su especialista ordenó que se lo llevara a la unidad de cuidados intensivos, de inmediato. Ya para entonces, estaba sufriendo una hemorragia cerebral. Con el corazón roto y sintiéndome una inútil, me fui a casa donde me escapé al baño, sentada en el inodoro, llorando descontroladamente. De repente, oí la voz de mi papá. Por un segundo, pensé que estaba loca. Nunca había oído nada similar. Pero, sin lugar a dudas, era mi papá. No sólo la voz sonaba exactamente igual que la de mi padre, hablando del mismo modo que lo haría en su tono hermoso y calmado, pero supe seguro que era mi papá cuando me llamó por el apodo que usaba para mí.

Las cosas que papá dijo eran para tranquilizarme. Él me dijo que era hora de que él se fuera. Pero luego añadió, en una forma más consoladora, que estaría bien. Me aseguró que yo iba a estar bien. En ese momento, yo todavía no me había dado cuenta de que Dios había abierto mis oídos a tal punto que yo podía escuchar desde tan lejos.

En el hospital al día siguiente, mi papá estaba sólo semiconsciente. El médico de cabecera le preguntó a mi hermano y a mí si pensábamos que mi papá querría que llamáramos a nuestra hermana nuevamente, pidiéndole volver desde Canadá. El pronóstico no era prometedor: Papá probablemente iba a vivir unos tres días más. Les dije algo directamente al médico y a mi hermano, que hizo que ambos me miraran como si yo estuviese loca. Señalé a papá y les ordené: "Pregúntale, pregúntale a papá." Ellos hicieron eso. De repente se despertó en ese segundo y respondió, "Sí." Nada más- sólo un simple sí.

Los tres estábamos allí cuando él murió. Mi hermana había llegado recién desde Canadá. Realmente fue muy interesante, de un modo extraño. Yo estaba con papá cuando él dijo que había visto a mi madre que había fallecido hace 20 años. Cuando me enteré de esto, yo estaba segura de que su tiempo estaba limitado a sólo minutos o segundos. Salí de la habitación luego de susurrarle al oído: "Papá, debes decir algo antes de irte. Di "Jesús, por favor perdóname. Por favor, quítame mi dolor."

Luego de fallecer, todos fuimos a la habitación a compartir un tiempo privado. Mi hermana, quien permaneció con él en el último momento, me dijo que las últimas palabras de papá fueron: "Señor, por favor perdóname. ¡Por favor, quítame mi dolor!".

Era tan simple como eso, y sé que él se fue al lugar "correcto". Mientras estábamos sentados junto a su cuerpo, me preguntaba si su espíritu había partido ya o si todavía estaba en la habitación. Fue entonces que me sobresalté cuando escuché a papá, claramente irritado y molesto, decir en voz alta, "¡Fuera! Vayan, vayan. ¡Vayan ya!". Era sólo yo quien lo escuchó, así que sugerí que nos vayamos.

Más tarde, le dije a mi hermana exactamente lo que mi papá había dicho. Él quería que saliéramos de la habitación, que nos alejáramos de su cuerpo muerto, ya que él quería marcharse también.

Mi hermana y yo fuimos a casa en silencio, cada una perdida en nuestros propios pensamientos, reflexionando sobre los acontecimientos de los días anteriores. Estábamos agotadas, nuestros cuerpos suplicaban para descansar. Eran casi las 3 de la mañana, pero volví de nuevo a la realidad, bruscamente, cuando vi la vista más maravillosa, la luna más hermosa, inmensa y espectacular, simplemente colgada allá, sobre la carretera, tan cercana, que parecía estar tocando la carretera justo delante de nosotros. Emocionada, le grité a mi hermana, "¿Puedes verla? ¿Puedes verla?" Por supuesto que podía, era enorme, pero ella estaba más preocupada con agarrar el volante y gritándome, "¡Nos vamos a matar!", o palabras a ese efecto.

Yo le pedí a Dios que por favor me diera una señal de que mi padre estaba con Él y feliz. Pero, no me esperaba algo tan espectacular. Suspiré felizmente y esa noche dormí como un bebé.

Ahora, Pensando en esa luna de nuevo, esta no era cualquier señal. De hecho, la iba a ver nuevamente en un futuro no muy lejano mientras conducía en la autopista en Los Ángeles. Esa noche, yo estaba en camino a un canal de televisión para una entrevista. Allí, adelante, en la autopista, esa misma luna magnífica estaba colgada bien baja, una pelota grande y hermosa. Recuerdo gritar asombrada, dándome cuenta que había visto este mismo exacto momento en Sudáfrica, conduciendo a casa desde el hospital con mí hermana, a las 3 de la mañana del 19 de abril del 2008.

La parte más extraña: la carretera en la que mi hermana y yo encontramos esa luna era muy plana. Si hubiese habido cerros altos, la misma escena ocurriría con bastante regularidad, ya que la luna estaba muy alta en el cielo a esa temprana hora de la madrugada. Habiendo investigado, desde entonces, este fenómeno, descubrí que lo que mi hermana y yo presenciamos la noche en que mi papá se unió a nuestro Padre Dios, ocurre sólo en raras ocasiones.

Mis oídos pudieron ver que mi papá estaba feliz de irse y esto me dio una gran paz dentro de mi corazón, que me ayudó a sobrellevar el dolor de tener que decir adiós.

Cuatro años más tarde, una señorita me llamó acerca de Leena, mi "niñera" negra que me cuidó después del fallecimiento de mi madre en Sudáfrica durante los años del apartheid. Leena significó mucho para mí. Ella fue la única "familia" presente en mi primer día de boda. Era Leena la que realmente encontró a mi mamá después del suicidio. Mi madre le pidió a Leena que le prometiera que iba a cuidarme Esto fue justo antes de que ella se disparara a sí misma. Así, Leena fue como una madre para mí.

Ahora, Leena estaba muy enferma, y apresuradamente llamé a una ambulancia para llevarla al hospital. También comencé a buscar un hogar de ancianos adecuado cerca de mi casa. Tendría que estar equipado con una unidad de cuidados frágiles porque había comprobado que Leena no estaba caminando bien, estaba comiendo como un pájaro, y estaba en general muy débil.

Oré y le rogué a Dios que permitiera que Leena viviera sólo un poco más, para que ella pudiera ver a mi pequeña Bella. Hasta ese entonces, ella sólo había visto una foto. Quería yo cuidar de ella ahora, como ella me había cuidado en ese entonces, tenerla cerca mío durante un tiempo. La amaba y quería mostrarle lo mucho que su vida significaba. Quise devolverle el favor de puro agradecimiento por la mujer que me vio como su "hija". Imagínate, aquí estaba yo, haciéndolo una vez más, sugiriéndole a Dios. Y la peor parte es que era para mí - no era realmente para Leena.

En retrospectiva, estoy segura de que ella hubiese preferido estar con su propia familia. Leena falleció dos días más tarde, incluso antes de que yo pudiera finalizar los arreglos para verla durante el fin de semana.

Es un largo camino a la Provincia del Noreste, aproximadamente seis horas conduciendo, y demasiado lejos para un viaje de un día, durante una semana de trabajo. Después de la llamada telefónica confirmando su muerte, lloré toda la noche. Me quedé aislada, en la habitación de Bella. Mi marido fue muy comprensivo, llevándose a Bella a nuestra habitación para dejarme sola. Me di cuenta que tenía que calmarme y dormir. Tenía que enfrentar una difícil tarea al día siguiente. Pero no podía hacer ninguna de las dos cosas. Muchos de ustedes probablemente saben de lo que estoy hablando cuando digo que intentando calmarte a veces empeora la situación, provocando más inundaciones de lágrimas.

Bien, sucedió esa noche. Pero luego, en las primeras horas de la mañana, y alrededor de 12 horas después de su muerte, oí la voz de Leena suavemente, claramente, "vamos, mi pequeña nonnie, no llores. ¡Estoy mucho mejor, y mis pies no me duelen más!".

Yo sabía con gratitud en ese instante que me habían dado la oportunidad de hablar con Leena una vez más, pocas horas después de su muerte. Pero tendría que ser breve. Y luego, solté todo. Me desahogué, todo lo que estaba sintiendo por dentro, todo lo que me estaba doliendo, como si hubiesen permitido que mi propia alma, golpeada y herida, llorara.

Le dije a Leena cómo me dolía el corazón porque no pude ir a verla.

"Sé cuán lejos está, mi niña, no debe preocuparse", dijo. "¿Puede escucharme claramente?", preguntó.

"Sí, Leena, el Señor me ha enseñado a 'escuchar'. Yo realmente no sabía lo enferma que estaba. Encontré un hogar de ancianos para usted". Entonces, comencé a llorar nuevamente.

"Por favor, por favor, por favor, mi pequeña nonnie, no llore. Estoy mucho mejor ahora".

"Pero yo quería tanto que viera a mi hija, mi pequeña Bella".

"No se preocupe. La vi en las fotos".

Le agradecí por todo lo que había hecho y significaba para mí y le dije que la amaba y le pedí perdón por no cuidarla mejor. Ella simplemente dijo, "No se preocupe, mi querida, mi niña, usted ayudó mucho. Por favor, deje de llorar. Yo estoy bien, ahora".

"Mi corazón está roto, Leena, ahora que se ha ido", yo dije.

"No, no me he ido. Estoy en un lugar mejor, donde mis pies ni siquiera me duelen. Tengo que irme ahora, el Señor me está llamando".

"No Leena, sus hijos...".

"No se preocupe por el funeral, es demasiado lejos para el bebé", dijo.

"Pero Mamá-Leena, quiero ir, saludarla correctamente, presentar mis respetos...".

Su voz se iba desvaneciendo mientras decía, "Se preocupa demasiado. Yo misma no voy a esperar para el funeral. No voy a estar allí. Tengo que irme ahora, Dios me está llamando. Dele mi amor al muchacho".

Ella le decía muchacho a mi marido.

"Se lo daré, gracias, Leena. Me casé con un hombre muy bueno. ¡Hambagahle, vieja madre!".

Esto significaba que le vaya bien, con amor y paz.

Luego, escuché claramente, "¿Usted es mi hija?".

Le contesté rápidamente, "¡Sí, Leena, soy su hija!".

Luego, el silencio. Nada. Sólo yo y mis lágrimas.

Después de la experiencia con mi padre, sentí que ver con mis oídos era una situación única, probablemente reservada para la familia. Pero, después de la maravilla de mi conversación con Leena, estoy segura de que Dios había organizado las dos conversaciones para calmarme, consolarme, y enseñarme el alcance de Su cuidado. Y, francamente, ¡qué impresionante que es su poder sobre una sola persona!

Hay todo un nuevo mundo para experimentar cuando tus oídos pueden ver. Para estar seguro, necesitamos utilizar todos nuestros sentidos para su total comprensión.

Confesión: Cada vez que leo este capítulo, sollozo de nuevo. Por favor considera simplemente pensar un rato sobre el secreto que he revelado en estas páginas.

14

DIOS SIEMPRE CONFIRMA SU MENSAJES

Ahora, echemos un vistazo a algunas cosas que le podría suceder a usted cuando comienza a escuchar, quizá por primera vez, la voz de Dios.

Hay una muy buena probabilidad de que usted pueda comenzar a escuchar algunas "cosas extrañas". En primer lugar, Dios no siempre hablara de algo que puede lograrse únicamente con el esfuerzo humano. Dios le dirá cosas que suenan bastante imposible, pero a la larga, no es descabellado. A veces, especialmente cuando Él le dice algo que parece inverosímil, usted tendrá que depender completamente de Él por su intervención divina para que su promesa o plan fructifique.

También es importante estar consciente de que Dios honrará el "natural" a veces le llegaran mensajes que suenan como si son de Dios; sin embargo, tal vez no lo sean, porque Dios prefiere las cosas en la tierra sigan el camino natural, ordinario.

Personas me han dicho que Dios iba a proveerles millones de dólares para que puedan trabajar para él y, entonces, pasan su vida - ¡esperando! Yo siempre pregunto, "¿Qué estás haciendo ahora mismo con lo que tienes disponible?"

Cuando deje mi vida atrás para ir a Los Ángeles, no pensé en poseer una casa o tener una carrera, simplemente creí e hice lo que Dios deseaba.

La confirmación a través de los demás,

2 Corintios 13:1
Ésta será la tercera vez que vengo a ti. Por boca de dos o tres testigos cada palabra será establecida.»
[RV]

Es importante que solicite confirmación, porque somos humanos y nos necesitamos unos a otros. Estas confirmaciones pueden llegar de muchas maneras diferentes. Dios nos da confirmaciones en sueños. En mi caso, Dios repetidas veces me dijo que me iba a casar. También confirmó esto a través de una mujer en California, quien también tuvo un sueño. En su sueño, ella vio que después de dar a luz, mi marido entro por la puerta. Yo sabía de hecho que iba a casarme, pero nunca nadie confirmó quien era mi marido o que aspecto tendría. Como se mencionó anteriormente, mi marido llegó a la escena después de que regresé a Sudáfrica.

Por lo tanto, Dios a veces utiliza otras personas para confirmarnos cosas. Es importante para usted tener a alguien en que pueda confiar en que realmente tenga una relación de pacto con Dios, alguien que pase mucho tiempo en sus rodillas. Encontrar tal persona es difícil. Pero teniendo tal confidente es de gran valor en el camino de la fe.

Esto, también, es importante recordar que: tanto como usted busca la "confirmación" de un mensaje allá fuera hay una voz "mentirosa" que, muchas veces, se "introducirá" para confirmar una mentira que creen o quieren creer. Tenga cuidado, especialmente cuando se trata de confirmaciones. Extrañamente, frecuentemente serán cristianos que parecen confirmar la mentira. De hecho, podría incluso ser alguien que cuenta con un alta estima.

Para mí, fue difícil porque yo venía de una relación rota, y a aceptar que realmente hay esperanza después de un divorcio, puede ser un reto difícil de superar. Lo que hace aún más difícil, una mujer divorciada en la iglesia y, más aún, en el ministerio, se juzga continuamente y a veces muy duramente. En mi caso, yo estaba divorciada de un matrimonio al que fui guiada por una profecía falsa. Pero este desafío que enfrente también me permitió hallar gracia y, debido a ello, he podido ir a Hollywood y honestamente predicar la gracia. Vale la pena recordar que si dios podía mostrar gracia a un asesino en los tiempos bíblicos, seguramente puede mostrar gracia a personas en la industria del entretenimiento, ahora. Es decir, si están dispuestos a hacer los cambios necesarios.

He aquí una confesión personal: Yo tenía un gran problema con mi percepción de Cristo cuando yo era joven. Después de todo, perdí a mi madre al suicidio. Atravesé trauma mayor. Tantas cosas me hicieron creer que yo no podía confiar en Dios. Pero entonces recordé cómo lloraba por horas en Los Ángeles, queriendo volver a casa, cuando el Señor diría "Yvon, no he quitado mis ojos de ti. Puedo ver todas tus lágrimas."

De hecho, fue en ese día de lágrimas en Los Ángeles que Dios le dio al Sr. y la Sra. Atkin un mensaje de aliento para que me lo pasaran. En ese momento, no sabían mucho sobre mí. No sabían que Dios me había enviado, en una misión: a la industria del entretenimiento, con un mensaje de "llamada para un cambio." Las palabras que el Señor ofreció a través de los Atkins eran para fortalecerme, mentalmente. El mensaje estaba lleno de sabiduría, un maravilloso estímulo para mi viaje.

El señor Atkin tenía una gran habilidad para discernir de forma muy precisa lo que oyó de Dios. Ofrezco lo siguiente para mostrarles conceptos, promesas y nociones, todos los cuales probablemente enfrentarán en su viaje. Aquí está el mensaje completo del Sr. Atkin. Al leer estas palabras, considere los aspectos a los que pueda relacionar ahora, y aquellos que se pueden aplicar en su propia vida y su propio camino, hay mucha sabiduría aquí.

Y recuerde, todo lo que tenía cuando fui a Los Ángeles era un "mensaje". El señor Atkin escribió este mensaje increíblemente detallado de su experiencia cuando el Espíritu del Señor lo envolvió de plenitud. Su mensaje para mí fue basado en la historia bíblica acerca de Esther:

"Esther, fue designada para su cargo exclusivamente para salvar a la gente. Ella era hermosa y muy popular. Ella habría prosperado mucho en cualquier ambiente, pero fue nombrada en ese momento, a ese lugar, por una razón concreta. Y así es con ustedes, dice el Señor. La única manera de que su misión sería cumplida seria para Esther afrentar - con fe - una situación donde no estaba claro cuál sería el resultado.

"Después de todo, ella estaría (al menos en el entendimiento natural) yendo totalmente en contra de las reglas. Su nivel de fe era tan grande que estaba dispuesta a arriesgar todo para completar aquello por lo que Dios la había llamado a hacer. Ahora, mire el resultado. Lo que puede parecer a algunos como un simple acto de obediencia formo completamente el destino del mundo conocido hoy. Los judíos tuvieron que vivir como lo hicieron de modo que las cosas, y la sociedad, fuesen como lo son hoy. Así es que he asentado importantes tareas en la puerta de su casa, dice el Señor. Las consecuencias eternas no pueden ser reveladas en este momento, pero la historia de Ester revela la importancia de los resultados que superan con creces la dificultad de la tarea. ¡Yo hice que te gustara y admiraras a Esther para este fin, dice el Señor!

"El enemigo está tratando de subvertir tu llamado lanzando frutas extrañas en tu camino, dice el Señor. No esté tentado a recogerlas. Usted reconocerá su tipo fácil y claramente por mi espíritu, dice Dios, y reflexionando sobre ella le hará preguntarse y dudar de si mismo.

"Las piezas de este rompecabezas pronto empezarán a caer en su lugar, dice el Señor. No he quitado mis ojos de ti ni por un segundo, dice Dios. Oigo tus gritos, tus frustraciones, tus preguntas, incluso, a veces, tus impresiones. Lo escucho todo, y usted debe saber que todo es parte del proceso.

"Mire el trabajo implicado en el pulido de un diamante. Tiene que ser cortado y pulido. Sostenido a la luz y visto desde todos los ángulos. ¡El joyero sólo será feliz cuando cada faceta brilla con la luz más pura - cuando es "impecable!"

"Yo soy el Maestro joyero, dice el Señor. Yo sé donde esta cada mancha, donde cada imperfección permanece, y simplemente estoy trabajando en ellos, dice Dios. No se centre en el proceso, dice el Señor. Céntrese en el desenlace

inevitable, que cuando finalmente se ponga a la luz, brillará como una estrella brillante y resplandeciente.

"Guardaos de transigir: nunca habrá una justificación para ello. Nunca puede comprometer quien es usted para proteger los sentimientos de la gente en el mundo.

"Yvon, debe utilizar la autoridad que he derramado sobre usted, dice el Señor. No confunda humildad para "pequeñas mentes." Uno es necesario para usted y el otro es un engaño. Sólo por mi Espíritu puede tomar decisiones acerca del traslado de ubicaciones, transporte, y sus puntos de contacto espiritual. Mi espíritu le ha revelado la verdad en estas cuestiones, dice Dios. No se puede permitir que las opiniones y aportes de otro provoquen cuestionar la verdad. La única opinión que importa viene directamente por medio de mi espíritu, dice el Señor, y usted siempre sabrá exactamente cuál es, por el Espíritu que está en usted, dice Dios.

"Los pactos no se renuncian, dice el Señor. ¿Crees que soy de mente doble? Te he llamado a levantarte en el poder de mi verdad y no encerrarte en una bóveda de auto-duda y aprensión. Sea audaz, mi niña, con la humilde audacia de un guerrero elegido.

"Las cosas en tierras lejanas son sólo eso. Son cosas en tierras lejanas. Si quisiera que estuvieras preocupada con ellos, ¿no te hubiera dejado en ese lugar por esas razones? ¿Deben la gente suponer que hay cualquier malentendido o interpretación errónea en mi planificación? (Recuerde, yo fue asediada con bastante duras críticas en Sudáfrica.)

"Las fechas y horas no siempre tienen que ser conocido con suficiente antelación. El tiempo es corto, de todas formas, y por razones de la ilustración, a menudo es importante para que las cosas tengan un impacto "repentino", una "repentina" explosión de actividad.

"Todo esto es aceptable cuando es guiado por el Espíritu. Los pensamientos y sentimientos de los demás no son importantes en este sentido, porque si están en tu longitud de onda espiritual, tendrán la comprensión que es el Espíritu Santo trabajando, y ellos serán bendecidos para presenciarlo.

"Si no están en tu onda espiritual, que no estarán jugando un papel en el procedimiento y sólo podrán ver a través de la carne, de todas formas, y por lo tanto, no importa.

"En Juan 9 hay un mensaje importante para ustedes, dice el Señor.

"Como ustedes escucharon, ayer, fueron seleccionados como un profeta desde el comienzo de los tiempos. Por lo tanto, no hay condiciones o las calificaciones necesarias para ser efectivos en su llamado. Usted sabe también que cualquier negatividad o duda que le rodea es sólo la semilla de sus propias dudas de temporadas anteriores".

Por lo tanto, ahí está, entonces. Dios, mediante el Sr. Atkin en este modo divino, está alentándome y confirmando mi vocación. El señor Atkin recibió este mensaje muy claro explicando mi destino, para ayudarme a entender. El mensaje prosigue, a continuación. Pero quiero que entiendan, aquí mismo, mis razones para compartir este mensaje en su totalidad. En primer lugar, es porque usted también necesitará similares palabras de aliento, en igualdad de detalle, en alguna etapa de su propio desarrollo.

He orado por días, clamando a Dios acerca de mi vida, sobre todo estos mensajes estaba escuchando, y necesitaba que Dios enviara una confirmación clara demostrando que no estaba perdiendo mi mente.

En segundo lugar, comparto este mensaje que cambia vidas porque es también el propósito de mis escritos, ¡terminando con su principio! Quiero enviarlos como un barco en el océano, que será dirigido escuchando los mensajes de Dios. Sigue leyendo, esto tendrá sentido.

El mensaje continúa...

"Yvon está actualmente en un pequeño bote de remo. Su tarea en las próximas dos semanas es remar este bote para llegar al nuevo buque que he anclado en el puerto para ella, dice el Señor. Esta es una embarcación magnífica con enormes velas, muchas habitaciones y terrazas es un barco que dará cabida a muchas personas, y sus vidas serán bendecidas pasando tiempo en ella. Este buque llevará mensajeros a las esquinas lejanas de la tierra. En cierto modo,

se asemeja a los grandes buques de antaño que se utilizaron para descubrir los territorios inexplorados de esta tierra.

"El barco estará equipado con las últimas tecnologías. Tiene un enorme mástil para la vela principal. Esto es para permitir que la embarcación navegue 'silenciosamente' cuando es prudente hacerlo. En la parte superior del mástil, hay algo diferente. En lugar de la "cofa" que es típico de ese buque, este tiene una plataforma de águila, un mirador desde el que se puede encumbrar y precipitarse sobre la tierra, utilizando continuamente ojos de águila para buscar a aquellos que han sido marcados para la comunicación. El águila puede moverse desde o hacia el barco, como Mi instrucción indique, dice el Señor. Para este propósito, ella no será el capitán del barco, como otro debe asumir ese papel. Ella será el piloto y director de las operaciones. Este será el primero de muchos de tales buques, dice el Señor, e Yvon acabará por asumir una posición que es similar a la del Almirante de la flota, en el mundo.

"No hay gran embarcación que pueda intentar embarcarse en incluso el más corto viaje hasta que el piloto la navegue al océano desde la seguridad del puerto. Hay muchos que trataran de detener el pequeño bote de remo por alcanzar el buque anclado, porque hay otros botes remando en la misma dirección tratando de ganar el liderazgo. Usted tiene una gran ventaja, dice el Señor, como su bote de remo está equipado con una pequeña vela y esto le permitirá superar y mantenerse por delante del adversario. La única manera de izar esta vela es a través de la obediencia absoluta y apego a mis instrucciones.

"Por lo tanto, adapte su oído a mi voz y escuche cuidadosamente. Para izar esta vela, debe realizarse a la perfección o no funcionará eficazmente. Una vez que la vela ha sido izada, necesitará el viento para la aceleración. Este viento será proporcionado por mi Espíritu Santo, dice el Señor. Cuanto más cumpla con Él, más aliento va a verter en su vela, dice el Señor. Le he provisto con muchos buques de apoyo para ayudarle a lo largo de la ruta, pero ten cuidado: todos los buques distintos a los suyos con la vela, aparecerán ser primera vista exactamente iguales. Sólo a través de discernimiento espiritual sabrá si son embarcaciones de apoyo o a las de sus adversarios, por lo tanto, hay que estar vigilantes.

"La fuerza del Espíritu trabajando a través de usted es tal que los adversarios saben que no pueden hacerle daño físicamente, en este momento. Pero ese no es su objetivo. -Simplemente desean obstaculizar su progreso lo suficiente como para ocasionar que pierda la marea. Tome las herramientas que usted necesitara configurar su curso, y empiece a remar fuertemente, dice el Señor. Recuerde, cuanto más rápido usted ize la vela más fácil será para desbancar las filas de los competidores. No nos equivoquemos, que te perseguirá vigorosamente, como saben lo que se desatara una vez que el buque principal, embarque en su viaje inaugural.

"Su primer deber será traer el capitán a bordo, y esto será el principio de un maravilloso e increíble viaje que causará estragos con las flotas de los némesis pero trae bendiciones e iluminación a muchos que, por el momento, no tienen idea de cómo navegar sus propios barcos por el camino correcto.

"Los días de los antiguos exploradores y pioneros fueron siempre difíciles, pero también lleno de la alegría de descubrir territorios inhabitados y desconocidos. Las mismas alegrías te esperan, pero el viaje no puede comenzar hasta que tome posesión de la magnífica embarcación que he preparado para usted, dice el Señor. ¡Así tome camino al puerto y empiece a remar!"

(Del Sr. Atkin)

Este mensaje, específico para mí, fue la confirmación segura por la que oré. Estas palabras confirman mi vocación para una tarea en Hollywood. Curiosamente, ambas confirmaciones advirtieron contra la distracción. Es importante tener en cuenta que cuando Dios envía confirmaciones, fuerzas contrapuestas enviará las distracciones. Hoy estoy en mi barco, ocupada, equipándolo con las últimas tecnologías para poder llegar a usted.

La confirmación afirma claramente que aunque Dios crea un moderno barco para mí, no puedo hacerlo sola. Voy a ser como un águila, moviéndome de aquí para allá. En planes detallados de Dios, no somos llamados a estar solos. Sólo Dios puede colocar a la gente adecuada junta para una misión específica. El barco necesita un capitán. Soy un águila. ¿Quién es usted?

Una lección fundamental a aprender - y repito esto una y otra vez a lo largo de este libro - es asegurarse de que tus ojos estén centrados en Dios solamente, en todo momento. Muchas personas, especialmente a los cristianos, sorprendentemente -accidentalmente o sin saberlo te defraudan y distraen. Mantente enfocado.

Cuando Dios empieza a hablarle y haciendo grandes promesas, no esperes encontrar confirmación de nadie, ni siquiera en el liderazgo de la iglesia. La mayoría de mis confirmaciones y aliento vino de extranjeros a quienes Dios escogió y envió.

Pero, también, sucedió lo mismo en la Biblia. Tome a David, por ejemplo. Saúl no lo reconoció como su sucesor a rey. A veces, incluso en las iglesias, hay "actitudes tipo Saúl." Hay iglesias que irónica y egoístamente se concentran en sus propias necesidades institucionales y no demuestran cuidado a los rebaños de Dios. Poco saben que entre las ovejas de Dios podría estar el próximo Elías, alguien especial que Dios está levantando como un ejemplo para mostrar que el reino de Dios no es una cuestión de hablar, sino de poder.

En las confirmaciones que va a pedir a Dios, asegúrese de incluir detalles como lo había hecho en el pasado con la promesa de *Lo Que El Viento Se Llevo*. Cuando esa "palabra", vino la voz audible en mi habitación era tan increíble que yo no, ni siquiera por un momento, creí que no era Dios. ¿Por qué? Tal vez por los principios bíblicos sobre los ídolos. Pero no idolatre a Scarlett O'Hara? No, en absoluto. Pero descubrirá más tarde que... [Primero, necesitamos mirar algunos otros puntos antes de que termine la parte de esta historia.]

Esto es donde entra en juego el peligro. Yo quería una sólida confirmación de mi vínculo con el sueño que tuve sobre *Lo Que El Viento Se Llevo* que les dije a mis amigos acerca de mi preocupación, y que había recibido un mensaje. Yo también revele la experiencia que tuve en medio de la noche - acerca de un proyecto de película. Yo, sin embargo, no les di el nombre del proyecto de película.

Después de que el Sr. Atkin orara, me dijo que Dios le mostró el ambiente de la película era la Guerra Civil Americana. Yo estaba totalmente aturdida, pero todavía no contestaba específicamente a la pregunta. El mensaje que el Sr. Atkin recibió fue sin duda una confirmación pero llegó sólo como un mensaje de información. Lo que yo aun quería era una simple respuesta: Sí, es cierto, o no, es falso o si ¿Dios bendecirá el rehacer de esta película si...?

Es posible que cuando tu mente es consumida con algo, la gente cercana a usted puede estar influenciada por su preocupación.

Es como alguien que está rodeado por una nube o una neblina. No hay nada claro. Cuando alguien cercano a usted se adentra en la nube con usted, que muy bien podría imaginar que ha escuchado lo mismo que tú; por lo tanto, una aparente - pero no la auténtica - confirmación de su mensaje.

Incluso a medida que crecemos más sabio y maduro, todavía puede tomar años para encontrar la respuesta, a menos que, por supuesto, Dios decide darle la confirmación, él mismo.

Espero, cuando explico las complejidades de discernimiento entre palabras reales de Dios y posibles mentiras, puede conjurar cuan confuso todo esto puede ser. Pero por favor, no deje, aunque sea por un momento, que le asuste. Yo todavía no estaba segura de si mi experiencia fue iniciada por Dios o desencadenada por una voz mentirosa, pero seguí adelante, con fe. Ciertamente, no esperaba lo que me había sucedido en mi habitación en esa fatídica noche. Tampoco entiendo por qué un demonio entraría en la habitación y me golpea en el pecho, como si apuntando a mi corazón.

Me costó mucho encontrar a alguien para confirmar mi vínculo con *Lo Que El Viento Se Llevo*, así que empecé a mendigarle a Dios mismo, por algún tipo de confirmación. Yo sabía que no podría esperar encontrarla en la Biblia.

Y luego - esta oración. Abrí mi Biblia Mensaje al azar y, para mi sorpresa, lea:

Isaías 40:17-26
"como motas de paja, que se han ido con el viento."
[MSB],

Me di cuenta entonces que Dios me quería enseñarme algo realmente importante y estaba usando la película, *Lo Que El Viento Se Llevo*, como base. Era un mensaje que revelará una gran lección acerca de oír de Dios.

Tras tan largo período de espera para la confirmación, de esperando encontrar un confidente, anhelando oír de Dios, yo estaba encantada, ¡como bien puedes imaginar! Es un concepto muy trillado que muchos Cristianos creen que si ellos le piden a Dios por un signo, todo lo que tienen que hacer es abrir la Biblia al azar y el mensaje, o signo, estará en las escrituras que encuentran.

¿Y yo? Bueno, me tomó mucho más esperando, orando, y mucha más fe para ser llevado a ese libro donde, finalmente lo encontré *Ido con el viento* - ¿Podrá creerlo? ¿En la Biblia?

Para poner fin a este período de sesiones, permítame preguntarle: ¿Qué piensa usted?

Sí, confirmaciones son maravillosas. Pero, ¿se pueden confiar en ellas siempre? ¡No!

¿Es maravilloso poder escuchar la voz de Dios o algo sobre tu propia vida? Sí. Pero, la cosa más importante a recordar es el de llegar a conocer al entregador de mensaje, Dios, antes de tratar de recibir una palabra de Él.

Centrémonos en nuestro amor a Dios. Como sé ahora, usted pronto descubrirá por sí mismo que Dios quiere una relación con usted. Y sí, ¡Él quiere hablar con usted!

Empezar por lo más sencillo, pero comience ahora.

15

COMPRENDIENDO AL MENSAJERO

Dios no puede ser explicado, así que ¿por qué Él debe ser cuestionado? Los siguientes ejemplos bíblicos puede ser útil para clarificar nuestro entendimiento.

Job seguramente pasó por momentos muy difíciles. Durante su vida atormentada, hubo probablemente muchos días cuando quería entender por qué Dios permitiría tal dolor. Sufrió por un capítulo entero de la Biblia. ¿Cuánto tiempo que fue en tiempo real?, nunca lo sabremos. Mientras que pude haber sufrido durante años para decirle a mi propio misterio en Mensajes de Dios, también he encontrado mucha diversión durante ese mismo período. Oh, cómo me quería entender lo que Dios estaba haciendo, cómo deseaba entender los mensajes que Él estaba dando. Este Dios que le dijo a Adán y a Eva no comer la fruta de un árbol, un árbol creado por Dios mismo. El mismo Dios que me dio los mensajes maravillosos, ¡que me ayudo a crecer a través de las luchas y tormentas de cada temporada!

Ahora creo que es sólo a través del sufrimiento que podemos comprender totalmente y generar esperanza. Mire estas esperanzadoras palabras.

Romanos 5:3-4
"también podemos presumir de nuestras tribulaciones, porque sabemos que el problema produce resistencia."
[GNB]

Según el *Diccionario Oxford*, resistencia significa la capacidad para resistir el esfuerzo prolongado. La resistencia, encontré, trae la aprobación de Dios, y su aprobación crea esperanza. En el mensaje, la Biblia lo explica bellamente diciendo que los problemas pueden desarrollar una paciencia apasionada dentro de nosotros para mantenernos alerta para lo que Dios va a hacer a continuación.

Este mismo Dios me dio mensajes pero no me permitió obtener seguridad de ellos. La sabiduría que he adquirido recibiendo mensajes de Dios es que usted nunca debería centrarse en los mensajes, por sí mismos, o desear que estos mensajes vengan a usted. Cuando usted aprenda a centrarse en el que está detrás de los mensajes, aprenderá a discernir los mensajes en su pureza.

Un ejemplo: debido a que recibí un mensaje que decía que pronto volvería a quedar nuevamente embarazada, inmediatamente comencé a concentrarme en tener otro hijo. Pero la palabra "pronto" me distrajo totalmente. Cuando usted llega a conocer al Dios detrás del mensaje, usted comienza a comprender que el tiempo le pertenece a Dios. Su pronto es su pronto. En mi caso, el pronto fue tres años después de mi primer nacido que mi segundo nacido pueda venir a este mundo. No es para nosotros centrarnos en la sincronización de una promesa. Dios revela cosas en su propio tiempo.

Regresé de Hollywood preguntándome si yo volvería alguna vez "trabajar" para Dios.

Me casé, tuve mi hija y después mi hijo, y luego procedí a vivir una vida "normal". Yo no entendía lo que iba a hacer con los Mensajes de Dios una vez que estuviera terminado.

Sin embargo, iba a permanecer totalmente dependiente de Él incluso para un techo sobre mi cabeza. Dios comprende que somos alumnos lentos. Muchas veces conmigo, tenía que repetir los mismos mensajes acerca de una debilidad o un viejo hábito que debía ser removido. A veces, Dios tendría incluso que personas e iglesias tratarme mal para hacerme enojar, y luego Él preguntaría esa pregunta cargada, "¿Dónde está tu gracia, Yvon?"

Yo sentí que este "entregador de mensaje" era mi psicólogo, pero nunca hemos tenido sesiones de "arrégleme" de una hora. Al igual que con Job, Dios tomó su tiempo y me puso a través de gran malestares. El cambio siempre parece ser doloroso, de alguna manera, y siempre pareces perder algo; es la vieja historia de sin dolor, no hay ganancia. Mientras que el precio que se paga es para su propio cambio, también es bueno recordar que el sueño de Dios es para mejorarte en el proceso.

Dios nos entrena

Cuando llego el momento de encontrar la comprensión de determinados mensajes de Dios, tomó cada partícula de energía en mi cuerpo. Era agotador, especialmente durante los tiempos - y hubo muchas, muchas veces - que yo no podía entender lo que significaba ciertos mensajes.

Sólo Dios da a entender cuando siente que usted está listo - o - cuando Él está listo. No solamente un momento exacto para vengan los mensajes, sino también hay un momento específico cuando vas a entender esos mensajes. Algunas respuestas vienen a veces en momentos designados. Hoy, me doy cuenta de que si Dios no hubiese sido paciente conmigo, yo no me habría convertido en la mujer que soy.

2 Corintios 6:2
Escuche lo que Dios dice: "Cuando llegó el momento para mí para mostrarle favor, le escuché; cuando llegó el día para salvarte, la ayudé..."
[GNB]

2 Samuel 24:15
"Por lo tanto, el Señor mandó una epidemia sobre Israel, que duró desde esa mañana hasta el momento en que Él había elegido..."
[GNB]

Cuando usted oye que Dios hace una promesa de que algo "pronto" va a venir, recuerde que pronto será a su momento designado, su "pronto."

Salmos 69:13
"Pero en cuanto a mí, voy a orar a ti, oh SEÑOR; respóndeme, Dios, en un momento que usted elija..."
[GNB]

Ezequiel 16:8
"Mientras pasaba de nuevo había visto que había llegado el momento para que te enamoraras. Cubrí tu cuerpo desnudo con mi manta y prometí amarte. Sí, he hecho un pacto matrimonial con usted, y usted se convirtió en mía. Esto es lo que afirma el Señor omnipotente."
[GNB]

Para ser honesto, este capítulo que está leyendo ahora fue difícil escribirlo; me hizo sentir incómodo. Porque experimente mucha negatividad, por lo tanto, sé cómo explicar ciertos hechos tal como son. Para una cosa, este Dios que da mensajes también le permitirá recibir mensajes de otros lugares que no son de él. Aún así, por lo demás, este estado de cosas es confuso por una razón piadosa.

Isaías 19:14
"El Señor les ha hecho dar consejo confuso. Como consecuencia, Egipto hace todo mal y tambalea como un borracho patinando sobre su propio vómito."
[GNB]

Miren lo que sucedió a Elías justo cuando su confianza era alta en el Señor. Dios permitió que el enemigo le enviara un mensaje.

1 Reyes 19:1
"Jezabel envió inmediatamente un mensaje a Elías con su amenaza. "¡Los dioses se desquitaran por esto y yo voy a desquitarme contigo! A esta hora mañana, vas a estar tan muerto como cualquiera de los profetas."
[MSB]

Elías obtuvo tal susto que salió corriendo, e incluso quería morir. Créeme cuando le digo esto, si usted también decide escuchar los mensajes equivocados, el miedo entrara en su vida.

Hebreos 2:1,
"debemos prestar cuidadosa atención, por consiguiente, a lo que hemos oído, para que no nos alejemos."
[NVI]

Hay otra lección de formación dolorosa que es en realidad un mensaje que Dios me envía muy a menudo.

He venido a aprender que cada vez me resbalé en la incredulidad o actuado en desobediencia hacia Dios, caía en una depresión. Dios permitiría que esta depresión me ayudara a permanecer fiel a su llamado. Así que, por favor, tenga en cuenta que mensajes erróneos conducen a una reacción en cadena, empezando por la incredulidad, lo que lleva a la desobediencia, que conduce a la infidelidad, lo que finalmente conduce a la depresión. El lado bueno – y es uno de valor- es que vivir de acuerdo al plan de Dios te hará sentir tranquilo. Y esta paz es como nada que usted ha sentido nunca.

Sea consciente de esa inquietud es generalmente la primera indicación de la intención de Dios de moverte, o crear un cambio dentro de usted.

La inquietud es un mensaje en su proceso de formación

La vida, es por encima de todo, un proceso de aprendizaje constante. Cuando terminé mis escritos, no entendía exactamente cuáles eran las intenciones de Dios. Tras largas discusiones con mi marido, decidimos que yo debería volver al trabajo hasta que el proceso total del libro y su publicación estuviesen completos. Pero, por ahora, mi "CV", mi currículo, no era exactamente bueno; ciertamente no tenía experiencia actualizada dado haber estado fuera del mercado de trabajo durante algún tiempo.

¡Qué desastre! Desde el momento en que empecé a ir a entrevista de trabajo, me sentí completamente avergonzada e incómoda. Una mañana, fui a una entrevista y regrese a decirle a mi marido cuán absolutamente terrible que sentí. Esa ansiedad se mantuvo golpeándome, acosándome todo el día. Claramente, el "entregador de mensaje» estaba diciendo algo, pero yo no entendía de qué se trataba.

Cuando la terrible sensación no desapareciera, me fui a mi dormitorio, cerré la puerta y sollocé. Lágrimas a chorro, me pregunte, "Señor, ¿qué está pasando conmigo?"

Dios respondió, "Usted debe ir al extranjero. No se preocupe acerca de la reacción de su marido. Él caerá con tus planes. Voy a dejar las cosas claras, más tarde".

Esto no era una respuesta; esta era una orden. Después que mi asombro se calmo, una muy obvia paz volvió, y la incómoda sensación de antes simplemente desapareció. Era muy claro que Dios no quería que considerara otro trabajo todavía. Fue un tiempo muy confuso como yo quería construir una carrera y publicar mi libro. Él quería que planeara un viaje a los Estados Unidos.

Confiando en el Entregador de Mensajes

Quiero decirles más acerca del "Entregador de Mensajes", pero en primer lugar, quiero mostrarles la mentira sobre Dios en que creí por un tiempo muy largo. La manera más fácil para mí hablar de esto es dar un paso atrás y hablar de mí mismo como un alma totalmente diferente. Aquí va:

Mientras Yvon crecía, adquirió una inquietante perspectiva en torno a las cuestiones del amor. Ella temía el amor. Ella luchó para confiar en su creador. Esto fue antes de que ella lo encontrara. Y antes de que Él la salvó.

Yvon tendría unos 10 años cuando ella notó que había algo mal con la persona que ella amaba tan queridamente, su madre. Un día, Yvon encontrado a su madre tendida en el suelo. Algo estaba terriblemente mal. Entonces, su padre entró en la habitación, pasándola, y haciendo caso omiso de su madre. Le dijo a Yvon que ella estaba simplemente fingiendo. Pero Yvon inmediatamente tuvo la sensación de una falta de atención, afecto y cuidado donde se necesita desesperadamente.

Incluso ahora, ella no puede recordar cómo su madre llegó al hospital, ese día. Los repetidos intentos de suicidio de su madre fueron un verdadero grito de ayuda y, sobre todo, ¡por amor! Pero el padre de Yvon simplemente hizo caso omiso de su madre.

Pocos años después de este incidente, en la noche del 21 de agosto de 1985, la madre de Yvon vino y le dijo, "No importa lo que suceda, Yvon, yo te amo mucho." a la mañana siguiente, la madre de Yvon se disparo ella misma en el corazón.

La vida se destrozo. Nada volvería a ser el mismo. Suicidio - la acción de una mujer cuyo corazón dolía tanto por la falta de amor, esperanza y visión, tanto así que ella tuvo que silenciar los gritos de ese corazón con una bala.

La madre de Yvon, una cristiana renacida, de alguna manera, luchó para encontrar ayuda de su Dios. Ella estaba deprimida. Y, en algunos sentidos, ignorante de cómo obtener la ayuda que tanto necesitaba.

Creo que su desconocimiento e intensa desesperanza la llamó para escapar a la muerte. Agregando a lo que debe haber sido un increíble abandono, ella también había estado desempleada durante muchos años. Cortada del resto del mundo. Aislada. Sola.

Yvon nunca sabrá si su madre oyó la voz de Dios, pero ella si lo amaba y quería servirlo a Él. En un capítulo posterior, voy a compartir con ustedes lo que estaba sucediendo en el reino espiritual durante este tiempo alrededor del suicidio de mi madre.

Por lo tanto, ¿a dónde condujo todo este dolor? Condujo a una joven a creer que Dios era cruel, pero el amor era aún más cruel. Yvon resistió confiar en el amor de un Dios que dice que la amaba, pero luego le permitió experimentar el trauma del suicidio de su propia madre. Yvon estaba perdida preguntándose cómo una madre que dice que la amaba se dispararía a sí misma al día siguiente. No es de extrañar que Yvon temiera el amor. Y ciertamente era comprensible cómo Yvon acabaría muy enojada con este mismo Dios de amor que la llamara a trabajar para Él.

Por todos esos años después de la muerte de su madre, resultó que el hombro de Dios era el único en que Yvon podía llorar. El padre de Yvon ya había sufrido tres ataques al corazón. Luego, tras la muerte de su madre, desarrolló un cáncer. Era como si la ira de Dios cayó sobre el padre de Yvon - el cayo terriblemente enfermo.

Él colocó a Yvon, de 13 años de edad, en un internado. La hermana y el hermano de Yvon, que eran mucho mayores, de alguna manera, desaparecieron de su vida.

Todo lo que Yvon tenía ahora - era Dios. Subiendo más allá y por encima de ella soportar el dolor de la pérdida, comprendió que Dios, fuese lo que sea, estaba allí para ella. Y ella llego a amarlo, casi desesperadamente. En algún lugar dentro de si Yvon sintió que Dios la llevaría a su futuro, uno en el que ella estaría dispuesta para hablar con otras personas que sufren, que sienten dolor, que necesitan la paz que sólo Dios les puede ofrecer.

Era un dolor que construyó y reforzó el carácter de Yvon, una preparación para lo que iba a venir. También fue el dolor que la obligó, más allá de la desesperación, para encontrar el Entregador de Mensajes. Y es sus mensajes que le dieron a Yvon esperanza, dirección, propósito y vida.

Bien. Eso es difícil. Algunas cosas parecen volver a la vida cada vez que las recuerdas. Y supongo que siempre voy a sentir el dolor como un recordatorio de la fragilidad y la magnificencia de la vida.

Entendería si algunos de ustedes me dicen que no debería confiar en este Dios que permitió que tales crueldades me sucedieran. ¿Por qué incluso quisiera hablar con Él, y mucho menos obtener mensajes de Él? Preguntas válidas.

De la mejor manera que podamos, vamos a intentar establecer una razón detrás del comportamiento de Dios. Él permitió la muerte de su propio Hijo, eligiendo no ayudarle en la cruz. Jesús, consciente de la necesidad de su propia muerte, no lucho contra esta injusta humillación, el dolor, la crueldad. Ni siquiera le dijo nunca a su padre, "¡yo te odio! ¡Yo te odio!" amor "tan grande" es difícil de imaginar, ¿no es así?

Cuando la cabeza de Juan el Bautista fue cortada en la cárcel, Jesús no empezó a jurar en su Padre, Dios. No, él apenas entró en reclusión - a orar.

Mateo 14:13
"Cuando Jesús escuchó las noticias acerca de Juan, salió de allí en un barco y se dirigió a un lugar solitario por sí mismo. ..."
[GNB]

Jesús sabía algo sobre Dios que nosotros no conocemos. Él sabía que Dios no tenía otro modo humanamente significante para traer la redención a esta tierra, aunque muchos científicos y estudiosos estarían en desacuerdo. Pero al hacerlo, también ellos no vinieron con ninguna razón mejor.

¿Sabía usted que la crucifixión no era la peor forma de ejecución romana? Los romanos tomaron un paso más allá en total horror. Colgaron un cadáver al cuerpo desnudo de un condenado pero aun vivo. El hombre viviente se vio obligado a llevar el cadáver pudriéndose hasta que la putrefacción del cadáver en descomposición se adentrara en el cuerpo en vida, y lenta y dolorosamente matando a su anfitrión.

¿Cómo puedo reconciliar este espectáculo de horror, esta increíble profundidad de crueldad, en el universo de un Dios que da a su único hijo para salvar a sus otros hijos? Bien, en parte, a través de la oración. Y de otras maneras: a través de la educación, y a través de una profunda discusión con almas que buscan respuestas, como yo.

He aquí un ejemplo de un escrito que te hará pensar. Me encontré con este mientras se hacía investigación en línea. Se trata del comienzo de la creación de la tierra. Esta es una historia que todos conocemos, pero viéndolo en una forma tan simple le da nueva luz en cada lectura. Aparece aquí parafraseado en mis propias palabras:

"Hace mucho tiempo, Dios vivía en una galaxia poblada solamente por sus ángeles. Dios existió - a través de la eternidad -como el Padre, Hijo y Espíritu Santo. Él era como lo es ahora, el poder supremo. Él es perfecto en sabiduría e infinito en su amor incondicional.

Los ángeles habitaron con él en su divinidad y compartieron su amor que lo engloba todo. Los ángeles eran libres y comulgaban en la suprema sabiduría y orientación de Dios.

Nada dura para siempre, a menos que Dios lo considere así. Curiosamente, uno de los ángeles, llamado Lucifer, decidió no seguir a Dios más. Rechazó el amor de Dios y decidió que él era tan inteligente como el propio Dios. De hecho, él se sintió superior a Dios. Lucifer entonces incitó a algunos de los ángeles y los llevó a rebelarse contra Dios, creando así tanto el pecado y el mal. Él era muy encantador y mentiroso, convenciendo inteligentemente alrededor de un tercio de los ángeles a unirse a él, convirtiéndose en lo que conocemos hoy, como "demonios" o "diablos".

El resto de los ángeles eran completamente inconscientes del pecado o el mal. Dios eligió no aplastar y destruir la fuerza rebelde porque, a través de tal acto, el amor y la bondad serían completamente destruidos.

Dios permitió que esto sucediera para que todos los ángeles pudieran presenciar el verdadero poder destructivo del mal, porque si no estaban enterados, ellos no tendrían conocimiento y apreciación de "el amor de la verdad", y la absoluta libertad de adorar a un padre que es sabio, perfecto, bueno y siempre correcto. Optando por no condenar o destruir a los rebeldes que se alinearon con Lucifer, Dios mostró que él es, de hecho, el amor personificado.

Él permite la libertad de elección y no fuerza el amor.

Porque Dios cuidaba de los rebeldes, en lugar de destruirlos, todos fueron desterrados a un lugar llamado Tierra. Este fue el comienzo de la creación como nosotros los humanos lo conocemos. Según las Escrituras, Dios creó una criatura a su propia imagen y le coloco en uno de los jardines de la tierra. Dios le dio a este ser que conocemos como al hombre la capacidad de amar y ser amado, y lo bendijo con una compañera.

Aun cuando Dios los bendijo abundantemente, hombre y su compañera eligieron creer la mentira de Lucifer diciendo que "ellos no morirían si ellos pecaban, sino que se convertirían en dioses." Adán no estaba consciente de que había sido creado para ser un gobernante, un rey para ser exaltado superior a los ángeles. Lucifer mintió a Adán y Eva, porque él no quería que averiguaran la verdad.

Ambos Adán y Eva se sometieron voluntariamente - y creación - a la carga de Lucifer. Pero, todavía existía la promesa de esperanza de Dios. Porque Dios es amor, Él prometió que vendría un libertador. Este libertador destruiría la maldad de Lucifer. Así, desde ese día, todos los participantes comenzaron a velar por el Salvador que Dios había prometido llegaría a aplastar el diablo.

Satanás se enfureció no tenía idea de quién o cuándo esperar el Salvador. Así, él arremetió contra todos y cada uno. Él creó el caos, elaborando más tipos de violencia y el pecado. Él lleno la tierra con pecado y terror, a partir el primer hijo nacido de Adán.

Mil años después, Dios renueva su promesa de salvación con un arco iris apareciéndole a Noé después del diluvio. Y mil años después de eso, la Biblia dice que Abraham recibió la promesa de ser el antepasado del Mesías. Y así, la promesa siguió adelante, próximo retransmitido al rey David. Hasta cuatro mil años más tarde, el Salvador nació de una mujer terrenal pura y casta - un nacimiento virginal.

Cuando Lucifer se dio cuenta de lo que había sucedido, él estaba fuera de sí. Encargo a Herodes para matar a El Salvador, que prácticamente lo conseguido. Durante los próximos 33 años, Satanás intentó continuamente hacer que el Salvador cayera en pecado, lo mismo que había triunfado en lograr hacer con Adán.

Incluso trató de matar a El Salvador, pero fracasó rotundamente. Un día, Satanás se dio cuenta de que Cristo parecía desprotegido. No desaprovechó la oportunidad, mediante personas que lo traicionaran y fue arrestado. Cristo fue juzgado en un tribunal y condenado a muerte por las mismas personas que anteriormente le dieron la bienvenida a Jerusalén. Se burlaron de él, golpeado, torturado y despojado. Finalmente, fue clavado a la cruz en la que murió una muerte horriblemente lenta.

Después de su muerte, Lucifer sufrió el mayor sobresalto imaginable. Cristo se levantó de entre los muertos al tercer día. Aunque Satanás había manipulado para matar a Jesús legalmente - La Biblia afirma claramente que "la paga del pecado es la muerte" - Jesús ha vencido el mal de Lucifer.

Jesús, muriendo en la cruz sin pecado, fue capaz de sacrificar su propia sangre para la expiación de nuestros pecados.

Ya no somos esclavos de Satanás. Todo lo que tenemos que hacer es pedir el perdón de Dios para recibir la redención de todos nuestros pecados. Dios venció el mal y a Satanás a través de Su máxima brillantez. A pesar de que significaba que Él tendría que a sacrificar a Jesús, Dios demostró su sabiduría suprema y su amor incondicional para todos los que aman y tienen fe en Jesús. ###

Ahora ponga en esas palabras, ¿no es más fácil de ver y entender lo que es amor "incondicional"? Le pregunto, ¿cree usted que hay alguna otra manera que Dios podría haber elegido para llevar la verdadera redención de la humanidad?

A nivel personal, ahora que ya sabe algunos de los dolores que he experimentado en esta vida, ¿crees que yo hubiera deseado y necesitado conocer su voz y escuchar sus mensajes? [Por cierto, mi nombre de nacimiento, Yvon, es de origen francés. Que significa "ejército o pueblo victorioso,"] Una vez más, debo recordarles que, aunque he experimentado gran dolor, Dios siempre ha utilizado su voz para aliviar ese dolor incluso fortaleciéndome.

Permítanme explicarles lo que Dios me dijo acerca de mi propio sufrimiento y por qué puedo decir tan fácilmente que la proporción que he sufrido ni siquiera estrechamente pesan en contra de las bendiciones que he recibo.

El Profeta Abraham tuvo que sacrificar a su hijo, una prueba como una declaración profética. Pero fue sólo una prueba y una declaración profética porque realmente Dios no iba a permitir que Abraham matara a su hijo. Ahora, yo: Yo estaba proféticamente desafiada con los mismos sentimientos que Jesucristo, el profeta más grande, tuvo que superar. Yo podría haber elegido odiar a Dios por no detener a mi madre halar el gatillo. Hoy, me doy cuenta de que mi mamá era una mujer desesperada que, debido a circunstancias ajenas a su control, no tenía ni visión ni esperanza, permitiendo así la depresión a tomar lugar.

He descubierto por qué Dios permitió que mis tragedias sucedieran y luego cambiarlas totalmente. Fue el sacrificio de Jesucristo que nos dio acceso a nuestro Creador. El sacrificio de mi madre abrió mis oídos y me hizo caer de rodillas. Mi matrimonio con mi primer marido activo mi nacimiento como un profeta que condena abiertamente la falsa profecía.

En el espíritu de la confesión completa, también debo compartir con ustedes que Dios me dijo que la mía era la forma más ligera de sufrimiento que Él permitiría a fin de construir el carácter que Él sabía que necesitaría para mi tarea. Ya hemos visto tragedias aún mayores que Lucifer tenía previstas para mí: casi muriendo al nacer", siendo disparada posteriormente accidentalmente por mi madre.

Durante años, me sentí como la persona más terrible sobre la Tierra - cometer adulterio aunque casada con un marido que creía que Dios había escogido para mí. Dios permitió que todos estos sentimientos y todas esas deficiencias, todo este dol0or, para humillarme, y demostrarme que él puede cambiarme a mí, a ti, y a todos, y luego ponernos en un curso para lograr grandes destinos.

"No, ¡Jesús! ¡No puede tener uno de mis huevos de Pascua de chocolate!"

Antes de irme a los Estados Unidos para entregar mi mensaje, tuve un sueño en el que sostenía dos enormes y huevos de Pascua, y conejitos de chocolate. Ahora, usted debe comprender, ¡Yo amo el chocolate! Yo estaba tan contenta con ellos, pero eran tan grandes que realmente no podría terminar incluso a uno de ellos. Espere, esto se pone mejor: En el sueño, Jesús viene a mí y me pide uno de los huevos de Pascua. Mi respuesta: "¡No!"

¿Puede usted imaginar? No quiera darle a Jesús - la razón de la Pascua -uno de mis huevos de Pascua. ¡Cuán impactante! En realidad, ¡cuán horrible! Estamos hablando de Dios, aquí. ¡Yo no quería compartir con Dios! ¡Oh!

Como si esto no fuera suficientemente malo, tomé incluso un paso más allá. En el sueño, le di una piruleta. ¡Pero sólo porque no me gusta las piruletas! Como he llegado a ofrecer esta piruleta a Jesús, Él sonrió y aceptó alegremente.

Oh ¡Dígame que este era el sueño de otra persona! Pero no fue así. No. La despreciable en el sueño era yo. Cuando me desperté, sollozaba de la vergüenza por no querer dar a Dios un huevo de Pascua. Sin embargo, su actitud era increíble. Y fue entonces que me di cuenta de que él me estaba asegurando que estaría feliz con cualquier pedacito de amor y afecto que le mostré. ¡Alabado sea Dios!

Esta es la manera en que Dios se me empezó a revelar a sí mismo y su carácter. ¿Qué le dice esto? ¡Dios es feliz con los trocitos le damos! Dios es bien consciente de que un poco de afecto puede crecer en amor incondicional y sería feliz con una piruleta, para empezar.

Avancemos, aquí, al compartir esto, mi parte de la Biblia más favorita, este maravilloso resumen de la vida mostrada tan claramente en el capítulo de:

Isaías 30:19-26
"que la gente que vive en Jerusalén no llorara nunca más. El Señor es compasivo, y cuando le llora a Él en busca de ayuda, Él le responderá. El Señor le hará pasar por momentos difíciles, pero Él estará ahí para enseñarle, y usted no tendrá que buscarlo nunca más. Si se desvía del camino a la derecha o a la izquierda, oirá su voz detrás de usted diciendo, "Aquí está el camino. Sígalo." Usted tomara sus ídolos enchapado en plata y sus ídolos cubiertos en oro, y los tirara como suciedad, gritando, "¡Fuera de mi vista!" Cada vez que siembre sus cosechas, el señor enviará la lluvia para hacerlos crecer y te dará una cosecha abundante, y su ganado tendrá abundancia de pastos. Los bueyes y los asnos que aran los campos comerán los más finos y mejores forrajes. El día en que las fortalezas de tus enemigos sean capturados y sus personas asesinadas, arroyos de agua fluirán de cada montaña y cada colina. La luna será tan brillante como el sol, y el sol será siete veces más brillantes de lo habitual, como la luz de siete días en uno.

Todo esto ocurrirá cuando el señor venda y cure las heridas que ha dado a su pueblo."
[GNB]

Una cosa es cierta, Él quiere que sepamos que lloró cuando vio nuestro sufrimiento y nos lo quiere compensar. Cosas malas les suceden tanto a personas buenas como malas. Tengo confianza de que un día todo lo malo se acabará el odio, la violación, el asesinato, el dolor...

Eso no quiere decir que Dios deliberadamente permite que todas las cosas crueles le sucedan. En efecto, Dios nos advierte de muchas cosas. Él no quiere que cometamos ciertos pecados, porque Él sabe el daño que nos causarían.

Sin embargo, Dios permite el mal para lograr la mayor de las maravillas. Es tiempo, ahora, compartir con ustedes la más grande historia de amor cómo me enamoré de este Dios, cómo he encontrado un padre y un amigo, cómo llegué a conocer la personalidad y la voz de este Dios, que no es un Dios cruel.

Rezo cariñosamente que este libro que usted está leyendo ahora mismo no sólo le enseñe cuánto este Dios quiere compensar las cosas malas que le suceden aquí en la Tierra, sino también cuan desesperadamente anhela hablar con usted. Sin embargo, como he dicho antes, es simplemente demasiado impracticable buscar su voz sin primero buscar el Dios detrás de la voz.

Esto puede sonar gracioso, pero Dios se preocupa por las cosas que nos importan. Una vez que entregue mi vida totalmente a Él, cuando empecé realmente honrar su visión, honrando todo sobre Él, empezó a honrarme y lo qué es importante para mí. Dios es considerado, tanto como un amante es, o debería ser. Una vez, durante la sesión de la mañana en que yo había estado predicando durante muchas horas y ya estaba seriamente agotada, me di cuenta de que tenía que predicar de nuevo en la próxima reunión de aquella misma tarde. Yo sabía que la única manera en que podía hacerlo era entregarme totalmente a Dios, para dejar que el poder de Su Espíritu Santo me fortaleciera.

Justo cuando yo estaba hablando, en mi alma le pregunte a Dios, "Padre, estas personas necesitan de esperanza." quieren escuchar un mensaje de usted. ¿Quiere que me adentre en la profecía personal de sus vidas?"

Él respondió: «Hija mía, ¿desea hacer eso?»

Dios estaba siendo considerado por dejar la elección de la respuesta a mí. Él sabía que yo estaba cansada, pero decidí continuar y su espíritu me fortaleció. Esto es algo que tienes que sentir para creerlo. Y usted lo sentirá. ¡Es increíble! Él me dio la elección incondicional. Podía continuar, o podría optar por tomar el descanso que tanto necesitaba. De cualquier manera habría sido aceptable a Dios.

Mientras escribo esto, pienso en cómo aprendí acerca de la personalidad de Dios. Es innegable en la manera en que Él me habla. Pero además, su carácter es revelado a través de las escrituras en la Biblia. De todas maneras, Él es el más fiable, y si habla, usted puede confiar en él implícitamente.

Isaías 46:10
"Desde el principio, predije el resultado; hace mucho tiempo, predije lo que iba a suceder. Dije que mis planes nunca fallan, que yo haría todo lo que me proponía hacer."
[GNB]

1 Tesalonicenses 5:24
"El que llama lo hará, porque él es fiel."
[GNB]

Isaías 55:11
"Así también será la palabra que yo hablo, no dejará de hacer lo que tengo pensado para ello; hará todo lo que envíe a hacer."
[GNB]

Romanos 4:21
"él estaba absolutamente seguro de que Dios sería capaz de hacer lo que Él había prometido."
[GNB]

En Apocalipsis 3:4, el Señor Jesús es llamado el "Amén." La palabra significa verdadero, fiel y seguro, y la expresión significa aquí que todas las promesas hechas al pueblo a través del Redentor ciertamente serán cumplidas. Son promesas que son confirmadas y establecidas y que, en ningún caso, fallan.

Como "sí" es su palabra, así que amen es su juramento que nos asegura la garantía de su cumplimiento doblemente. Compare estos dos conceptos inmortales, es decir, Su palabra y Su juramento. Por tanto, es imposible que Dios mienta.

Isaías 30:19-20 termina con dos escrituras que significa lo máximo para mí. La razón por la que incluyo estos pasajes aquí, de nuevo, es porque usted necesita estas palabras tatuadas en su corazón para saber quién es realmente Dios.

Isaías 30:19-20
"que la gente que vive en Jerusalén no lloraran nunca más. El Señor es compasivo, y cuando le llora a Él en busca de ayuda, Él le responderá. El Señor le hará pasar por momentos difíciles, pero Él estará ahí para enseñarle, y usted no tendrá que buscarlo nunca más
[GNB]

Isaías 30:26
La luna será tan brillante como el sol, y el sol será siete veces más brillantes de lo habitual, como la luz de siete días en uno. Todo esto ocurrirá cuando el señor venda y cure las heridas que ha dado a su pueblo."
[GNB]

Dios quiere vendar tus heridas. Basta pensar en eso, sobre todo cuando te sientes lastimado, desesperado, abandonado.

Este es Dios que ciertamente nos muestra su corazón en la siguiente escritura:

Jeremías 29:10
"Apareceré y te cuidare como lo prometí y traeré de vuelta a casa"
[MSB]

Y este:

Jeremías 29:13
"Sí, cuando se tome en serio encontrarme y desearlo más que cualquier otra cosa."
[MSB]

También podemos aprender mucho de Job.

Job 5:17-18
"Así, ¡que bendición cuando Dios interviene y le corrige! Hay que tener en cuenta ¡no desprecie a la disciplina de Dios Todopoderoso! Es verdad Él hiere, pero también viste a la herida; la misma mano que te hiere, te cura."
[MSB]

Job 2:9-10.
"Su esposa dijo, "¿todavía te mantienes aferrado a tu preciosa integridad, verdad? ¡Maldice a Dios y termina con eso!" Él le dijo, "Estás hablando como un tonto de cabeza vacía. Aprovechamos los días buenos de Dios - ¿por qué no también los días malos?" Ni una sola vez a través de todo esto Job pecó. Él no dijo nada en contra de Dios."
[MSB]

Job 5:7-9,
"¡Realmente No! Traemos problemas sobre nosotros mismos, tan seguro como las chispas de un fuego. Si yo fuera usted, me ocuparía de regresar a Dios y presentarle mi caso. No podemos entender las grandes cosas que Él hace, y sus milagros no tienen fin."
[GNB]

En un sueño, Dios me enseñó una gran lección. Él me mostró dos pequeñas niñas en la escuela. Robaron un trozo de tarta de la mesa de la escuela. Había visto lo que habían hecho. Estaban tan sorprendidas cuando las agarre por la mano y les lleve a Dios. Mientras las llevaba deseando explicar a Dios que eran dos ladrones, estaban tan contentas de ver a Dios, saltaron sobre sus rodillas y dijeron, "¡Padre, Padre!" y le besaron todo su rostro.

Él estaba tan contento de verlas. Yo dije, "¡Padre, Dios, las cogí robando torta, y las traje aquí porque eran desobedientes!" Para mi asombro, Dios me ignoró. Yo sabía que habían robado, pero Dios me ignoró. Entonces, de repente levantando la vista del disfrute de su amor, Él dijo, "¡Yo soy padre, primero, y Dios, segundo! ¡Yo soy amor, primero, y juicio, segundo!"

Efesios 1:17
Y pídale al Dios de nuestro Señor Jesucristo, el Padre glorioso, que le dé el Espíritu, que os hará sabio y le revele a Dios, para que usted lo conozca."
[GNB]

Busque al Dios detrás del mensaje, no el mensaje detrás de Dios.

Próximamente, veremos algunos principios fundamentales con respecto a la voz de Dios y juntos lo que afectaría a su capacidad para escuchar más claramente a Dios.

16

CRUZANDO HACIA LA TIERRA DE "LOS QUE ESCUCHAN"

Por favor no tengas miedo mientras lees este capítulo. Todos pasamos por dificultades. Nos moldean, estos desafíos pueden incluso moldear nuestra capacidad de oír a Dios.

La limpieza de primavera del alma

Antes de seguir, te pido que tengas en cuenta, de nuevo, que no puedo – y no – pretendo ser una experta en el campo de escuchar la voz de Dios. De hecho, creo que nadie se convierte en un experto, sino más bien un "testigo" a la increíble experiencia que cambia tu vida. En mi epílogo, Te muestro lo que me pasó cuando llegué a estar demasiado cómoda en mi "capacidad auditiva." Por ahora, sin embargo, simplemente estoy compartiendo mis propias experiencias personales con ustedes, tratando de simplificar los diferentes campos y permitir comprender, quizás un poco más claramente, lo que se necesita para alcanzar la preparación necesaria para disfrutar de sus propias experiencias con la voz de Dios. ¿Están listos? Bueno, vamos a tomar el camino a la tierra de la "audición".

Luchando contra tus enemigos

Hay distintos tipos de viajes que te llevan al lugar perfecto que Dios tiene pensado para ti. La Biblia nos enseña que los Israelitas tuvieron que cruzar el río Jordán. Esto simboliza cruzar atreves de la muerte para entrar a la buena tierra. Y sería en esa tierra que los hijos de Israel comenzarían a enfrentar y derrotar a sus enemigos. Aquí, Dios guio a los israelitas en el combate con sus enemigos y los ayudo a adquirir una mayor comprensión y sabiduría. En este lugar, tuvieron que superar enemigos en el interior como en el exterior. Hablando de este viaje a un lugar perfecto, me refiero al siguiente nivel más cerca de Dios y vivir en la mejor unidad con él. ¿Por qué? Porque las personas que están más cerca de Dios lo oyen con más claridad. Es simplemente una relación donde los dos hablan entre ellos.

¿Recuerdas leer la primera parte de mi testimonio? En él, vimos que había una larga temporada, en la cual yo anduve en un desierto – Lo "Desconocido". Ahora me doy cuenta, en retrospectiva, que Dios estaba entrenando a una mujer para aprender lecciones que simplemente no existen en ningún manual. Y, para ser sincera, no existe manera «fácil» de adquirir esta sabiduría específica, pero a través de las dificultades que surgen en la vida.

En esa temporada de preparación, me di cuenta de que yo estaba cruzando y entrando a un siguiente nivel en mi vida espiritual, porque de repente, más que nunca, mis enemigos internos aparecieron, de la nada. Enemigos que nunca supe que existían ágilmente emergieron como alimañas desenfrenadas en toda mi vida. Se hizo dolorosamente evidente que Dios esperaba que yo luchara contra todos estos parásitos -como él aun lo hace, hoy- para poder "escuchar" mejor.

Por una vez, me sentí derrotada. Y ansiosa. Y probablemente, usted también lo hará. Yo estaba tratando, por mí misma, una primavera de limpieza en el alma. He tenido que conciliar que Dios nunca me envió a la batalla, él me condujo a ella. Tuve que adquirir la sabiduría esencial de que esta batalla no es mía, sino del Señor, y que él mismo, permitiría asegurar mi victoria.

Antes de entrar en más detalles acerca de las guerras que tuve que ganar, veamos brevemente qué sucedió a Josué en anticipo a que los Israelitas cruzaran el Jordán para entrar en la Tierra Prometida.

Separarse de las cosas impuras.

Josué dijo al pueblo:

Josué 3:5
"purificar ustedes, porque mañana, el Señor realizará milagros entre vosotros."
[GNB]

Dios enseñó a Josué cómo conquistar a sus enemigos. Con la ayuda de las fuerzas sobrenaturales del reino de Dios, Josué ganó su guerra contra Jericó. Esto fue posible por la devoción de Josué al obedecer la voz de Dios. Tras la victoria, Dios probó la obediencia de la gente al no permitirles tomar nada de la ciudad de Jericó.

Josué 7:13
"! ¡Levantarse! Purificar el pueblo y prepararse para venir delante de mí. Dígales que estén listo para mañana, porque yo, el Señor, Dios de Israel, ha dicho lo siguiente: ¡Israel, tú tienes en tu poder algo que te ordene destruir! ¡No podrás luchar contra tus enemigos, hasta que te deshagas de esas cosas!"
[GNB]

Estoy segura de saber lo que Dios quiere decir con esto. Aprendí esta lección al cruzar en mi tierra prometida de un matrimonio feliz con niños. Durante este tiempo, Dios comenzó mi limpieza de primavera espiritual. Sólo después de que yo estaba limpia - incluyendo poner fin a mi obsesión por querer un marido - yo estaba completamente bendecida. Y lo más dulce que incluyó la bendición de Dios fue un esposo maravilloso y hermosos hijo e hija. Lo que, es más, me fue dada la notable habilidad de escuchar a Dios claramente y con mayor entendimiento, aunque el proceso de aprendizaje nunca se detiene.

Combatir al enemigo de la inseguridad

Como todos nosotros, ocasionalmente, Josué no se sienta completamente seguro en todo momento. Los Israelitas perdieron su valentía y tuvieron miedo cuando el Señor no los ayudo con la batalla en Ai.

Recuerdo muy bien ir a través de una caída en mi valentía durante mi preparación. A medida que me resistía, fui puesta a prueba por mis inseguridades cada vez más desconcertada por mis propias debilidades. Creo que Pedro, aquí ¿Niega a Cristo a través de su propia inseguridad?

Marcos 14:19, 30

"Atónitos, ellos comenzaron a preguntar, uno tras otro, "¿no seré yo, cierto?"
Jesús dijo, "No estén tan seguro. Hoy, esta misma noche, de hecho, antes que cante el gallo dos veces, tú me negaras tres veces.'
[MSB]

Cuando me di cuenta de que estaba luchando con mis inseguridades, Dios me reveló que el motivo por el que he actuado de alguna manera fue a causa de mi pasado. El temor de la pérdida puede conducir a la inseguridad. Personas inseguras inmediatamente se moverán de una relación rota a otra. Cuando el amor despierta en las mentes y cuerpos de los adolescentes, buscarán el amor en todas partes excepto en Dios.

En el momento en que enfocamos nuestra mirada en otro lugar- lejos de Dios- en búsqueda de la seguridad, es como si lanzáramos una gran manta sobre nuestras inseguridades. De hecho, sólo estamos "dejándolas dormir", durante un tiempo. Te aseguro que estas inseguridades están ocultas, pero no han desaparecido. Y harán su reaparición cuando llegue el momento.

Explorare el tema con más profundidad en el capítulo posterior. Pero permítanme decir esto, justo aquí: en primer lugar, si usted no encuentra su completa seguridad en Dios, entonces sus inseguridades se manifiestan en otras maneras. Para mí, ese momento llegó cuando me casé. He visto que es la inseguridad que provoca y comanda reacciones posesivas en las relaciones. Y lo mismo se aplica a las personas que tienen una necesidad desesperada de ser querido. De hecho, esto es exactamente donde el espíritu de seducción es nacido. Ten mucho cuidado con tus inseguridades. Tienen mucha más influencia sobre tu comportamiento de lo que te imagina o temes admitir.

En resumen, Dios te necesita que estés "más limpio" para poder "escuchar" mejor. Si tú no abordas la inseguridad -y esto significa dejar que Dios te lleve en la batalla con tus carencias - no será capaz de separar a ti mismo de cosas impuras.

Veamos cómo esto está presente en el mundo de hoy. De sus labios a sus caderas, las mujeres de todo el mundo están utilizando cirugía estética para arreglar cualquier cosa que no le gusta acerca de sus cuerpos. En Hollywood, la cirugía plástica es una importante industria. Durante años, numerosas actrices han señalado que es raro ir a algún lugar donde la mayoría de las mujeres no han tenido algo que "mejorar" en su aspecto o aumentar sus cuerpos. ¿Por qué esto es así?

La seducción es el requisito previo más importante en la industria del entretenimiento. Es evidente que esa mentalidad está detrás del aumento en el número de niñas de 18 años y más jóvenes aún, con implantes, ojos y narices reconfigurado, soportando los riesgos de los procedimientos de una liposucción. Estos "fracasos" personales son demasiado frecuentes. Y todo esto es alimentado por la inseguridad, el ardiente deseo de simplemente encajar en una percepción de la norma.

Lo natural es limpio y hermoso cuando se irradia con divina seguridad

Lo que creo que está detrás de todo esto, es el surgimiento de una generación de mujeres jóvenes- y hombres también - no pidiéndole a Dios que les ayude con sus inseguridades. Cuando temprano en la vida, las personas no resuelven sus problemas de identidad con Dios, resulta aún más difícil mediante sus vidas crecen en responsabilidad, cuando ellos finalmente encuentran una pareja y empiezan una familia.

La única forma de conquistar las inseguridades en tu vida es pedirle a Dios que te libere de toda duda. Conociendo y sintiendo este amor de Dios, directamente, tu podrás encontrar la más pura felicidad en una relación, porque ustedes sabrán -y podrán ofrecer - el verdadero "tú" que Dios sabe.

Tus inseguridades te hacen más vulnerables a los falsos mensajes porque los falsos mensajes cubren tus inseguridades.

Las personas inseguras son más vulnerables a mensajes falsos porque los falsos mensajes cubren sus inseguridades. Un ejemplo: Una persona insegura desea la fama. Son muy propensos a tener sueños donde son famosos. Con este sueño, están convencidos de que es la promesa de Dios para ellos. Es una lástima que ellos se aferraran a este falso mensaje: esta mentira - por un tiempo muy largo. ¿Alguna vez has soñado con conseguir algo, convirtiéndote en algo que has querido? Muy emocionante, ¿no? En un instante, tu inseguridad es vencida y "llegas" a tu estado ideal. Pero, no todos los sueños son de Dios. Tu inseguridad todavía está contigo, unida a ti como un esclavo. En efecto, la inseguridad crea esclavitud en tu vida.

El enemigo de los ídolos,

Mientras yo seguía trabajando en los *Mensajes de Dios*, la mujer que estaba ayudándome a escribir el manuscrito escuchó la voz de Dios una noche, mencionando el siguiente pasaje de la biblia:

Deuteronomio 4:23
"Estar seguros de que no se les olvide el pacto que el Señor, su Dios, hizo con ustedes. Obedecer sus órdenes, no se haga ningún tipo de ídolo."
[GNB]

Incluso mientras escribía, sorprendentemente, todavía tenía enormes ídolos que yo ni siquiera me daba cuenta o reconocía. Yo era consciente de que estas obsesiones son el enemigo, manteniéndome de entrar plenamente en la tierra de la "audición".

Yo aún no me daba cuenta de cuántas cosas realmente podían convertirse en un ídolo en la vida de uno. Incluso las cosas que Dios ha prometido sacarlas de su bondad pueden convertirse en ídolos. Llegué a una conclusión penosamente errónea la cual era que Dios quería todo de vuelta y que tenía que renunciar a mi visión, mis esperanzas para el futuro, e incluso mi escritura y trabajo por Dios.

Mientras estaba sobre mis rodillas, llego un momento donde todo esto no importo más y me rendir, diciendo a Dios, "Puedes hacer lo que quieras con mi vida. Si vivo, vivo. Si muero, ¡muero!" Nada tiene sentido nunca más. Realmente, no me importa mi vida, mi futuro, yo misma. Escuchar aquí: Este no es un lugar que visitaras sólo una vez. Dios puede traerte de vuelta a este lugar cuando tu atención la tiene solamente tus ambiciones. Recuerda esto.

Estaba en la oscuridad. Era como si Dios me dejara caer en el pozo más profundo. Sin embargo, en toda esta oscuridad, la presencia de Dios no me dejaba. Ella estaba conmigo todo el tiempo. Yo estaba encerrada en nuestra casa, en África, por una oscura nube que Dios había enviado.

Durante días, lloré y pedí por la ayuda de dios, pero no hubo ayuda en el camino. Me puse a pensar acerca de las varias veces que clamé por ayuda a Dios en mi viaje, durante períodos muy largos. Aunque él me ayudó en todo momento, no siempre era inmediata, o en la forma que yo esperaba. A veces, se tardan días antes de sentir su asistencia. Otras veces, semanas. Los dos años de aislamiento completo que estuve en la granja se convirtieron en una verdadera prisión sin ventana alguna.

Luego vinieron esos solitarios años que se apoderaron de mí después de mi regreso de Hollywood, un período donde yo estaba estancada en Johannesburgo, sin amigos, sin marido, sin trabajo. Parecía que todos tenían carreras, haciéndome sentir - tonta. De una vez en cuando, un poco de luz brillaba atreves de las nubes.

De alguna manera, estaba presa, una mujer a la espera de la próxima instrucción o sólo un poco de orientación. En este punto, ni siquiera sabía lo que quería hacer con mi vida. Nunca esperé sentirme tan completa al momento que fui bendecida con mis niños. De hecho, era como si yo estaba en un viaje a la nada, hasta que tuve a mi esposo y a nuestra hermosa hija e hijo. Para muchos de nosotras mujeres, la maternidad es nuestro llamado y no nos damos cuenta de lo grande que es, hasta que ocurre.

Tan feo como todo esto suena, por favor, comprendan que mi viaje fue duro. Dios sabía que tenía que llegar a ese lugar de "nada", me tuve que rendir al hecho de que Dios me estaba llamando para algo diferente, para que no siguiera persiguiendo cosas que no conducen a nada.

Durante este tiempo de soledad, el único consuelo que encontré fue el saber que alguien en la tierra se había sentido de mí misma manera anteriormente. Cuando leí el salmo 88, se sentía como si estuviera leyendo mis propias palabras.

Salmo 88
Señor Dios, mi salvador, clamo todo el día
y por la noche vengo antes que usted.
Oye mi oración;
¡Escucha mi grito de ayuda!

Tantos sinsabores han caído sobre mí
que estoy cerca de la muerte.
Soy como todos los demás que están a punto de morir;
toda mi fuerza se ha ido.

Me siento abandonado entre los muertos,

soy como los matados que yacen en sus tumbas,
aquellos que han olvidado completamente,
que están más allá de su ayuda
Ustedes me han sumido en la profundidad de la tumba.
En el oscuro y profundo hoyo.
Su ira yace pesada sobre mí y me siento aplastada por sus olas.

Que has causado a mis amigos me abandonan,
me has hecho repugnante para ellos,
estoy cerrada y no pueden escapar.

Mis ojos son débiles desde el sufrimiento,
Señor, todos los días, hago un llamamiento a usted y levante mis manos a vosotros en la oración.

¿Realiza milagros para los muertos?
¿Se levantan y te alaben?
¿Es tu amor constante del que se habla en la tumba?
¿O tu fidelidad en el lugar de destrucción?

¿Son ***su milagro visto en ese lugar de las tinieblas?***
¿O usted la bondad en la tierra del olvido?

Señor, pido su ayuda;
cada mañana le pido a usted,
¿por qué rechazar a mí, Señor?
¿Por qué te aleja de mí?

Desde que yo era joven, he sufrido
y estuvo cerca de la muerte;
Estoy desgastado de la carga de sus castigos.
[GNB]

El escritor de este salmo fue Hemán, un infatigable hombre de oración. De hecho, él se entregó a la oración en todo momento, especialmente cuando estaba afligido. La Biblia dice que, si están afligidos, recen. Hemán era un hombre sabio, un hombre bueno, un hombre de Dios, e incluso un cantante, también. Como tal, uno podría suponer que él era de espíritu alegre. Sin embargo, Hernán vivía con dolor, le perturbaban cosas en su mente y caminaba al borde de la desesperación.

Problemas interiores - los problemas del espíritu – son los más dolorosos de todos. Sin embargo, incluso el mejor de los santos y siervos de Dios han sido severamente expuestos a este dolor. ¿Qué alma, incluso entre las más grandes de las almas, puede resistir el derrumbe del espíritu interior? ¿Cómo puede un alma agobiada sostener su propio infinito? ¿Quién entonces puede soportar un espíritu herido?

Digo esto porque no puedo dejar de subrayar que nuestra temporada de sufrimiento es para bien. Termine de leer este libro y le voy a demostrar que tal sufrimiento extremo tiene final. Algo dentro de nosotros necesita romperse, y a través de las fisuras se vaciarán todas las mentiras dentro de nosotros para que podamos vivir en una nueva dimensión.

Sólo Dios sabía si me iba a enviar nuevamente a los Estados Unidos y si iba a hablar allí de nuevo. Algunas de las "cosas" de Dios dentro de mí morirían durante esos dolorosos años en Sudáfrica. Mientras escribo esto, creo, mejor dicho, veo que no habría podido sobrevivir en Hollywood con los ídolos dentro de mi propia vida. Los ídolos llegaron para atacarme. Era la sensación de que abrí una puerta en el reino espiritual que necesitaba permanecer cerrada.

Más allá de la duda, Dios te pondrá a prueba antes de que usted reciba tu promesa o un mensaje importante. Él pondrá a prueba tu fe. Él incluso pondrá a prueba tu devoción. En mi caso, él puso a prueba ambos, mi fe por él y a mí.

Filipenses 3:8
"Por su bien he descartado todo lo demás lejos... para que yo pueda ganar a Cristo." [NLT]

Repito aquí una lección que debes aprender. Ten en cuenta que las promesas de Dios para usted no deben ser más importante que el propio Dios. Francamente, esto me pasó a mí cuando predicaba en Hollywood. Todas sus promesas se volvieron más y más importantes para mí que Dios todopoderoso. Pero ¿cómo podría saber? Yo reflexionaba sobre esto, constantemente. Me daba vuelta en mi cabeza: las promesas se convirtieron en obsesiones; se convirtieron en ídolos. Lo que es peor, incluso algunas de esas promesas no fueron realmente de la voz de Dios.

En Hechos 3:18, Dios anuncia que su Mesías debía sufrir. En Isaías 53:10, se nos dice, tan duro como esto es de entender, es la voluntad de Dios de "Dejar hematomas a su hijo". La palabra hebrea para el hematoma es daka, la que significa golpear hasta destrozar, romper, aplastar y destruir. ¡Suena cruel, pero fue ese inocente cuerpo roto que nos dio la salvación! Él nos dio la vida eterna. Es la personificación del amor duro.

En mi propia vida, doy gracias a Dios por el dolor, el sufrimiento, la desigualdad y los errores que he cometido. Me cambio cuando necesitaba cambiar. Y aunque mi espíritu puede amar, mi carne aborrece la ruptura y el proceso de enseñanza. Todos somos seres humanos.

Mientras sentía que estaba viviendo los sentimientos del salmo 88, todavía me preguntó si fue Dios quien me llamó para esta tarea, y ¿Por qué tendría que caminar tantas veces atreves de sufrimiento y dolor? Otros jóvenes estaban en fiestas los fines de semana, disfrutando de la vida mientras yo estaba sola. He tenido este don maravilloso, pero era como si yo estuviera marcada como un “caducado”, o tatuada con un “no molestar”.

Dios deja con moretones a la gente que ocupa.

Él te romperá para armarte.

Que dulce retrospectiva. Ahora, comprendo cómo el Señor usó este tiempo no sólo para desarrollar su llamada en mi vida, pero también para prepararme para esa misión. Sólo ahora, puedo ver que Dios dañara a la gente que utiliza. Él rompe para hacerte. A medida que más te bendiga, el daño será equivalente.

Cuando piensas acerca de esto, son estas personas que realizaron contribuciones sustanciales al reino de Dios, las que fueron primeras en quedar rotas. Dios confía en gente rota con cualquier tarea. Al leer las biografías de hombres y mujeres, elegidos para ser vanguardias en la época del renacimiento, verás que todos ellos pasaron por algún grado de sufrimiento. Sólo sabemos que los sufrimientos terminan y entre la temporada de formación, Dios nos da un descanso.

Tormentas para ordenar tus oídos

Como menciona anteriormente, algunas veces Dios toma unos días antes de traer la ambulancia. Hoy, podrías preguntarse dónde está; pero mañana, sabrá que él nunca llega demasiado tarde.

A este mismo hecho, piensan en Jesús, en la cruz: “¡Dios mío! ¡Dios mío! ¿Por qué me has abandonado?”

En algún momento en el futuro, podrás intercambiar tus compañeros diarios, sufrimiento y dolor, por los compañeros divinos, paz y alegría. Y ésta va a ser una luz eterna.

Dios selecciona personas para las tormentas. Durante una tormenta, podrás sentir que todo se derrumba a tu alrededor. En realidad, quizás necesitaras el último de tus recursos para sobrevivir a la oscuridad de la noche.

Cuando los discípulos de Jesús se dirigen a el barco, Marcos [4 y 5], fueron acosados por tormentas, pero ninguno se perdido en el mar. Después de eso, grandes milagros ocurrieron cuando llegaron a la costa. Antes de que la gloria sea revelada, el dolor se siente. La oscuridad huye al amanecer. El poder de la resurrección hace su camino hasta tu cementerio de sueños rotos.

Piense acerca de esto, sólo se puede ver un arcoíris después de una tormenta, no antes. Un arco iris representa la promesa de Dios y viene cuando la tormenta ha terminado.

(Génesis 9:11-15) su voz, también, es como un arco iris; ofrece una promesa.

Tú puedes sentir perfectamente que estás sufriendo y las tormentas están tomando demasiado tiempo. Tú puedes comenzar a pensar que tus quebrantos nunca darán paso a tus bendiciones. En esos momentos, recuerde que se necesita tiempo para hacer algo precioso y único. Mire el proceso en el cual una perla es formada en una ostra.

Fueron veinte largos años para Joseph que pasaron para llegar desde el foso al Palacio. Antes de entrar en el palacio, él estaba en el lugar más profundo de la oscuridad: la cárcel.

Aunque fuese un rey, le tomó quince años a David antes de que él alcanzara el ¡trono!

En la historia de Lázaro ***(Juan 11:1-6),*** se ve que Jesús se tomó su tiempo para traer un milagro mayor. Jesús no fue a Betania, a mostrar a la gente un milagro sino a mostrarles la gloria, y que Él es el Señor de todos. El deseo de Dios iba a manifestarse más allá de lo que María y Marta habían experimentado y presenciado. Jesús recibió la noticia de que Lázaro estaba enfermo, pero él no fue ni una sola vez en su ayuda hasta que Lázaro murió. Respondiendo a esta muerte, Jesús dijo, *"El resultado final de esta enfermedad no será la muerte de Lázaro. Esto sucedió a fin de dar gloria a Dios y será el medio por el cual el hijo de Dios recibirá gloria."*

Durante mi tiempo en la primavera de limpieza espiritual del Señor, me sentí abandonada. Realmente fue agonía mental. Una persona de mi grupo de estudio bíblico me dijo que yo estaba cruzando el Río Jordán para entrar en la Tierra Prometida. Prefiero llamar a esta tierra de paz, felicidad y dirección.

El Río Jordán es donde Jesús y Juan el Bautista fueron bautizados. Como representa la muerte, cruzar representa cruzar sobre la muerte. Realizar este cruce y alcanzar el mejor lugar de todos, un lugar donde se puede escuchar la voz de Dios, un lugar donde estás exactamente donde él quiere que estés. Simplemente, el mejor lugar en la tierra. Más cerca del cielo.

La tierra prometida no es necesariamente un mejor trabajo o una casa más grande. Ninguna de estas cosas puede hacerte sentir la forma en que un mensaje de parte de Dios te hará sentir. Nuestra tierra prometida es donde estamos libres y puros, donde podemos oír a Dios y conocer a Dios.

A medida que avanzas en tu viaje, sentirás el progreso. A través de todas mis lágrimas y agonía, vi mi orgullo debilitarse. Y yo estaba teniendo más sueños. He aprendido que, de la mano del sufrimiento, la soledad y la tristeza estaban siendo purificadas no como al ir de la mano con el orgullo. Escribí sobre trozos de papel, todas las batallas por las que estaba pasando, desde vencer miedos e indignidad, al más grande de todos: el asesinato de mis ídolos. De alguna manera, desde muy temprano, yo sabía que, en algún momento, los dolores escritos en los pedazos de papel se convertirían en las joyas de la corona. Es un gozo ofrecer esta corona a cualquiera, cualquiera que lea estas palabras y acepta el camino hacia Dios.

Como dicen, "y sabemos que vamos a conseguir lo que viene para nosotros, una increíble herencia; debemos pasar exactamente por lo que Cristo paso. Si atravesamos los tiempos duros con Él, entonces ciertamente los buenos tiempos también vendrán a su lado", en el sentido de buenos tiempos en la tierra.

Romanos 8:17
"Y puesto que somos sus hijos, somos sus herederos. De hecho, juntos con Cristo, somos herederos de la gloria de Dios. Pero si vamos a compartir su gloria, también debemos compartir su sufrimiento."
[GNB]

Ahora, hay una escritura que vale la pena recordar. Se dice claramente que el hombre debe "tomar su cruz cada día."

Lucas 9:23
"Y él dijo a todos ellos, todo los que quieran venir conmigo, deben olvidarse a sí mismo. Tomen su cruz cada día, y síganme."
[GNB]

Hay una triste interpretación en los círculos cristianos, hoy, que sugiere que la cruz representa el sufrimiento. Pero, debo decirles que la cruz se convierte en una bendición que deja de sentirse como una cruz, para siempre.

La devoción que tú probablemente detectas en mi vida es producto de una cruz - la gran pelea necesaria para forjar esta fe. Este testimonio que se lee es el resultado de otro cruce - pruebas dolorosas. Mis victorias sólo surgieron a través de otro cruce - problemas increíbles.

A medida que aprendes a llevar tu Cruz, habrá momentos en los que todo parecerá tan difícil que bien podría ser imposible. Bueno, tienes razón. No hay ninguna posibilidad de éxito humano. Es por esto el designio divino. Sólo Dios puede arreglarlo. Tu papel es tener corazón y pedirle ayuda.

Smith Wigglesworth, ¿lo recuerdan? Escribí sobre él en un capítulo anterior. Él era un hombre que Dios escogió y utilizó para enormes tareas. Esto fue por la fe de Wigglesworth era tan firme que Dios sabía intrínsecamente que este hombre era sólido como una roca. Y así fue. A través de su sorprendente fe, lideró a miles de personas - alrededor del mundo - a Cristo, y decenas de miles fueron curados por sus manos y por su ministerio. A través de la fe, resucito la gente de la muerte, incluyendo a su propia esposa, Polly. Cuando ella murió, le resulta muy difícil seguir adelante sin ella. Él experimentó una profunda sensación de quebrantos como no podía imaginar los próximos 34 años sin ella, como era la voluntad de Dios para él. Ella era su todo. Ella le enseñó a leer, a escribir – todo- ¡después de haber alcanzado la edad de! 25!

Algunas de sus palabras:

"Yo soy un hombre solitario y, muchas veces, todo lo que puedo hacer es llorar y llorar. Me siento como si mil motores han llegado a lo largo de mi vida para romperme como un vaso de alfarero. No hay otra manera en las cosas profundas de Dios, sino un espíritu quebrantado. La mejor cosa que tú puedes tener es una gran prueba. Se inaugura en su herencia."

Estoy de acuerdo con sus declaraciones. Era un espíritu quebrantado que abrió mi vida a lo sobrenatural y las cosas profundas de Dios. Después de leer acerca del dolor de este hombre, me eché a llorar y ore a Dios diciendo, "no sé si puedo soportar más sufrimiento." Yo sabía, en el fondo, que la fe que crecía dentro de mí venia de este camino de purificación profunda y quebrantos que Dios permitió. Yo sabía que tales bendiciones son preciosas, y yo estaba agradecido por estas brutales experiencias. Pero, la debilidad humana en mí se levantó y me pareció que ya era suficiente. Está bien ser honesto, decir, "Dios no puedo más". Dios siempre enviará alivio.

Coloca lo que es más importante en un altar, para escuchar mejor

Parte de la muerte llega con lo que se coloca sobre el altar. En ocasiones, serán muy pocas cosas que usted tiene que colocar en el altar. Cuando ganes victorias en el reino sobrenatural, que se manifiesta en el plano físico. Es aquí, en la vida cotidiana, que podría enfrentar una gran batalla. La manera en que usted puede ganar esta batalla estará relacionada a lo que este sobre el altar.

A simple vista, parece que Jesús fue derrotado por la crucifixión, pero en lo sobrenatural, más allá de donde el ojo puede ver, él ganó la victoria, y él nos libero –los cautivos-. Esta victoria en lo sobrenatural se manifiesta en el medio natural, a través de la Resurrección. Lo que Cristo hizo, aquí, fue el triunfo sobre el altar. Es lo que puso sobre el altar, ante su padre, el

Rey que trajo la mayor victoria jamás conocido. Jesús ha puesto su propia vida en el altar.

Usted también tendrá que colocar un sacrificio sobre el altar. Tomará la obediencia radical y carne muerta para entrar en este reino, como fue en el caso de Abraham. Dios le prometió a Abraham un hijo y, a continuación, este mismo Dios le pidió sacrificar a este hijo de la promesa. Este hijo era la personificación del Dios de la promesa exacta de Abraham y su descendiente. Tomó 25 años antes de que Abraham entregara a Dios la prueba definitiva.

Se llama a muchos, pero pocos son escogidos. Sí, Mateo 20:16. Si quieres estar entre los elegidos, tendrás que soportar las pruebas de Dios. Pruebas preparatorias de Dios es lo que determinara si queremos llegar a la condición de ser elegido. Después de la última prueba, Dios cambió su palabra por profecía condicional para Abraham, ratificando el juramento. Se convirtió en una incondicional promesa profética apoyada por juramento propio de Dios, "Yo he jurado... Te bendeciré;" [Génesis 22].

Dios hará un camino para usted. Te fortalecerá cuando te sientas débil, en cada prueba. Después de todas mis pruebas - mis sentimientos de debilidad y soledad extrema, mientras estaba en Los Ángeles – he recibido la mayor palabra de Dios diciendo, "mientras que yo soy Dios, y que es para siempre, que nunca falte nada." Este era un juramento que Dios me estaba dando.

El altar es la mesa de consumación en su relación con Dios. Un altar es un lugar donde el espíritu puede ser contactado. Es un lugar de comunión, pacto y bendición. La oración es la única manera de activar un altar y hacerlo funcional y dinámico. Usted necesita un altar para ponerse en contacto con el espíritu. Donde no hay ningún altar, es imposible tener contacto con el mundo espiritual.

El altar y el Río Jordán convertidos en uno, la única cosa necesaria en su vida que le permitirán convertirse en alguien "de confianza" para oír. Juan 24:4 nos dice que debemos adorar a Dios en espíritu y en verdad.

Ahora, esto es importante: la razón por la que Dios no da respuesta a muchas personas incluyendo intercesores es porque sus oraciones provienen de fuera del alma. En el Antiguo Testamento, altares eran estructuras físicas, mientras que, en el Nuevo Testamento, se convierten en estructuras espirituales. El altar de la oración es el lugar de la bendición.

Éxodo 20:24
"Un altar de tierra harás para mí, y usted deberá sacrificar en su holocausto y su ofrenda de paz, tus ovejas y bueyes. En cada lugar donde dejo constancia de mi nombre, vendré a ti, y te bendeciré." [RV]

Dios no podía bendecir a Noé y a sus hijos después de la inundación, hasta que construyó un altar.

En Génesis 8:21-22, 9:1, 7 Dios bendijo a Noé y su familia y confirmó su dominio después de que él [Noé] construyó un altar y sacrificó sobre él. Repetimos: el altar de la oración es el lugar de la bendición.

Aunque Jesucristo pavimento el camino para nosotros, todavía tenemos que colocar nuestros propios ídolos en el altar.

Para tener una oración efectiva y funcional, esta debe tener el sacrificio adecuado. El reino sobrenatural y crecimiento espiritual no puede ser visitado y abierto a menos que un sacrificio este tumbado sobre el altar, y ese sacrificio puede ser todo lo que eres, todo lo que sueñas, todo lo que ustedes esperan.

Durante mucho tiempo, no entendí por qué Dios quería que su pueblo sacrificara inocentes corderitos. En el Antiguo Testamento, se habla del tabernáculo, el Arca del Pacto, los altares y sumos sacerdotes. ¡Me pareció tan confuso que yo no quería leer el Antiguo Testamento!

Lo que no sabía era que lo que Dios estableció en el Viejo Pacto fue un sistema temporal y preliminar de la permanente Nueva Alianza, a fin de que puedan reconocer ese 'Cordero'. Cuando fuera a surgir de ellos Dios habló de manera simbólica y sigue haciéndolo hoy en día.

Dios sólo podía abordarse, en cierto modo, antes de la venida de Cristo. El Tabernáculo era el lugar donde los hebreos traerían sus sacrificios por el pecado y los sacrificios de alabanza. Sólo podían acercarse a Dios de esta manera a través del Tabernáculo. El Tabernáculo era el lugar donde Dios se encontraba con ellos, donde Dios habitaba, y que era el único lugar donde se podría oír de Dios.

Éxodo 25:8
(Dios da las siguientes instrucciones a Moisés): "Dejemos que ellos hagan un santuario para mí que yo pueda morar entre ellos... Y harás conforme a todo lo que yo te muestre, el diseño del tabernáculo o morada y el patrón de todos los muebles."
[AMP]

El tabernáculo que el Antiguo Testamento describe iba a ser un lugar donde Dios se reunió y habitó con su pueblo del pacto. La importancia del altar fue reconocida en todo el mundo. La gente en el Antiguo Testamento sabía que las poderosas cosas sucedieron cuando un sacrificio fue hecho sobre un altar. Vea lo que sucede en Josué 22:10-12 donde se describe que las tribus orientales habían construido un altar. [GNB]

El altar, como se mencionó anteriormente, es el lugar donde tú "mueres". Cuando la gente del Antiguo Testamento construyó el altar, ponen una imagen dentro de él. Reconocieron el altar como el lugar donde hicieron su sacrificio. De hecho, un sacerdote no lo bendeciría hasta que usted llegue a este altar con un sacrificio.

Salmos 50:5
Dice, "Recoger mi pueblo fiel a mí, los que hicieron conmigo pacto con ofrecer un sacrificio."
[GNB]

Porque era difícil mantener los Diez Mandamientos, era difícil acercarse a Dios a menos que un sacrificio fue hecho. Entonces Moisés tomó la sangre del animal sacrificado y la salpico contra el altar. Porque la vida de una criatura está en la sangre — yo os la he dado para hacer expiación para sí mismo en el altar.

Por lo cual la misma sangre expiará la vida de uno. Esto se aplica aún en el Nuevo Testamento. Lo que realmente sucedió en el "mundo espiritual" fue que Dios estaba salpicado la sangre de su hijo contra el altar. ¡Él puso su hijo amado, que era parte de él, en el altar para salvar el resto de nosotros! Increíble.

¡Vaya sacrificio! ¿Podrías hacerlo? Míralo de esta manera: si usted es un padre con diez niños y nueve de ellos estuvieran muriendo y la única forma en que podría guardar esos nueve fuera sacrificar el décimo en el altar, ¿lo harías?

En una aparición a sus discípulos después de su resurrección, Jesús dijo;

Lucas 24:38-39
"... ¿Por qué estás preocupado?, y ¿por qué cuestionamientos lugar en vuestros corazones? Ver mis manos y mis pies, que yo mismo; asa, y me veréis; un espíritu no tiene carne y huesos como veis que yo tengo. ¿Por qué te incomoda y por qué preguntas aumento en vuestros corazones?" [RV]

Hoy, diríamos carne y sangre. Pero Jesús dijo carne y hueso porque él dio su sangre por nosotros.

Muchas personas vienen al lugar del altar y es ahí donde se detienen. Pero, hay un lugar detrás del altar que usted necesita ir a encontrar la forma más elevada de satisfacción y alegría. Es el único lugar donde alcanzarás el poder sobrenatural de Dios en tu vida.

Muchas personas quieren lo justo de Dios para hacer que sus problemas desaparezcan. Se pueden encontrar los milagros pero que todavía siente que le falta algo. Él quiere que pase las pruebas necesarias, para que tu personaje esté listo.

1 Corintios 10, explica que cada prueba que experimentas es el tipo de personas que viene. Las tentaciones en tu vida no son diferentes de lo que otros experimentan. Y Dios es misericordioso. No se le permitirá a

la tentación, ser más de lo que puedes soportar. Cuando esté tentado, le mostrará un camino de salida, de modo que puedas soportar.

2 corintios 4:7
Ahora tenemos esta luz que brilla en nuestros corazones, pero nosotros somos como frágiles vasijas de barro que contiene este gran tesoro. Esto deja claro que nuestro gran poder viene de Dios, no de nosotros mismos.
[NLT]

Romanos 4 dice que la fe de Abraham no salía de él, y él no duda de la promesa de Dios, pero su fe lo lleno de energía. Por esta razón, la Biblia dice que Abraham fue aceptado como un hombre justo por Dios.

Usted ha estado siguiendo mi viaje. En este punto, tú estás listo. Ahora estoy dándole el mapa de cómo llegar a este lugar sobrenatural en su propia vida. Es el lugar donde usted se sentirá completo y contenido, como nunca. Sin embargo, necesito en primer lugar llevarlo al lugar donde usted podrá pasar por el altar a la voz y a su presencia, más allá. Pero nunca piense que usted se enfrentará con un altar sólo una vez en su vida.

El pacto de sangre, lo que se traduce en la paternidad, no puede ser roto con Dios, sino la comunión con él puede estar roto. El pecado, como el sexo antes del matrimonio, etc., así como todas aquellas cosas que nos idolatran, rompen nuestra comunión con Dios, ya que él es santo. Es sólo cuando nos purificamos a través de arrepentirnos, que el Espíritu Santo restaura nuestra comunión con Dios.

No importa cuán terribles sean las cosas que haces,
por la sangre de Jesús, usted es libre de acercarse a Dios.
Meditar esto hasta las lágrimas.

La sangre de los toros y de los machos cabríos cubría solamente los pecados del pueblo, por lo que había que hacer sacrificios año tras año. La sangre de Jesús, sin embargo, ¡tomó todo el pecado lejos! No importa cuán terribles las cosas que haces, por la sangre de Jesús, usted es libre de acercarse a Dios. Meditar que hasta las lágrimas salgan.

Apocalipsis 21:7
"El que venciera heredará todas las cosas; y yo seré su Dios, y él será mi hijo."
[RV]

Para recibir la última, más grande, recompensa, usted tendrá que dar el último sacrificio en el altar. Es el lugar donde usted tiene que ofrecer lo que es más importante para ti, tu carrera, tu esposa o esposo, precisamente lo que no queremos hacer, que es perdonar a tu enemigo o incluso romper una relación equivocada.

Nelson Mandela dijo, "Quiero que Sudáfrica vea que amaba incluso a mis enemigos, pero que odio el sistema que nos puso el uno contra el otro." Él mismo, "murió" en la cárcel para convertirse en el nuevo hombre que se convertiría en el presidente de Sudáfrica. Realmente un ejemplo para la humanidad. ¿Crees que Nelson Mandela podía escuchar la voz de Dios? ¡Yo ciertamente si!

En mi caso, había puesto sobre el altar el anhelo que tenía por un esposo y quizás este libro tan bien. Llegué a un punto donde vi el altar como un lugar donde podía ir y descansar. Es aquí donde ya no importa si estoy o no casada. Sobre el altar, deben darle la bienvenida a la muerte. Sólo un cuerpo prácticamente muerto puede ser trasladado a ese lugar final, estoy hablando, el lugar de lo sobrenatural, el lugar donde sólo la presencia de Dios y Su voz están dentro de su ser. Algo sucede cuando estas quebrantado ante Dios.

Isaías 57:15 explica que Dios no desprecia a un corazón roto, o un espíritu contrito.

Dios vive con su pueblo, que es humilde y arrepentido, y él quiere restaurar su confianza y esperanza. No te resistas a los quebrantos, por el contrario, abrázalos. Pasé cuatro meses en el suelo, llorando. Tomando píldoras cada noche para dormir y cuando despertaba, tomar más píldoras para escapar del dolor. Todo lo que podía ver era una mujer, completamente sola, en una granja en Sudáfrica. Poco sabía yo que Dios ya había comenzado la poda de los muchos ídolos en mi vida.

Las escrituras resumen perfectamente, las etapas de la vida y cómo Dios nos poda para su resultado final. Esto puede llevarle a un viaje de muchas "muertes." Por lo tanto, ¿Que es lo que estoy diciendo aquí? Estoy diciendo que la gente "muerta" es la que puede "oír"

Romanos 8:11
"Y si el Espíritu de Aquel que resucitó a Jesús de entre los muertos vive en vosotros, Aquel que resucitó a Cristo de entre los muertos dará también la vida a vuestros cuerpos mortales por su espíritu que mora en vosotros."
[NVI]

Efesios 1:19-20
"... y su incomparable gran poder para nosotros los que creemos. Ese poder es la misma que la poderosa fuerza ejercida cuando resucitó a Cristo de entre los muertos y sentado él en su mano derecha en el Reino Divino,..."
[NVI]

Y esto:

Juan 14:12
"Les aseguro, solemnemente os digo, que, si uno cree firmemente en mí, él mismo va a ser capaz de hacer las cosas que hago; y lo hará incluso cosas mayores que éstas, porque yo voy al Padre." *[AMP]*

Ahora vamos a subir a lo sobrenatural, un lugar donde simplemente se convertirán en mejores personas, que serán capaces de hacer grandes cosas porque podemos oír.

17

LO NATURAL VERSUS LO SOBRENATURAL

Los cursos naturales son "el camino" de y a lo Sobrenatural.

En Proverbios 24 v 3-4 (Palabra clave en el estudio de la biblia), aprendemos que "Mediante sabiduría, se construye una casa, y mediante el entendimiento, es establecida; y mediante el conocimiento, las habitaciones se llenan de preciadas y agradables riquezas".

Detente y mira al proceso natural: La Sabiduría...comprensión...el conocimiento. En una manera espiritual, estos se convierten en los bloques de construcción de la vida.

Esta escritura claramente pone énfasis en las cosas naturales de la vida, no las cosas que sobrenaturalmente caen del cielo.

Tras haber reflexionado sobre esta durante bastante tiempo, a veces pienso que Dios "se relaja" y nos mira a ver cómo, a través de las circunstancias naturales, finalmente llegamos al lugar donde él quiere que estemos. A veces, pasan días, semanas o incluso meses. Entonces, de repente, algo dentro de ti cae en el lugar, justo en el momento y lugar exacto que Dios quiere y espera. Gracioso, pero podrás encontrar con tanta frecuencia que es el momento cuando usted instintivamente comienza a orar y hacer exactamente lo contrario de lo que buscaba antes, incluso en el transcurso de meses o años.

Algunas veces las cosas salen terriblemente mal y podrá ver su situación como un completo desastre. Digamos que usted pierde su trabajo, o estás obligado a enfrentar una crisis financiera personal. Tú te mantienes rezando, pero Dios no parece escuchar o responder a estas oraciones. En esos momentos, te lo aseguro, Dios está trabajando detrás de las escenas.

Dios quiere que nuestras mentes estén tranquilas antes de que introduzca nuevas ideas que se manifestaran dentro de nosotros.

Tú puedes rezar para que él ponga fin a la crisis, pero en realidad él está utilizando estas circunstancias que ocurren naturalmente para hacer algo grande para ti. En estos tiempos, bajo este estrés, en medio de este caos, tus pensamientos se vuelven diferentes, más radicales y más creativos. De hecho, puedes tener una crisis real que nos obliga a considerar otras opciones que, anteriormente, nunca habíamos tomado en cuenta. Es entonces que un nuevo pensamiento llega, quizás cambiarse a un trabajo diferente, incluso optar por un cambio de carrera radical. ¿Grande? Puedes apostar que si.

Dios quiere y necesita nuestras mentes tranquilas antes de que introducir nuevas ideas y conceptos que se manifestaran dentro de nosotros. Pero muchas veces, esa paz sólo puede venir cuando una crisis nos toma completamente fuera de nuestra rutina habitual. Dios puede querer que cambiemos la dirección de nuestros pensamientos y, a veces, nos pondrá a prueba para garantizar que entendemos lo que Él quiere mostrarnos.

Sé esto de manera muy personal. Después de regresar de Hollywood, donde había "trabajado" para Dios, yo simplemente no tenía sentido alguno.

Mis fallas en torno a mi seguridad financiera -especialmente teniendo en cuenta mis antecedentes- derivaron en que mis prioridades siempre estuvieran vinculadas al dinero. Por ejemplo, para juntar algo, yo trabajaba como camarera cuando estaba en la universidad. Me compraba ropa solo cuando había liquidaciones. Mis gastos eran mínimos. Sin embargo, fue Dios quien estaba orquestando mi cartera financiera. Las acciones de la compañía fueron sin duda un "plan y regalo de Dios", pero creo que pase su prueba cuando sacrifique voluntariamente estas por trabajar para Dios.

La primera vez que escuché algo acerca de mis finanzas fue cuando estaba en Hollywood, predicando. Nunca olvidaré las palabras de Dios, "mientras que yo sea Dios, y esto es para siempre, nunca te faltara nada." Esto era cierto. Sin embargo, como ama de casa, aun sentía la presión y por lo tanto, comenze a dar clases de entrenamiento físico para tener un ingreso pequeño aunque sea. Esto es una señal que todavía tenía una obsesión por estar segura económicamente, especialmente ahora, con una familia.

Dar clases de entrenamiento físico fue algo que me gustó. Para mí, no había deseo o ganas de volver al mundo corporativo teniendo la oportunidad de ganar un ingreso estable. No es que haya muchas oportunidades en Sudáfrica, de todos modos.

Habiendo regresado de Los Ángeles después de un año de charlas, no pude hacer nada ya que no me encontraba a mí misma. No tenía motivación alguna. De hecho, si no fuera porque mi patrocinador me motivo a reiniciar mi libro, no hubiese continuado con esto. Mientras escribo esto, ahora me doy cuenta de que me sentía desolada y desierta, muy parecido a lo que mi mamá debe haber sentido (me imagino) pero no podía expresarlo. Mirando hacia atrás, nunca me di cuenta que estaba tan deprimida. Peor aún, no podía encontrar mi identidad como madre primeriza, viviendo una vida natural.

Durante este período, largo y preocupante, yo estaba buscando y tratando de encontrar una vida segura en donde Dios y sus "mensajes" encajaran. Pero, para ser honesta, estoy segura, parecía alguien paseando con anteojeras. ¡Durante siete años! Puede que suene loco- todo este estrés- pero fue precisamente este período que me enseñó que Dios a veces prefiere que los asuntos tomen su curso natural. Estar desempleada y ser una nueva madre puede hacer que uno se sienta inerte, separada del mundo de los vivos, y pasiva sobre la vida y el futuro. Peligrosamente, esto invita a un tipo de depresión, que a veces se conoce como "Baby Blues". En otras palabras, la depresión posparto.

Cuando estásdeprimido, iniciar cualquier acción se hace más difícil de lo normal. Aquellos que están leyendo esto, que ya han pasado por este "desafío" saben muy bien a qué me refiero. Usted espera por una motivación que nunca parece venir. Como un oso hibernando, conservando su energía, sentado, en su "cueva", esperando la primavera por venir. En ese momento puedes pensar en muchas cosas diferentes que podrías hacer, pero ninguna de ellas parece demasiado prometedora, ni excitante. Finalmente, empiezas a tomar una mirada a fondo a ti mismo, y lo que se ve no es mucho. Empiezas a dudar de ti mismo, criticándose a uno mismo por no hacer nada. Es una espiral descendente que te lleva a estaraún más deprimido, quedando atrapado en un círculo de oscuridad ineludible.

Necesitaba ayuda práctica. Y entonces, encontré un pedazo de sabiduría invaluable en un libro acerca de la depresión. "Tener el sentimiento de "ganas de hacer algo" es un mito. Tú puedes cambiar. No necesita de una influencia exterior. Una vez que te das cuenta de esto, podrás tomar ese primer paso crucial: poder cambiar de ser alguien cuyo comportamiento es causado por la reacción en alguien cuyo comportamiento y acciones ahora crean motivación.

Sin embargo, existe una delgada línea - y esto es vital, crítico e inquebrantable. Mientras estamos obligados a funcionar como seres humanos productivos, una vez que dedican su vida a Dios, todo tu ser querrá hacer sólo una cosa que consideras que está en el camino hacia el destino de Dios para ti, a veces, dejando de lado otras cuestiones necesarias. Recuerde que yo estoy diciendo esto. Esun equilibrio que usted tendrá que adquirir. Pero será muy gratificante.

La vida no es siempre de esta manera: Realizar mejoras implica una cierta cantidad de una constructiva molestia que es natural a la vez. Perder peso requiere de ejercicio y disciplina. Conseguir un mejor trabajo requieremás estudios para adquirir conocimiento yser competitivo, y esto, a su vez, requiere de disciplina. La búsqueda de Dios requiere sacrificio, compromiso y un constanteesfuerzo de tu parte y - disciplina.

La única acción que yo conocía fue la acción que tomé: rogar a Dios por ayuda. Por mucho que necesitaba un trabajo, no quería dejar a mi niña. Pero también me di cuenta de que para lograr un bienestar positivo ella debía tener una mamá feliz, y esto a su vez lograría una familia feliz.

La respuesta llegó cuando mi abogado me pidió que me uniera a la firma y ayudara en la oficina durante tres meses. Esto rompió el círculo del miedo de salir, de lo natural, de ir al trabajo. Yo sabía, en mi corazón, que fue Dios quien me dio ayuda, pero también envió un claro mensaje en una subsiguiente noche para ayudarme aún más.

Permítanme explicar. Tener un bebé puede resultar en algunas falencias fisiológicas. Después del parto, la mujer experimenta un gran descenso en su estrógeno y progesterona (hormonas). La eficacia de la tiroides también se reduce, lo que puede conducir a la fatiga y la depresión. Estos cambios hormonales - junto con los cambios en la presión arterial, el funcionamiento del sistema inmunitario y el metabolismo - son demasiado comunes para las nuevas madres; juntos, estas radicales desviaciones del cuerpo muchas veces desencadenan la depresión posparto.

No hay duda de que el parto crea numerosos cambios físicos y emocionales que se manifiestanen tu cuerpo. Puedesestar tratando con dolor físico por el parto, o psico-físicas debido ala dificultad de perder el peso del bebé, causando la inseguridad con respecto a su apariencia física y el atractivo sexual.

El estrés de cuidar a un recién nacido y todos los ajustes que requiere la vida puede resultar difícil, especialmentesi es la primera vez queesmamá, especialmente si has tenido una experiencia que cambia tu vida (recientemente) a través de las cuales has adquirido una identidad completamente nueva. No hay formación disponible para ello. Y, en mi caso, no había nadie que conociera con esta condición. No había nadie para hablar de ello.

Sintiéndome miserable, busque la dirección de Dios. Pensé que necesitaba un trabajo para poder estarentre adultos. Pero que pasasi Dios me "llama" a trabajar para él de nuevo. Yo apenas podía esperar que un futuro empleadoraceptaraque, "sólo trabajara para él durante unos meses." Fueuna batalla psicológica y fisiológicaal mismo tiempo.

Yo esperaba una respuesta de Dios, pero ella venía de un lugar totalmente inesperado. Y esta respuesta era muy práctica. Una noche me desperté experimentando una depresión física y un sentimiento bien adentro en mi corazón. Una sensación como si mi cerebro estuvieraen un hoyo, me di cuenta de que Dios estaba enviando una respuesta a través de mi experiencia física. Lo único que podía hacer eraestar en mi cama. Yo no quería nada, ni tampoco quiero hacer nada. Nada me excitaba excepto mi bebé y pensar enella. Quizás esto fue la manera de Dios de decir, "usted tiene depresión post-natal; usted necesita medicación."

Yo sabía que una de las características clave de la depresión es sentirse sin esperanza sobre el futuro. Esto eraclaramente yo. En realidad, cualquier cosa que Dios decía, Yo dudaba. Yo ya tenía la sensación de que ni yo, ni mis enseñanzas, volvería a ser feliz de nuevo, no importa lo que Dios digiera.

Me empujaba cada vez más en unhoyo. Dije, "Te conozco bien Yvon. No eres exitosa, ganas un salario promedio, no tienes trabajo, no tieneshabilidades, no tienes experiencia específica, y sólo sabes muy poco acerca de la voz de Dios." abrumado por mis emociones en ese momento, la prometedora predicciones acerca de mi futuro eran olvidadas.

Evidentemente, nadie está siempre garantizado de felicidad o tristeza, dicho sea de paso, para el resto de sus vidas. ¿A mí? En mi estado de depresión, yo estaba totalmente convencida de que no tenía ninguna esperanza, y que esta desesperanza se quedaría ¡para siempre!

Pero mis propias predicciones sobre un futuro sin esperanza no son más fiables que las predicciones de otra bienaventuranza perfecta. Aunque sabía que Dios estaba diciendo que necesitaba ayuda, sentí que debía actuar con confianza, como si yo iba a ser un orador de renombre mundial, como si mi matrimonio sería perfecto y todos mis hijos serían inteligentes y hermosos. Pero cuando mi pequeña Bella era tenia sólo un mes de vida, Dios me preguntó, "¿cuántos hijos desea tener?" Mientras esas palabras seguramente me entusiasmaban, mis sentimientos de desesperanza aumentaron, preguntándome incluso si tener otro niño será prudente. En serio, ¿cómo podría tener más hijos? Lo último que quería era traspasar a ellos mi espíritu depresivo.Además, ¿qué pasa con mi situación financiera?

¿Ves lo que la depresión puede hacer en ti? La mía necesitaba una potente cura, ahora mismo. Una vez que empecé a leer sobre el tema, me di cuenta de la gravedad de mi desesperación. He aprendido que una persona deprimida piensa que necesita algo diferente para hacerlos sentir mejor. Ahora, comencé a creer en esta mentira y oré por una respuesta al respecto.

En base a esta mentira, mi mente corrió hacia adelante, a velocidad máxima. Ahora pensaba que mi mamá murió porque ella no tenía una carrera. Por esto, recé por un futuro, un trabajo, una carrera. Pero Dios permaneció en silencio. No dijo, "Adelante. Estudia. Conviértete en una abogada o una fisióloga. Abre una tienda de muebles." No. él simplemente dijo, "Tu está deprimida." ¡Eso fue todo! Esa fue la primera respuesta que necesitaba. No, "Necesitas conseguir un trabajo".

¿No es cierto que a veces nos encontramos con esa sensación de desesperanza sobre no llegar a adquirir una cosa que creemos es absolutamente necesaria para nuestra felicidad? ¿Por qué es esto? Básicamente, todo el mundo sabe que la felicidad no depende de una persona concreta, o casarse, o adquirir un trabajo lucrativo, o marcar un logro importante. Ni siquiera equivale a tener una enorme cantidad de dinero en el banco.

Dios no me dio un mensaje sobre esa mentira, me dio un mensaje diciéndome que estaba atrapada en esta mentira. Y, en mi caso, a causa de la depresión posparto.

Tomando una acción positiva, fui a ver a un médico. Por él, me enteré de que los altos niveles de continuo estrés que tuve a lo largo de los últimos años me han afectado, similares a las tormentas recurrentes que afectan a un pequeño árbol continuamente expuesto a vientos de alto nivel. Ese pequeño árbol se doblara, sus hojas yacerán sobre el terreno. Un jardinero podría utilizar un palo de espigas, fijando el frágil tronco como apoyo. El doctor dijo que la medicación me daría un apoyo y así podría levantarme nuevamente. Más memorable: Al médico le pareció absolutamente fascinante que me haya dado cuenta de mi estado y fuera "consciente" de esto. Yo quería decirle que fue Dios quien me hizo consciente de ello. Pero pensé que sólo haría que él se cuestionara más aun sobre mí.

Por otra parte, tener un hijo cambió mi capacidad de "oír", porque cambió mi forma de entender. Aquí está un ejemplo muy real de esto: yo sabía que, si había algo que a Bella le importara, incluso un objeto como a un oso de peluche, yo aceptaría de buena manera este peluche y lo trataría como a mi hija. Por lo tanto, aprendí que aquellas cosas que son importantes para nosotros son también importantes para Dios.

Sentiría tan fuertemente la presencia de Dios, que a veces, saldría de mi entorno. De alguna manera, mi marido era como mi oso de peluche, pero él no estaba en sintonía con mi vocación. No era su culpa, no sabía que algo estaba pasando con su esposa. No vio que yo estaba experimentando una nueva "aparición". Pero yo sabía que mi marido era importante para Dios, porque él era importante para mí, y parte de él gran plan. Sin él, yo no sería capaz de enseñar a otros.

Era como si Bella estuviera aumentando mi depósito de amor, mi capacidad para albergar más amor. Ser mamá era mi propósito, y yo no podía esperar por un segundo hijo. En ese tiempo, me di cuenta de que lo que Dios había hablado anteriormente se había convertido en un deseo de mi corazón. Su pregunta, "¿Cuántos hijos quieres?" encendió un fuego dentro de mí, pero mi esposo no sentía lo mismo. Él quería esperar.

Y así, después de que empecé el tratamiento de la depresión, el siguiente paso fue conseguir un trabajo para hacerme sentir mejor.

Comencé a trabajar como temporal, por un pequeño salario, solo para estar fuera de casa por un tiempo. Necesitaba algo nuevo, refrescar mis pensamientos para aclarar mi mente, pensando en otras cosas, lejos de mi manuscrito. Yo estaba ganando un tipo diferente de impulso en el mundo natural.

Ahora fuera, miré a el mundo que me rodea, lleno de gente motivada por sus carreras con un éxito masivo y salarios enormes. Como era de esperar, acabé comparando mi vida con los demás. Pero, cuando oré sobre una carrera, ningún mensaje llegó. Ciertamente, Dios tenía algo bajo la manga. Entonces, recordé el mensaje de Dios: "he planeado algo para ti".

Sin embargo, en el subsiguiente silencio que parecía sobre mí, y más allá de estas prometedoras palabras de Dios, orare por una carrera. No siempre es fácil de entender lo que Dios está diciendo, especialmente cuando él está tranquilo. Lo que yo necesitaba en ese momento, era la estimulación natural en forma de nuevas ideas.

Trabajando en el bufete de abogados terminó siendo una oportunidad propicia, ya que he adquirido nuevos conocimientos y una mejor comprensión de mí. En el pasado, me imaginé a mí mismo como, abogada, luchando por los derechos humanos, quizás incluso funcionando dentro de un bufete de abogados. Sí, hubo una Yvon en un papel similar al de Erin Brockovich. En la película del mismo nombre, ella luchó valientemente por los derechos humanos de las personas. Por supuesto, todos nos vemos a nosotros mismos como súperhéroesde vez en cuando. Pero hay veces que "pido"" por esa oportunidad.

Sabiendo más que nosotros, Dios nos permitirá explorar el curso natural de los acontecimientos para encontrar nuestras respuestas. Trabajando en la empresa cambió mi percepción. Me di cuenta de que no quería ser abogada, en absoluto. Se hizo cada vez más claro que todo lo que yo quería era enseñar sobre la voz de Dios, mientras que aún albergan una gran pasión personal por proteger los derechos de las minorías. Así, fue a través de la experiencia natural del trabajo en la empresa que he aprendido acerca de mí mismo. No hubo mensaje sobrenatural diciendo: "No te gustara ser abogada."

Me enteré – de manera natural - que yo no habría sido apropiada para ese tipo de vida que me hubiera vuelto demasiado atrapada en otras batallas. Mientras yo podría ser feliz ayudando a la gente a luchar por la justicia, ¿Qué pasaba con Dios y su llamado en mi vida?

Entonces, fue mi marido. Él estaba contento con la idea de que estuviera en casa para nuestros hijos, trabajando desde casa. Sin embargo, me sentí estúpida e inútil en casa, y tener hijos, ahora, añadido a nuestros gastos mensuales.

Esto fue una verdadera lucha entre mi corazón y mi cabeza, y yo sabía que Dios estaba mirando desde una distancia. ¿Qué debo hacer con mi vida como madre? Necesitaba saber de Dios. Lo que realmente estaba sucediendo es que Dios estaba enviando mensajes sutiles para permitirme explorar la manera natural - para encontrar mis propias respuestas a mis preguntas y frustraciones.

Incluso intente trabajar en una librería cristiana pero termine odiándolo. De hecho, irónicamente, sentí como si estuviera trabajando en el infierno. Que sólo duró un mes. A partir de esta breve pero reveladora experiencia, he entendido por qué Jesús estaba enojado cuando los judíos utilizan el templo para vender cosas. Los trabajadores de la librería, sólo estaban para hacer dinero, no para ayudar a la gente necesitada. Se sentía erróneo, incluso malicioso, y realmente me impresionó.

Más y más claro se convirtió. Yo quería estar en un escenario, una vez más, hablando de oír a Dios. Pero esto no ocurría, parecía que la única cosa que me gustaba de lo que estaba haciendo en ese momento era la rutina de un trabajo regular y, como todos los demás, ¡un buen cheque al final de cada mes!

Todo esto fue realmente un despertar. Mientras que yo debería haber sabido esto mucho antes, finalmente me di cuenta de que la mayoría de la gente va a trabajar principalmente por un cheque. Después de todo, ¿Cuántas almas tienen el privilegio de trabajar por la vida en su pasión, en su llamada? ¿Cuántos hacen todo por un salario que,a la vez, también les da satisfacción laboral real? Probablemente sólo médicos, pensé. Y, tal vez un poco amable y cariñosa almas contendiendo con el campo de la enfermería.

También me preguntaba cuántas personas no están cumpliendo con su vocación, porque no saben cuál es su vocación o cual podría ser. ¿Para ellos era, simplemente trabajar por el dinero para alimentar a sus hijos y pagar el alquiler? ¿Es esta la vida real?

La Biblia dice que debemos hacer lo que nuestras manos encuentran para hacer, y aquellos que no trabajen, no comerán. A la edad de 40 años, yo estaba luchando porque yo simplemente no sabía lo que quería hacer en el mundo natural tanto para ganar un ingreso decente y como para estar realmente apasionada sobre ello.

Creo que la gente debería hacer lo que pueden por sí mismos y, a continuación, pedir a Dios que les conduzca a su lugar de destino. A veces, siendo un limpiador callejero o tener un trabajo sencillo humilde, puede ayudar a una persona y con esto Dios puede confiarle más cosas.

Yo respeto - con todo mi corazón -los millones de almas que trabajan duro en el trabajo tedioso, aburrido, empleos inútiles, simplemente para llevar el dinero a casa para sus familias, para al mes. Pero, ¿están contentos? Conseguimos una respuesta en la Biblia. Creo que la voluntad de Dios, a veces, sigue siendo tan tranquila que puede recurrir en primer lugar a la respuesta de usted mismo. Entonces, una vez que tenga una pierna para estar de pie, él le dará la respuesta. Su silencio-Dios- y espera es un tiempo durante el cual usted puede y debe preparar su caso.

Eclesiastés 5:18
"He aquí, yo he visto a ser bueno y adecuado es para comer y beber, y a encontrar gozo en toda la mano de obra en la que trabaja bajo el sol y todos los días que Dios le da --- pero esta su parte."
[NVI]

Lo más importante es que tienes que ser feliz con lo que estás haciendo. Si no, tomar las escrituras de Dios y pedir su ayuda. Dios no me contestara directamente sobre la orientación de mi carrera. En cambio, él quería que yo encontrara el lugar donde pertenezco, por mí misma.

Para ello, he tenido que considerar su viabilidad dentro de la temporada en la que me encontraba. Primero, yo era mama nueva. En segundo lugar, mí manuscrito no estaba terminado. Dios, en efecto, parecía ser que me llevaba a agregar contenido y enmendar lo que yo ya había escrito. Por lo tanto, cualquier trabajo que pude encontrar tendría que ser simplemente para aumentar mi flujo de efectivo y ojala mantenerme de alguna manera completa interiormente para así no estar estancada.

Pero la creación de una nueva carrera para mí en Sudáfrica tal vez no era lo que Dios tenía en mente. Mi mayor desafío estaba en tratar de superar la frustración de estar en casa. Necesitaba salir y estar entre los adultos. Pero, por otro lado, tampoco me parece justo que deba seguir una carrera de largo plazo o desarrollar un negocio sin interés por él. ¿Debo empezar a estudiar de nuevo? No hay oportunidades de trabajo correspondientes a mis calificaciones. ¿Debo iniciar un pequeño negocio?

¿Preguntas válidas? Equivocada. No debería haber preguntado esto. Lo que yo debía haber hecho es tomar mi frustración directamente a Dios, pidiendo una respuesta apropiada para la temporada en la que me encontraba. Estos eran tiempos confusos. Por encima de todo, la sensación de estar «profética» siguió instándome a esperar que Dios me dé cosas. Como en: ¡respuestas! Sin embargo, Dios quiso que yo tomaraun viaje para obtener respuestas naturales a través de las experiencias de la vida, y aprender a disfrutar de tener una familia y niños. Por ahora, tengo un segundo bebé en camino. Un muchacho. Pero no quiero adelantarme en la historia.

Proverbios 16:19 explica que un hombre planea su camino, pero el señor elige sus pasos.

Fue por esta época que Dios dejo sobre mí una pregunta: "¿Cuándo quieres ir al extranjero?"

Yo simplemente dije, "probablemente cuando el manuscrito esté totalmente listo para la venta."

Pero Dios repetía la misma pregunta una y otra vez.

Yo no sabía cómo responder a él de un modo diferente al que hice. De hecho, yo no sabía cómo podríamos sobrevivir como una familia en los Estados Unidos; lo que es más, yo estaba confundida acerca de ¿Cómo algo tan "grande" podría ser para mí?

¿Que estaba esperando Dios de mí? ¿Qué diría un profeta, en respuesta a una pregunta como esta? He escuchado las características personales y peculiares de un profeta describiéndose así mismo. Vea si usted está de acuerdo:

> Imagine un barco muy grande, algo similar a la QE2, muy elegante y ultra lujoso. Con la siguiente imagen en tu mente: muchas cabinas, y una tripulación corriendo tratando de satisfacer todos los caprichos y deseos de cientos de pasajeros. Esta vez, sin embargo, todos los pasajeros son felices profetas simplemente disfrutar del crucero. Los profetas, por naturaleza, son personas muy ocupadas con su mente inquisidora. Muy pronto, se vuelven inquietos, e incluso un poco aburridos. Necesitan una misión, una pasión, una meta, algo para mantener su mente ocupada. Ellos comienzan con claustrofobia, y lo que parecía ser un fantástico crucero en el inicio ahora se parece más a un "buque de prisioneros." En tales preocupantes limites, estos pasajeros profetas no encontraban ningún propósito en específico. Y nadie puede explicar dónde van. O por qué. Algunos contemplan abandonar el buque, simplemente saltando por la borda - de pura frustración.

Cuando estoy a bordo de dicho buque, me gustaría tener una oportunidad y fugarme, saltar hacia el mejor de los casos y empezar a nadar. En cierto modo, escribir este libro es ese salto de la fe. Sé lo que sé, y sé que puede ayudar a alguien. Pero, ¿cómo puedo dejar este conocimiento en tus manos? Aprovecho la oportunidad de escribir y orar para que mis enseñanzas lleguen en beneficio de los más necesitados.

Cuando contemplé la pregunta de Dios, "¿Cuando quieres ir al extranjero?" Me di cuenta de que me había sido guiada a una respuesta práctica. Y fue sobre la base de lo que vi, constantemente. He mirado en todas partes, la gente estaba trabajando. Ahora, recuerde, estaba enfocado en quienes realmente tenían empleos, incluso mientras caminaba entre las hordas de almas desempleadas. Cuando llegué a casa, entusiasmada con mi epifanía, otras cuestiones exigieron de inmediato mi atención. Yo podía sentir la desunión dentro de mi matrimonio. Percibí que mi marido estaba deprimido. En la parte superior de este estrés, su coche se había averiado; requiere una costosa pieza. Esto ocurrió después de meses de preocuparse por las finanzas. No podíamos cubrir ningún gasto extra.

Teniendo todo esto en mente, he continuado investigando cómo mucho el "mercado" ha cambiado desde la última vez que trabaje. Me pareció que había menos personas puestos a tiempo completo con buenos salarios. Pocos tenían los fondos de pensiones. El viejo lema de que estudiando mucho ganaría el trabajo de sus sueños se había ido. Ahora, es sólo a través de mi esfuerzo natural que he creado trabajos individuales o piezas de trabajo. Estos incluían la formación personal en mi estudio, completando los mensajes de Dios, y trabajar en empleos pequeños dondequiera que pude encontrar. Mientras tanto, seguí buscando una oportunidad de trabajo más sustancial.

Cuando las oraciones cambian de pedir lo que quieras a decir "gracias" por lo que tienes, es como si una puerta se abriera y la luz sale de ella.

Como he combinado mis propias aspiraciones con la estresante realidad de mi marido, vi que Dios estaba señalando mi atención al problema exacto que se interponen en el camino de Dios y mi deseo: ¡Debía tener más hijos!

¿Qué? Mi marido, una persona muy práctica, ya estaba agonizando porque se dio cuenta de que apenas ganaba lo suficiente para pagar sus gastos y el cuidado de un niño. Por lo tanto, es comprensible que pondría en tela de juicio toda consideración de tener más hijos, al menos en este momento. Claramente, Dios sabía que, en la mente de mi marido, no era simplemente el no hay dinero para un segundo hijo. Junto con la opción del libre albedrio, el hombre también debe lidiar con su ego. Exacerbando este problema fue el hecho de que ya representaba muchos de nuestros gastos. Sin embargo, de alguna manera Dios respetó mi búsqueda de una solución a nuestro problema, en primer lugar.

Me di cuenta de que estaba recibiendo una respuesta práctica y fue como este:

Dios quería que tuviéramos más hijos, pero mi marido no tenía fe en cuanto a su propia capacidad para proveer para ellos. Por lo tanto, tuve que resolver el problema de mi marido sin que pueda sentirse inadecuados al ser incapaz de proveer para su familia; seguramente no quería hacerlo sentir menos exitoso. Además, Tuve que convencerlo de que Dios estaba planeando un cambio para nosotros, y que podríamos tener que desplazarnos fuera de nuestra zona de confort.

Tú encontrarás, como yo, que a veces no se entiende muy bien por qué Dios hace preguntas, o lo que está diciendo. Puede tomar algunos días o semanas, o incluso meses, antes de que se le prenda la ampolleta. Y cuando las respuestas vienen, no necesariamente vienen en cualquier orden que tengan sentido para nosotros, pero si paraDios.

Fíjense en la secuencia en la que he escuchado los mensajes siguientes: primero, la pregunta: "¿Cuántos hijos quieres?", y luego, mucho más tarde: "¿Cuando quieres ir al extranjero?" no era definitivamente un plan bajo la manga de Dios, pero la respuesta no llegó hasta dos años más tarde, cuando estaba embarazada de mi hijo, y en un trabajo maravilloso en un proveedor de servicios financieros que pagó por todos mis estudios en la industria financiera.

Mi marido tenía otro "problema" practico. La Biblia dice que el rey, el marido de Esther, no "Llamo" de ella, durante un mes. Esto es impactante, ¡pensé! Así, cuando mi marido no me "Llamo"- por 17 meses- a partir de mi primer embarazo estaba en marcha, se sentía como si un tsunami nos hubiese golpeado. Era más que terrible; era un desastre total, en mis ojos. Yo pensé que mi matrimonio estaba condenado, y que no iba a tener más hijos. Y ahora, ¿Dios me hacía preguntas acerca de viajar al extranjero? ¿Que digo? ¡Todo era cada vez más confuso!

Y entonces, la respuesta que yo más necesitaba, se presentó a sí misma. Empecé a entender lo que estaba sucediendo con mi esposo. El hombre con el que salí antes de conocer a mi esposo me llamó, -después de cuatro años - para pedir mi perdón por la forma en que me había tratado. Curiosa por tener una mejor comprensión de mí mismay de las relaciones, en general, le he oído, en mi deseo de saber qué había ocurrido entre nosotros. Me dijo que él pensó que yo era muy feliz, que tenía mi propia casa, y vivía de manera independiente. En pocas palabras, él se había sentido inferior. Se sintió decepcionado en su vida personal. Se sintió financieramente débil. Creía que no tenía nada que ofrecerme. Y, puesto que era incapaz de hacer frente a esta situación, el me dejo y se fue.

Con esta idea, yo sabía que Dios me estaba preparando para lo que ahora tenía que hacer dentro de mi propio matrimonio. He recibido la respuesta. Pero iba a ser extremadamente difícil. Tuve que trabajar en mi estrategia, especialmente sobre cómo quisiera apoyar a mi marido, en una forma más inteligente que mantuviera su confianza.

A la mañana siguiente, algo dentro de mí cambió la forma que me sentía hacia mi marido. Aparentemente de la noche a la mañana, me desperté viendo todos los aspectos positivos en nuestra vida compartida, bloqueando todas las vibraciones y pensamientos negativos. Esta fue la gracia de Dios derramada sobre mí, la sentía en mi corazón y mi alma en oración, dándole gracias por todas las cosas maravillosas en nuestra vida: el negocio que me dio; el tiempo que pasé en Hollywood hablando de su voz; mis viajes a los Estados Unidos y Canadá; mi marido, mi hija, Bella - de repente, todo era suficiente.

Doy gracias a Dios. Él iba a salvar mis finanzas. He dejado de pedir la atención de mi marido, y desear otro hijo. Yo estaba satisfecha y feliz, no después, sino ahora. Mis oraciones cambiaron de pedir lo que quería a decir gracias por todo lo que tenía. Y, inmediatamente después de ser agradecido, he dejado de quejarme.

Y ¿qué crees que sucedió? Fui bendecida con nuestro segundo hijo, nuestro hijo MJ.

A veces, Dios no puede llegar a nosotros, porque -en un acto natural - nosotros simplemente nos quejamos demasiado.

Durante el tiempo que estuve trabajando en este capítulo, he leído acerca de un asesinato en nuestra zona. Fue verdaderamente trágico en muchos niveles. Una madre soltera de 19 años de edad- exagero al extremo todo-a causa de su sufrimiento personal. Ella tenía una hija de un año, pero no trabajo. En Sudáfrica, el desempleo y la falta de oportunidades de trabajo son insondables. Esta nueva mama sufrió una sobredosis de píldoras. Pero antes de caer inconsciente, ella apuñaló a su bebé en el pecho, cinco veces. El bebé murió. La señorita no lo hizo. Ella fue a juicio por asesinato. Me sentí muy triste, muy triste. Me preguntaba, podría haber sido mejor para ella haber muerto, ¿Como así? ¿Cómo podría ella vivir con ella misma?

Pero entre más pensé sobre esta tragedia, más me preguntaba quién debería estar en el juicio. Sentí que la comunidad debía asumir parte de la culpa. ¿No estamos en la tierra para ayudar a las demás personas? ¿No tiene culpa también el gobierno sudafricano, que parecía ser un frío, despiadado, organismo sin rostro sin nada que hacer para mejorar el bienestar de la población del país?

Nelson Mandela, un hombre piadoso, ha creado una magnífica imagen no sólo en y alrededor de él, sino también la de un mejor Sudáfrica, todo mientras enfrentaba los prejuicios con valentía, con convicción y compasión. Hoy, sin embargo, el gobierno actual está "montando la ola" de su imagen mientras el país sangra.

Aquí, una fuerza policiaca saturada de trabajo barre muchos males bajo la alfombra. Aquí, la gente sufre las persistentes tensiones del alto desempleo. Aquí, el número creciente de desempleados cae, irremediablemente, en una pobreza inminente.

El apartheid era erróneo, así de simple. Pero, las consecuencias naturales del post-apartheid están dejando fuera del país la posibilidad de una extraordinaria oportunidad para elevarse este por sí solo, para avanzar como una nueva comunidad, trabajando juntos para curar lo que nunca debió haber sido herido.

Dios me dijo, "Gracias, para iniciar el negocio Worth."(De nuevo, éste es el negocio de familia que mi padre inició junto a mí y mi hermano.) Al oír la palabra de Dios, me quedé estupefacta que él me dio las gracias. Pero después de pensarlo, me di cuenta de que el negocio ha creado empleos, trabajos que le da a la gente esperanza. Dios quiere ayudarnos a ayudar a otros. Nosotros somos sus manos.¿Qué manera más natural de ayudar que proporcionar puestos de trabajo a la gente que necesita? Dios nos llevó a abrir el negocio de la familia. Y me sentí bien cuando creamos trabajos para muchos en una provincia donde sólo la mitad de las personas tienen empleo.

De acuerdo a lo que sentí en ese momento -incluso cuando yo, luchaba contra el estrés financiero de no tener un trabajo y el dolor psicológico de sentirse inútil, algo en mí se mantuvo firme que mi propósito en la vida no era hacer dinero a través de un negocio. De hecho, fui contenida muchas veces para que así me centrara en escribir mi manuscrito con el objetivo de ayudar a muchas personas. Pero entonces, algo cambió en mi mente. Fue cuando Dios me dio las gracias por la apertura del negocio que comencé a entender que un negocio puede ser una noble acción, puede crear empleos y estimular a muchas personas a trabajar-en Sudáfrica y en todo el mundo.

A veces, lo contrario de lo que pensamos -o sentimos- ocurre cuando escuchamos un mensaje que no nos gusta mucho. La voluntad de Dios, en algún momento, los conduce a un cambio de corazón. Y entonces, él va a repetir el pensamiento. Muchos meses después que tuve mi cambio de corazón acerca de la empresa, estuve tomando café con mi amigo y compañero del libro. Durante nuestra discusión, he oído decir a Dios, "ambos deben ganar dinero." inmediatamente le dije a mi amigo lo que había escuchado, y él aceptó. Para mí, sin embargo, se sentía extraño que Dios iba a decir que teníamos que ganardinero.

Pero 18 meses más tarde, he entendido completamente, cuando vino a mí el credo porque mi difunto padre había vivido: *ayudar a las personas mediante la creación de empleos.*

Era obvio que algo estaba sucediendo. Dios fue la formulación de un "plan" en mi cabeza y usaba "circunstancias naturales" para nacer, desarrollar y resolver ese concepto que me ayudó a ver con claridad. Mi socio del libro me dijo una semana después de mi 40 cumpleaños, "Yvon, debes ir al extranjero". ¡Él estaba confirmando lo que Dios decía! Pero, pensé, ¿cómo puede ser esto? Tengo la responsabilidad de un bebé, y ¿por qué Dios quiere que salga de mi propio país?

Buenas preguntas, ¿verdad? - Del tipo de las que alguien podría preguntar en tal situación. La respuesta: fue porque necesitaba un completo y total cambio de mentalidad y la chispa que viene con él para reavivar el fuego dentro de mí acerca de mi vocación.

Preocupaciones muy reales, pero son de las que los "mortales" se preocuparan. En lo Divino, todas las cosas tienen sentido. Dios trae un plan junto. ¿Con ese hombre práctico me casé? Pues bien, Dios lo estaba madurando "naturalmente". Por esa medida, que él iba a cambiar, como lo hice yo, con el tiempo, y estar listo para leer mi libro cuando fuera finalmente publicado.

Cuando empecé a escribir este libro, fui consumida por este. No puedo pensar en nada más que completar mi manuscrito. Más tarde, concluido el texto y avanzando en el ciclo de publicación, descubrí que las finanzas son considerablemente requeridas para mover un libro en el mercado. Existen los ciclos de edición rigurosa, el manuscrito prep, la publicación de trabajos de comercialización y el lanzamiento de un libro. Para estar segura, mucho tiempo, esfuerzo y dinero es necesario para conseguir un libro en la estantería, y aún más para tenerlo en tus manos.

En el camino, he visto que la actitud de mi marido hacia su trabajo fue cambiando. Él habló, ahora, de estar cansado de trabajar como maestro en una escuela. Llegó incluso a decir que estaba perdiendo la emoción de enseñar y dirigir rugby en la escuela para los niños. ¡Wow! Esto fue muy extraño; mi marido ama el rugby casi más que lo que él me ama. Sí, seguro, algo estaba pasando. Me dije: no exagerar sobre lo que yo sentía, pero sabía en mi corazón que Dios estaba guiando a mi esposo y sus pasos en otros lugares, lo prepara para la próxima temporada. Sé que es su sueño ser el entrenador de rugby a un mayor nivel profesional. Tengo la necesidad de apoyar a mi marido a permanecer en el ámbito de entrenador de rugby; nuestro pequeño niño está destinado a convertirse en un jugador de rugby de primera fila. ¿Cómo podía saber? He oído a Dios decirlo con gratitud.

Esto, junto con los constantes recordatorios de la vida en Sudáfrica, adicionó energía al compromiso. Absolutamente rompió mi corazón ver las madres mendigando, incluso mientras alimentaban a sus bebés, en las calles de Johannesburgo. Tales escenas me inquietaron tanto, que yo no podía concentrarme durante días. Tales atracciones añadieron profundidad a su determinación de ver las a través de las cosas.

Haz lo que puedas, con lo que tienes, dónde estés.

- Theodore Roosevelt, el 26º presidente de EE.UU.

Considere cómo muchos predicadores y maestros -- podrían ser creadores de empleo. Mi difunto padre fue el ejemplo perfecto. Allí estaba el, viviendo en un apartamento de un dormitorio, dedicando su vida a la creación de puestos de trabajo. También es una imagen que no puedo sacar de mi mente. Me ha motivado a encontrar maneras de crear empleos para los demás, aunque sólo sea en mi propia casa. Contrate a alguien para que me ayudara en mi jardín. He contratado a alguien para limpiar, una niñera para mis hijos. He usado el dinero que teníamos para estos empleos en lugar de salir y comprar "lujos". Durante los fines de semana, le page a un cuidador adicional para mi bebé. Para ello, he utilizado el dinero que nos hubiéramos gastado en cenas fuera de la casa. Me dio un placer tan tangible el gastar dinero en contratar a personas que sufren, personas que han apreciado la oportunidad de ganar su propio camino. También necesitaba ayuda en mi trabajo como asesor financiero. Porque mi carga administrativa fue creciendo, me pareció que podía utilizar un asistente.

Siempre he sentido que yo -y usted, y todos- somos llamados para algo muy específico. Siempre pido por dirección, y sugiero que también lo hagan. El Presidente de los Estados Unidos Theodore Roosevelt dijo, "Haz lo que puedas, con lo que tienes, dónde estés". Eso es exactamente lo que yo estaba haciendo con mi vida, aunque también mantener mi compromiso de seguir adelante, con mi esposo, con mi familia y mi manuscrito. Es posible para ayudar a los demás, incluso mientras usted pide ayuda a Dios.

Ahora, permítanme explicar algo. Habrá épocas en que usted podrá sentir un "especial significado de que todo gira" hacia un mensaje; es como una gran ola que viene. Se sube lentamente, llega a su límite, y luego se rompe. Sentía una acumulación de esa índole. Esto me hizo pensar. Cuando Dios envía un mensaje en"grande", que hace que la idea empieza a "crecer" en usted, y esto ocurre gradualmente, con calma, templado.

Compare esto con mensajes falsos. En mi experiencia, mensajes falsos de alguna manera justo de repente "llegan encima de mí." Por lo general son siempre el tipo extremo, el tipo que hace que una persona exagere estos. Por ejemplo, si de repente escucha el nombre de un hombre. Usted piensa, este debe ser el nombre de su futuro esposo. No, no, Dios no es así. Él es suave. Él no va a enviar algo que creará tanta confusión en su vida.

¡Mi marido llegó como una ola! Me reuní con él y nuestra relación creció lentamente, como una ola se acumula. Dios no dice nada. Y yo no podía reaccionar de forma exagerada, algo que hago normalmente, porque no hay presión. Yo me relajé en la ola de nuestra relación incluso cuando comenzó a crecer hasta su límite. La ruptura de la ola llegó, para nosotros, dos años después de que nos conocimos. De repente, la temporada y el ambiente fueron el ideal- para el matrimonio. Fue sencillo. Era el momento perfecto. La paz que sentía era el mensaje de Dios.

Un mes después de nuestro pacto, Dios riega su bendición sobre nosotros cuando estaba embarazada con nuestra hija, Bella. A continuación, tres años más tarde, yo estaba embarazada de nuestro hijo, Morne Jonás. Hoy, cinco años han pasado ya, y funcionamos perfectamente como una familia, en una secuencia de desarrollo natural de la familia con elementos sobrenaturales lloviendo encima de nosotros, de vez en cuando.

Hoy, cuando estoy molesta con mi marido y quiere huir, quizás después de una gran discusión, Dios me tranquiliza, de una manera natural. Una noche, él me despertó y me sentía un terrible dolor emocional en mi corazón. Percibí a Dios diciendo, "¿Realmente quiere este dolor? Un divorcio causa tal dolor." ¡Ay!

Créase o no, algunas batallas que enfrentamos darán forma a nuestro carácter, mientras simplemente esperamos por una respuesta o dirección.

Para mí, eso es la obra de Dios afectando nuestras vidas.

Veo, en mí y en muchas otras personas, que tendemos a sobrerreacciones cuando hay demasiadas cosas que suceden en nuestras vidas al mismo tiempo. Podemos sentir que estamos en una crisis. Se podrá exigir una solución inmediata de Dios. He entrado en pánico tantas veces. Y ¿para qué? Quizá lo mejor que puedo decir sobre esto es que me puse en la cama, orando a Dios, "Dios, ayúdame".

También el tiempo desempeña un papel enorme - en el reino natural. En lo sobrenatural, creo que no es un factor tan grande. Si estás en una situación que te obliga a arreglar las cosas, recuerda que la sobrerreacción no ayudará, pero muy bien que puede empeorar las cosas. Puede tomar un tiempo para que obtengas un mensaje de Dios, o Dios puede simplemente decir, ¡" Espera!" o "¡ Confía!" Lo creas o no, algunas batallas que enfrentamos forman nuestro carácter mientras nosotros simplemente esperamos una respuesta o dirección. Para mí, es la obra de Dios en nuestras vidas.

Dios quiere que tomemos tiempo para explorar todos los caminos posibles para obtener las respuestas. Al hacerlo, usted encontrará que a veces las respuestas vienen inmediatamente; a veces, se tardará más tiempo. Como he dicho antes, Dios no necesariamente habla de inmediato. Él puede elegir dejar que el camino natural lo conduzca a su respuesta. Y, ¿saben qué? Siempre será la mejor respuesta.

Por un momento, piense en el mundo de la ciencia; es un buen ejemplo. Piense acerca de los descubrimientos. El momento del descubrimiento es ese momento "! Eureka!" que todos podemos oír. Sin embargo, considere todas las horas, días, semanas, meses o incluso años, que es probable que se tenga para llegar a ese momento.

Aquí, miren a la ciencia en el trabajo en el mundo de cáncer; observe esta cronología de hitos específicos y avances:

- 1882 Es realizada la primera mastectomía en el cáncer de mama.
- C. 1895 Wilhelm Conrad Rontgen descubre un nuevo tipo de radiación, lo nombra los rayos x.

- 1896 extirpación de los ovarios realizada por primera vez como parte del tratamiento al cáncer de mama.
- 1898 Marie y Pierre Curie descubren el radio y luego lo utilizan para tratar eficazmente a los tumores.
- 1951 El estrógeno y la testosterona fueron descubiertos para impulsar el crecimiento de los cánceres de mama y próstata, respectivamente.
- 1957 Alick Isaacs y Jean Linden Mann descubrieron el interferón, hoy utilizado para tratar el cáncer de riñón, vejiga y melanoma.
- 1964 Un virus (el virus de Epstein-Barr) está vinculado al cáncer humano por primera vez.
- 1988 La radioterapia de intensidad modulada es desarrollada.
- 1991 George Papanicolaou considera que un frotis de células vaginales (frotis de Pap) revela la presencia de cáncer.
- 2008 Los estudios demuestran que los pacientes con cáncer expresando el tipo salvaje (normal) del gen responden mejor a la quimioterapia Erbitux - plus - que los pacientes con cierta fuerza mutante de Kras.

¡Esos son 126 años, justo allí! Y estos son sólo unos cuantos hitos. La investigación sobre el cáncer continúa hasta hoy. ¡Solo considere todo el tiempo este trabajo consume en lo natural!

Tiempo. Tener demasiado o demasiado poco es siempre el caso. Fue mientras estaba en Los Ángeles que he recibido una carta oficial indicando que no podía permanecer en los Estados Unidos por más de seis meses. Yo estaba muy estresada. ¿Tendré que volver a mi "isla de aislamiento", en Sudáfrica? La mera idea se estaba volviendo insoportable. Oré para que Dios me bendiga con un puente para moverse fuera de esta isla, que él colocaría para que yo pudiera llegar a muchas otras personas alrededor del mundo.

Job 23:14
"Él cumplirá lo que Él ha planeado para mí; ese plan es sólo uno de los muchos que él tiene;..."
[GNB]

Cada vez que leo esas palabras, "sólo uno de los muchos que él tiene..." me pongo a pensar en mi propia vida, y puedo ver a tantos "planes" que ya he vivido, que, obviamente, no eran las mías.

De vuelta en Sudáfrica, empecé a trabajar de nuevo, a tiempo completo, en el mundo empresarial. Yo estaba feliz. El trabajo era un remedio natural para mí. Me ha gustado ser una mamá ocupada, alcanzar metas, trabajando hacia un futuro sólido para nuestra familia, y creciendo económicamente. El primer trabajo que encontré fue en el comercio minorista. Lo odiaba. Pero todavía era un trabajo real, de nuevo. Es bueno volver a una rutina.

He pensado acerca de cómo siempre parece que la gente con dinero extra tiene esta "extra confianza:". ¿Será que es el signo exterior de seguridad? ¿Es el dinero la seguridad? Tal vez, de alguna manera. Conseguí un trabajo corporativo como gerente de área de tiendas de ropa para niños. Realmente estaba agradecida por esta oportunidad. Yo iba a ver un salario real en mi cuenta al final de cada mes. Esto significaba que podía hacer algo que yo no había hecho durante años: ¡relajarme un poco y no ser consumida con el temor de no tener suficiente dinero!

Me acordé de Dios diciendo que después de mi cuadragésimo (40) cumpleaños, mi vida iba a cambiar por completo. Conduciendo a casa una noche, yo estaba tan feliz y optimista acerca del futuro. Mirando alrededor a todos los coches "elegantes" delante de mí, pensé que podría realmente tener uno, yo misma. He imaginado cómo podemos modernizar nuestra casa, comprar alimentos más nutritivos, comida más cara, tal vez incluso algunos salmones, ahora y entonces. Sí, el dinero puede cambiar la vida en el medio natural. Nuestra calidad de vida como una familia se volvió mejor cuando yo ganaba un salario decente.

Dios me estaba entrenando en el medio natural. Pero yo tenía mucho que aprender. En mi próximo capítulo sobre la guerra, obtendrá un sabor intenso de la formación necesaria para formar la necesaria "comprensión" en mi propia cabeza.

Quedar "Agotada" en el medio natural, oh sí, eso también es una forma de capacitación. De hecho, me despertó a la realidad de que yo no podía ser demasiado cuidadosa. Sea cual sea el canal que Dios decide utilizar para aclarar su punto de vista con nosotros, ten la seguridad de que siempre será el mejor canal, el canal perfecto para asegurar el mensaje. Para mí, en este caso, para esta lección, era el cauce natural. Quizás, si él hubiese intentado enseñarme el "Agotamiento" por una lección a través de un mensaje sobrenatural, yo no hubiera conseguido claridad en mi cabeza. Quizás, estaría aun allí preguntando si le he oído correctamente.

Quiero utilizar a un sudafricano enólogo, como un ejemplo. El compró una finca vitivinícola en Wellington, en una provincia de Ciudad del Cabo. La granja - se vende con un contrato a 10 años para una determinada cantidad de uva que se debe entregar cada año -, sobre el papel, parece ser una excelente perspectiva, tanto es así que el evaluador del banco dio un informe favorable. Pero lo que nadie se molestó en decirle al comprador que el 60 por ciento de la viña era realmente "madera muerta", lo que significa que era necesario plantar nuevas viñas sanas. Lamentablemente, pero así como era de esperar, el nuevo propietario no pudo producir lo suficiente en cantidad de uvas para su entrega a sus "compradores", acordado en los contratos. Él perdió los ahorros de su vida debido a su confianza en un evaluador bancario, y porque había más esperanza que conocimiento.

¿Se supone que debemos confiar en estas instituciones? No, no y no. Sólo se puede confiar en Dios. Pido a Dios por su orientación, siempre. Y recuerde que estar despiertos, es una buena idea cuando se está en las negociaciones finales de este.

Al leer estas palabras, piense ahora acerca de cómo usted mismo, ha aprendido esta dura lección. Agotarse solo una vez y usted probablemente no va a dejar que suceda tan fácilmente de nuevo. Así, las "naturales" lecciones en mi vida me ha enseñado a ser una cuidadosa y cautelosa inversora. ¡Es tan fácil perder millones como es dejar caer tu bolso!

El tormentoso mundo del "dinero", con todo su encanto, ciertamente también lleva un golpe que daña. Me explico: Como mi hermana vive en Canadá, yo no la había visto durante muchos años, así que la visité mientras yo estaba en Estados Unidos. El día que me partí en rumbo a ella, escuche decir a Dios:" No la veras de nuevo". Obviamente, yo estaba atónita por este mensaje; sin embargo, tenía la fe suficiente para darme cuenta de que Dios tenía un motivo para decirme esto. De hecho, muchos años atrás, Dios reveló que ella estaba extremadamente celosa de mí. Es muy triste; somos hermanas, pero extrañas. Por lo tanto, yo no estaba abrumada con emoción por las palabras de Dios. De hecho, sentí que Dios puede separarnos por nuestro mutuo bien. Sin embargo, cuando escuche las palabras, yo no cuestione a Dios; pero si esperaba que no fuera porque ella iba a morir.

Entonces, ¿qué tiene esto que ver con el dinero? Unos meses más tarde, mi propia hermana tomo el lado de mi socio comercial -hermano cuando oyó que me puse en contacto con abogados para iniciar procedimientos legales después de recibir una auditoría financiera como resultado de que mi socio comercial tenía muchos incidentes de ocultar sus gastos privados bajo gastos de la empresa. Y la batalla que siguió fue peor. Me vi obligada a investigar aún más profundo debido a lo difícil que fue obtener respuestas de nuestra firma de "confianza", con los auditores designados. Esto significaba que había que abrir un caso criminal.

Fue en el cumpleaños de mi hermana, el 8 de octubre, que sentí la presencia de mi padre terrenal, de nuevo. Mi espíritu sintió su felicidad por mí, pero yo también podía sentir su amarga tristeza. Cuando percibí esta tristeza, me di cuenta de que algunas personas eligen vivir cómodas en negación, nunca desafiando el status quo, sino esperando siempre sólo para permanecer en sus falsos "estado de felicidad".

Eso no era para mí. Le pedí a Dios por una razón de las emociones de mi padre. Vi a través del espíritu nuevamente, como si mis oídos pudieran ver. Mi papá era infeliz por la relación entre mi hermana y yo. En este momento, mi hermana tenía 51 años, estaba sola, y vivía en un país extranjero. Si las cosas estuvieran mejor entre nosotras dos, sé que ella disfrutaría mis hijos muchísimo. Ahora, era como si mi papá me decía que tenía que sacar todo rencor contra ella, especialmente porque ella siempre hizo decisiones apuradas y sin pensar, a lo largo de toda su vida. Por ejemplo, cuando le robaron su automóvil, ella ¡huyó de Sudáfrica a Europa! Mientras los tres de nosotros llevamos genes de mis padres, ciertamente no llevamos la misma actitud espiritual, al menos por el momento. *Ni mi hermana ni mi hermano actuaron como familia hacia mí, y estoy convencido de que nunca realmente me entendieron.*

Sentí que mi papá sabía que era su cumpleaños y no había comunicación entre nosotras. Quería que yo la perdonará por hacer cosas irresponsables. Con esto, me he dado cuenta de que mi papá estaba triste, aun. Esto me sorprendió. Yo no sabía que los muertos esperan también la venida del Señor, y el Día del Juicio. Yo no era consciente de que realmente él podía sentir o saber cosas. Cuando percibí el mensaje de mi padre, me di cuenta de que *Dios me quería* mostrar la tristeza y sufrimiento de mi padre. Lo entendí, y luego me sentí en paz, por ambos. Una vez que lo sabemos, podemos hacer algo.Tengo comunicación con mi hermana hasta el día de hoy. La llamo para sus cumpleaños y no guardo rencor alguno en mi corazón en contra de ella.

El día antes de mi cumpleaños número 40, y nuevamente, justo antes, empece a sentir otro mensaje, un mensaje muy importante. Dios dijo:"Tu vida va a cambiar completamente".

Los invitados a mi fiesta eran amigos exepcionales, algunos de ellos por mas de 15 años, gente muy especial. Incluso la familia de mi esposo vino. Entocnes, como puedo explicar lo que iba a suceder. Un sentimiento muy fuerte – bien repentino- me sobrepaso, pensando en ello durante toda mi fiesta. Tenia una muy intensa sencacion que un cambio grande venia. Fue tan grande la preocupación, que me empece a cuestionar si es que me iba a ir- permanentemente. Como: ¡Muerta!

Ahora, tal vez esto te suene extraño- en realidad, fue extraño para mi también.- pero no invite a ciertos amigos, ya que sentí que algo ciertamente profetico en esta ocacion.

Senti que no tendría contacto con la mayoría de estas personas después de esta ocacion. Cuarenta es un numero simbolico que dios ocupa en la biblia. Como hemos explorado anteriormente, el definitivamente hace cosas en épocas muy especificas por motivos muy específicos también. Ahora, dios quería que supiera que un gran cambio se aproximaba. Mi vida iba a tener un giro desicivo en el ámbito natural- alejándome de todos mis amgios, talvez, incluso de mi familia.

Dios me hablo la mañana siguiente y me dijo:

"Soy el Dios del divorcio. Yo separo a gente que yo junte por mis motivos. Te he separado ahora de aquellos que deben ser extraños para ti. Quite a tu hermano y hermana, incluso algunos amigos. Todo cambiara, después de ayer. Ciertas personas, anoche, las puse en tu vida- por un motivo. ¡Soy un dios estratégico!

Con esto, empeze a sentir que la llamada profética en mivida era incluso más grande de lo que yo me había imaginado. Un profeto es comúnmente conocido por su propio nombre. Intuí que Dios me separo de ciertas personas por el bien de mi futuro. Es como si estuviera en una misión realmente diferente. Supernaturalmente, empecé a entender la separación de ciertas personas, en la manera natural, fue fácil. Desde ahora, iba a mantener mi enfoque en terminar *Mensajes de Dios.*

Venia una completamente nueva temporada por delante, y yo sabía que tendría que cambiar mi enfoque y mis acciones, en consecuencia. Nuestras acciones deben cambiar para ser pertinentes a nuestra propia época.

Dos días después de mi 40 cumpleaños, la atmosfera del mensaje aún estaba conmigo. Y la sensación de que toda mi vida iba a cambiar seguía claramente presente. En un sentido, yo estaba envuelta en el manto del mensaje que he recibido. Esta sensación duró tres días.

Yo estaba en mi coche cuando este sentimiento de cambio tomó una nueva forma como la revelación de mi asignación a la profecía, lavándome por encima. Fue una notable calidez, y era completamente abrumadora, una manta de nubes cubriéndome, suavemente, con su mensaje… Entonces de repente Dios habló.

Dios dijo, "Yvon, voy a ponerte en un barril de cañón y dispararte hacia adelante."

Anteriormente, yo le pedí a Dios que bendijese mi 40 cumpleaños. El camino que él eligió para bendecir era por medio de enviarme este gran mensaje. Llegó como lluvia suave pulverizando suave mi cabeza durante unos días maravillosos. Me sentí lo más parecido a ser una semilla, ansiosa por germinar y crecer.

Yo estaba tan emocionada. Este fue un maravilloso regalo de Dios. Yo sabía que en Proverbios 3:33, dice que "Dios sobrecarga las casas de unas personas que viven una vida sabia con perspectivas, fortuna, bienestar, felicidad, éxito y niños." Yo esperaba grandes cosas de Dios. Pero, al mismo tiempo, yo también estaba asustada de lo desconocido. Yo estaba un poco temerosa de lo que había oído. No esperaba que, entonces, una puerta se abriera para una nueva carrera, más estudios, otro hijo y todos nuestros viajes para este libro.

Y si este "cambio de vida completo" que Dios habla, ¿Puede ser algo doloroso, duro o que me cause sufrimiento? ¿Puedes ver cómo la duda puede forzar tu camino incluso en lugares maravillosos? Esa noche, no pude dormir bien. A la una de la mañana, me desperté y comencé a orar. En medio de los temores y las dudas que surgen como ladrones en la noche, ahora más encima me sentía bastante molesta que no recibiría lo que era justamente mío - mi cuota de fondos de la empresa. Mi naturaleza "natural" era recordar momentos de sufrimiento, así que estas dudas iban cien porcientos en contra del mensaje sobrenatural, causando nuevas preocupaciones, de pérdidas financieras, de fracaso, de más dificultades en Sudáfrica.

En las oraciones de la noche, dije, "Dios, por favor, guarda la herencia de mi hija y mi futuro financiero." Estas fueron las oraciones de alguien abrumada con ansiedad. Pero Dios entonces dijo que quería darme un buen futuro. Dijo que toda mi vida iba a cambiar por muy buenas cosas que iba a suceder. Cuando Dios dice tales cosas, llega la paz.

En esa paz, me quedé dormida, menos ansiosa y más aliviada. Mientras dormia, tuve un sueño en el que alguien vio mi cuenta bancaria, diciéndome el saldo exacto. En realidad, esta persona dijo que tengo dos cuentas bancarias. Uno tenía el monto del reembolso que debo esperar por la venta de mis acciones por m i parte de la empresa. Cuando la persona lo vio dijo, "Wow!" La otra cuenta tiene una cantidad menor pero una suma grande, sin embargo. Sabía que, al despertar, Dios me ayudaría a recuperar mi dinero. Pero la gran sorpresa estaba aún por delante. Dios habló de un inversor que financiaría la totalidad de mi proyecto de libro.

A causa de este sueño, advertí a mi abogado que mi socio comercial podría intentar resolver por una cantidad menor durante el proceso de liquidación de la empresa. Aunque mi naturaleza todavía persistía a dar lo mejor de mí, angustiándome, supe que mi Dios vendría a través de mí. Yo intrínsecamente sabía que, de alguna manera, me gustaría recibir todo lo que se me debe, como he recibido una cantidad exacta en el mencionado sueño.

Una semana después de mi 40 cumpleaños, la sensación de excitación era asombrosamente detectable. Algo bueno estaba llegando en mi camino. Fue entonces que me reuní con mi amigo. Mientras habla sobre su viaje a Alaska, él dijo de repente, "Yvon, Quiero patrocinar tu pasaje por avión a cualquier parte del mundo. Es su elección." Caramba, ¡qué regalo! Las sorpresas vinieron rodando.

El me conocía muy bien. No hago las cosas por ningún motivo. No hago cosas que no tienen relevancia para mi vida. Inmediatamente, pensé en mi libro, y me exagere, como de costumbre. Pero también pensé que tal vez Dios me estaba abriendo una puerta. Mi primera reacción fue de volar a Chicago. Pero enseguida, me vi a mi misma haciendo eso y me sentí estresada debido a que en esta visión vi que entraba a Estados Unidos con un bebé de nueve meses en mi cadera. Como mamá, yo no podía imaginar dejar a mi bebé. ¡Incluso una semana! Sin embargo, de alguna manera se materializo que Dios me quería de vuelta en Estados Unidos, un despertar de mi sueño, de nuevo, en lo natural.

Yo sabía que tenía que calmarme. En momentos como este, Yo sabía que debía dirigirme a la oración y decir, "Bien, señor." Entonces, tome tiempo para pensar esto completamente. Quizás, sólo puedo ir a algún lugar para ver e investigar, para explorar lo que haría Dios para llevarme de vuelta a los Estados Unidos. Obviamente, era para que yo pudiera comprender mejor algo específico. Pero ¿qué? Dios estaba trabajando sutilmente conmigo- y mi esposo - preparándonos para una temporada que venía por delante, la cual podría ser un poco fuera del radar de una "vida normal".

Algunos mensajes vienen en diferentes formas, y sugiero que usted nunca actué de inmediato por un mensaje. Si en absoluto posible (y siendo Dios quien decide realmente), ponerlo en un estante por un rato, y esperar. Digo esto desde la experiencia, he templado mi exuberancia. La oferta de mi amigo fue un regalo enorme que llego como una lluvia, salvando mis finanzas.

Por los próximos dos días, la extrema sensación de excitación simplemente no desapareció. Algo estaba pasando. Definitivamente no era "sólo" un viaje a un lugar en el mundo. El persistente sentimiento de emoción fue un signo sobrenatural.

Yo creo que los mensajes de Dios no son enviados para hacer que cunda el pánico. Permítanme usar tres ejemplos para explicar este concepto. Estos incidentes ocurrieron justo durante el tiempo que recibí este regalo de un vuelo gratis a cualquier parte del mundo.

Como me preguntaba si esta oferta era otro "mensaje de Dios", he dedicado tiempo a hacer búsquedas lugares a través Google. Balnearios en Indonesia, Tailandia, Canadá. Quizás un viaje a Phuket, en Tailandia. Pensé en Londres, o visitando amigos en Los Ángeles. Incluso he entretenido pensamientos de asistir a la experiencia "comer, rezar, amar", e India. Pero ninguno de estos me excitaba como deberían si eran el destino previsto para mí.

Le dije a mi amigo, quien también es patrocinador de este libro; que yo no podía hacer un viaje sin sentido. Sorprendentemente, sugirió ¡Chicago!

Pregunté a uno de mis socios de oración que rezara para que me ayudara a encontrar la respuesta. Esto fue después de que un pastor, a quien no conozco, llego con un mensaje. Me dijo que Dios le mostró que tenía una "vocación internacional." Comencé preguntando si Dios quería que regresara a los Estados Unidos, para retirar mi paradigma de una solución específica.

Entonces, un compañero de oración que nunca había conocido vino a mí con un mensaje:

"Yvon, una explosión va a pasar en tu espíritu, ¡moverá las naciones! ¡Dios va a 'ampliar' todo! Algo muy grande que va a suceder, y muchos no serán capaces de "asociarlo" contigo. Muchas cosas se transmite desde su casa, muchos vínculos internacionales.

Él continuó:

"El clima en su vida ha cambiado. (Ya me he dado cuenta de ello.) Hay una aceleración en la atmósfera. Se está creando un impulso. Anda con la empresa de tu Padre Dios y él va a resolver sus problemas con su socio de negocios. Perderás nada.! Esto será un gran testimonio. Vuelva a los Estados Unidos. Obtenga sus tarjetas de presentación impresas. Ve y hable en las emisoras de radio acerca de los mensajes de Dios."

He escuchado lo que dijo, pero también sabía que había un tiempo y un lugar para todo!

Entonces, me acordé de una visión que tuve de mí en una mesa de juntas. Dios era el CEO. Yo era un director y accionista de su empresa. En esta sala, yo podría ser sencillo y totalmente honesta con Él.

He decidido no ir a algún viaje sin sentido. Sólo quiero ir a un lugar donde podía ver a Dios, escuchar y tocar a la gente. Si Dios me estaba preparando para ir de nuevo internacional, entonces que sea. Pero, por el momento, quiero vivir una vida natural. Como la visión de mi amigo indicaba, tenía que estar normal, tranquila, mi vida pronto iba a estallar en acción.

Durante este tiempo he recibido una carta de una familia muy desanimada en los Estados Unidos. Me reuní con ellos cuando hablé en Los Ángeles. Todos estábamos entusiasmados por las promesas de Dios, pero como yo, durante siete años, después de que regresé de los Estados Unidos lucharon, financieramente. Esta pareja ha perdido su primera casa en Austin, Texas, luego su segunda casa en Carolina del Norte.

Las palabras de la esposa para mí eran tan tristes; ella dijo que estaban "viviendo bajo el radar." Han "desaparecido" del mundo y se esconden, hasta que encontraron sus pies. Ellos no quieren que la gente sepa que lo habían perdido todo, de nuevo. Hubo abandono en sus palabras: "promesas rotas y sueños…" incluso a través de su desesperación, ella dijo que estaba agradecido de que ella y su marido estuvieran sanos, y que encontró un trabajo sencillo que ofrece un limitado pero constante ingreso. Pero el más doloroso fue cuando ella dijo que probablemente nunca sabrá donde todas las promesas de Dios - y sus sueños -desaparecieron, que quizás eran despojadas como un trabajo más.

Leyendo esta carta, me preguntaba si, tal vez, todos estamos en una temporada y años de sufrimiento.

Pensé en mis propios conflictos personales. Aquí estaba yo, en lo que sería una guerra de cuatro años, luchando por el valor justo de mi 40 por ciento de participación accionaria en nuestra empresa. ¿Cómo podía siquiera pensar en tomar un viaje a los Estados Unidos, en este momento?

Como he dicho antes, hay momentos en que todo -y quiero decir todo -necesita estar tranquilo para que podamos oír. En cierto modo, mis amigos en los Estados Unidos hicieron lo correcto al desaparecer del radar. De alguna manera, necesitaba hacer lo mismo. Si Dios me estaba llamando internacionalmente, el lideraría el camino. Mientras tanto, me gustaría trabajar en silencio, bajo el radar.

Este fue un punto decisivo en mi temporada de preparación para lo que iba a venir. Y yo sabía, en mi corazón, que necesitaba calmarme, para ofrecer la oración meditativa sobre mi manuscrito, acerca de mi matrimonio, mi maternidad, acerca de mis problemas colectivos. Tuve que buscar el silencio para que mi creador hablara conmigo. Tomé tranquilidad de saber que es perfectamente aceptable tener una vida normal. Recordé mi conciencia de que muchas almas buscan grandes fortunas y poder, perdiendo sus vidas reales de recompensas que no pueden ver, trabajando duro para permitirse una vida falsa en alguna alta cima. Es en la tranquilidad y la confianza que los vientos soplan sobrenaturalmente para inaugurar los cambios naturales en su vida. Esto es importante, porque puede estar en cualquier lugar que te encuentres, mientras dependan de Dios solamente.

Para ser dependientes de Dios, solamente. ¿Qué significa eso? ¿Qué se necesita? ¿La fe? Suena espantoso, ¿verdad? Para muchos de nosotros, en nuestros corazones, que debemos pasar nuestras vidas en la luz divina, pero no lo hacemos. ¿Por qué? Porque no conocemos a Dios. Es así de simple.

Dios quiere ser explorado. Puesto en tela de juicio. Y desafiado, respetuosamente. ¿Por qué? Porque sabe que quien busca respuestas obtendrá, y estas respuestas apuntará inevitablemente a: Dios.

La Búsqueda persistente de la ciencia por demostrar que no hay un Dios tropieza continuamente en realizaciones demasiado enorme para comprender fácilmente. Estos "hallazgos" todos parecen emanar de un universo inexplicable. Porque esa inexplicable explicación requerirá reconocer una presencia divina.

En la ciencia la búsqueda persistente para demostrar que Dios no existe, se tropieza continuamente en realizaciones demasiado enorme para comprender fácilmente, sin embargo, la ciencia intenta, colocando una "lógica" a sus explicaciones, entonces esa lógica de aseguramiento por hechos, cifras, y descubrimientos, parecen emanar de un universo inexplicable. Porque la explicación inexplicable requeriría reconocer una presencia divina. Y, por supuesto, los científicos están prohibidos- por los preceptos de su ciencia - incluso a especular que esa fuerza divina existe.

Tome esta extremadamente breve explicación como un ejemplo. Aquí veremos cómo la vida llegó a ser, en la medida en que la ciencia intenta ignorar las grandes preguntas (como origen absoluto de todo lo que existe) mientras obsesionado por encontrar la prueba de la tangible (lo que sabemos que existe en nuestro muy pequeño pedazo del universo):

Un impacto cósmico creó la tierra y la Luna, tal como los conocemos hoy en día. Sabemos esto porque los científicos trajeron grava de la superficie de la luna. Los analices fechan estos materiales como cuatro y medio millones de años de antigüedad. Esto "demostró" que una colisión sucedió entre la

Tierra y algún cuerpo celeste. Según los científicos, este impacto fue tan masivo que agrieto la corteza terrestre, creando olas de lava. Al mismo tiempo, toneladas de escombros de barro se fueron al espacio y se unió en una órbita distante para formar la luna.

Así, un cataclismo prehistórico cambió la Tierra en lo que es hoy, incluyendo un cambio real en la rotación del planeta.

Cuatrocientos millones de años, un día sólo duraba 20 horas, pero ese impacto masivo dejó la tierra girar cuatro veces más rápido que hoy. Las mareas alcanzaron hasta 300 kilómetros en las masas de tierra. Estas enormes mareas llevo los minerales hacia el océano. La eventual mezclas de estos minerales creó los aminoácidos que finalmente forman las proteínas que conocemos. Y estas proteínas se convertirían en la base de simples organismos celulares.

Sin embargo, los mares eran todavía demasiado violentos para que organismos sobrevivieran. Los fósiles pre-históricos demuestran que los restos de la fricción de las mareas desaceleraron gradualmente la rotación de la Tierra, por lo tanto actúa como frenos.

Así, la catástrofe que casi destruyó la tierra produjo realmente que la vida en la! tierra sea posible! Dentro de los mares calmantes, organismos florecieron. Algunas bacterias comenzaron a liberar oxígeno. En especímenes de tierra de dos millones de años, los biólogos encontraron bacterias en formaciones de piedra caliza. Los depósitos de bacterias en piedra caliza crean muchos arrecifes que se convirtieron en puertos de formas de vida más avanzadas. Los microorganismos encontrados en México - cianuro - se sabe que las bacterias utilizan la luz solar para obtener energía. Con esto, el proceso químico de la fotosíntesis comenzó. Curiosamente, sin bacterias de cianuro, no podríamos sobrevivir porque produjo el producto llamado oxígeno. Esencial para la vida tal como la conocemos."

Por lo tanto, ahí está, la ciencia del rigor aplicado a encontrar razones, causas y respuestas. Pero, ¿dónde podemos encontrar la explicación de que cualquiera de los primeros materiales a los que se hace referencia en estos estudios y descubrimientos originados a partir de? Trae a la mente el chiste sobre el científico diciéndole a Dios que él puede demostrar que Dios no existe. "Bien," Dios dice, "pruébalo en mí!" Por lo tanto, el científico llega hasta abajo y agarra algo de suciedad y - "¡Espere, espere, espere!", dice Dios, "Usa tu propia tierra!!"

A veces "impacto" es necesario para los seres humanos puedan llegar a oír de Dios. Y la voz de Dios es la que da la vida.
A veces, ese impacto surge como una alegría incontenible,
A veces como devastadores sufrimientos.
De cualquier manera, es una fuerza necesaria para liberar la sobrenatural en nuestras vidas.

Yo diría que ciertas catástrofes llevan a la ¡vida! Y necesitamos entender esto pero no exageradamente. Cómo por ejemplo un matrimonio desmoronándose? ¿Por qué perder su casa? Acontecimientos horribles, ¿verdad? Pero sigo diciendo, no reaccione exageradamente. Yo digo: monte la ola. La vida, como las mareas, vendrá alrededor de nuevo, y con ella, traerá esperanza y un mensaje.

Mi Dios no va a permanecer callado por siempre. Sé, por experiencia - acerca de los mensajes de Dios. Dios no habla demasiado. Él es un Dios de pocas palabras; La Biblia nos da el resto de lo que Él quiere que nosotros conozcamos y practiquemos. Dios permite un "impacto" de alguna manera en nuestras vidas para que lleguemos a un lugar específico, necesario. Dios quiere ser explorado. Dios usa su entorno directo.

Dios me dio un sueño. Yo estaba conduciendo en mi coche, que representa el ministerio, y he visto un azul de "revelación" de Arco iris. El arco iris, representa las promesas de Dios. Por el arco iris, habia un hombre muy moderno. Pensé que era del espacio exterior. Él me dio las cadenas de oro que cuelgan sobre mis oídos. Cuando le dije que sólo sirvo a un solo Dios, Jesús Cristo, él dijo que estaba bien con él. Como he caminado lejos, me di cuenta de que era un ángel. Después de eso, yo podía discernir si alguien quería ser injustos y ocultar algo. He reconocido que he recibido, como un regalo, un mucho mayor sentido de discernimiento. Yo sabía que me mueve hacia adelante, en la fe, podría saber cuándo me vinculó con la o se me acerca una persona "equivocada". Sensaciones sobrenaturales empezaron a ocurrir naturalmente en mi vida.

He visto claramente esto cuando solicite una cotización para una grabación en vídeo de una sociedad cristiana. Me sentí incómoda y mal antes del incidente, pero cuando la cotización llegó, era ridícula. Supe de inmediato que no eran las personas adecuadas para trabajar. Poco sabía que el don de discernimiento sobrenatural ya estaba solapamiento en mi vida natural.

Cuando recibí una oferta de empleo para trabajar en una empresa de ropa para niños en Sudáfrica, yo estaba encantada por la oportunidad mientras espera por la "puerta" de *Los Mensajes de Dios* para abrir. En ese momento, no sabía que lo que Dios quería de mí era regresar a los Estados Unidos - a menudo.

No me tomó mucho tiempo para ver que esta empresa trató su personal muy mal e injustamente. Los gestores realmente despidieron a todo el personal de una determinada rama donde la mercancía fue robada. Lo hicieron sin ninguna prueba de que exactamente eran los ladrones. Durante un seminario de la empresa para la totalidad del personal, cuando los dirigentes disertaban sobre servicio al cliente y cuán grande era su marca, algo me sucedió, cuando escuchaba sus presentaciones. Era como si sus falsas palabras me envenenaban. He visto una empresa sospechosa tratando de motivar a su personal con mentiras, una empresa que utiliza mano de obra barata - a pesar de la desesperada situación en Sudáfrica, para su propia ganancia.

Camino a casa, he escuchado que dice Dios, "Estas en la basura." Y así, me arrepentía para pensar que podría trabajar en un lugar como éste o ponerme en un arroyo que seguramente fuera de la voluntad de Dios. Recuerdo muy bien cómo todo esto me empalaga. Mi espíritu sentía náuseas, tanto así que tuve que parar en la carretera para vomitar.

Ese fue el impacto que inauguró en cambio, para mí. Una maravillosa puerta abierta cuando salí de esa empresa para estudiar como una planificadora financiera certificada en un conocido proveedor de servicios de Sudáfrica. La combinación de trabajo y estudios me vino como un guante. Siendo una apasionada de la creación de riqueza y la protección de los clientes - no sólo en un camino espiritual pero de una manera natural, como así también el trabajo fue perfecto para mi personalidad. Yo podía discernir espiritualmente cómo proporcionar asesoramiento a mis clientes productivos; pero incluso aquí, Dios me sorprendió diciendo que, en mi camino a una familia religiosa, voy a perder mi tiempo con ellos.

La bendición de un maravilloso trabajo fue seguido por otro aún mayor. Me quedé embarazada un mes antes de mi segundo hijo. Ahora mi cuenta bancaria refleja la misma cantidad que en el sueño. En realidad, ambas de mis cuentas bancarias reflejan los mismos importes que se indican en el sueño, un porcentaje de los fondos provenientes de la venta de las participaciones del almacén Worth's y mi cuenta de Estados Unidos cantidad exacta necesaria para lanzar *Mensajes de Dios*. Con esto, Dios ha demostrado, más allá de toda duda y además de todo, él está en los detalles. No me sorprende captar la idea de que él podría incluso hacérmelo saber con precisión el estado de mis cuentas bancarias a la hora determinada cuando estos fueron una gran preocupación para mí.

Los flujos de lo sobrenatural en lo natural de mi vida. Como lo hace, lo sobrenatural se convierte en el natural. ¡Increíble! Pero tengo que repetir una advertencia clara, aquí. Cuídese de lo que sueña y cómo interpretarlo. Un verdadero sueño: un auténtico mensaje de Dios - con la correcta interpretación conducirá a lo sobrenatural. Pero incluso este mensaje más auténtico de Dios con una interpretación incorrecta simplemente llevará a engaño. La interpretación es una clave, y es una bendición aprendida.

Otra cuestión sumamente importante a la conciencia: no permita que usted mismo haga algo "sobrenatural" cuando no lo es; por ejemplo, un repentino sueño, digamos, de un enorme tsunami que azotó su ciudad...o un tornado...o una bomba, o un cometa golpea la ¡tierra! ¿Es Dios diciéndole a advertir a la tierra o tu ciudad? No. y de nuevo, no. Si Dios enviará un mensaje importante, no sólo va a venir en un sueño...y no solo será dado a una persona. Qué sentido podría tener como una "experiencia sobrenatural, pero ten en cuenta. Hacia el final de este libro, examino las peligrosas lagunas que podemos accidentalmente o incluso voluntariamente pasar cuando se trata de sueños.

Como nos acercamos al final de este capítulo, necesito abordar algunas cuestiones acerca de lo que es "natural", como bien.

Echa un vistazo a estos ejemplos:

Dos niños murieron en la parte de atrás de un camión en el Louis Trichardt, Sudáfrica, cuando pasaban con un amigo de la familia a algunas tiendas. Un enorme camión bajando la montaña Soutpansberg perdió sus frenos y golpeó el vehículo en el que viajaban los niños. La mamá podría preguntar: "¿Por qué Dios no envió ángeles para ayudar a mis hijos?"

Otros dirán que fue su tiempo. ¡NO ERA QUE NO! Vivimos en el "natural", en la tierra. Para cada acción, hay posibles consecuencias. Este fue un trágico accidente. ¿El plan de Dios para ellos a morir? De ninguna manera.

Un marido y su joven esposa viajaban a casa después de beber en una fiesta y tener un posible argumento. Su coche se sale de la carretera a las 2:00 a.m. ...ella muere. ¿Era el plan de Dios que ella muriera? ¡NO! Nuevamente, las consecuencias "naturales" de la vida en este ámbito. Por lo tanto yo defiendo mi Dios. Él no hizo que estos accidentes ocurran. Él no va enseñar a un alumno a ser cruel. Los errores pueden conducir a muy malas cosas, como bien puede ser la ignorancia, o un simple accidente.

Otro ejemplo: un problema en Sudáfrica en mi país es que hay sólo tres millones de contribuyentes y 19 millones que toman subvención. Con el mayor Parlamento, esto no es muy eficiente o eficaz. El problema "natural" - el dilema que todos enfrentamos en esta vida terrenal - son "problemas". Aquí, vemos el resultado de la falta de puestos de trabajo y una gran cantidad -ochocientos trillones de Rand - de la corrupción el año anterior. En un sentido muy real, estas son las consecuencias "naturales" para el Sudáfrica.

Quiero terminar este capítulo, dando un ejemplo de mi propia lucha con lo natural y lo sobrenatural. Mi jefe me llamó, como tenía que hacer las cosas de forma diferente a la "por el-libro", diferente a la forma en que la empresa ha hecho las cosas durante años. Él luchó por entenderme a mí;

me siento muy feliz por lo siguiente y por hacer las cosas "a mi manera"." no se equivoquen, trabajé y trabajé duro, pero en el "natural", me faltaba un cierto orden aceptado en mi práctica de asesoramiento financiero; francamente, yo no podría manejar la pesada carga de trabajo. Mi jefe me dijo que era un coche con un motor V16, pero mis ruedas estaban dando vueltas en todas direcciones diferentes.

Ser un hombre sabio y definitivamente el mejor jefe que he trabajado. Él estaba realmente interesado en ayudarme a adquirir las habilidades necesarias para aislar el "problema" y luego lograr mejoras. Si pudiera implementar ciertas disciplinas, yo sería mucho más exitosa. No sabía en ese momento, que no quería ser más exitosa yo ya estaba centrada en mi libro.

Pero, acepté su asesoramiento. Yo también sentía la falta de ciertas habilidades en la vida. Lo que mi jefe estaba consciente de que algunas cosas se me ocurren, por ejemplo, que pueden ser sobrenaturales a otros. Yo estaba en camino de hacer una presentación sobre los ahorros de jubilación para una pareja muy "religiosa". Cuando conducía hacia esta reunión, Dios me dijo, "Yvon, usted va a perder su tiempo con ellos". Y fue exactamente así... Ellos de alguna manera creyeron que sus disposiciones un día caerán del cielo... de ¡Dios! Dios me envió a guiarlos a comenzar a crear su propia riqueza. Usted puede pensar que este mensaje es bastante "sobrenatural", pero yo digo, no...Claramente, mi jefe hubiera pensado así, él lo pensaba.

Mi sobrenatural se convirtió en parte de mi "natural" a medida que mi relación con Dios creció- y sucedió algo más, también: comenzó a hablar en una voz más suave.

Ahora, esto es algo que usted debe recordar. Es algo que aprendí de la manera difícil, durante mí tiempo en circunstancias "naturales" que incluía dormir poco con mi niño de 10 meses, el estrés en el trabajo, los estudios, y no hacer ejercicio. Aunque todos experimentamos esa "sobrecarga" en ocasiones, prestar atención y ser conscientes de que mucho puede ser demasiado y que conducirá a enfermarse. Cuando me pasó a mí, "en lo naturale", me di cuenta de que mis prioridades estaban completamente mezcladas. He colocado a mí y mi salud en el pasado. Los niños, marido, carrera - incluso de completar este libro - todos estaban compitiendo por el número uno.

Eventualmente, mis sistemas se estrellaron. Peleando con mi marido sobre él no "ayudar" lo suficiente con el bebé, corrí a Dios, con lágrimas en los ojos. De repente, vi una visión. Y esa visión me mostró el final de este capítulo.

No mucha gente puede ir a lugares "sobrenaturales" y enccontrar cosas sobrenaturales. Eso está bien. Sin embargo, algunos son o pueden ser convocados en lo sobrenatural sobre el deseo de Dios. En la visión, vi un seguimiento de un sueño que tuve sobre una iglesia profética líder, sabía que vinieron a mí para mostrarme una pequeña grieta en una pared. Él dijo, "Colette, usted puede pasar por allí, pero yo no puedo."

Aquí es esta visión: estaba entrando en un pequeño túnel que condujo a una enorme cueva. Mi marido cuidando a nuestros niños en el exterior. Él también, no podía entrar en el túnel y ni siquiera fue llamado a tratar. Yo estaba bien con esto. He alcanzado mi mano a mi amigo que ha apoyado mi viaje y este libro. Se paró firmemente, como un burro, y no quiso entrar en el pequeño túnel, un poco mediosoo. Yo le dije, "está bien, puedo llevarlo a usted, su esposa, incluso mis hijos...puede venir por aquí."

En esta etapa en la visión, he visto que los cristianos estaban pensando que soy un poco "demasiado." Yo podía oírles decir, "Quizás, Yvon va un poco loca, ahora." Me eché a reír y le dije: "Ven, Dean, este túnel lleva a una cueva" La cueva se llama la "Cueva del Aguila. En esta gruta, que se verá muy lejos." Mi amigo no podía pronunciar una palabra cuando entró a la cueva. Él fue a sentarse en un rincón, mirando a una mujer en un llamativo abrigo blanco. Ella tenía el pelo blanco; no gris, pero el blanco más intenso.

Mi amigo preguntó a la mujer quien era ella. Entonces, de repente, yo hable y dije, Soy yo, Yvon." Aunque he actuado naturalmente, él estaba asombrado, porque en este lugar, usted podría ver lo que muchos no podrían ver. Aunque él sólo guardaba silencio, todo su cuerpo estaba cambiando al mismo color blanco como el suelo. Lo puse a prueba, bromeando preguntándole si quiere regresar. Él definitivamente no quiere volver. Entonces, le dije, mirar alrededor de la cueva. En la visión, veía lo que él veía, y esto era las paredes del interior de un corazón, con todas las venas sangrientas. ¡La Cueva del águila fue un corazón! Me dirigí a él, y dije: "Este es el corazón de Dios. Dean, estás dentro del corazón de Dios."

Para mí, esto será una vida sobrenatural. Para usted, Dios le hablara, donde usted está, donde debe estar, para cumplir con su propósito.

Antes de compartir con ustedes todas las diferentes maneras en que Dios puede enviar mensajes, necesito explicar cómo tus temores y percepciones influirán en la manera en que oye. En el siguiente capítulo, abordaremos la conciencia de nuestros propios miedos y percepciones y por qué es tan esencial para abordar estas cuestiones.

18

MIEDOS Y PERCEPCIONES

Vamos a debatir en profundidad el impacto que el miedo tiene en nuestra capacidad de escuchar claramente los mensajes. Como lo hacemos, hay que recordarse que el amor y el miedo no pueden vivir en el mismo espíritu. Además, recuérdese que nosotros todos somos seres humanos y no somos perfectos. Así, el remolcador de la guerra continúa todo el tiempo.

Mire Su hermosa escritura sobre el miedo y el amor:

1 Juan 4:18
"en el amor no hay temor, sino que el perfecto amor echa fuera el temor, porque el temor involucra castigo, y el que teme no es hecho perfecto en el amor "[LBLA]

Todo temor se basa en algo que hemos visto o vivido. Mi introducción al miedo comenzó el día en que mi madre se suicidó. Después de eso, toda mi infancia fue afectada por el miedo, todos los miedos de soledad, incertidumbre, amor, de amar o de ser amado, de pérdida y, por decir lo menos, el miedo a lo desconocido. Siempre estuve esperando que algo malo sucediera.

Después de la muerte de mi madre, mi padre se puso muy enfermo. No sólo tuvo el cáncer, pero también experimentó una serie de ataques cardiacos; y durante todo esto, yo era una niña que vivía con el temor constante de incertidumbre y soledad. Si él murió, no hubiera nadie para cuidar de mí.

Para que Dios venga, veinte años más tarde, entrando e infiltrándose en mi vida con esa cosa que es el amor, era más allá de mi comprensión. Cuando persiste durante años el miedo, tiene una tendencia de dejar fuera el amor, y cuando es el caso, aquí vienen los mensajes.

Dios trató decirme que iba a ordenar las cosas para mí pero estos mensajes desembarcando en alguien que estaba muerto a la esperanza y el amor cayeron en oídos sordos. Lo que yo no podía entender era por qué, si El me quería, yo tuve que experimentar una infancia extremadamente traumática como tal. Durante doce años, traté de servirlo, pero no completamente como se lo merece; yo no había entregado todo en mi vida.

Como en toda relación, su relación con Dios será un viaje.

Muchas veces le di casi la espalda a Dios. Él es y fue fiel como siempre y me muestra que Su amor no depende de mis acciones. Su amor es incondicional. Lo digo: Incondicional. Esa es la noticia que hoy, quiero traer a ustedes. Realmente no importa lo bueno o malo de una situación en la que nos encontramos cuando sabemos que Dios nos ama y hará que nuestro viaje sea más fácil. Debo hacer hincapié en esto para que escuchen lo que estoy diciendo. Quiero que entiendan Su amor para que podamos echar fuera los temores que nos retienen de nuestros destinos y que nos impiden "escuchar" lo que Dios ha planeado para nosotros. Si nosotros sólo comprendemos parcialmente un poco del amor de Dios o Su actitud hacia nosotros, no temeremos pedir Su voz.

El miedo es lo contrario de la fe. El miedo le hará huir de su destino.

Aquí tenemos dos cuestiones esenciales: ¿de qué usted tiene miedo? ¿Cuán viva es su fe? Esto es muy importante recuérdese que el miedo es el opuesto de la fe. El miedo le hará huir de su destino. Permítame darle una imagen sobre este. En un lado, usted tiene sus bendiciones, promesas y destino con Dios, todos estos aspectos son plenamente visibles (en el espíritu) a Dios, también al enemigo. En el otro lado, el enemigo envía una criatura no humana de "dos patas" que se refiere al miedo y su objetivo es hacerle correr tan rápido como pueda.

El primer tramo de esta criatura referida al miedo es "no gracia", el segundo, "no amor." El miedo, con sus dos tentáculos fuertes, aprovechará de ustedes y les llevará lejos de la voz de Dios. Esto es lo que sucede en el mundo de hoy. Las personas huyen para ir de compras, para comer, a eventos sociales, a través de alcohol, drogas e ir de fiestas de modo constante, sólo para escaparse de sus circunstancias actuales, sin darse cuenta de que también están huyendo o "escapan" de sus propias potencialidades, sus propios destinos. Si sólo iban a calmar para "escuchar". Eso es muy importante que usted rompa estas patas del miedo. Uno ha de ser suficientemente fuerte como para afrontar y dominar, aun los temores más sutiles. ¿No se atreve a perderse el próximo evento social si realizó su destino está esperándole que lo llame?

Antes de que yo pudiera emprender el viaje hacia mi destino, creo, en primer lugar que tenía que encontrar una forma permanente de controlar mis temores sobre todo, el miedo de salir de mi país e ir a otro lugar. Para mí, inicialmente, la voz de Dios y mensajes no siempre fueron suficientes para mantenerme segura. A causa de mi pasado, por encima de todo, yo temía por la falta de necesidades básicas. ¿Qué loco es? Tengo que decir esto de nuevo, aquí: nunca realmente me ha faltado nada, ya que he escuchado y seguido los mensajes exactamente como he oído de Dios.

Una vez más, me animó Dios, diciendo: "Mientras Yo soy Dios, y que es para siempre, no faltarás de nada." Esas fueron las palabras más increíbles que nunca había oído, y desde entonces nunca he carecido de nada, aunque sigo con la batalla diaria el temor de la falta. Supongo que eso tiene que ver con el ser humano. Pero ese soy yo, y Dios me conoce mejor que nadie. Sobre todo, estando Dios, Él cumplió Su promesa.

Usted puede crecer con miedo de ser un compañero.
El miedo provoca la inseguridad. La inseguridad abre las puertas a oír otras voces.

Usted necesita pedirle a Dios que le ayude a mantener el miedo para que no se manifestara en su vida. Soy alguien que sabe cómo eso puede suceder. Como muchas personas, quizás usted también, que tiene miedo, mis experiencias me han hecho sospechosa y auto-protectora, pero a un nivel obsesivo. El miedo provoca la inseguridad. La inseguridad abre las puertas a oír otras voces. Usted puede crecer con miedo de ser un compañero. Mi difunto padre estaba tan enfermo que constantemente temía su muerte, un evento de cambio de vida que prometió hacer de mí un huérfano.

Hoy soy una mujer totalmente diferente. Me siento mucho más libre del miedo que solía mantenerme en una caja.

En el libro, *Lo Que El Viento Se Llevo*, la vida total de Scarlett O'Hara fue destruida porque creyó en el amor enraizado en una mentira. Pero la verdadera razón por la que fue arrollada por este amor fue por causa de temor. La historia de Scarlett O'Hara es realmente un relato sobre una mujer capturada y mantenida como rehén por mentira. Ella plantó su propio árbol de amor que creció en esa mentira y acabó afectando a la vida de tantas otras personas. Porque la propia madre de Scarlett no pudo casarse con el hombre que ella quería, Scarlett heredó ese miedo de no poder casarse con el hombre de su gusto. Como era, su primera elección de un amante resultó ser erróneo en todos modos.

Ser soltero, en cierto sentido, presenta un cierto temor porque no somos seres hechos para creer que podemos ser felices sin un testimonio de nuestras vidas. Es decir, sin alguien con quien compartimos la vida. Y allí estaba yo, soltera y soltero durante mi tiempo predicando en Hollywood.

Mientras en Hollywood una noche, oí la voz de Lucifer diciendo, "Dios te ayudó bastante en Los Ángeles, y estás sola, ahora." Era una gran mentira, porque Dios ayuda a sus hijos en todos los sentidos. Pero Lucifer, por supuesto, es el maestro del miedo. Si no luchamos contra el miedo en nuestras vidas, eso puede impedir nuestro discernimiento y nos desactivará en nuestro viaje hacia el Espíritu de Dios. En otras palabras, no seremos capaces de interpretar nuestras propias circunstancias de manera precisa. Sin embargo, es por eso que he venido diciendo que vamos a la guerra. Recuérdese que debemos ser tolerantes a cero en cualquier cosa, especialmente el miedo que remotamente intenta de mantenernos alejados de nuestro destino. Irónicamente, otro temor que puede surgir es realmente el hecho de que usted tema que no podrá vivir su destino, aunque tal vez no tenemos uno.

Para superar el miedo, se debe permanecer cerca de Dios y obedecer Su voz.

Debo decir una palabra sobre la ansiedad aquí. La ansiedad que es la corona en la cabeza fea del miedo - es esa sensación de temor excesivo, de preocupación perpetua que algo malo pueda suceder, aunque no hay ninguna razón lógica para estar asustado. Muchas veces, las enfermedades depresivas y ansiedad van juntas. ¿Qué crees que Dios iba a decir sobre eso?

La ansiedad y la depresión se han convertido en enfermedades relacionadas con el temor a la mayoría de la generación de hoy. Tan sorprendente como que debe sonar, las causas de esta crisis son tan dolorosamente evidentes. La niñez está siendo despojada de la juventud de hoy como es forzada a crecer como adultos pequeños en un mundo donde los padres temen que sus hijos no se midan a determinadas normas. Apenas mayores que los niños pequeños, los niños de hoy están sometidos a presiones sociales en pre-escolar, por los padres y en la sociedad. Apenas ellos saben cómo jugar y mucho menos tiene la oportunidad de hacerlo.

Es triste que muchos de los líderes políticos de hoy, los padres y las madres en el hogar, los maestros en las escuelas, todos los cuales que deben cuidar nuestras generaciones futuras están paralizados por algún tipo de miedo. Lo que parece alarmante es que todos aquellos que comparten la responsabilidad colectiva de conformar una nueva generación entera en lugar de fundición es un ejemplo aterrador de lo que es el miedo a una persona.

¿Cómo pueden conseguir algún éxito cuando sus temores le dictan cómo debe actuar, qué hacer, cómo sentirse? Están demasiado ocupados lidiando con la soledad, el rechazo, el dolor, la traición, la competitividad. Estas almas que no han sido autorizadas o que no se han permitido para madurar en el espíritu, por lo que son incapaces dentro de sí mismos, la curación de una generación que se apoya en ellos para obtener respuestas.

Las personas que estas almas temerosas deben "guiar" han sido vulnerables a la depresión porque carecen de una visión para el futuro y toda esperanza de llegar allí. En efecto, todo eso se combina para crear un sentimiento de fracaso. Para empeorar las cosas, el mundo de las presiones económicas ha llevado a la incertidumbre, la inseguridad, la depresión y, en último lugar, la ansiedad crónica. Los padres están más preocupados por cómo van a sustentar a sus familias, que tender al bienestar espiritual de sus hijos o ellos mismos, por ende. La inseguridad financiera ha provocado innumerables divorcios, hogares rotos, dejando muy poca esperanza para las generaciones futuras.

Lastimosamente, la última cosa que se queda en la mente de la mayoría de la gente es: "¿Qué es lo que Dios está diciendo? ¿Qué está pensando Dios, y qué está planificando, Para mí, para mi familia, para el mundo?

Sin embargo, todo esto va de mal en peor. La industria farmacéutica, quien siempre se centró en los beneficios, ve una gran oportunidad en este mar de miedo. Se ha creado un conjunto de respuestas a los "problemas" de hoy. Las medicinas anti-depresivas, el dopaje de personas mientras que los departamentos de marketing como una manera de lidiar con la depresión, una manera de corregir los desequilibrios de las alteraciones químicas en el cerebro. Hoy en día, muchas personas, se focalizan en su sus negocios diarios, y sufren de depresión y de temor intenso de lo cual ni siquiera son conscientes. Mientras el uso temporal de los medicamentos puede ayudar hasta cierto punto que no es todo lo que se necesita, y es peligroso en el largo plazo.

Todas estas fuerzas han desembocado en una sociedad sin amor, una herida en la sociedad que depende de drogas que necesita una cura permanente: el toque sobrenatural del amor de Dios.

La esperanza no se puede encontrar en forma de píldora. Pero cuando el amor de Dios sana esta gran herida, pone fin a todos los temores de las generaciones pasadas y surgirá una nueva generación vive en la paz de principios celestiales.

También hay una forma muy sutil del miedo que Dios me mostró, una angustia de la que la mayoría de los cristianos no son conscientes. Eso es ridículamente irónico: el miedo de desobedecer a Dios. Una noche, Dios me despertó con el mensaje, "Obedecedme." Me preguntaba lo qué necesitaba hacer más. Pero aquí estaba yo, ya temerosa de desobedecer a Dios. La mayoría de nosotros sabemos que ni el padre-la naturaleza de Dios, ni sabemos su gracia sanadora tampoco. Como pensaba en esto, me di cuenta de que constantemente desobedecía a Dios involucrándome en relaciones "equivocadas". La mañana siguiente, tuve un sueño sobre Sus hijos desobedeciéndole, pero Él todavía los bendijo dondequiera se vayan. No era Su voluntad ir allí pero la desobediencia no quita Su amor y Su gracia. ¿Se recuerden esas alumnas pequeñas que robaron la torta? Claro que sí, el amor paternal es muy inmenso.

Después de aceptar la gracia de Dios, El me ayudó a agitar el miedo de desove decirle. Él envió ese mensaje severo sólo para recordarme de mi situación temerosa, pero no debería ser, de desobedecerle.

Su voluntad está incrustada dentro de mi corazón, mente y emociones. Él ya no dice, "¡Obedecedme!". Él ahora pide a preguntas como, "¿Cuando quieres ir al extranjero?", no un "Debes ir" o, simplemente, me preguntó: "¿Qué quieres, Yvon?"

Concedido, Dios tuvo que repetir su pregunta sobre un viaje al extranjero aproximadamente diez veces - dentro de ocho meses - para que me despierte y darme cuenta de que Dios me está enviando a los Estados Unidos, otra vez. Tuve que verme yo misma por lo que yo era en aquel momento: una madre luchando con miedo a causa de su responsabilidad hacia sus hijos. Pero la liberación se produjo cuando Dios me preguntó una cuestión muy delicada que Yo nunca me imaginé oír de Dios. Escuché esa pregunta varias veces que decía "¿Qué quieres?" me dejó sin palabras. Aquí Dios estaba, dejándome una parte de las decisiones simplemente, lo que sería cómodo para mí, para mis hijos, para mi marido.

El asunto de la ira

Las personas que tienen miedo en su vida suelen tener problemas de ira y todos sabemos que el enojo es muy destructivo. La ira debe ser tratada de forma muy sabia. Dios usó dos sueños para mostrarme mi actitud. Las personas que se enojan están llenas de venganza. En un sueño, mi marido estaba hablando con una amiga mía de la escuela. Cuando habló con ella por un tiempo muy largo, me quedé muy molesta. El objetivo no era que mi marido estaba haciendo nada malo, pero es mi actitud hacia la situación. ¿Qué podía hacer? Ignoré este sueño.

Una semana más tarde, el segundo sueño me apareció pero esta vez, mi reacción fue muy impulsiva. En este sueño, yo vi que mi esposo besaba a otra mujer durante el almuerzo. Me tomé un plato lleno de comida y lo tire por encima de sus cabezas, rozando los restos en sus rostros. Definitivamente una reacción airada. Dios estaba demostrando claramente que yo necesitaba ordenar mi ira.

Escuchar la voz de Dios le llevará a muchos lugares dentro de sí. Algunos serán muy dolidos que quizás no sabía que existían. Aquí, Dios le pide a enfrentar estos desafíos con valentía, y curarlos con la fe.

¿Eso no suena como un padre?

Estos sueños me dieron algo en que pensar. Dios me estaba enseñando que cuando alguien me ofendía, no siempre es mi cruel acto que debe ser el foco principal, sino mi reacción hacia ello. Dios vinculo mi ira con el temor en mi corazón. En el sueño, me demostró que tengo un problema emocional que podría explotar en mi matrimonio. Esto es algo que necesita ser arreglado rápidamente y por completo. Escuchar la voz de Dios te llevará a muchos lugares dentro de ti. Él me condujo a una llaga por lo que me gustaría reconocer que existía, afronte con valentía y cure con fe. ¿Eso no suena como un padre?

Volvamos a esas dos pequeñas alumnas que robaron el pastel. Cuando las cogí en mi sueño, las denuncié a Dios. Y ¿qué hace Dios? Él generosamente las asienta en su regazo como lo haría un padre por supuesto. Este sueño siempre me recuerda a la actitud de amor de Dios, que debemos hacer nuestro mejor esfuerzo para imitar. Él es el amor primero, sentencia posterior.

Posesividad, desconfianza, Escepticismo

He sido testigo de cómo las personas cogidas por el temor de una pérdida tienden a ponerse a la defensiva, desconfiadas, incluso cínicas. La posesividad, la manipulación, el exceso de protección, la desconfianza y el escepticismo son todos los pequeños bebés nacidos de la madre del miedo y de la pérdida. Observe la diferencia entre la sospecha y el escepticismo. Las personas sospechosas siempre creen que alguien sea culpable o que algo esté mal, porque están reaccionando ante el temor de una mentira.

Cuando se reprenda sospechas en el nombre de Jesús, pido a Dios que le llene del opuesto de la sospecha que es la confianza basada en el amor. En cuanto a los escépticos, piense en aquellas personas dudosas que conoce. ¿No preguntan por todo siempre? ¿Por qué? Que se encuentra en la raíz de su persistente duda He encontrado que estas almas no son bien tratadas por los demás, no los dan el amor necesitado entonces se sienten perjudicadas por acciones terribles sin amor del pueblo. Este dolor se convierte, eventualmente, en un escéptico. Es un mecanismo de defensa para evitar lastimarse, además de sentirse mal consigo mismo, hacer frente a su soledad.

Pero el miedo de la soledad lleva a escaparse de la circunstancia y suele escaparse a donde sus lados débiles, así que tiene que estar alerta, vigilante, en guardia, pues la tentación llegará a usted dónde es más débil.

1 Pedro 5:8
"Sed de espíritu sobrio, estad alerta. Vuestro adversario, el diablo, anda al acecho como un león rugiente, buscando a quien devorar."[LBLA]

La falta de amor produce los mismos frutos como los que produce el miedo. Sentirse no querido provoca la inseguridad, la indignidad y, sobre todo, la soledad. De nuevo, ten cuidado. Cuando uno se siente solo y busca el amor en los lugares equivocados. Demasiadas personas solas se ofrecen al alcohol, las drogas o al sexo. Pero como uno trata de aliviar su dolor a través de la escapa, lo hacen sin saber que el camino que han elegido es a la vez temporal e incumplido.

El miedo de la soledad, para tantas mujeres las hace alojarse en una necesidad imaginaria e urgente de conseguir el estatuto de mujer casada. Si sólo estas mujeres vulnerables pudieran entender que es Dios quien es el mejor e ultimo creador. Dios dirige a aquellos que piden, desde la ruta del camino divino hasta el matrimonio. Pero para que eso suceda, el miedo de la soledad tiene que ser reemplazado por la fe y el amor de sí mismo.

El verdadero amor viene y es de Dios. Por lo tanto, viendo que Dios tiene su propio tiempo, también lo hace el amor. Un amor que no se basa en la verdad está basado en las mentiras, y por supuesto es condenada desde el principio. Hoy en día, ese falso amor muestra su cara bajo varios aspectos como: el divorcio, las familias mono parentales, la inmoralidad sexual etc.

Advierto cada hembra fanática de lectura a comprender que la necesidad y la prisa para encontrar el "Hombre ideal" pueden ser muy apremiantes, especialmente si está luchando contra el miedo de la soledad. Sin embargo, encontrar al Hombre Ideal por sí misma, sin la guía de Dios, está buscando la aguja proverbial en un granero. Los que intentan hacerlo ellos mismos, bajo presión imaginaria, son mucho más propensos a hacer errores de la vida de impacto que suscitan embarazos no deseados, abortos, divorcios y los niños maltratados.

La "matemática" está en contra de ustedes. Si ha tenido múltiples parejas sexuales, digamos diez, y usted está en una relación sexual con un hombre que ha tenido 20, si no se arrepiente ante Dios y romper todos los lazos del alma, que terminan prácticamente, si no realmente, habiendo treinta parejas sexuales entre los dos de usted. ¿Creo que eso es lo que agrada a Dios?

¿Qué dice Dios sobre esto?: nuestros cuerpos son el templo de Dios. El pecado sexual es pecar contra nuestros propios cuerpos. Este pecado, creo, puede hacer que el cuerpo y el espíritu sean físicamente enfermos. Dios nos espera para entregarle nuestro ser carnal. Cuando caemos en nuestras rodillas y confesamos nuestras debilidades, pidiéndole que nos ayude, que nos de fuerza.

Amar a Dios es aborrecer el pecado.

Según esta convicción, el mundo y todas sus tentaciones llegan a ser decididamente vago, en comparación con su amor radiante. Una vez que se pruebe el sabor verdadero del amor, no habrá ningún sustituto. Es por ello que amar a Dios es aborrecer el pecado. Antes de que usted pueda recibir la pareja que quiere Dios, usted tiene que hacer un balance de su relación con Dios, en primer lugar.

Las personas que sufren en su amor de la vida; a través del rechazo o la pérdida - realmente tienen miedo de amar mientras ellos desean desesperadamente amar. Lo que es peor es que este temor puede dibujar mensajes falaces, ya que atrae a una esperanza falsa y un espíritu mentiroso que le dice si lo que quiere oír o algo sólo para calmar sus debilidades y sus temores.

Anteriormente citado, mi temor más grande y deseo eran el amor y la protección que ofrece. El temor que entró a través de la puerta abierta por el suicidio de mi madre trajo consigo una "mala voz" que utilizó mis debilidades para fabricar mensajes falsos Eventualmente, esos mensajes me llevaron a dudar la voz misma del Dios que sirvo. Esta es la razón porque es importante comprender sus debilidades para que pueda discernir los mensajes que vienen a usted. Si no soy capaz de controlar mis vulnerabilidades, yo estaría en situaciones peligrosas. Por ejemplo, ni siquiera puedo contar las veces que los hombres se acercaron de mí diciéndome que Dios les dijo que yo iba a ser su esposa. Imposible. ¡Era muy absurdo! ¿Cómo me podía casar con los diez de ellos? Seguro que creyeron oír que Dios los dijo que yo debería.

Isaías 30:21
"Entonces tus oídos oirán a tus espaldas palabra que diga: Este es el camino, andad por él; y no echéis a la mano derecha ni tampoco torzáis a la mano izquierda."
[RVR 1960]

Isaías 30:22
"Entonces profanaras la cubierta de tus esculturas de plata, y la vestidura de tus imágenes fundidas de oro, las apartaras como trapo asqueroso; ¡Sal fuera! Les dirás."
[RVR 1960]

Estos versículos nos recuerdan de lo que estamos obsesionados y cómo estas cosas nos afectan. Recuerde, el miedo puede crear una obsesión que le lleva a escapar a una multitud de cosas, cada uno de los cuales puede distraer a su destino:

El amor a través de la fe es el único antídoto del miedo. La Biblia dice que la fe viene cuando se oye la palabra de Dios. Debemos tener una escritura como Isaías 41:10 (véase abajo) y decirla en voz alta, puesto que suma en su mente diciendo a sí mismo que esta palabra será su maestro y él le dominará, porque Dios no es mentiroso, El siempre mantiene su palabra. La liberación del temor llega cuando oramos y hablamos la palabra de Dios y también pedimos al Espíritu Santo de Dios que nos ayude a ir libres de temores específicos.

Isaías 41:10
Dice: "No temas, porque yo estoy contigo, no desmayes, porque yo soy tu Dios que te esfuerzo; siempre te ayudaré, siempre te sustentaré con la diestra de mi justicia."
[RVR 1960]

El temor bloquea sus percepciones y patrones de pensamiento. Piense en esto: Dios te necesita para cambiar su percepción para que le pueda enviar mensajes.

Percepciones

Veamos ahora las percepciones. Tener la percepción correcta es vital, pero, ¿cómo lograrla? Bien, si usted está de acuerdo que esa percepción es cómo vemos el mundo, o un evento o una persona o un acto, comienza con no ser crítico o impetuoso. Esto es importante porque Dios esperará hasta que su percepción cambie, es decir, hasta que vea que esté dispuesto y listo -antes de que él le envíe un mensaje.

Creo que el sufrimiento es grande cuando los padres no pueden permitirse el lujo de comprar alimentos, o incluso zapatos para sus hijos. Usted no tiene que ser un padre para comprender el dolor que se siente cuando una persona sabe que no es capaz de proveer aun la más básica de las necesidades de sus hijos. Estoy muy bendecida; mi hija nunca ha faltado de algo. Pero esto no me mantiene a imaginar la angustia si algún día estoy incapaz de ayudarla.

Pero ese día podría llegar. Piense en todas las personas que tenían un empleo remunerado antes de la Revolución Industrial, cuando inventaron las máquinas para sustituir a los seres humanos. Casi de la noche a la mañana, los segmentos de la población empleada se llegaron a ser desempleados. Hoy en día, es una tecnología informática que está impulsando la tendencia más allá de lo que jamás soñé. Cada vez más, el resultado se confirme en el hecho de que hay menos puestos de trabajo y menos necesidad de trabajo físico humano. Pero quizá este período de agitación sea un don dado por Dios a fin de poder comprender algo que, de lo contrario, perderíamos. Creo que la necesidad de la gente para escuchar a Dios sobre cómo sobrevivir, no se está convirtiendo en un redoble sino una necesidad. Pero la supervivencia de la cual estoy hablando proviene únicamente de Dios y a través su liderazgo, dirección y orientación., Y, por cierto, requerirá un cambio de percepción.

Muchas personas se verán obligadas a adquirir nuevos y más amplios conjuntos de habilidades, y asumir más responsabilidades de gestión y organización, crear y generar más negocios. Pero el miedo impide a muchos de arriesgarse en el nuevo o nuevos proyectos. Así, otro cambio de percepción es necesario.

El empresario e inversionista inglés Sir Richard Branson, dijo: "Yo quería ser un editor o un periodista, yo no estaba realmente interesado en convertirme en un empresario. Pero pronto descubrí que me había convertido en un empresario para mantener mi revista en marcha." Como puede ver, cuando oye la voz de Dios, puede venir con algunas con ideas increíbles, emprendedoras, mezcladas con aumentando su pasión original. Si usted deja que tome en su curso, creará un lugar donde no sólo se sobrevive sino para conseguir una vida próspera.

Mi marido y yo hicimos una escapada de fin de semana en el Kruger National Park, un verdadero "R&R", como dicen. Me recuerdo despertar de un sueño profundo, una noche, después de haber tenido el sueño más increíble. Me dije," Wow. Wow, Dios." Pero yo era demasiado perezosa para coger un lápiz y papel para anotarlo. La mañana siguiente, el sueño fue olvidado, y todavía no puedo recordarme ningún detalle. Como se mencionó anteriormente, usted ha de ser humilde para dejar que Dios le ayude. Pero cuando lo haga, asegúrese de organizar e ordenar sus patrones de pensamiento a los de Dios. Cuando Dios habla, usted necesita para reaccionar de inmediato, no de miedo, sino por respeto al Dador del Mensaje. Yo aprendí esa lección dolorosa y definitivamente cambié mi percepción sobre estas cuestiones.

Mis percepciones malas (humanas) de Dios en algún momento todavía me hacen dudar de lo que escucho porque creo..."de ninguna manera, Dios no dirá eso." ¿Cómo algo puede ser simplemente hasta cuando me debería preguntarle para tomar las decisiones? Aun, dudo si oigo una "cierta" palabra moderna y me pregunto si Dios usaría esa palabra cuando habla conmigo.

A veces, Dios espera que una percepción en su cabeza cambie antes de decidir si usted está listo para enviarle un nuevo mensaje. Percepciones cambiantes pueden ser muy cruciales. De hecho, algunas personas pueden viajar por todo el mundo o por lo menos lejos de sus entornos de vida actuales sólo para restablecer sus percepciones. Y hay las que llegan a viajar pero no son "abiertas" a un cambio de percepción y, por lo tanto, no se dan cuenta de la maravillosa oportunidad que están desperdiciando.

Dicho esto, escuchen esto: Durante muchos años, mi percepción de la felicidad última en Sudáfrica sería tener una casa de playa. Trabajando como un asesor financiero, yo estaba decidido a visitar las zonas costeras para encontrar un futuro hogar de retiro para nosotros, así que nos fuimos. Siempre he tenido un profundo amor por el mar y la naturaleza, en general. He compartido maravillosos momentos "madre" con mi hija en la playa y en la naturaleza, así como momentos especiales con Dios.

Durante este viaje, algunas de mis percepciones cambiaron. Por ejemplo, empecé de soñar con una pequeña y sencilla casa en la costa, no la cara que estaba en mi lista original. Me di cuenta de que la propiedad es extremadamente caro en ciudades costeras y escasean las oportunidades de trabajo y salarios mucho más pequeñas que en las grandes ciudades.

A través de esta experiencia, Dios me llevo a darme cuenta de que yo debería pedir su consejo sobre cómo ser prudente con el dinero y las inversiones, permitiéndole que nos guíe en nuestras negociaciones. Necesitaba este viaje para ayudarme cambiar mi percepción, pero el cambio vino por sí mismo. Yo no quise viajar con eso en la mente.

Dios necesita ciertas percepciones de nuestra mente antes de poder compartir con nosotros otras ideas y direcciones. A veces, puede costar dinero un cambio de una percepción. Dinero pagado, dinero perdido, dinero dado, cualquier manera que resulta en el incremento es dinero bien gastado. Por ejemplo, mi viejo sueño de tener una casa de playa podría hacer que uno se sienta presionado para ir en busca de una propiedad de vacaciones. Lo que comienza como una exploración a una determinada zona costera. Cuando disminuye ese impulso de exploración, su mente comienza a descubrir otras posibilidades que anteriormente podría no haber pensado.

Quizás, el plan de Dios no incluye muchas visitas a una casa de playa. Algunas personas viajan o sienten ganas de "encontrar" algo nuevo. Su viaje podría ser el plan de Dios para librarlas de una cierta percepción errónea sobre cómo se debe vivir la vida. Yo era un "buscador" toda mi vida entera, me encantó Hollywood, pero viviendo allí eliminó algunas de mis percepciones idílicas, siempre intentando encontrar la casa de playa perfecta y eso alteró mis percepciones. Cuando recibí dinero para completar mi manuscrito, cambié de percepción y esta circunstancia me llevó a explorar la vía de la auto-publicación. La recesión mundial está alterando muchas percepciones. Conducir durante 15 horas para ver "algo" podría ser exactamente lo que se necesita para ayudar a ordenar las cosas, abrir la mente y el cambio de percepciones.

A veces, nos vamos de acampada porque sé que Dios dijo, "Descanse y vendré a vosotros." Mientras puedo buscar previsión e oportunidades financieras que sirvan a las necesidades de mi familia, me doy cuenta de que necesito dejar las cosas en las manos de Dios.

También creo en las conexiones correctas y en las buenas amistades, en el momento oportuno. Yo cultivo estos conceptos y confió en Dios por eso le doy gracias a Dios por ellos.

Con el tiempo, mi percepción cambió y amistades. Me di cuenta de que podía curarse de la gente, las expectativas e incluso las ambiciones, y eso está bien. Siempre he notado que las personas tienden a tener muchos amigos y familiares. Lo que pienso acerca de eso, sé que soy diferente, porque estoy en paz sabiendo que Dios me dijo, "Esta es tu viaje y sólo los seleccionados se enviarán a caminar con usted." Después de haber rendido, ahora tengo sólo personas de propósito en mi vida.

No podemos hablar de percepción sin lucimiento que más convincente de todos: el "bien o mal" la percepción. Pensar en todos los conflictos que parecen ocurrir en el hogar, en la oficina, en público; todo debido a las percepciones, especialmente la percepción entre el bien y el mal. Fue una novedad para mí que dicha percepción podría ser manejado y relacionados a su actual estado emocional.

Durante mi juventud, nunca vi a un hombre que había bebido tanto. Mi papá solía tomar un whisky raro, o la sidra, o lo que sea, pero yo nunca lo vi inestable en sus pies. Entonces, cuando me casé con mi marido, lo encontró muy natural disfrutar de unos tragos en reuniones sociales y juegos de rugby. Me sobrecogió verlo y a sus amigos beber demasiado en las fiestas, realmente. Mi marido explicó que era una cosa de "hombre". Obviamente, él no bebía durante la semana, solamente en fiestas o barbacoas, o cuando estaba viendo partidos de rugby en la televisión. Recordando cómo su familia y amigos que solían tomar en fiestas, empecé a dejar de visitarlos. Yo simplemente no podía "hacer" cualquier evento donde había mucho para beber y dejar que yo o mis hijos nos encontremos entre ello.

El beber excesivo provoco terribles peleas y viví con miedo cada vez que salió de su casa para atender un partido de rugby o incluso para una ronda de golf. Yo estaba terriblemente asustada que iba a beber demasiado, conducir hasta casa y que mi hija vería a su padre emborrachado, ni que tuviera un accidente. Algo me podría suceder, en casa, mientras mi marido estaría entre bebedores "peligrosos». Fue como si mi espíritu fuera "atacado". Fue una sensación horrible, como si el cielo se abrió y el ángel de la muerte se estaba riendo y esperando una oportunidad. Quería rezar sin cesar mientras me sentía terriblemente enferma. Eventualmente, tuve que pedirle a Dios que ayudase a mi marido ralentizar o darse cuenta de los peligros de un tal comportamiento, como todo esto era realmente difícil de manejar como todo eso me estaba afectando el espíritu.

Una noche, después de una gran pelea con respecto a mí no querer socializar con personas que beben demasiado, mi marido me calificó de esnob. ¿Un esnob? Todo lo que quería hacer era salir de donde el consumo de alcohol era demasiado, a un lugar de silencio y de paz. Yo había recibido un sueño en el cual Dios dio una clara advertencia. En ella, yo humildemente tuve que decirle a mi marido que sus "aventuras", lo que él consideraba ser "entretenidas", podría realmente perjudicar a nuestra hija. En este momento, mi hijo aun no había nacido. Esto era mi deber como esposa. Pero este mensaje me impactó realmente.

Soñé que mi esposo practicaba el puenting ¡pero sin la cuerda al final! En su lugar, había una persona con una red de seguridad en la parte inferior. Esto fue muy emocionante para los numerosos espectadores. Vi a mi hija siguiendo a su papá y quería hacer lo mismo, ya que se estaba disfrutando mucho. Justo antes de que mi marido pudiera dar el siguiente salto, el hombre que controlaba la red de seguridad, simplemente se alejó. Grité para advertir a mi marido que no saltara pero no me oyó. Él saltó, ciegamente. Para mi horror, mi hija saltó después de su papá. Cada hueso en su pequeño cuerpo se quedó roto.

Dios me dio la interpretación también en lo que una hija busca a su padre y él tiene que proveerla con ejemplos buenos sobre cómo vivir. Esta responsabilidad no se negocia. Una hija tiene un padre terrenal de quien puede aprender lo que sólo un padre puede enseñarla. Así, el padre, mi esposo, debe utilizar el más alto nivel de madurez siempre considerando las consecuencias.

Pero en algún punto, lo que los hombres se sienten obligados a hacer no puede ser en el mejor interés de sus hijas. Por ejemplo, se puede haber peligro en lo que los hombres llaman "Aventura" o la forma en que "entretienen" a sí mismos. Nuestro problema es que mi marido, con su hábito de beber, estaba estableciendo un ejemplo peligroso para su hija. ¿Qué podríamos decir si después ella escogió ser como su papá?

Bien, no estoy diciendo que los hombres no deben tener su "Noche de Chicos" pero si la "necesidad" de beber, no le causaría daño a usted o a nadie a empaparse responsablemente, mientras asegurándose que se comporte mal delante de sus hijos. Dicho de otro modo, juraría usar un lenguaje soez y batir a 20 tiradores si Dios estaba junto a usted en una fiesta.

Yo tomé un tiempo para pensar en cómo me gustaría compartir este sueño con mi marido. Estábamos tumbados en la cama, charlando cuando decidí que era el momento adecuado.

Durante semanas, sentí que algo iba mal, así que había abierto mi corazón a mi esposo y compartido no sólo el sueño sino también la sensación angustiosa de que algo estaba sucediendo terriblemente en nuestro matrimonio. Sorprendentemente, y para su crédito, él entendió bien el sueño y dijo que no quería ser un mal ejemplo para su hija.

He compartido la verdad y decidí dejar a mi marido en las manos de Dios; pero también me dijo que ya no me volvería a visitar a las personas que complacieron en estado de ebriedad. Feliz de que no hubo una gran "lucha", ambos nos fuimos a dormir. Para mi consternación, me desperté unas horas más tarde, sintiéndome más carenciada. Yo sentí que algo todavía estaba terriblemente inadecuado. Pensé en el hecho de que yo me estaba retirando de mi esposo, emocionalmente, como temía mi futuro con él. Pero hubo también el hecho de que mi hija dormía entre nosotros, en nuestra cama, y esto me hizo sentir aún más alejada.

Yo temía una creciente separación entre nosotros, porque mi percepción fue que mi marido no me entendía, mi vida, o profético de Dios, llamado a mí. Este sentimiento terrible aumentó tanto que me hizo falta de aliento. En respuesta a mi temor de la desunión entre mi marido y yo, Dios compartió una respuesta práctica: Nos estábamos causando nuestra propia "separación" manteniendo nuestro bebé en la cama.

Mi marido se despertó. Le dije que no podía aguantar más. Le dije que tengo que compartir mis temores y percepciones con él. Mientras yacía allí, con los ojos abiertos, mi marido tranquilamente sacude la cabeza y dice, "Es tiempo de que Bella se vaya a dormir en su propia cama", y la lleva a su habitación. Él regresa en cama, me toma en sus brazos y la paz vuelve a reinar en nuestra casa. !

En otro sueño algunas noches más tarde, Dios intentó explicarme algo. Debo mencionar que Bella estaba de vuelta en la cama, entre nosotros, de nuevo, porque ella estaba traumatizada por haber permanecido en el hospital durante dos días. Este sueño me molesta terriblemente. ¿Fue una señal de Dios? Definitivamente no, pensé en principio. Pareció venir a mí sólo como un recordatorio de sentimientos que afectan la intimidad en nuestro matrimonio. Aunque no es un signo, este sueño era bien de Dios, en el trabajo, me muestra el impacto de mis propias emociones.

El sueño era el siguiente: mi esposo y yo estamos disfrutando de una excursión. Llevo sandalias abiertas en un día lluvioso. Cuando entramos en un restaurante para tomar un bocado, un conocido camina hacia nuestra mesa. Ella también lleva sandalias abiertas. Mirando hacia sus pies casi desnudos, mi marido, comenta: "¿tus pequeños dedos van a sentir el frío?" Al oír esto me puse muy enfadada. Me siento ahí, con dolor e indignación, diciéndome: "Está claro que no importa si mis 'pequeños' dedos están fríos, pero todos sus avisos van por los dedos de otra mujer que van a tener frío."

Extraño sueño, ¿no? Pero me llevó a pensar en dos posibilidades. ¿Era Dios que decía que mi marido no se preocupaba por mí? O, Dios me estaba mostrando que me sentía en el medio natural porque no estábamos pasando momentos "privados" suficientes juntos y una percepción siguió creciendo en mi vida como una pequeña planta que regamos regularmente.

Esto toma una comprensión madura de la actitud de Dios hacia el matrimonio y sus problemas consiguientes. Él no me estaba diciendo que me fuese porque temía que mi marido atendiese por el bienestar de otras mujeres. Él me decía que me siento de una cierta manera a causa de circunstancias naturales y que no debo dejar que mis percepciones inviten el miedo.

Mientras más profundamente exploraba este sueño, más vi que era un claro mensaje viniendo de Dios.

Cuando algo es tan equivocado que puede hacerle daño a usted, su matrimonio o en su vida, Dios puede poner presión sobre usted. Él le coloca en una atmósfera de angustia como usted está en un campo de minas, un lugar donde usted tiene que actuar, decidir, buscar y encontrar la verdad, paso a paso.

Ay madre mía ¿tuve estrés cuando ignoré la pregunta de Dios sobre cuando yo quería ir al extranjero? Recuerde que yo me había focalizado en encontrar un trabajo en Sudáfrica y todas las otras partes y trozos de adoquines que, juntos, conforman una vida armoniosa. La atmósfera alrededor de mí cambió. Mi percepción en este momento es que me gustaría trabajar mejor hasta después del lanzamiento de los "*Mensajes de Dios*" solo para mantener una puerta abierta para mi bienestar financiero. Mientras que puede parecer responsable, seguramente no fue idea de Dios. Dios quiso que mi percepción cambiara Para que siga con mi vida, el trabajo y la maternidad mientras Dios me llamaba, formaron una parte natural de mi vida que hacia cosas demasiado difíciles en mi cabeza.

¿Qué usted llamaría al siguiente, hecho o percepción?

La razón básica para realizar cualquier trabajo que usted puede encontrar es para pagar las facturas para sobrevivir y tener una satisfacción profesional.

Francamente, no importa si es un hecho o una percepción. Cuando hay facturas por pagar, no importa de dónde viene el dinero, mientras no sea adquirida mediante actos criminales. Pagar las facturas que vencen no es negociable, y por ende, de hecho. ¿Estamos felices de hacer lo que hacemos para vivir? Ahora, eso es una percepción. El reto consiste en combinar la realidad con la percepción y lograr la paz.

Concedido, necesitamos fontaneros, conductores de camión, hasta operadores, cada tipo de limpiador, etc. Pero, ¿qué pasa si lo que haces para vivir le causa infelicidad?

Por ejemplo, soy conocida como un tipo "artístico" pero la mayoría de los artistas están luchando para sobrevivir. Por lo tanto, hacen del comercio su pasión por dinero o ¿se sienten cómodos mientras se mueren de hambre? Artista o no, me quedé atascada en el negocio minorista porque era todo lo que sabía. Pero, lo odiaba. Tras esto, yo estaba agradecida porque mis clases de orientación personal trajeron mucho dinero adicional; sin embargo, todavía faltaba algo. Entonces, empecé a perseguir una carrera como asesora financiera, intentando tocar y utilizar mi pasión por lo que estaba ocurriendo en el sector financiero para ayudar a los demás.

Durante este tiempo, se trataba de encontrar el equilibrio, hacer que las cosas tengan sentido, buscar algún sentido de utilidad y satisfacción. Lo que yo estaba tratando ahora al menos encajaba con mi esposo y sus palabras sabias: "Vas a sentirte aburrida en casa." Si usted recuerda, mi trabajo sobre "*Mensajes de Dios*" no era un gran aspecto en su pensamiento o, en este momento, en el mío, tampoco. Para él, mi manuscrito era simplemente escribir. Sin embargo, oí a Dios decir: "El libro es más grande que lo que crees, Yvon".

Pero yo estaba luchando con la vida y las cosas básicas que nosotros todos tenemos que afrontar. En Sudáfrica también presentan problemas que pido no atormentar a muchos otros. En mi país, está fuera de la cuestión, donde hay pocos o ningún empleo, e, especialmente cuando uno es de raza caucásica en Sudáfrica. Entonces, ¿qué hace uno para vivir cuando está completamente perdido en un lugar donde no existen puestos de trabajo? ¿Dónde estaba yo? Yo no podía hacer como todos los demás estaban haciendo. Así, fue mi ideal de tener un buen trabajo sólo una percepción. ¿O bien, podría de hecho haber realmente un buen trabajo ahí en algún lugar esperando que me lo encuentre? Un parón en mi carrera podría haber sido una trampa de pobreza para mí, pero tomé el pico porque Dios me llamó para ello.

Ahora, sepa que el miedo y las percepciones se entrelazan constantemente en la vida. Recuerde que le estoy diciendo esto. Esta "oleada" de temor y el punto de vista van a afectar el modo de escuchar e interpretar los mensajes de Dios. Por lo tanto, tenemos que madurar mucho como niños pequeños cuando escuchemos la voz de Dios.

En lo que se refiere a las finanzas, soy una persona muy responsable y creo que mi carrera en la industria financiera se adapte a mí. Cuando no genero ingreso ciertamente me preocupa en la vida y fue un miedo real, pero tuve que encontrar mi equilibrio entre lo natural y la vida sobrenatural. He encontrado la paz en tomar las cosas paso a paso como había trabajado hacia el desarrollo de mis programas de orientación de "Mensajes de Dios".

Entonces, una vez más, hay una escritura que dice:

Salmos 112:2-3
"Su descendencia será poderosa en la tierra; la generación de los rectos será bendita."
[RV]

Esta escritura me ayudó a entender por qué Dios me dijo una vez lo que comprendería la herencia de mis hijos. Al oír esto, me asombré de una tal enorme herencia. Claramente me di cuenta de que lo estoy construyendo no moriría con mi propia muerte. Sin embargo, aquí estaba yo, desgarrada entre ser un escritor o tener una carrera que ayudaría a pagar las facturas. ¿Había escuchado yo correctamente sobre el tamaño de la herencia de mis hijos? Bueno, como me he dado cuenta, Dios está en los detalles, y él sabe lo que mis hijos tendrán en el futuro. Consecutivamente, deseo es que continúen en el camino donde he comenzado.

Mi percepción con respecto a la herencia y la riqueza y la prosperidad ha cambiado desde ese mensaje. ¿Quién dice que deberíamos centrarnos en tener un solo hogar o sólo pagando los honorarios del colegio de nuestros hijos? Los mensajes de Dios; por cualquier razón que posee, puede claramente sorprenderle fuera de su zona de comodidad y patrones de pensamiento.

En el capítulo siguiente, voy a compartir con ustedes las muchas las maneras en que Dios se comunica con nosotros.

19

FORMAS EN LAS QUE DIOS SE COMUNICA CON NOSOTROS

Las maneras en que Dios se comunica con nosotros son abundantes y eficaces, pero lo más importante es que las maneras son elegidas específicamente para llegar a cada uno de nosotros de un modo muy individual. Algunas de las muchas maneras en que tú escucharás a Dios incluyen:

**La Biblia*
** Una voz suave.*
**A través de sueños y visiones*
**Emociones extrañas*
**No durmiendo y estando inquieto*
**A través de profetas y personas.*

Dios habla a través de la Biblia

Sí, la Biblia. Si deseas escuchar la voz de Dios, la puerta más inmediata es a través de la Biblia. No creo que necesites que te diga esto, pero quiero recordarte que, aunque nadie ha sido lastimado por leer la Biblia, millones de personas han encontrado su paz. Ya he dicho suficiente.

Dios habla con una voz suave

Un día, yo emocionalmente le rogué al Señor, diciéndole: "Padre, háblame. ¿Cuál es el propósito de mi vida? He llegado a un callejón sin salida".

El Señor respondió: "No puedo hablarte hasta que estés calmada".

Esto me hizo pensar de una esposa gritando a su marido, chillando, "no puedo llegar a ti". ¿Cómo crees que esa queja ruidosa y agresiva va a funcionar?

Necesitamos tranquilizar nuestras emociones.

1 Reyes 19:11

"El Señor le ordenó:

—Sal y preséntate ante mí en la montaña, porque estoy a punto de pasar por allí.

Luego el Señor pasó y envió un viento furioso que partió las montañas e hizo añicos las rocas; pero el Señor no estaba en el viento. Después del viento hubo un terremoto, pero el Señor tampoco estaba en el terremoto. Tras el terremoto vino un fuego, pero el Señor tampoco estaba en el fuego. Y después del fuego vino un suave murmullo".
[GNB]

Casi diez años antes de que hubiese terminado los *Mensajes de Dios*, Dios le envió un mensaje a mi amigo, Lou, para que me diga que escribiera rápido ya que tendría que regresar a Los Ángeles, pronto. Mira al mensaje. Dice "rápido". Cuando Lou compartió este mensaje conmigo, era como un "grito". Ciertamente, no era una voz suave. Al igual que en la escena de la mujer gritándole al marido, las palabras imperiosas me estresaron severamente. ¿Cómo podía ser "tiempo para regresar", tiempo para terminar el libro "rápidamente"? ¡AAAHhhhhhh!

Al mismo tiempo, una señora de la iglesia me dio una pulsera con un reloj oculto. Ella sintió que Dios le dijo que me diera este regalo. En la Biblia, un brazalete es utilizado como un anillo, en el matrimonio.

El diminuto reloj me dijo que ya era hora. Aunque esto no significaba que debía empacar y salir de inmediato, simplemente era el mensaje de confirmación preparándome pues el tiempo de partir hacia Los Ángeles se estaba acercando. Siempre ahí, siempre un recordatorio, pero no era un mensaje para estresarme.

La gente, demasiado impaciente para llevarte un mensaje, a veces pueden tener celos y ese mensaje llega con un "grito". El mensaje de Lou era correcto; pero lo "malo" era el "grito". Por favor, tenga en cuenta que algunos "portadores de mensajes", que ávidamente desean entregar un mensaje, pueden, de hecho, amplificar el tono, el ritmo, la urgencia.

Dios habla a través de sueños y visiones

Hubo un tiempo cuando yo prefería escuchar a Dios en mis sueños. Es un lugar donde no estoy distraída por todas mis propias ideas, pensamientos y preocupaciones. Una vez, incluso le dije a Dios que prefería que me hablara en sueños. Su respuesta me hizo reír. Él dijo, "Yvon, entonces tendría que ponerte a dormir todo el tiempo". ¡Qué maravilla de respuesta! Hoy, encuentro placer en las distintas formas a través de los cuales Mi Rey me habla.

El anotar cada sueño ha fortalecido mi fe. No siempre es fácil cuando Dios te dice cosas incómodas. Él comparte la verdad. La verdad puede hacerte sentir miserable, incómoda, aprensiva; pero también te puede hacer muy feliz. Sólo recuerda y nunca te olvides: en Dios, todas las cosas son buenas. Así, aun en aquellas terribles verdades, encontrarás el bien, eventualmente.

Yo una vez soñé que un conocido iba a tener un ataque al corazón. Al día siguiente, fui a visitarlo a su oficina, sólo para descubrir que, 24 horas antes, la persona había tenido un serio ataque al corazón. Fue llevado al hospital. Dios me dijo que él necesitaba mis oraciones.

El camino en el que mi trayecto se revela está sembrado por muchos sueños. Yo simplemente sigo los sueños que Dios me envía. He aprendido que Dios aún me advierte de inminentes pruebas. A menudo, veo a alguien vistiéndose de negro en mis sueños. Es una advertencia de la incredulidad inminente.

En un sueño, Dios me mostró que mi camino sería similar a un viaje en tren. En cada parada Él iba a dejar una nota, dándome nuevas direcciones, mostrándome dónde ir a continuación. Eso es exactamente lo que sucedió en Los Ángeles. No fui guiada a comprar un coche o a organizar ningún alojamiento, por adelantado. El Señor me dio indicaciones, a veces a diario.

Me advirtió en este mismo sueño que mi cuerpo se convertiría al igual que el de alguien sufriendo con lepra, pero todas las llagas se convertirían en poderosos soldados. Me di cuenta de que Dios estaba convirtiendo mi dolor y sufrimiento en un tremendo logro.

Dios usa los sueños para entregar grandes ideas. Pero, ¿cuántas personas se dan cuenta de que sus mayores logros realmente vienen de Dios? Durante una entrevista de Larry King Live, el ex Beatle Paul McCartney dijo que soñó toda la melodía de la canción, "Yesterday". A la mañana siguiente, él simplemente lo escribió, y tomó sólo unos minutos para componer la música.

Hay sueños específicos que pueden añadir una nueva dimensión de verdad para su futuro. Cuando se trata de este tipo de sueños, al despertar, te das cuenta de que estás tratando con algo muy diferente, aquí. Pero antes de que te apresure a concluir, primero trata de entender claramente el sueño y habla con alguien de confianza, si es posible; luego, tome posesión del mismo.

A veces, nuestro persistente Dios repetirá el mismo sueño de diferentes maneras. Psicólogos, psiquiatras y otros académicos que estudian los sueños postulan que un sueño puede ser el producto del subconsciente. Para mí, eso tiene sentido. Hay veces, especialmente cuando estoy bajo prolongado estrés natural, que tengo sueños confusos que no significan absolutamente nada. Mis propios miedos todavía a veces llenan mis sueños.

Puedo afirmar lo siguiente porque lo he presenciado. ¡Dios es el más grande soñador! Él soñó nuestros destinos, cada uno de nosotros, y los que aún no han nacido. Durante los días de mi aislamiento, yo estaba a menudo en intensas conversaciones con Dios. En una visión, me vi sentada en el regazo de Dios. Recuerdo haberle escuchado decir, "Eres tan hermosa.". Asombrada, le dije, "pero Dios, Usted me hizo de esta manera".

Me sorprendió cuando contestó: "No, yo sólo te creé con el potencial para volverte bella". Entonces me di cuenta de que Dios es un gran soñador, y en mi caso, afortunadamente, a mi favor.

Ahora, hablemos de nuestros otros sueños. Me refiero a nuestras esperanzas, aspiraciones y deseos. Estos son los sueños que llevamos mientras estamos completamente despiertos. Todos tenemos estos sueños específicos en nuestros corazones. Siempre he amado la industria del entretenimiento, pero no pude encontrar las puertas abiertas, que conducirían a una carrera. Pero luego, otra ambición se volvió mi prioridad: ser una esposa y madre. Muy por encima de cualquier otro sueño que he tenido, ser una mamá y una esposa es singularmente la mejor cosa que podría haber sucedido en mi vida. En retrospectiva, me doy cuenta de que yo tenía esperanzas y sueños para un futuro que no podría haberme hecho tan feliz como soy ahora.

"Todo es posible para Dios". Piense en la historia de José. Hoy, si alguien dice que Dios le dijo a José que su familia entera, incluyendo su padre y sus hermanos, inclinarían ante él como señal de reverencia, después de que intentaron matarlo, pensaríamos que es ridículo. ¿No es cierto? Nadie esperaría que Dios diga algo como eso. Sin embargo, lo que parecía imposible y loco realmente sucedió en la vida de José.

¿Cómo es esto diferente de cuando una voz fuerte me despertó de un sueño profundo para decir simplemente, «Scarlett O› Hara, Lo que el viento se llevó»? Suena imposible y ciertamente loco, ¿no? ¿Creéis que alguien me creería? Más de unos cuantas personas pensaron que había perdido mi mente. Incluso un buen amigo mío, alguien que había presenciado mi don profético durante años, no pudo comprender esta experiencia. Ese mensaje, sin embargo, me vino por un motivo específico que será explicada al final de este libro. ¿Era la voz de Dios? Sí, lo era.

Volviendo a José: gran soñador, como era él, tener que lidiar con el dolor de los celos de los demás. Tú, como soñador, debes aceptar las promesas de Dios siendo fuerte e inmutable frente a las críticas de otros. Pues nadie podrá jamás estar tan entusiasmado acerca de tu propio sueño como tú mismo. Y, por supuesto, a Dios.

Los soñadores querrán compartir sus sueños. Sin embargo, deben tener especial cuidado a la hora de decidir con quién eliges compartirlos.

Mateo 7:6
"No deis lo santo a los perros, ni echéis vuestras perlas delante de los cerdos, no sea cosa que las pisoteen, y se vuelvan y os despedacen". [DARBY]

Entiendo perfectamente por qué muchas personas renuncien a sus "sueños". Quizá nunca vayan a África o a América Latina, o incluso al mercado. Tal aislamiento, impulsados por el temor es el resultado de quien escucha y vive en la negatividad, en lugar de la voz de Dios. Les puedo decir por experiencia personal que hay un precio a pagar por proteger tus sueños. Personalmente, terminé teniendo muy pocos amigos. Cuando "escuché" de un terremoto y seguí la guía de Dios para partir de Sudáfrica y compartir el mensaje, muchos pensaron que era simplemente una locura.

Quiero que sepas que el resultado de un sueño puede tomar tiempo, mucho tiempo, un tiempo durante el cual te encuentras en una "sala de espera". Es en esta sala de espera que Dios trama retrasos intencionales, todo para prepararnos para nuestras oportunidades. José recibió su sueño a la tierna edad de 17 años. Obviamente, él no estaba listo para convertirse en el primer ministro de Egipto. Dios lo puso a través de un largo período de duros entrenamientos para prepararlo para gobernar.

Impaciencia, un proceso de preparación incompleto, puede dañar el resultado del sueño, Recuerda, el tiempo pertenece a Dios, no a ti.

Dios casi nunca envía sueños completamente detallados. Pero Él también no deja nada a la imaginación, porque el fantasear con un sueño puede crear falsas ideas y el resultado final puede no ser exactamente lo que usted esperaba. Imagínate si yo fantaseaba sobre mi sueño de casarme con un hombre famoso y de instalarme en un hogar grande y extravagante, mientras que Dios estaba planeando lo opuesto: un período de cambios, de viajes, de una vida humilde y feliz.

Un mensaje específico de Dios fue entregado de un modo extraño que nunca había cruzado mi mente. Cuando escuché la voz audible de Dios en mi habitación diciendo, "Scarlett O' Hara, *Lo que el viento se llevó*", yo nunca había leído el libro o visto la película. Por lo tanto, fue una experiencia extraña y chocante que no entendí. Hablaré más acerca de esto más adelante.

Convertirme en actriz era mi sueño de adolescente, pero el deseo de trabajar para Dios era más fuerte. Esta experiencia de escuchar la voz audible completamente interrumpió mis patrones de pensamiento.

En sueños, me mostraron una familia hispana en Los Ángeles que pensé que podrían ser mis futuros amigos. Yo no tenía idea, en ese momento, que Dios abriría las puertas para que yo predicara en las iglesias hispanas. Dios y los sueños divinos están conectados. Pero tus sueños nunca te harán totalmente independientes. Los sueños no te dan todas las respuestas. Necesitas al dador del sueño para que se realice.

Dios nos advierte, en sueños, de peligros inminentes o decisiones potencialmente ruinosas. Abimelec fue advertido en un sueño, para que no consumara su relación con Sarah porque ella era realmente la esposa de Abraham, no su hermana.

Génesis 20:3
"Una noche, Dios se le apareció en sueños y le dijo: "Vas a morir, porque has tomado esta mujer; ella ya está casada".
[GNB]

Dios envía advertencias, en sueños, incluso a las personas que insisten en que no lo conocen. Dios puede hablar a cualquier persona, incluyendo aquellos que Lo niegan y rechazan Su voluntad. Nunca olvidaré el día que mi papá y yo tuvimos un gran argumento. Él me atacó verbalmente sobre mi vocación como profetiza. Me encerré en el baño, sollozando y finalmente me quedé dormida en el suelo. Esa noche, cuando mi padre se fue a pescar, tuvo una experiencia intensa con Dios, afirmando que Dios le habló. A la mañana siguiente, él cambió totalmente su actitud. A partir de ese día, recibí el apoyo abrumador de mi papá. No se puede dejar a Dios afuera cuando Dios no quiere quedarse afuera.

Ahora, para ser justos con mi papá, basta pensar, por un segundo, cuán extraño sería esto para cualquier padre: ¡una hija asegura, inesperadamente, que Dios le dijo que ella tenía un mensaje para Los Ángeles y el mundo! Para mi es importante recalcar aquí, que mis padres, en realidad, le prometieron a Dios que le dedicarían a mi hermano y a mí a trabajar para Él. Esto fue después que ambos casi nos moríamos al nacer. Mi hermano, incluso trató de estudiar para convertirse en un Reverendo para honrar a nuestros padres. Todo esto hace que sea difícil aceptar la razón por la que mi padre no estuviese contentísimo, en lugar de argumentativo, tras escuchar las noticias de mi vocación de profetiza. Pero, recuerda, los padres terrenales se preocupan por el bienestar inmediato de sus hijos. Creo que fue el temor que lo impulsaba a él, hasta que Dios lo tranquilizó.

Tal vez, el sueño de advertencia más convincente en las Escrituras es el de la esposa de Pilato. Poncio Pilato fue el hombre que autorizó la orden de la ejecución de Jesucristo. En primer lugar, el sueño le llegó a su esposa y no al gobernador... En otras palabras, Dios puede enviar advertencias a nosotros a través de los sueños de otras personas en quien confiamos. En segundo lugar, el sueño profundamente alteró a la esposa de Pilato. "He sufrido muchas cosas este día, en un sueño, a causa de él".

(Mateo 27:19
"Mientras Pilato estaba sentado en el tribunal, su esposa le envió un mensaje: 'no te metas con ese hombre justo, porque anoche tuve in sueño horrible por causa suya".
[GNB]

Todas las advertencias llevan una nota de gravedad, incluso lo siniestro. Todo el mundo quiere oír hablar de cosas buenas y bendiciones. Aunque mucho menos agradable, las advertencias son de vital importancia.

Dos noches antes de una cita específica en Los Ángeles, hablé en una iglesia en el barrio judío de Miracle Mile. Anteriormente, había soñado de enseñarle a un grupo de personas. Dios me mostró un joven valiente con un grave problema en su mente. El día que entré en esa iglesia, inmediatamente vi a ese hombre que Dios me había mostrado en ese sueño de "instrucción". Me di cuenta que Dios consideraba fundamental que este hombre sea liberado de la prisión dentro de su propia mente. Mi discurso se inició con las palabras, "tuve un sueño anoche sobre uno de ustedes en la audiencia." Entonces le pedí que se pusiera de pie y le di el mensaje de Dios. Él, como así también la audiencia, estaban abrumados con lágrimas.

Aunque interpreto la mayoría de mis sueños utilizando como base la Biblia, Dios crea un inventario de imágenes con cada persona. Por ejemplo, un perro - en términos bíblicos - puede referirse a las siguientes:

2 Pedro 2:22
"Pero les ha acontecido lo del verdadero proverbio: El perro vuelve a su vómito, y la puerca lavada a revolcarse en el cieno".
[NTV]

El perro citado en este versículo no es un perro agresivo, sino que vuelve a su vómito, similar a una persona comiendo su propio estiércol. Luego, hay un perro marrón que representa ser impuro, como una persona ya liberada del pecado volviendo a sus pecados sexuales, nuevamente. En ***Apocalipsis 22:15***, oímos hablar de perros salvajes que son agresivos y destructivos. Esta es la razón por la que un perro agresivo negro en un sueño simbolizaría una actitud salvaje hacia el precioso don de la verdad espiritual, como se menciona en ***Mateo 26:68*** y ***Salmos 22:16***, respectivamente.

Sin embargo, no todos los perros o imágenes de perros que aparecen en los sueños, representan algo malo. En mis sueños, mi querido Chihuahua, Baby, fue utilizado en mensajes muy especiales. Baby era precioso para mi difunto papá y para mí... Fue tratada como una princesa y dormía en la cama conmigo. Cuando Dios la usó en un sueño, eso significó que Él se refería a algo muy querido y valioso para ambos, Dios y yo.

En mi caso, representaba mi vocación. En tus sueños, puede que tengas que poner tus emociones bajo un microscopio. ¿Cómo es que lo que sucede en tus sueños te hace sentir? ¿Alegre? ¿Emocionada? ¿Aprensiva? ¿Miedosa?

Debo compartir esto, porque demuestra a un padre amoroso que usa un sueño para aliviar el dolor. Después de que mi noviazgo llegara a su fin, Dios me consoló a través de un sueño mostrándome por qué el hombre no era lo suficientemente bueno para mí. Dios me expuso al nivel de su egoísmo. Estábamos en una tienda de comestibles. Yo estaba vestida muy humildemente, en el vestido viejo de mi abuela. Mi novio tenía un carrito de compras lleno con todo lo que él quería y necesitaba. Pero no había nada en el carro para mí. Y lo que es peor, en la caja, él me hizo pagar por todos sus comestibles. Dios me hablaba directamente, diciendo, "¿Realmente deseas casarte con un hombre que es tan egoísta?" Me olvidé de él muy rápidamente. ¿No fue ese un mensaje maravilloso de un Dios generoso?

Otra forma de sueño es el sueño alentador externo. En este, Dios me envía sueños para consolar, enseñar o confirmar cosas para otras personas. Por ejemplo, he tenido un sueño para un autora cristiana que perdió su motivación después de que su marido falleció. En este sueño, Dios me dio un mensaje de aliento para ella. Dios quiso animarla y detener su depresión en el aniversario de su muerte. Dios me ha permitido ver a su marido. Mi sueño llegó el día de su aniversario de boda, por lo que fue especialmente maravilloso que ella sea contactada en su día especial.

Ya hemos cubierto lo confuso que la interpretación de ciertos sueños puede ser. Digo esto aquí, de nuevo, no para asustarte o restarte motivación, pero para que entiendas que no sólo eres tú quien debe lidiar con estas frustraciones de interpretación de sueños. Muchos sueños te conducirán a la introspección, especialmente aquellos que son difíciles de entender. En cuanto a la interpretación, si es posible, asegúrate de preguntarle a un intérprete maduro e imparcial que escuchará con humildad, responsabilidad y rendición de cuentas. Honestamente, pocas veces he encontrado a alguien que pueda interpretar mis sueños con precisión.

Mira cómo Daniel trabajó con Dios y ganó la interpretación de un sueño difícil al recibir una visión.

Daniel 2:19-22
"¡Dios es sabio y poderoso! Alabadle eternamente y para siempre. Él controla los tiempos y las estaciones; él pone y depone reyes; es él quien da la sabiduría y la comprensión. Él revela cosas que son profundas y secretas; él sabe lo que está oculto en la oscuridad, y él mismo está rodeado de luz. Luego, esa misma noche el misterio fue revelado a Daniel en una visión, y elogió al Dios de los cielos: ..."
[GNB]

Aquí encontrará más información sobre las increíbles maneras en que Dios alienta a Sus hijos en el uso de los sueños:

Jueces 7:9-15

"Aquella noche el Señor le dijo a Gedeón: «Levántate y baja al campamento, porque voy a entregar en tus manos a los madianitas. Si temes atacar, baja primero al campamento, con tu criado Fura, y escucha lo que digan. Después de eso cobrarás valor para atacar el campamento».

Así que él y Fura, su criado, bajaron hasta los puestos de los centinelas, en las afueras del campamento. Los madianitas, los amalecitas y todos los otros pueblos del oriente que se habían establecido en el valle eran numerosos como langostas. Sus camellos eran incontables, como la arena a la orilla del mar.

Gedeón llegó precisamente en el momento en que un hombre le contaba su sueño a un amigo.

—Tuve un sueño —decía—, en el que un pan de cebada llegaba rodando al campamento madianita, y con tal fuerza golpeaba una carpa que esta se volteaba y se venía abajo.

14 Su amigo le respondió:

—Esto no significa otra cosa que la espada del israelita Gedeón hijo de Joás. ¡Dios ha entregado en sus manos a los madianitas y a todo el campamento!

[15] Cuando Gedeón oyó el relato del sueño y su interpretación, se postró en adoración. Luego volvió al campamento de Israel y ordenó: ¡Levántense! El SEÑOR ha entregado en manos de ustedes el campamento madianita"
[NVI]

Un sueño también da sentido al soñador. Fui a Los Ángeles a causa de sueños y a encontrar mi propósito. Tienes que iniciar el viaje dentro de tu propio corazón. ¡Tú no eres demasiado vieja o demasiado joven para saber si Dios tiene un sueño para ti, también!

Hechos 2:17,
"Sucederá que en los últimos días —dice Dios—, derramaré mi Espíritu sobre todo el género humano. Los hijos y las hijas de ustedes profetizarán, tendrán visiones los jóvenes y sueños los ancianos."
[NVI]

No importa cuál sea tu edad, Dios todavía tiene sueños para ti. Mientras predicaba en una iglesia hispana, llamé a un viejo hombre al frente, porque Dios me dijo que Él tenía un plan muy grande para este hombre. Dios me encargó que le dijera al hombre que él no era demasiado viejo para obtener mensajes de Dios. Esto me sorprendió incluso a mí misma, porque sentía que él era muy viejo. Él parecía tener casi 90. Tuve que recordarme, que ya que el tiempo le pertenece a Dios, la edad carece de sentido.

Ahora, un breve recordatorio sobre un solo elemento que puede afectar realmente tus sueños: el alcohol. Mientras estaba disfrutando de unas breves vacaciones en la playa durante el período navideño, tuve un sueño inquietante en la víspera de Año Nuevo, luego de haber bebido un par de copas de alcohol. Debo señalar que nunca me he emborrachado en mi vida. Bien, entonces en este sueño, mi marido estaba atraído periódicamente a un restaurante en un centro comercial. En realidad, se sentía atraído por una persona que siempre se sentaba en la misma mesa, más que el restaurante mismo, aunque él no quería que yo me diese cuenta. Mientras estábamos en el mall, yo me fui a otra tienda y mi marido aprovechó esta oportunidad para ir al restaurante. Regresó con un ojo negro, como si hubiese interferido en donde él no debía hacerlo. Cuando me enfrenté a él, dijo que él había tenido miedo de decirme, ya que yo me hubiese querido divorciar de él.

Al intentar interpretar este sueño, surgió la pregunta obvia, ¿se trataba de un sueño de sospecha? ¿Mi marido estaba asustado, u ocultando algo? O bien, ¿había abierto la puerta a un mensaje falso debido al consumo de una cantidad excesiva de vino, en la víspera de Año Nuevo? Yo no estaba acostumbrada al alcohol y yo sentía que había tomado demasiadas copas de vinos. Cuando te sientes de esta manera, has bebido demasiado vino.

Un sueño como este es una clara advertencia. Sin embargo, en un primer momento pensé que como esposa, debo apoyar a mi marido. Tuve que decirle sobre este sueño. Pero después de pensar un poco más, me di cuenta de que el resultado de este sueño no era bueno. Puede resultar en que me interpreten como una esposa sospechosa. Por lo tanto, decidí ignorar el sueño que provocaría desunión en mi matrimonio y confiar en que Dios me devolvería el asunto si necesitaba mi atención. Si el mensaje de este sueño era de Dios, yo tenía fe de que oiría de Dios, nuevamente. Y la próxima vez, tendría una mente clara.

En otras ocasiones, cuando las cosas en su vida suceden a una velocidad fulgurante, cuando estás totalmente agotada, cuando estás distraída, ocupada, todas estas condiciones pueden confundir tu mente. Es entonces que puedes simplemente soñar tonterías.

Ahora, algo muy importante: cuando estás continuamente rodeada por negatividad, puedes exponer tú subconsciente a sueños que no son de Dios.

Eclesiastés 5:3
"Quien mucho se preocupa tiene pesadillas, y quien mucho habla dice tonterías."
[NVI]

Por favor, recuerda que los sueños nunca deben convertirse en el medio principal a través del cual piensas que Dios va a hablar contigo.

Mientras estamos hablando de "advertencias", hay otra cosa sobre la que quiero alertarle. Hay un montón de libros Cristianos a la venta en el mercado. Con gran selectividad, hay ciertos capítulos que Dios me permite leer. He aprendido que a veces un autor que puede ser conocido hará una declaración, desde su propia percepción y sentimientos, que puede tener un efecto devastador sobre nosotros si aceptamos que la percepción sea 100 por ciento cierta.

Recordemos que los autores, entre los que me incluyo, sólo pueden compartir lo que sienten. Lo que lees es lo que alguien personalmente ha comprendido de lo que vivió. Mientras que podrías, en ciertas circunstancias, tomarlo literalmente, ten siempre en cuenta que la experiencia de la otra persona puede no ser la misma para ti. Lo que lees sin duda puede ayudarte, si el texto es honesto y claro. Pero también puedes encontrar muchos, muchos escritos, blogs y vídeos que te pueden dejar preguntando, "¿Qué?"

He aquí un ejemplo: alguien me dio un libro sobre sacerdocio profético escrito por un conocido autor. Por mi conocimiento de lo profético, yo ingenuamente me sumergí en el libro. Un amigo me llamó mientras yo estaba estudiando el libro para decirme, "Ten cuidado, te vas a envenenar". ¡Ahora, eso fue una llamada de atención! Piensa lo que podría suceder si ese recordatorio no se cruza en tu camino.

Aunque alrededor del 80 por ciento del contenido del libro era preciso, el otro 20 por ciento estaba escrito de tal manera que podía causar percepciones erróneas por parte de los lectores. Los autores a veces hacen afirmaciones generales y peligrosas basadas sólo en unas pocas experiencias en sus vidas. Dios me perturbó completamente mi comprensión profética cuando yo había asimilado tan sólo unas pocas gotas de los comentarios y declaraciones de este autor. Actuó como el veneno para mi espíritu. Aun si sólo el 20 por ciento del contenido fuese una mentira, podría contaminar completamente tu comprensión.

Hoy, me doy cuenta de que el autor no había sido "llamado" a escribir ese libro. Simplemente lo hizo porque pensó que sería una buena idea. He aprendido la lección de que incluso si alguien es un famoso escritor de un libro exitoso y religioso, de no ficción, no debemos creer que vamos a obtener el 100 por ciento de la verdad en todos sus libros.

Hechos 18:24-26

"Por aquel entonces llegó a Éfeso un judío llamado Apolos, natural de Alejandría. Era un hombre ilustrado y convincente en el uso de las Escrituras. Había sido instruido en el camino del Señor, y con gran fervor hablaba y enseñaba con la mayor exactitud acerca de Jesús, aunque conocía solo el bautismo de Juan. Comenzó a hablar valientemente en la sinagoga. Al oírlo Priscila y Aquila, lo tomaron a su cargo y le explicaron con mayor precisión el camino de Dios".

[NVI]

Este hombre sabía sólo una parte. Ningún profeta podrá proporcionarte todas las respuestas proféticas.

Me estoy convirtiendo en un ejemplo que transfiere sólo cierta información y detalles. Hay muchas cosas que todavía estoy aprendiendo. Muchas.

Unas páginas atrás, hablamos acerca de cómo Dios utiliza a otras personas para intervenir en nuestras vidas. También aquí, uno tiene que ser cuidadoso. Puedes acercarte a alguien que está en otro nivel espiritual, que, en aquel momento, pudiera darte un 95 por ciento de la verdad. Esto es peligroso y no sólo puede contaminar tu espíritu, pero te puede tirar a un pozo de depresión y de incredulidad. Mi consejo - y que se encuentra en toda la Biblia: <u>Busca a Dios mismo.</u>

Dios habla a través de las emociones

Físicamente siento ciertas emociones en ciertas situaciones. Mientras estaba conduciendo en la autopista para encontrarme con un productor de cine en Hollywood, sentí algunas emociones extrañas. Me sentía inquieta, incómoda y distraída. Dios inmediatamente me dijo: "Estas yendo en la **dirección equivocada.**" Salí de la autopista y llamé al productor.

Cuando estoy con alguien que rechaza la voz de Dios, puedo percibir una forma de brujería, un tipo de mal persistente. Es una sensación que he llegado a odiar. Tengo esta misma impresión cuando estoy entre cristianos que rechazan la voz profética de Dios.

Algunos cristianos viven con "compromisos". Es decir, comprometen todo su ser, no sólo sus ideales. Por ejemplo: Las personas que duermen el uno con el otro, fuera del matrimonio. Aunque tan común, esto es simplemente destructivo para el espíritu. Ellos saben lo que están haciendo es intrínsecamente malo. Sin embargo, "parece" aceptable. Pero, ¿es malo ante los ojos de Dios? Conocer la verdad y, luego rechazarla -¿cómo puede terminar bien para ti? Cuando estoy en este tipo de situaciones, yo físicamente experimento una sensación de incomodidad.

Ahora que estamos hablando de emociones y mensajes de Dios, quiero señalar que una de las maneras más maravillosas en que puedes oír la voz de Dios, especialmente durante una situación estresante, es cuando recibo malas noticias, pero tengo una sensación de total tranquilidad y alegría. Por ejemplo, cuando fui despedida injustamente como directora de la compañía donde tenía 40% de acciones, ¡ni siquiera me preocupé! En realidad, Me sentía bien, incluso sabiendo que esto significaba que el otro director podía acceder y retirar todos nuestros fondos de la empresa. Tanto como esta traición dolía, me sentí calma. Dios dijo, "¡No te estreses!"

A veces, me siento muy emocionada antes de determinados acontecimientos. Y sé entonces que voy a recibir buenas noticias. Casualmente, cuando me despidieron, yo estaba muy emocionada. Sabía que estaba a punto de recibir buenas noticias.

Este sentimiento de entusiasmo vendría a intervenir en mis emociones, regularmente. Por ejemplo, cuando yo estaba embarazada de mi hijo y no lo sabía, sin embargo, cuando unos días antes de que mi marido obtenga una oferta de trabajo que facilitaría mucho nuestras vidas, yo gritaría felizmente, "¡Vaya … algo va a ocurrir!" y, ves, generalmente dentro de tres o cuatro días, ocurría algo.

Esto me llevó a investigar más sobre el fenómeno de recibir mensajes de Dios a través de "olas de emociones." Hay muchas personas que experimentan la voz de Dios a través de sensaciones repentinas. He encontrado un ejemplo en un libro diciendo: de todas las cosas, una historia de la detención y tortura de los cristianos en China, durante las persecuciones religiosas.

En 1984, un pastor cristiano fue encarcelado en China. Él estaba difundiendo el evangelio de Jesucristo, pero era visto como propaganda contra el gobierno. Las autoridades creían que estaba incitando a sus seguidores contra la política religiosa china. Él ayunó durante 74 días y estaba comprensiblemente débil. De hecho, muchas personas creían que iba a ser ejecutado. Incluso su esposa esperaba la probable noticia de su muerte. Sin embargo, sus palabras fueron: "Esto puede sonar muy extraño, pero nunca me sentí estresado o deprimido, en absoluto".

Doeling, la esposa de Liu Zhenying, conocido como el Hermano Yun.

Cuando tienes una sensación de comodidad que llega en un momento de gran angustia, es muy probable un regalo de Dios. Estate agradecida. Estate agradecida. Vive tu vida sabiendo que Dios está contigo. Sírvelo con el corazón contento.

Malaquías 3:18

"Y** ustedes **volverán a distinguir entre los buenos y los malos, entre los que sirven a Dios y los que no le sirven".
[NVI]

Cuando sirves a Dios, otras personas pueden ver claramente una distinción en la manera de vivir tu vida.

Voces a través de los ídolos

Hay una diferencia crítica entre oír la voz de Dios que luego impulsa tus emociones, que cuando las emociones vienen primero y te llevan a oír. Necesitas ser muy consciente de ello. Podrías recibir un mensaje equivocado si procede de tus emociones. Esto es lo que sucede cuando te obsesionas con los ídolos. Cuando tienes ídolos - es decir, algo que adoras más que a Dios - por ejemplo, el dinero, el trabajo perfecto, coches exóticos, deportes, esposo, esposa, incluso fama, te predispones a oír posiblemente un mensaje falso. Dios permite una directiva engañosa. Eres tú quien tiene que estar vigilante.

Ezequiel 14:1-5
"Algunos de los jefes de Israel vinieron a consultarme acerca de la voluntad del Señor. Entonces, el Señor me habló. "Hijo de hombre", dijo, "estos hombres han dado su corazón a los ídolos y están dejando que los ídolos los conduzcan al pecado. ¿Piensan que voy a darles una respuesta? Ahora, habla con ellos y diles lo que yo, el Señor omnipotente, les estoy diciendo: cada uno de vosotros, hijos de Israel, que han dado su corazón a los ídolos y le permiten que los conduzcan al pecado y que luego vienen a consultar a un profeta, recibirá una respuesta de mí -¡la respuesta que muchos ídolos merecen!"
[GNB]

También incluí la parte en la Nueva Biblia Americana Estándar la palabra clave Judaica Griega.

"Yo, el Señor, le responderé como merece la multitud de sus ídolos"

Ezequiel 14:6
"Ahora pues, decirle a los israelitas que yo, el Señor omnipotente, estoy diciendo: Apártense de una vez por todas de su idolatría y de toda práctica repugnante".
[NVI]

Es peligroso cuando un profeta predica a personas que tienen ídolos. En esas reuniones, cuando predico confío en el espíritu de Dios implícitamente para liderar y guiarme. Pido a Dios que me ayude a poner en orden a los ídolos de los corazones de la gente antes de que asistan al servicio. ¿Por qué? Porque su comprensión será influenciada según su ídolo específico; con esto, mi profecía puede ser una palabra profética falsa.

Esto realmente me sucedió mientras asistía a una reunión cuando yo era joven. Y la palabra falsa casi destruyó mi vida. Un profeta vino a verme y me dijo que era la voluntad de Dios que me casara con el hombre que estaba sentado a mi lado. Ingenuamente, me decidí seguir sus consejos, un desastre total, como lo he descrito anteriormente. Esta iglesia se convirtió en un lugar peligroso porque invitaron a un "orador profético" que simplemente creyó que podría decirle a la gente con quien casarse.

Porque estamos hablando de voces a través de los ídolos, me gustaría explicar en más detalle el mensaje sobrenatural que he recibido, en medio de la noche, sobre *Lo que el viento se llevó*. Como he detallado anteriormente, yo aspiraba a convertirme en actriz. Siendo ese el caso, naturalmente yo idolatraba la actuación como carrera. Pero Dios, en su gran sabiduría, quería mandarme a la ciudad de los Ídolos por otras razones. ¿Idolatré la película, *Lo que el viento se llevó*, como otros tantos? No. Como ya sabes, yo ni siquiera había visto la película, aún. Pero, había alguien en mi vida que había idolatrado a Scarlet O'Hara, y esa era mi madre. ¿Podría ser que mi ídolo sea una "herencia" peligrosa?

Hay una escritura en la Biblia declarando que los pecados de los padres seguirán a los hijos hasta la tercera generación. Ve lo que Dios conecta a un ídolo:

Éxodo 20:5-6
"No te inclines delante de ellos, ni los adores, porque yo soy tu Dios, y no toleró rivales. Castigo a los que me odian, y a sus descendientes hasta la tercera y cuarta generación".
[GNB]

No durmiendo

Hay otra manera en que Dios habla que muchas personas no se dan cuenta. Es una forma extremadamente rara, y voy a tratar de explicar esto a través de ejemplos. Ten en cuenta esto: Cuando no puedes dormir, puede significar que Dios está intentando decirte algo.

Cuando yo estaba de viaje, sabía que era hora de partir hacia el siguiente lugar cuando Dios me quitaba mi sueño. Tampoco podía dormir, cuando sentía que algo estaba mal, en algún lugar, y necesitaba orar. Cuando no puedo dormir, la experiencia me ha enseñado que algo tiene que suceder, una situación que debe ser corregida, o incluso que necesito cambiar mi ubicación física.

Por ejemplo, tuve un sueño donde yo estaba con una mujer. No me di cuenta de que la mujer era capaz de asesinar. Este sueño me conmovió y obviamente, me molestó mucho. Pero porque yo no entendía lo que significaba, lo ignoré. Dos semanas más tarde, me sentí tremendamente inquieta y no podía dormir. Yo estaba muy tensa. Este insomnio duró cinco días mientras que luchaba para entender lo que podía significar.

Mientras mi mente se aceleraba, como lo haría en las altas horas de la noche, ciertas emociones, ira, se manifestaron. Yo estaba en un estado de desconcierto que Dios me recordó el sueño. Este sueño de la mujer capaz de asesinar se refería a una mentalidad de agresión y destrucción. Las personas que experimentan una gran tragedia en sus vidas tienen apremiantes cuestiones con la autoprotección y se vuelven más defensivos.

Luego de revocar el espíritu de destrucción en mi vida, en el nombre de Jesús, yo dormí como un bebé. Ese sueño me reveló que era una mujer capaz de extrema agresión. Dios me estaba diciendo que yo estaba enojada y que yo albergaba una naturaleza agresiva debido al dolor y al sufrimiento que he tenido en mi vida. Dios quería que yo lo enfrentara. Dios me quitó mi sueño para alertarme de un problema específico que requería un cambio. Seguramente, nunca iba a cometer un asesinato, pero Dios me mostró que yo había endurecido mi corazón hacia las acciones de los demás.

Tú puedes contar con Dios para revelar problemas en tu carácter. La ira es una emoción peligrosa y puede convertirse en un arma letal. Combinada con la falta de auto-control, puede conducir a la agresión mortal. Muchos incidentes de tiroteos públicos en los Estados Unidos sirven como ejemplo.

1 Santiago 1: 20

"Pues la ira humana no produce la vida justa que Dios quiere.

(Key Word Study Bible)

En otra ocasión, Dios me mantuvo despierta durante tres noches. Fue tan mala la situación que yo físicamente corría de una habitación a otra para ver si un cambio de escenario me ayudaba a dormir un poco. Cuando le pregunté a Él sobre esas noches de insomnio, tuve un sentimiento extraño en mis piernas. Créeme cuando te digo que es algo devastador intentar luchar contra Dios y no saber lo que está pasando. Sólo más tarde me di cuenta de lo que me estaba instruyendo a hacerlo.

Estoy seguro de que has visto el aspecto de alguien que no ha dormido en 72 horas. Después de la tercera noche sin dormir, desesperadamente le pedí a Dios que me ayudara, que me dijera lo que estaba pasando. Él me hizo recorrer este camino demasiado oscuro para manejarlo yo misma. Me trajo al umbral de la desesperanza, ansiedad y agotamiento total.

Isaías 50:10

"Todos vosotros que honráis al Señor y obedecéis las palabras de su siervo, el camino a pie puede ser oscuro, en efecto, pero confiad en el Señor, confiad en su Dios."

[GNB]

¡Poco sabía yo que Dios iba a darme la instrucción más intensa, una instrucción acerca de mis enseñanzas!

Salmos 94:12

"¡Felices ***aquellos a quienes tú disciplinas, Señor, aquellos a los que les enseñas tus instrucciones!" [NTV]***

Cuando oré, Dios me mostró el rostro de un hombre al que tenía que visitar. Este no era cualquier hombre. Él estaba siendo acusado en la televisión por crueldad por parte de miembros de su iglesia. En los medios de comunicación, se lo retrató como un monstruo cristiano. Él se convirtió en un hombre que muchos evitaban. ¡Esta, sin duda, no iba a ser una visita normal! Él había sido el líder de una Iglesia profética y algo imprevisto había salido mal. Él cometió algunos errores. Pero, todos nos equivocamos, incluso los profetas.

Casualmente, este hombre era la persona que me inició en los sueños y visiones, muchos años antes. Yo me preguntaba qué iba a hacer una vez que llegara allí, estando en tal estado de agotamiento emocional después de tantas noches sin dormir. Esperé más instrucciones de Dios.

Ester 6:1-4
"Aquella noche el rey no podía dormir y dio orden que trajeran el libro de las Memorias, las crónicas, y que las leyeran delante del rey. Y fue hallado escrito lo que Mardoqueo había informado acerca de Bigtán y Teres, dos de los eunucos del rey, guardianes del umbral, de que ellos habían procurado echar mano al rey Asuero. Y el rey preguntó: ¿Qué honor o distinción se le ha dado a Mardoqueo por esto? Respondieron los siervos del rey que le servían: Nada se ha hecho por él".
[LBLA]

Por lo tanto, fui a honrar a este hombre por haberme introducido a los sueños y las visiones, pero ese no era el aspecto más importante de mi visita. Aunque él pueda haber actuado erróneamente, Dios le dio el don de entender los sueños y las visiones. Yo necesitaba agradecerle por lo que había aprendido de él. Tengo que pensar que Dios me envió para ofrecerle mi honor a este hombre desanimado - cara a cara. Era menos acerca del honor que acerca de la sincera comunicación de honor. Como recibir un regalo, ¿no es más emotivo cuando alguien realmente te da el regalo, te mira a los ojos y puedes ver el amor?

Un tiempo después de este incidente, decidí que necesitaba aprender más acerca del insomnio. La educación me llegó cuando asistí a conferencias en la Convención Americana de Psiquiatría en San Francisco. En breve, aquí están las nociones importantes, que pienso debo mencionar:

- Los psiquiatras, hoy, pueden tratar el insomnio. Los conferencistas explicaron que con frecuencia se receta Ambien o tartrato de zolpidem como un producto para el tratamiento a corto plazo del insomnio. Los trastornos del sueño pueden ser la manifestación de un desorden físico y/o psiquiátrico; generalmente el tratamiento sintomático del insomnio se inicia sólo después de una cuidadosa evaluación del paciente.

- Otro trastorno del sueño se denomina parálisis de sueño. Se sabe relativamente poco acerca de las causas de la parálisis del sueño, pero muchas personas sufren de la privación de sueño antes que un episodio de parálisis de sueño ocurra. En esta condición, los músculos principales están totalmente paralizados, sin embargo los más pequeños como los dedos de las manos, los pies y los ojos, lo están menos.

- Los problemas del sueño pueden ser importantes trastornos psiquiátricos que afectan a muchas personas. Por ejemplo, en el curso de un año, hasta el 30 por ciento de la población sufre de insomnio y busca ayuda para eso. En muchos casos de trastornos del sueño, un estudio diagnóstico revela una causa específica según la cual un tratamiento específico se determina, dirigido a la causa exacta. Hay dos categorías principales mencionadas en el Manual Estadístico de los Trastornos Mentales (DSM-III-R): disomnias y parasomnias. Las disomnias son insomnios, dificultad para dormirse; hipersomnia, cantidades excesivas de sueño o quejas acerca de somnolencia excesiva diurna, y el síndrome del horario de sueño-vigilia (los eventos nocturnos paraepisódicos que ocurren durante el sueño o en el umbral entre la vigilia y el sueño).

- Los trastornos de hipersomnia tienen dos grupos de síntomas: quejas sobre cantidades excesivas de sueño, y las quejas acerca de la somnolencia y excesiva somnolencia diurna. La somnolencia

> excesiva durante el día pueden ser reportados en las etapas iníciales de la fase depresiva del trastorno bipolar. (*Sinopsis de las ciencias del comportamiento, Psiquiatría Clínica, Harold I. Kaplan MD, Benjamin J. Sadock, MD*),

Así que, ¿por qué te estoy dando toda esta información técnica? Para hacer un punto: si bien no está mal buscar asesoría médica, necesitamos saber que si algo viene entre nosotros y Dios que nos mantiene despiertos toda la noche, entonces, hablar con Dios - la oración - también debería estar en tu lista de búsqueda; de hecho, debería ser la primera cosa para hacer. Si sufres insomnio crónico, sin duda entiendo que quieras explorar la asistencia médica disponible. Pero para unos pocos días de insomnio, te sugiero que primero busques a Dios.

Dicho esto, creo que Dios quiere que durmamos tranquilamente. Cuando no puedes dormir, algo está mal. Si no puedes dormir o muestras tendencias de hipersomnia, es porque algo te está bloqueando de Dios. Estos bloqueos pueden ser físicos o espirituales.

¿Por qué incluyo la descripción de la hipersomnia? Es por mi propia experiencia. Cuando Dios quería que superara algo específico, de repente experimentaba un patrón de sueño diferente.

Permíteme dar otro ejemplo: una vez lloré cuando oraba, porque yo estaba terriblemente ansiosa. Casi de inmediato, me quedé dormida, un sueño muy profundo. Este episodio terminó sólo cuando me ocupé de perseguir al demonio de la ansiedad fuera de mi vida. Sí, estoy diciendo que cuando no puedes dormir, podría haber un demonio que Dios quiere que lo saques de tu vida. Si te "quedas dormida" de repente puede ser una manera en que Dios te calma.

En los Estados Unidos, hubo una ocasión en la que yo no sabía a dónde ir o qué debía hacer a continuación. Yo estaba histérica ante Dios. En un segundo, me quedé dormida, un corto sueño profundo y me desperté absolutamente tranquila y relajada. Si bien esto puede sonar como agotamiento abrumador que te hace dormir una siesta, no lo es. Si lo fuera, no me hubiese podido despertar con el espíritu renovado y enfocada. Una siesta podría hacerte olvidar de tus problemas por un momento. Pero este sueño profundo por parte de Dios puede sacarte del problema.

He aquí una pregunta que sobre noches de insomnio y una causa muy posible: ¿Puede un cristiano nacido de nuevo estar poseído por el demonio, mientras que el Espíritu de Dios vive en esa persona?

El autor, Kenneth Hagin, escribió: "Nunca voy a creer que un cristiano nacido de nuevo que camina en comunión con Dios tiene un demonio en su espíritu. Sé que los demonios y los espíritus malignos pueden penetrar en el alma de un hombre, lo que explica cómo las personas pueden ser renacidas y todavía estar poseídas por espíritus".

(*Demonios y cómo tratar con ellos*, por Kenneth Hagin E, 1980,

Faith Library, Tulsa)

Otro autor, Frank Hammond, escribió: "El Espíritu Divino mora en el espíritu humano en el momento de la salvación. Los espíritus del demonio están restringidos al alma y al cuerpo de un creyente."

(*Los cerdos en el Salón*, por Frank Hammond, 1973, impact Books, Kirkwood)

Mi único comentario, aquí, es que hay muchas cosas que aún no entiendo completamente. Pero me he abierto completamente a lo sobrenatural, confiando y permitiendo que mi alma y mi mente deambulen libremente y exploren nuevos conceptos e ideas. A través de mi propia experiencia, creo que espíritus demoníacos pueden oprimir a un ser humano, amarrándose a cualquiera de los puntos débiles del su cuerpo. Cuando me reproché determinadas cosas de mi vida, mi cuerpo reaccionó de forma extraña. Quería, vomitar o sentir como si mi quedara sin aliento; luego de esto, me sentí mejor.

No te estoy pidiendo que vayas y busques demonios en cada esquina cuando no puedes dormir. Pero ten en cuenta que cuando odias a alguien, puede afectar tu patrón de sueño. El odio es energía. Una mala energía. Sus vibraciones seguramente pueden perturbar tus días y tus noches.

La medicación también puede afectar tu sueño. Algunas medicaciones antidepresivas contienen fórmulas complejas que, irónicamente, aumentan tanto la adrenalina y serotonina, mientras también bloquean dos tipos de receptores de serotonina. Cuando estos receptores se ven afectados causan algunos de los efectos secundarios observados con los antidepresivos de serotonina. Uno de los efectos secundarios: trastornos del sueño.

(Extraído de la Guía de referencia y de tratamiento de la depresión. Grupo de Apoyo para la depresión y la ansiedad, Inc.)

Una noche de insomnio, sentí algo que inquietaba mi espíritu. Escuché esto: "¿Tiene usted una empresa de empoderamiento económico negro en la cual usted utiliza accionistas anteriormente desfavorecidas solo para "adorno de escaparate?" (En Sudáfrica muchas empresas no pueden obtener licitaciones si sus accionistas mayoritarios no son de color negro.)

Me di cuenta de que mi familia tenía una empresa de uniformes separada en la cual los socios de color negro no estaban participando activamente, como es requerido por el gobierno. Una vez que me concienticé de este asunto inquietante, me pregunté cómo corregirlo en forma piadosa.

A la mañana siguiente, soñé con un niño en un parque que accidentalmente se había apartado del grupo. De repente, él estaba en peligro de un león. Una jirafa apareció intentando proteger al niño, pero no pudo. Yo intervine, avanzando y diciendo, "Yo profetizo en el nombre de Jesucristo que este niño será salvado", y sobrenaturalmente, en el sueño, el niño se salvó. Creo que el niño representaba nuestro negocio de uniformes.

Por este sueño, comprendí que yo tenía que profetizar que la verdad rectificaría la situación de la empresa. Y así lo hizo. Nuestra empresa de empleo negro cerró operaciones poco después de mi profecía. Perdimos negocios ya que los clientes empezaron a fabricar sus propios uniformes como un programa de "mejora". Pero yo sabía que, en este caso específico, Dios tenía otro plan para nosotros. Y mi espíritu fue liberado de esta ansiedad.

Debo explicar que en Sudáfrica, los blancos e irónicamente los mestizos, comenzaron sufriendo debido a los efectos del movimiento de "acción afirmativa" lanzado para el beneficio de los negros previamente desfavorecidas. El efecto inmediato fue el de una economía en la cual no sólo le daban todos los puestos de trabajo a los negros, sino también todas las licitaciones del gobierno fueron otorgadas principalmente a empresas que cumplían con las políticas de Empoderamiento Económico Negro (BEE). Si mi marido y yo teníamos una empresa que queríamos que cumpla con la política de empoderamiento económico negro, era necesario encontrar empresarios negros calificados quienes se comprometieran a participar verdadera y activamente en las operaciones de la empresa y no simplemente esperando el pago de sus dividendos.

Las noches de insomnio son una invitación a orar. En este caso en particular, siempre le pido a Dios una justicia que premia a todos y cada uno de nosotros por lo que llevamos a cabo, lo que aportamos, lo que hacemos en el servicio de los demás. Creo que a través de la oración, más que cualquier programa de gobierno de ingeniería social, forzado, la humanidad será librada de su tendencia a discriminar.

Un punto más sobre el insomnio: cuidado con la tentación.

Lucas 22:46

"¿Por qué duermen? —les preguntó—. **Levántense y oren para que no cedan ante la tentación.".**
[NTV]

Las tentaciones nos rodean. He aprendido que Dios puede quitarnos nuestro sueño para avisarnos de tentaciones venideras. Si superas tu tentación, verás más energía liberada en tu vida. Y un sueño más tranquilo.

Santiago 1:12
"Bienaventurado el hombre que persevera bajo la prueba, porque una vez que ha sido aprobado (ha pasado la prueba), recibirá la corona de la vida que el Señor ha prometido a los que Lo aman".
[NBLH]

Para concluir, cuando no puedes dormir, lee la Biblia, reza simplemente para que la presencia de Dios llene tu habitación. El sueño vendrá. Te lo garantizo. Y, te sentirás rodeado de paz.

Te recomiendo que obtengas un programa de la Biblia llamado www.e-sword.net, un paquete gratis de estudio de la Biblia que yo uso muy a menudo. Si deseas saber más acerca de cualquier cosa, por ejemplo, qué dice la Biblia acerca de la "santidad", simplemente escribes esa palabra y el programa busca ese tema en la Biblia. También, si sueñas sobre algo específico, por ejemplo, un río, puedes buscar en este programa y te llevará directamente a la referencia.

La ignorancia de y acerca de Dios son "indulgencias" que no puedes permitirte en estos tiempos, y en los tiempos por venir. Sinceramente no sé cómo hubiese sobrevivido sin Dios y sin escucharlo. La Biblia, un libro totalmente único, ofrece una puerta abierta para conocer a Dios. Guárdala al lado de tu cama, al alcance tuyo. Te librará de una manera que ninguna pastilla para dormir, podría hacerlo.

Profetas y personas

Mientras estamos hablando acerca de las maneras en que Dios puede llegar a ti, he querido incluir esta sección en videntes porque creo que es importante entender el papel del profeta. El oír la voz de Dios no es una cuestión menor. Pero el actuar sobre lo que se oye es mucho mayor. Por lo tanto, quieres estar segura de cómo proceder. Esto incluye mensajes que podrían venir a través de un profeta.

Lo que ofrezco aquí es una muy breve historia de los profetas principales, de ninguna manera una lista completa. He seleccionado estas "voces" porque representan puntos de inflexión en la historia.

En el Antiguo Testamento, los profetas no sólo preveían calamidades mucho antes que llegaran pero estos videntes también aparecían justo en los tiempos de crisis, entregando los mensajes de Dios en determinados momentos y lugares.

Los profetas fueron mencionados por primera vez -como grupo- durante el tiempo de Samuel. Samuel, considerado "el último de los jueces" y el primer vidente de Israel, fue conocido como el profeta que ungió ambos reyes Saúl y David, como los reyes de Israel elegidos por Dios.

Fue durante la mitad del siglo XIX AC cuando los profetas Elías y Eliseo surgieron durante una crisis en el Reinado del Noreste. Jezabel, esposa del Rey Acab, trajo ídolos y dioses extraños - incluyendo a Canaán, Dios y diosa de la ciudad - en la religión de Israel. También presentó los 850 profetas de Baal y Astarté.

El profeta Elías, "1 Reyes 18", desafió a los profetas de Baal en el monte Carmelo, donde Dios mostró -a través de fuego - que Él es el Dios verdadero.

Durante el "tiempo profético clásico" Los siglos XVIII - V AC muchos mensajes proféticos encontraron su camino en la Biblia, desde Isaías, Jeremías, Ezequiel, y en los libros de los doce profetas menores, Oseas a Malaquías y Daniel.

Fue después de este período que se produjo una marcada agitación política, provocando el primer exilio de Israel y el nacimiento de Judá, después de la destrucción de Jerusalén en el año 586 antes de Cristo.

Antes de la "caída", los profetas advirtieron que el juicio estaba cerca, llamando a la gente para que se arrepintieran. En el nordeste estaban los profetas Amós y Oseas, mientras que en el sur, estaba el profeta Jeremías. Esos videntes sabían que si la gente sólo se arrepintiese, Dios iba a cambiar su plan.

Jeremías 18:7-10
"Si anuncio que voy a desarraigar, a derribar y a destruir a cierta nación o a cierto reino, pero luego esa nación renuncia a sus malos caminos, no la destruiré como lo había planeado. Y si anuncio que plantaré y edificaré a cierta nación o a cierto reino, pero después esa nación hace lo malo y se niega a obedecerme, no la bendeciré como dije que lo haría".
[NTV]

Así que ¿qué hizo Israel que era tan malo para que enoje a Dios? Diferentes profetas hablaron de diferentes aspectos de los pecados de Israel. Amós condenó la inmoralidad y la injusticia social, Oseas condenó la infidelidad de Israel hacia Dios, Mica denunció el pecado de los gobernantes, Jeremías reprobó los dioses falsos y la corrupción en Judá.

Por estos pecados, el justo Dios castigó a Sus hijos, aun cuando le dolió enormemente. Las profecías históricas que explican esto se encuentran en los siguientes versos: ***Amós 9:1-4, Oseas 11:5-8, Jeremías 25:8-11, Amós 5:14-15, 4:6-12.***

Después de la sentencia que cayó sobre Judá y sobre Israel, fueron los profetas que comenzaron nuevamente a traer esperanza a la gente. Ve Isaías 42:55. Aquí, llegó una nueva generación de profetas, incluyendo Hageo y Zacarías, motivando a la gente a completar el templo.

Los profetas siempre son impopulares.
Se oponen a la inmoralidad y la falta de espiritualidad.
Pero mientras ofrecen, en su lugar, la palabra de Dios,
También traen esperanza.

A veces los profetas veían visiones; otras veces, predicaban, o hablaban en contra de los comportamientos del público. Lo que es importante saber es que - a su vez - los profetas fueron siempre impopulares, porque aparentemente se oponían a la falta de moralidad y espiritualidad mientras traían palabras de Dios que era socialmente ofensivo y políticamente desafiante.

Popular o no, fueron los profetas, por encima de todo, quienes llamarían a Israel de nuevo a la obediencia.
El profeta se enfrenta a Dios antes de enfrentar el hombre.
El profeta es naturalmente sensible
pero sobrenaturalmente espiritual.

A lo largo de la historia de Israel, los profetas han desempeñado un importante papel en ofrecer la guía divina. Pero también en esta mezcla había profetas falsos. Esto es evidente que desde el principio de los tiempos, siempre han existido esas "otras voces" que compiten por el pueblo de Dios. Como tal, era necesario - y aún lo es - verdadero juicio para discernir lo que es una verdadera profecía y lo que está mal. Deuteronomio refleja: Cuando un profeta dice que algo iba a suceder y no fue así, él era falso y alejaba al pueblo de la ley de Dios. Consulte los siguientes versos: ***I Reyes 22, Jeremías 28, Miqueas 3:5-7; Jer. 23:13-32, Deut. 13, 18:21-22.***

Para discernir a los falsos profetas, como en 2 Pedro 2:1, eventualmente llegarían a desafiar la inmoralidad de caer en "lo carnal y sus deseos corruptos". Ellos también afirmarían que Dios es amor y que no es necesario cumplir con todos los principios morales absolutos.

Los profetas se ocuparon de la crisis de fe del pueblo, confiando en que Dios se conectaría con Israel, para siempre. Dios mismo, acabaría por sanar a Israel. Ver ***Jer. 11:10, Amós 9:11-12, Oseas 14:5, Jer. 31:31-34, Amós 9:9, Jos 2:12-17.***

Tenga en cuenta que en el Antiguo Testamento, el pueblo sólo podía escuchar la voz de Dios a través de profetas.

(*Enciclopedia bíblica para los jóvenes*, Pat Alexander, John W, Drane, David Field, Alan Millard).

Hoy en día, los profetas siguen siendo una parte integral de la voluntad de Dios. Ellos están aquí para animar, para guiar, para equipar y para fortalecer a la gente.

Al hacer la voluntad de Dios, los profetas también traerán advertencias. Hechos 11:27-29, describe que, en una época, los profetas fueron de Jerusalén a Antioquía. Uno de ellos llamado Agabus, se levantó y, por el poder del Espíritu, predijo que una grave hambruna estaba a punto de venir sobre toda la tierra. Los discípulos y las iglesias decidieron que cada uno enviaría sustento, tanto como pudiesen, para ayudar a sus compañeros creyentes que viven en Judea. Agabus, en su profecía, y la posterior asistencia de los discípulos, salvaron a muchos de morir de inanición.

Debería ser sencillo comprender que un profeta trae el mensaje que el espíritu de Dios le da. Por ejemplo, en 2 Samuel 23:2: "El Espíritu del Señor habló a través mío. Sus palabras estaban en mi lengua".

Hoy, nos convendría esforzarnos para que nosotros mismos oigamos la voz de Dios y dependamos menos de los profetas. Sin embargo, esto no significa que Dios no usará un profeta para traer un mensaje.

Isaías 50:4
"El Señor Soberano me ha enseñado lo que decir, a fin de que yo pueda fortalecer al fatigado. Cada mañana me pone ansioso por escuchar lo que él me va a enseñar".
[GNB]

Tienes que entender este principio cuando oras. Tienes que saber que la actitud de Dios hacia ti es positiva y la intención es simplemente enseñarte, mientras la actitud de Lucifer es negativa con la intención de engañarte.

Job16:19
"Mi ***testigo está ahora en el cielo, mi defensor habita en lo alto".***
[BLPH]

Zacarías 3:1-3

"En otra visión el Señor me mostró a Josué, el sumo sacerdote, que estaba de pie ante el ángel del Señor, mientras que Satán estaba a su derecha para acusarlo. El ángel del Señor dijo a Satán:

— Que el Señor te amoneste, Satán; que el Señor que ha elegido a Jerusalén te amoneste. ¿No es acaso este un tizón sacado del fuego? Estaba Josué vestido con ropas sucias de pie en presencia del ángel".
[BLP]

Piense en esto: la actitud de Dios está a favor tuyo, y si Él envía a una persona como yo, con una advertencia profética, es porque él reclama un cambio que sería bueno.

Dios te hablará acerca de cosas negativas que crean barreras contra vivir una vida verdaderamente pacífica con abundancia de alegría y éxito.

Yo realmente nunca creí en la siguiente escritura por muchos años en mi vida. Pero hoy, la creo explícitamente.

Jeremías 29:11
"Porque yo sé los planes que tengo] para vosotros" —declara el ***S**EÑOR*—
"planes de bienestar y no de calamidad, para daros un futuro y una esperanza".
[LBLA]

Cuando la gente camina por la carretera menos allanada por Dios, Dios envía una señal de alarma. De hecho, para ti incluso podría ser este libro.

Ya que Dios ama a todos los seres humanos, esto incluye a la gente de la industria del entretenimiento. Pero la industria se ha alejado mucho de la dirección que Él se proponía y ahora algunas cosas no Le agradan.

¿Qué hay de tu propia vida? Dios anhela que Sus hijos vuelvan a él. Sus brazos están abiertos y esperando -durante siglos, si es necesario.

Un profeta llama a la gente a ser humilde ante Dios, porque él sabe lo que Dios le prometió a los humildes.

Salmo 37:11
"Pero los desposeídos heredarán la tierra y disfrutarán de gran bienestar".
[NVI]

Si eliges mantener un corazón endurecido, en realidad te estás rebelando contra Dios. Aquí está una mirada de lo que Dios considera rebelión.

1 Samuel 15:23
"la rebeldía contra Él es tan malo como la brujería y la arrogancia es tan pecaminosa como la idolatría. Porque usted rechazó los mandamientos del Señor, Él te ha rechazado como rey". [NVI]

Jesús fue sin duda el Rey de todos los profetas. Él declaró: "Yo soy el Camino, la Verdad y la Vida. Yo soy la Resurrección. Pero también he venido a traer fuego sobre la tierra".

Hace dos mil años, Jesús declaró que la obra de Elías no había terminado.

Mateo 17:11
"—Sin duda Elías viene, y restaurará todas las cosas —respondió Jesús—.".
[NVI]

Malaquías 4:5
"Estoy por enviarles al profeta Elías antes que llegue el día del Señor, día grande y terrible".
[NVI]

Tanto Mateo y el profeta Malaquías se refieren a la "influencia" de Elías, que también significa un elemento profético, un mensaje.

Incluso como el Señor usó el espíritu de Elías, a través del Espíritu Santo, para empoderar a Eliseo, y luego a Juan el Bautista, el Señor está desarrollando una "compañía de profetas de Elías", hombres y mujeres llenos del Espíritu Santo, enviados a preparar el camino para Jesús.

¿Eres uno de los profetas del Señor? ¿Cómo puedes saber? Mientras nuestro viaje puede estar preparado, todavía tenemos que enfrentar nuestros problemas y las batallas en nuestras vidas. Los profetas del Antiguo comparten estos mismos desafíos La superación de los retos estará siempre presente ante el profeta.

¡Uf! Ahora es un buen momento para tomar un descanso. Despeja tu mente asimilando lo que acabas de leer. Será útil cuando pases al siguiente capítulo. Es uno duro. Es sobre la guerra.

20

GUERRA

Dios, el Dios de la paz siempre ha sido listo para luchar

Guerra y hablar de la guerra fue mencionada en el Antiguo Testamento muy a menudo. En el Egipto antiguo, los faraones conservaban multitudes de soldados. La mayoría de los reyes se jactaron de sus propios ejércitos y Roma fue conocida por su violencia. Las guerras eran abundantes y las legiones de los Césares se aseguraron que los romanos gobernasen el mundo.

Situada entre los ríos Tigris y Éufrates, por un lado, y el Nilo por el otro, Palestina constituía gran importancia estratégica. Sirvió como una autopista natural para el comercio de las caravanas y, como tal, es una zona de conflicto permanente.

Porque Israel fue colocado entre las agresivas y crueles naciones de Asiria, Babilonia y Egipto y sus habitantes no podían ayudar sino no enredarse en la política tumultuosa del área. El país es tan montañoso que los enemigos de Israel pensaban que Jehová era el dios de las colinas. Este terreno escarpado vio Israel prestarse a las incursiones continuas que forman su historia.

(1 Reyes 23)

Cada faceta de la existencia de Israel incluyendo su guerra, fue vendada con su Dios. El Rey David, Mayor general de Israel planificó meticulosamente todas sus batallas. Mas, él ponía una estrategia diferente para cada batalla, nunca hacia las obvias pero siempre entregaba lo inesperado. Posteriormente, sus batallas se ganaron a través de su ingenio y diseño.

Salmos 18:34
"Quien adiestra mis manos para la batalla, para entesar con mis brazos el arco de bronce."
[RVR1960]

Cada uno de nosotros tiene sus propias guerras y de alguna manera, creo que Dios nos conduce a ellas por razones diversas de desarrollo. ¿No le parece que siempre tenemos otra batalla? ¿Pero que es "guerra?" Para mí, es cuando nos enfrentamos a unas situaciones difíciles y estamos obligados a ser progresivamente más asertivos, llevándonos a una agresión que aumenta a mantener, conservar o recuperar "algo" que sentimos legítimamente pertenecernos a nosotros mismos. A lo largo de nuestras vidas, nos enfrentamos al desafío persistente de muchas guerras; algunas son pequeñas, y otras cambian la vida.

He encontrado una "ley básica de supervivencia" seminal: No deje que cualquiera que intente hacer el enemigo le alcance en su camino, le distraiga escuchar el mensaje de Dios. Desde mis palabras anteriores, usted ya debe saber que su enemigo es necesario y tiene un papel que desempeñar. Sea cual sea su guerra puede ser, por ejemplo, finanzas, problemas matrimoniales, divorcio, enfermedad, depresión, o incluso algo menos dramática, como una dieta, estos desafíos le pueden y a menudo hacen creer el contrario de lo que Dios nos ha prometido.

Sorprendentemente, la mayoría de nosotros ya sabemos que nosotros mismos, podemos ser nuestros peores enemigos y, sin embargo, insistimos en sabotear nuestros propios sueños.

Aquí esta una garantía: en algún momento de su vida, usted tendrá que ir a la guerra o tendrá que poner fin a la guerra que ya reside dentro de sí. Cuando llegue este tiempo, habremos que orar para que Dios nos guíe y proteja.

(Salmos 144:1)
"Bendito sea el Señor, mi roca, Quien adiestra mis manos para la batalla y mis dedos para la guerra."
[RVR 1960]

Cuando Satanás discutió sobre las disposiciones que Dios hizo para Job, dijo

Job 1:10
"Siempre has puesto un muro de protección alrededor de él, de su casa y de sus propiedades. Has hecho prosperar todo lo que hace. ¡Mira lo rico que es!
[NLT]

Esta escritura muestra que Dios protege y provee cosas buenas para sus hijos, pero hay que considerar cómo el astuto del enemigo se acercó a Él para provocar situaciones difíciles en la vida de trabajo.

> **Un adversario o enemigo es cualquiera que deliberadamente se interpone en el camino de su destino y su propósito. Ellos trabajan incansablemente para frustrar el plan de Dios para su futuro. Utilizan los** métodos más atractivos, interesantes e engañosos para tentarle a desviarse de Dios.

Un adversario o enemigo es cualquiera que deliberadamente se interpone en el camino de su destino y propósito. Los encontrará trabajando incansablemente y expresamente para frustrar el plan de Dios para su futuro mediante los más atractivos, interesantes y engañosos métodos para tentarle a desviarse de Dios.

Es importante saber que si queremos hacer progresos significativos en la vida y en nuestra "audiencia" de Dios, tenemos que reconocer tanto la presencia existencial y la necesidad de enemigos. Al contrario de lo que usted puede pensar, la guerra es esencial en su vida y es un buen entrenamiento para sus "oídos."

Dice el Pastor Ron Carpenter:

"Usted nunca será una persona excepcional si sólo lucha batallas ordinarias."

Yo no puedo enfatizar más sobre cómo estas palabras son realmente importantes. Fue sólo después de mi regreso de Los Ángeles que me di cuenta de cómo mi viaje (desde el monte en la Provincia del Norte hasta Pretoria y luego, a los Estados Unidos) había excavado mi fuerza. Por consecuente, tuve que sobrevivir en un país extraño, conocer tantas personas nuevas, aprender a ser un orador, dar discursos públicos uno tras otro, y, por fin, ministrar a tantas personas, todo eso me había agotado físicamente y mentalmente.

Descansar y quedarme silenciosa y tranquila eran muy necesarios después de que regresé a Sudáfrica. Dios contestó mis preguntas respecto a lo que se esperaba que hiciera por orientarme para empezar a trabajar como un entrenador personal. Dios, maravillosamente atento, reconoció mi cansancio y me oriento a un trabajo que rejuvenecía tanto mi mente y mi cuerpo.

En ese momento, conocí a una mujer joven con problemas matrimoniales. Los procedimientos ya estaban en marcha para un divorcio no deseado, entonces me puse a rezar por ella. El mensaje de Dios era para que ella pudiese detener los procesos de divorcio y esperar. Ella tenía que tener paciencia, ya que su esposo iba a regresar, y el matrimonio se salvaría, pero con una ventaja añadida: la pareja seria bendecida con un hijo. Estoy tan feliz de informar que sucedió esto; exactamente como Dios lo aconsejo.

Esta misma joven consultaba un consejero de trauma a la hora de mis oraciones y habló de mi ministerio en el extranjero. Este consejero soñó conmigo; obtuvo mi número de teléfono móvil y me llamó. Organizamos una reunión y, a través de un café, ella me preguntó si estaba involucrada en cualquier tipo de negocios financieros, negocios o relaciones de negocios. Prudentemente, yo respondí de manera afirmativa. Yo, por rara vez hablo sobre mi negocio, especialmente en lo que se refiere a las famosas tiendas Worth, con nadie y menos con los desconocidos. Ella me advirtió que alguien de confianza me hacía "trampas, me robaba y socavaba mis finanzas."

Esas revelaciones me dejaron completamente sacudida, entonces me quedé sin aliento, diciendo: "¡No, no, no, él es mi hermano!" Después del choque que sentí, me vino el coraje y valentía para hablar con mi hermano, mi "socio". El todavía vivía en la provincia de Limpopo, en relación con las acciones y los posibles dividendos que esperaba se me debían. Me explicó que la empresa no había declarado dividendos debido a la recesión en el país. En primer lugar, acepté su explicación. La conversación con el consejero había, sin embargo, provocado algunas dudas acuciantes. Así, una y otra vez, hablamos sobre el dinero y los negocios. Mi hermano se convirtió cada vez más reticente, evitando el tema en la medida en que mis dudas pasaron de la incredulidad a la desconfianza.

(Proverbios 20:18)
"Propósitos y planes son establecidos por un abogado; y [sólo] con buenos consejos hacen o llevan a la guerra."
[AMP]

Mi desconfianza aumentó hasta el punto de que me llamé a un abogado para solicitar información sobre los gastos y el volumen de negocios de la empresa pero después de muchos intercambios de correspondencia, no se logró nada. Todavía no tuvimos respuestas y ningún dinero entraba

Muchos de los sueños, mensajes en sueños y visiones mencionados antes, me llevaron a creer que Dios esperaba que investigase nuestros negocios de la empresa. Finalmente, ejercí mi derecho como accionista y autoricé una firma confiable de los investigadores forenses para inspeccionar la contabilidad financiera de nuestra empresa en la Provincia del Norte. Nadie pudo impedir que la auditoría se hiciese. Los auditores descubrieron numerosos y regulares pagos privados. Mientras yo deseaba que la noticia fuese diferente, la prueba estaba allí. Los gastos eran evidentes en el registro contable de la empresa. Lamentablemente, mis sospechas fueron verificadas.

Yo confiaba en mi socio, mi propio hermano y por supuesto de manera implícita.

Como lo puede imaginar usted, yo estaba muy preocupada. Uno sabe, sin verlo, cuando una gran tormenta se acerca. Y, esta tormenta, esta guerra estaba a punto de rabia. Era como si Dios se hubiera dormido en mi barco durante cuatro años. Ahora, sólo después de que me puse muy ansiosa, se despertó para darme un mensaje: "Vaya y llame a una reunión de directivos; y pregunta a tu socio."

Según Dios, no existía otra alternativa. Habló con severidad. Este era un mensaje de "instrucción." "Encontrarme con él cara a cara y grabarle por dictáfono."

Una reunión general de directivos fue convocada y todos los interesados fueron cuestionados sobre el informe forense como producto de la investigación. Según este informe, mi socio enumero muchos de sus gastos privados bajo los gastos de la empresa. Poco sabía que Dios me estaba llevando a la primera etapa de una guerra que se prolongaría durante muchos años.

Parecía como si Dios me estuviera enviando directamente al pozo de los leones, el accionista minoritario (40 por ciento) que lucha por sus derechos contra el accionista mayoritario (60 por ciento).

Me fui a Dios en gran angustia. Yo no tenía los fondos necesarios para obtener una orden de la corte, pero algo debía suceder. Un abogado superior explicó como citar a mi socio a la corte para que comprase mis acciones. Sin embargo, yo no tenía suficiente efectivo disponible para una orden judicial para afectar la citación. Aunque la ley de nuestra empresa se compromete a proteger a los accionistas minoritarios, era evidente que todavía existen demasiadas lagunas en el sistema que deben ser abordadas.

Entonces oí Dios decir: "Te daré lo que cogeré de él."

Me quedé asombrada al ver este mensaje y empezó a preguntarme qué sería que Dios cogería de él. Poco sabía yo que Dios haría una tal cosa espectacular, llevándose todos los negocios de mi socio de negocios. En una palabra, esto era simplemente "asombroso."

Después de dos años de servir mi ex-socio, es decir, mi propio hermano con cartas de advertencia de abogados y aún no más cerca de la finalidad, las palabras de Dios se hicieron realidad. Dios "planifico" para que todos, los almacenes de Worth en todo el país, volviesen a ser adquiridos por el franquiciador. Este sorprendente giro de los acontecimientos fue publicado en todos los periódicos. Fue un milagro. La compañía madre revalorizo los almacenes y los compro otra vez. Claramente, era la explicación del mensaje: "Te daré lo que cogeré de tu socio".

Cuando al franquiciador se le vendieron las acciones de nuevo, un factor determinante de la venta fue que me gustaría vender, a condición de que el capital fuese abonado en una cuenta dispuesta para las firmas de mi socio y yo. Normalmente, esto no sería una cuestión inquietante pero considerando el comportamiento anterior de mi hermano, yo tuve graves preocupaciones.

Solicité una confirmación por escrito del banco que ningún dinero no se debería o podría retirar de la cuenta sin mi firma. Como director y accionista, protegería el valor de mis participaciones, especialmente a lo largo de todo el proceso de reducción de las actividades de la empresa antes de su cierre. Yo sabía exactamente cuánto esperar para mi porcentaje del valor de venta; Dios me dijo la suma en ese sueño que mencioné anteriormente.

Lo que es importante saber es que un accionista puede mantener un director responsable, en su propia capacidad, en caso de que el accionista sufre pérdidas como resultado de la negligencia del director. Esto, sin embargo, es difícil y puede resultar caro para demostrar y casi siempre resulta en otra batalla judicial.

A mi profunda consternación, me enteré luego que mi compañero me había "golpeado al punzón." Para eludir mis condiciones que requieran mi firma si algún dinero se debería retirar de la cuenta de haberes, mi hermano y socio me quitó como director, cambiando así la firma de acuerdos. Eso le permitía retirar dinero sin mi firma pues, era totalmente contrario a mis instrucciones en las que se estipulaba claramente la exigencia de mi consentimiento. No mostró ninguna consideración o respeto, en modo alguno de mis deseos. Más, el banco aprobó su orden que podía ser retirada, alegando que tal medida supuestamente es legal.

Como se puede ver, la guerra iba rápidamente aumentándose, como todas las guerras por supuesto innecesariamente con cada contra acto. Fui a través de un proceso muy riguroso al presentar una queja ante la junta de gobernadores de los bancos. Con la ayuda y la asistencia de otro abogado, al final conseguí que el banco congelara los activos restantes.

Mi socio de negocios se encargó de la empresa como si fuera una empresa unipersonal, cambiando todos los términos financieros estrictamente para su propio beneficio. En realidad, algunos socios mayoritarios, especialmente aquellos propensos a la avaricia aun, podrían ver esto como una práctica aceptable, en primer lugar, cuidarse sí mismos.

Aunque yo no había escuchado una voz del cielo informándome sobre la laguna en el mandato del banco, después de recibir la terrible noticia, me dirigí hacia Dios. Como me puse a orar, tuve una visión de fuego elevándose hasta el techo y la puerta. Las flamas estallaron a través del marco de la puerta. Este mensaje es muy claro; el humo y el calor abrasador venían, a través de una puerta cerrada.

Mi padre terrenal me dejó todas sus acciones. Quería que tuviera una ventaja en Sudáfrica, porque la política de acción afirmativa y sus repercusiones adversas barriendo a través del país se oponía a cualquier persona de raza blanca.

Le dije a Dios que mi padre terrenal me hubiera ayudado contra la despiadada de la gestión de la empresa de mi socio y las pérdidas que encontraba a causa de sus decisiones. En ese momento, vi otra visión de un océano abrirse, por lo que podía ver. Pregunté: "Dios, ¿usted iría a estas longitudes para una persona?" Dios respondió: "¿Por qué no?".

La empresa fue vendida; mi socio tomó algunos años de sueldo para él y su esposa en un intento de disminuir el valor de la empresa. No recibí ningún dinero durante meses.

A continuación, tuve un sueño, perteneciente a lo anterior. Me imaginé sentada en algún tipo de entrevista. Una señora estaba preguntando cuando discutimos mis experiencias. Entonces preguntó: "Oh, ¿a usted también le dispararon en la garganta?" Yo estaba incrédula. Estas palabras, entrando en un sueño aterrizaron como una bomba, porque en la vida real, me dispararon en mi muñeca izquierda.

Como pensaba en este sueño en mi idioma nativo, el Afrikáans, cayó en la cuenta: "Si alguien le corta la garganta", eso significa que han reducido sus ingresos. Esto es exactamente lo que estaba pasando en mi guerra legal con mi socio.

> **Dios nos habla a través de nuestras guerras. El representa la voz de la verdad en el medio de toda confusión, la voz de la orientación en el medio de todo caos**

En otras palabras, Dios nos habla a través de nuestras guerras. Representa la voz de la verdad en el medio de toda la confusión, la voz de la orientación en el medio de todo caos. Tal vez Dios quería que supiera que mi experiencia como accionista y director de la compañía- me sería útil, más tarde en la vida. Pero, al pensar que alguien quiera cortarme la garganta; eso fue demasiado mucho.

Yo intenté mantener una actitud positiva, pero era difícil. Podía ver cómo mi compañero estaba cortando mi garganta financieramente, pero, en realidad, Dios me estaba entrenando para la guerra y él venía a través por mí durante los ataques. Incluso proporcionó un patrocinador para mi libro de publicación y traducción al español. Eso, lo debo admitir, es un buen toque.

«Las tiendas Worth no es mi voluntad por ti, pero te bendecirá." Esta promesa de Dios llego tantos años antes, pero por el momento, no parece probable que podría suceder.

Las noches de insomnio comenzaron a ser recurrentes y temía que, visto mi situación de madre desempleada en Sudáfrica, yo podría terminar sin dinero, y rota, como mi madre. Tuve que arrepentirme ante Dios para encontrar una seguridad financiera. Dios me llevo a creer que Él no era feliz con mi socio que me robaba, un accionista minoritario. Dios, claramente me condujo en un sueño para seguir mi caso con la Policía de la División Comercial, conocida como los Halcones. Sin embargo, sentí que a los ojos de Dios, mi esperanza estaba en el lugar equivocado. De hecho, tanto mi enemigo y yo estábamos equivocados, yo quería mi dinero, pero por las razones equivocadas.

Y así, esta guerra para la liberar los fondos, seguiría durante años. Un año después nuestras tiendas fueron recompradas, el dinero se ingresó en nuestra cuenta conjunta. Aun así, yo recibido nada.

Mientras toda esta confusión volcó nuestras vidas, también tuvo un peaje horrible en mi matrimonio. Mi enfoque estaba centrado en "la guerra" y obtener lo que me pertenecía. Ahora, aunque no hay nada malo en luchar por lo que es suyo, usted no debe obsesionarse con la lucha. Cuando usted decida ir a la guerra, dese cuenta de que usted involucra a otras personas, los que quiere, para luchar contra esa guerra con usted. ¿Es eso justo para ellos?

Despertándome con pensamientos de sufrimientos de mi infancia significaba que estaba recibiendo un mensaje de Dios. Mis oraciones eran para que Dios abrase mi puño cerrado del socio para liberar mi dinero, pero yo tenía un puño cerrado de miedo. Yo era un accionista y un director de una empresa y todavía no había podido tener acceso a mis fondos durante años.

Entonces me di cuenta de que necesitaba ser agradecida. Quizás yo no tenía la actitud correcta; quizás el dinero se hubiera convertido en mi ídolo. Pero el dinero, de alguna manera, me hizo sentir segura. Posiblemente, a Dios no le gustó mi forma de pensar.

Mientras yo oraba, mi mente se desvió y me puse a pensar: "Si mi madre tenía dinero, quizás todavía estaría viva". El dinero le habría dado la libertad; le hubiera dado esperanzas para su futuro. No tenía trabajo, ninguna carrera, ninguna cuenta bancaria, nada, excepto responsabilidades abrumadoras y los niños. Ella intentó guardar durante meses, pidiendo ayuda a mis abuelos, para comprarme una bicicleta. Al no tener forma de lidiar con todos sus problemas amontonándose, se volvió hacia el arma y se disparó ella misma.

Una pobreza como tal y el sufrimiento perpetuo que forjó tuvo un gran efecto perdurable en mí que cuando tuve que entrar en guerra contra mi ex-socio de negocios, mi temor de infancia de perder el dinero y la seguridad llegaron incrementando. Dios trató de consolarme, pero ni siquiera Su voz podía aportar una influencia tranquilizadora. Sí, oí a Dios decir claramente: "*Recibirás luego, todo que cogeré de tu socio*". Pero mis temores desde hace tanto tiempo engendraron tanto mi impaciencia y mis dudas de manera rigurosísima regularmente.

Me gustaría repetir otra vez, una consideración extremadamente importante sobre cualquier mensaje de Dios, a pesar de sus miedos, más allá de sus dudas, es vital que usted comprenda y recuerde que Dios a veces envía un mensaje sin explicación. Usted simplemente tiene que aceptar, recordar el mensaje y esperar.

Además de ser accionista de una sociedad, yo tenía acciones en el notable edificio corporativo en el cual las Tiendas Worth, entre otras, era un inquilino. Una vez más, mi socio y la empresa de auditoría me escondieron los estados financieros. Como accionista, negué afirmar declaraciones anteriores. No estaba de acuerdo con los gastos, los auditores sólo añadieron y simplemente aceptaron en las declaraciones. Sin embargo, Dios quiso que fuese redimida de esta inversión, aunque el bono para los locales sería totalmente reembolsado dentro de unos pocos años. Fue entonces cuando me di cuenta de que Dios me estaba divorciando de mi socio comercial para librarme. Sin embargo, como una luchadora, negué a conformarme con una pérdida. ¡A veces, Dios debe pensar que estoy loca!

Poco antes de los "*Mensajes de Dios*" iba a ser impreso, mi socio comercial amenazó aprovecharse de algunas de mis acciones, si yo no le otórguese una caución de 270.000 dólares para mantener mi cuota de valor en la empresa. Luego con más claridad que nunca, eso me hizo comprender que quizá Dios estaba diciendo: "¡Vende tus acciones! ¡Sale aun si es un buen negocio!" ¿Qué otra cosa iba a pensar considerando que seguramente yo no podría llegar a ahorrar ese tipo de fianza?

Al darse cuenta de que mi futuro financiero fue precariamente en manos de alguien que se había convertido en mi enemigo, yo entendí que no tuvo más remedio que realizar enérgicas acciones legales. El paso uno fue claro: consultar a un abogado y un abogado para asesorar sobre la vía legal a disposición de un accionista minoritario que fue perjudicada por un accionista mayoritario. Estos profesionales me aconsejaron que los tribunales pudieran obligar a un accionista mayoritario para comprar las acciones de los accionistas minoritarios en un mercado de precios.

¿Fue este el camino que debía seguir? Y si lo hice, ¿podría yo encontrar la paz? Y si encontré la paz, ¿habría que liberar mi corazón de la amargura? Dios dijo: «¡Espera!" Lo que sucedió fue que el banco simplemente tomó mi firma para ofrecer mi participación como fianza.

Me gustaría compartir unas palabras de un poeta anónimo. A partir de estas líneas, surge esa paz:

> Toda mi vida he sido herido, tanto físico como mentalmente,
> He hecho algunas cosas que no son aptas para ser presenciadas por los ojos de cualquier mortal,
> Las personas que están cerca de mí, en quienes he puesto mi confianza, a lo largo de todos los años pero me han traicionado;
> Me trataron como suciedad, mientras estaban sonriendo conmigo,
> Listo para atacar en cualquier momento.
> Pero a través de mis creencias cristianas y mi crianza
> No tengo rencores y rezo para que nuestro Dios
> No cuente nada contra ellos.

La necesidad de un enemigo -- En realidad necesitamos enemigos en la medida de que es algo que no nos puede escapar. Lo temeroso es que podría ser cualquiera persona; sea un miembro de su familia o un nuevo conocido. Las personas pueden atacar sin querer saber quién usted es o lo que usted es. Pero Dios siempre nos guía a través de estos ensayos, como lo hizo en mi caso con mi hermano. Cuando no pude encontrar la esperanza, cuando pensé que iba a perder todo, una mujer de mi iglesia me vino decir que iba a recibir de nuevo, todo lo que me habían robado. Esta visita fue el aliento de parte de Dios para restaurar mi esperanza cuando las nubes de guerra estaban creciendo espesas y negras. ¿No lo cree usted?

Quiero que sepa que los mensajes de Dios todavía son recibidos en tiempos de "guerra". En la Biblia, Dios puso fin a las guerras para establecer la paz, sino que también siguió enviando a su pueblo mensajes vivificantes de orientación, apoyo y aliento durante tiempos de guerra.

¿Por qué las guerras? ¿Por qué los años de lucha? ¿Por qué habría que robar y saquear desde el Rey David en la Biblia?

(Josué 10:24-25)
"Y cuando hubieron sacado estos reyes a Josué, [él] llamó a todos los Israelitas y les dijo a los comandantes de los hombres de guerra que fueron con él: "Venid, poned sus pies sobre los pescuezos de estos reyes". Vinieron y pusieron sus pies sobre el cuello de [Reyes]. Josué les dijo: "No teman ni desmayen; sean fuertes y valientes para lo deberá hacer el Señor a todos vuestros enemigos contra quienes luchar."
[AMP]

Quiero romper momentáneamente el curso aquí para un tema diferente. De alguna manera, todo lo que está en la parte inferior estará a la altura de la superficie; todo lo que está oculto vendrá desde debajo de la cama; todo lo que se perdió en el océano será lanzado en la orilla.

Una vez me compre las cícadas para mi jardín. Eran caras y quería las plantas más grandes, lo que se conoce como un tamaño de 60 litros. La empresa entregó y plantó las cicadáceas, como previsto. Inicialmente, no noté nada extraño. Un par de semanas más tarde, sin embargo, volví a visitar el mismo vivero planeando comprar más de cícadas y algunas plantas de temporada. Fue sólo cuando vi la diferencia de tamaño entre el de 60 litros y de 40 litros de cícadas que me di cuenta de que había sido engañada. Las plantas de mi jardín eran definitivamente inferiores a 60 litros de estos especímenes en la pantalla. Entonces, cree un alboroto y se hizo evidente que yo no iba a renunciar. En definitiva, se dieron cuenta de que sería demasiado costoso para ellos a cavar las cuatro pequeñas cícadas en mi jardín y reemplazarlas con las grandes, así que me dieron 60 litros de cuatro plantas, de forma gratuita. La estafa salió a la superficie ante mis ojos. Cuando el océano tiró la verdad, yo pude luchar por lo justo; y ¿el resultado? Les costó y fui bendecida con aún más.

La Biblia dice que vamos a pasar por el fuego pero Dios estará con nosotros. Él no nos envía alrededor del fuego, o al área alrededor de un campo de minas; Él nos envía directamente en el campo de minas, y él puede "dormir." ¡Sí, duerma! ¡Relájese! Él está en control total que él realiza milagros incluso en su sueño. Es decir, lo que nos permite ser "en nuestras propias", pero nunca fuera de su cuidado.

Ya conocía el resultado cuando él me llevó a mi guerra.

(Mateo 8:23-27)
"Cuando entró Jesús en la barca, sus discípulos le siguieron. Y de pronto se desató una gran tormenta en el mar, de modo que las olas cubrían la barca; pero Jesús estaba dormido. Y llegándose a Él, le despertaron, diciendo: ¡Señor, sálvanos, que perecemos! Y Él les dijo: ¿Por qué estáis amedrentados, hombres de poca fe? **Entonces se levantó, reprendió a los vientos y al mar, y sobrevino una gran calma. Y los hombres se maravillaron, diciendo: ¿Quién es éste, que aun los vientos y el mar le obedecen?"**
[LBLA]

¡Que aun a los vientos y el mar le obedecen! Yo creo que con frecuencia sobre este magnífico poder cuando oigo la voz de Dios, incluso cuando es desafiado por todas estas guerras en mi vida. Cuando llegue el momento, la voz de Dios siempre viene con mensajes muy claros. Seguramente, los vientos y el mar Le oyen.

No tengo un hermano, una hermana, un padre o una madre. Sólo tengo a Dios. Cuando yo estaba desempleada desde hace siete años, yo tenía a Dios. A través de todo lo que ha sucedido, Dios tenía un plan. Mi vida siempre ha sido diferente. Mi propio padre comprendió la tendencia profética en mi vida. Yo sabía que él siempre habla muy bien de mí, probablemente la razón por la que mis hermanos nunca me trataron como a una hermana.

Me desperté una mañana con mi pasado en la mente. Mis recuerdos eran acerca de estar casada con un hombre muchos años antes. No tenía trabajo y prácticamente ningún dinero, ni mucho menos un coche. Pensé que al ser la voluntad de Dios para vivir en ese nivel. Traté de pintar la casa en la que estábamos tratando un estilo moderno para que se viera menos "humilde" aunque yo no tenía idea de cómo parecía "ricos". ¿Por qué me siento obligado a hacer esto?

Recuerdo otro sueño en el que mi padre me vino a mostrarme que mi pareja, ¡mi hermano! - No sólo robaron de mí sino también de mi abuelo. En este caso, mi socio abrió un otra Tienda Worth en su nombre, rechazando el holding, aunque seguía dibujando un salario de tiempo completo en el momento. Me di cuenta de que esta tercera tienda fue parte de nuestras raíces y de la empresa, según el sueño, mi socio no sólo estaba robándome, sino robaba también a Dios. ¿Por qué se sentiría obligado a hacer esto?

Habíamos crecido pobres. Mi hermano rompió el asiento de mi triciclo y no tenía dinero para cambiarlo; de hecho, no pudimos cambiar nada. Nos alojamos en un apartamento pequeño. Recuerdo que mi madre ahorrar dinero por un largo tiempo; mis padres me comprarían una bicicleta cuando fui mayor. Recuerdo anhelo de vestirme elegantemente, de la misma manera que otros niños se vestían. Esta pobreza absoluta influencio tanto mi vida que aun durante el tiempo que yo tenía una tienda real, no me podía aun ni comprar ropa. Todo lo que yo podía pensar era no hacer gastos innecesarios. Ahora, les pido, ¿este no suena como un "puño cerrado?" Yo temía a la tienda. He aborrecido a gastar dinero. Esta memoria me ayudó a comprender que mi compañero, también mantenía un puño cerrado en mantener mi cuota de nuestro dinero. Él creció conmigo, en las mismas circunstancias, y su memoria de la pobreza le influyó negativamente, demasiado.

Fue una batalla ding-dong por muchos años. Después tuve el sueño descrito anteriormente, mi abogado me ayudó a abrir un caso de fraude en contra de mi socio de negocio, persiguiendo el pleito con la unidad de delitos comerciales, los Halcones.

En aquella mañana, cuando el caso fue lanzado, yo solía tener recuerdos pesados de mi niñez de sufrimientos. Esto significaba que estaba recibiendo otro mensaje de Dios. Yo había estado albergando temores de que mi hija, Yvon Bella, sería tan pobre como mi difunta madre, que murió con sólo dos centavos; literalmente, dos centavos en su bolsillo. Ella no tenía nada excepto su pequeña, decrépita pero útil carretilla que vale menos de 100dólares. Recuerdo muy bien siendo tremendamente avergonzada cuando ella me recogió de la escuela en este bakkie o mini-camión. Al mismo tiempo, debo decir que tuve la suerte de ir a la cama ni con hambre ni con frío. Nuestra familia, sin embargo, siendo pobre, vivía justo ligeramente por encima de la línea del pan, mientras la mayoría de la gente en Sudáfrica sigue viviendo en la miseria total. En un mundo así, yo simplemente no entendía el concepto de la riqueza.

Quizás esto le ayudará a entender mi cerco mental. De modo continuo, mis pensamientos se quedaron en un futuro que podría simplificarse si fuera disponible mucho más dinero. Por lo tanto, pedí a Dios si yo pudiera conseguir un poco de mi dinero de las explotaciones de Worth. Él respondió con calma: "*Recogerás todo tu dinero*".

Ugh! Fue en ese momento preciso que me di cuenta de que había fallado miserablemente una otra prueba importante.

Sin embargo, si usted fuera un accionista de una empresa pero que no había recibido un solo dividendo durante un largo periodo de tiempo, no preguntaría dónde se encuentra mi dinero o le escucharía pacientemente a Dios decirle "*no necesita el dinero, ahora.*" Recuerde, en este momento usted está sentado allí, reflexionando sobre cómo pagar sus facturas.

Al final, di gracias a Dios que no tuve acceso a ese 40 por ciento de la cuota de dinero. Hoy, ya no estoy enojada con mi socio por lo que me hizo un favor. Yo había colocado mi seguridad en dinero, resultado de ver morir mi madre completamente sin dinero. Pero, piense en ello, todos nosotros moriremos sin dinero. No podemos tomar nada más que nuestra alma con nosotros.

Dicho todo esto, permítanme reiterar que cuando se trata de mensajes de Dios, mi intención no es hacer dinero con la venta de este libro, pero sólo, esperemos, recaudar fondos suficientes para sostener su distribución en todo el mundo.

(Salmos 118:13, 17, 25)
"Mis enemigos hicieron su mejor para matarme, pero el Señor me rescató."

"No voy a morir; en su lugar voy a vivir para anunciar lo que el Señor ha hecho."

"Por favor, Señor, por favor sálvanos. "Por favor, Señor, danos el éxito."
[NLT]

(Salmos 124:1)
"si el Señor no hubiera estado de nuestro lado...»
[NLT]

(Salmos 126:4)
"Restaura nuestra fortuna, Señor, como los arroyos renuevan el desierto."
[NLT]

"Las Tiendas Worth no es mi voluntad por ti, pero te bendecirá." Sí, la promesa de Dios se hizo muchos años antes. No parece probable que alguna vez iba a suceder. Pero entonces, tampoco era nada corto de un milagro completo que una familia pobre podría tener éxito estableciendo tales tiendas bien conocidas en la parte septentrional de Sudáfrica.

Como se mencionó anteriormente en este capítulo, esta guerra financiera también generó una "guerra" en mi matrimonio. Mi marido y yo comenzamos a tener argumentos. Habiendo visto algunas de las cartas de abogado, él era consciente de mi riqueza. Imagine a un hombre que se da cuenta de que su espòsa podría "valer" más que él. Puede tomar un peaje en un hombre que se ve a sí mismo como un proveedor. Para empeorar las cosas, fue un maestro de escuela con sólo un salario limitado y le hace sentirse económicamente inestable.

Como estas cosas suelen suceder, me paso por la cabeza. Y entonces, ¡explotó! Él cayó sobre mí como una bomba. Lo insulto mi vocación, menospreciado mis creencias, y dice que mi comportamiento no era el de un orador cristiano. Totalmente abrumado, mi instinto de supervivencia barrió y he correspondido. En mi frustración, me quebré, juraba, y me convertí en histérica. Cogido en el fuego cruzado, nuestro bebé se convirtió frenético, como usted podría imaginarlo. Esta fue la peor lucha que habíamos tenido. Eventualmente me volví tan enojada, tan ansiosa e increíblemente frustrada que me desmayé.

Me caí al suelo de verdad. Se puso peor y peor hasta que todo lo que yo quería era un divorcio. Dos días más tarde, todavía nos sentíamos terribles. En ese momento, no me importaba lo que oí; todo lo que pude ver era lo que estaba sucediendo. Era tan terrible que me hizo querer marcharme. Yo no quiero que mi bebé crezca en una zona de guerra, seguro. El día número tres, me desperté llorando. Lo que hace una diferencia - una diferencia enorme - que encontré fue que mi marido siente igual de mal. Se disculpó, diciéndome que él había permitido que el diablo para venir entre nosotros y, lo que es más importante, ha rezado por él.

Fue entonces en ese momento que Dios decidió mostrarme lo que estaba sucediendo en la cabeza de mi marido.

Tuve un sueño donde yo le pedí a Dios que me mostrase más de lo que mi marido estaba pensando. En este sueño, nos fuimos de camping para un fin de semana. Me puse sospechosa cuando lo vi hablando con un hombre extraño. Me acerqué, escondiéndome detrás de una puerta para escuchar su conversación. Sorprendentemente, oí a mi marido planeando una boda sorpresa. ¡Él quería casarse conmigo, de nuevo! En esto, Dios me estaba mostrando que a pesar del conflicto que estábamos viviendo en casa, mi esposo todavía me amaba demasiado para casarse conmigo de nuevo.

La paz siguió. Tomé una decisión que sacudió a mi marido. Decidí que si yo di todo a Dios, entonces, mi asociado estaría robando a Dios mismo, y yo no tendría que preocuparse más. Tengo que decirles que el alivio era maravilloso. Me sentí como si el mundo hubiese caído de mis hombros. No tuve necesidad de luchar más. Mi pareja podría hacer lo que le gustaba con la parte del dinero de Dios. Aunque el caso policial todavía estaba en curso, decidí dejar que las cosas tomen su propio curso.

Entonces, de repente, unos días más tarde, me quedé estupefacta cuando oí la voz de Dios decirme: "*Yvon, este no es mi dinero, te lo di a ti.*"

Mis pensamientos se dirigieron a una otra zona de guerra constante que está penetrando todo Suráfrica: el escenario político en el Congreso Nacional Africano y la incesante corrupción. Este conflicto es de gran importancia, causando enormes sufrimientos a todos nuestros pueblos. La falta de oportunidades de empleo se acaba de aplastar cualquier destello de esperanza.

Me recordé que mi papá y su noble intento de construir un negocio que daría a las personas un trabajo significativo. He luchado por seguir un camino similar pero después de mucha investigación, mi tablero de dibujo de nuevas ideas empresariales aún estaba vacío. No ayuda el hecho de que mi única experiencia laboral tangible fue en el sector minorista. Y, como puede imaginar, los potenciales empleadores no tenían genuina compasión para mi tener que traer a mi hija de la guardería que, en nuestro caso, cerrado a las 6 de la tarde.

Pero me mantuve en ella. La idea de un ingreso estable, especialmente después de tantos años de inestabilidad, se convirtió en un objetivo convincente. Mi descubrimiento llegó tan naturalmente a mí. Yo podía escuchar a yo misma pensando, "Yvon, utiliza lo que sabes; usa lo que has experimentado." a partir de ese logro todo cambio: llegué a ser una asesora financiero, una profesión a través de la cual pude vivir mi experiencia del conflicto muy personal, mi pasión para la protección de la riqueza.

Para darle una idea rápida de cómo eran las cosas en mi vida, yo comparto esto: mi primer coche fiable fue comprado sólo después de mis 40 cumpleaños. Era como si el cielo fuera abierto para mí después de mis

40 cumpleaños. Me convertí en mamá, tuvo una carrera, y viajé con mi marido y mis hijos. Tantas bendiciones entraron en mi vida.

> Recuerde esto: Dios tiene maneras extrañas de hacerle "encajar" o "no encajar en ello de manera inesperada".

A veces Dios tiene maneras extrañas de hacerle" encajar" o "no encajar en ello." Unos meses antes de que fuese consejera financiera, me llegó una oportunidad a Children's Clothing Brand Store (marca de ropa para niños). Sí, yo estaba muy emocionada de tener la posibilidad de ganar un sueldo que agarré, pero yo ciertamente no esperaba ser impugnada en una forma muy extraño.

Dentro de una de las tiendas de la compañía, una rotunda salida estaba experimentando encogimiento y pérdida de existencias. No podía creer lo que vi: la gestión zTyrannical insistió en que cada miembro del personal se sométase a una prueba de polígrafo. Pero no se acaba ahí. Algunos miembros del equipo fueron interrogados y a la parrilla. Bajo pedido de la empresa, los sospechosos "supuestos" fueron interrogados sin descanso durante seis horas por el Departamento de Recursos Humanos, esto realmente sucedió, independientemente del hecho de que muy pocos de ellos fueron seriamente sospechosos de robo.

Yo estaba pasmada por dicha malicia en una escala corporativa. Yo no podía hacer nada sino mirar con impotencia. No se me permitía intervenir. Cuando traté de defender el personal, me advirtieron sumariamente que perdería mi nuevo trabajo si interfería en ninguna forma. Esta vez, me había convertido en un defensor de la verdad y por dondequiera yo había mirado, vi el sufrimiento de muchos empleados en Sudáfrica.

Como he dicho ya: Dios, a veces, tiene maneras extrañas de repente haciendo que encaje o encajar en ello. Este incidente en un trabajo yo estaba tan feliz de obtener, rápidamente, me hizo encajar fuera de ello. Dije a Dios, honestamente: "Señor, la gente debe escuchar su voz para sobrevivir en Sudáfrica."

Durante todo este tiempo, estuve agobiada por encontrar suficiente fe para creer que el manuscrito de este libro podría generar algún ingreso. Empecé preguntando si Dios tiene planeado que yo mueva a mi familia a los Estados Unidos. Todas las puertas para conseguir el visado estaban cerradas, así que ¿cómo podía suceder? O bien, ¿yo simplemente viajaría para enseñar? Como se puede ver, los *Mensajes de Dios* se publicarían inevitablemente.

Estas luchas, estas guerras, estos enfrentamientos, eran enseñanzas de Dios. A veces le ofrece a la derecha en una zona de guerra para hacer que vuelva a evaluar sus propios pensamientos, para hacerle reconsiderar su propia dirección y literalmente llevarle usted fuera de su mentalidad actual.

Por ejemplo, no entendí la llamada de Dios en mi vida, especialmente en lo que se refiere a mis escritos. En mi mente, pensé que debía conectar con el mundo empresarial; supuse que sería por un número de años. Pero si Dios tiene un plan, cualquier cosa con que usted se conecta podría acabar siendo sólo una estación muy temporal. Estas son lecciones para el aprendizaje como yo pensé a la gente que conocía logró adquirir para sus familias el tipo de seguridad que buscaba. Pues yo pienso en mi suegro que había trabajado para la misma empresa durante 30 años y se retiró con el dinero suficiente para comenzar su propio negocio de casa de huéspedes.

Buscando un trabajo significativo puede ser, en sí mismo, una guerra de clases. Usted está buscando una oportunidad en el "enemigo": una economía horrible. Mientras buscaba la oportunidad de ayudar a otros, sinceramente yo perseguía la sabiduría de Dios para mi vida. Dios estaba claramente llevándome en una dirección diferente.

El modismo afirma que los mendigos no pueden ser escogedores; ¿verdad? Que es de donde yo vengo, donde muchas de las comunidades sudafricanas toman el único trabajo que pueden venir en su camino. ¿Qué opciones tiene usted cuando tiene pocas opciones?

Otro aspecto perjudicial de un mercado laboral difícil es cómo se produce el miedo personal. En este caso, el miedo de los que pueden afectar nuestros bolsillos. Muchos empleados temen que sus empleadores que agazapan sin la más mínima noción de que no pueden ser despedidos o maltratado sin causa válida. Mi guerra privada me rindió intrépida. Yo no estaba asustada de un jefe. Mis luchas me ayudaron a convertirme en una luchadora por la justicia y la verdad, y esta energía se refleja en mis acciones.

La única cosa que realmente temía en esas circunstancias, fue cuando Dios se mantuvo tranquilo. Este silencio sería entonces rápidamente llenado con una gran ansiedad sobre el estado de la herencia de la valía de los almacenes. Sólo cuando me recordé que dejé totalmente esto a Dios para que vuelva la paz a mi espíritu.

(Jeremías 11:20)
"Mas, oh Jehová de los ejércitos, que juzga rectamente y con justicia, que prueba el corazón y la mente, vea yo tu venganza de ellos; porque a ti he descubierto mi causa y revelada."
[AMP]

Cuando usted cree en Dios, no hay tal cosa como una batalla perdida. Sin embargo, si alguien está enfermo terminalmente y reza, pero luego no pasa nada, el podría comenzar a sentir que está luchando por una causa perdida. Sin embargo, la fe es la que nos lleva cuando llegue ese momento; la profundización de la fe, más fuerte será su protección. Quienes pueden atreverse a intentarlo con todas sus fuerzas, para vivir con Jesús camina sobre el agua sin saberlo.

La fe no sólo ayuda a mantener nuestro espíritu resistente durante tiempos difíciles, también ilumina nuestro camino cuando monte las sombras de duda. Cuando alguien escribe un libro de no ficción, demasiadas veces parece que el escritor llega a ser conocido como un experto en el campo específico del libro. Aunque a veces eso puede ser cierto, hay innumerables libros escritos, no por expertos, sino por honesto-a-la bondad de personas dispuestas y dedicados a compartir sus propias experiencias personales. Estoy en este último corte. Todavía me siento como un estudiante porque sé lo suficiente acerca de escuchar la voz de Dios para saber que nadie puede ser experto en oír de Dios. Nadie puede explicar a Dios y las cosas que él permite, o las batallas que elige para usted. Recuerde esto al leer este libro.

Veo mi "misión" como haciendo mis mejores, compartir mis experiencias más personales, para ayudarle a escuchar a Dios, pero no para explicar lo que Dios podría estar diciendo. Esto, mi amigo, está entre usted y Dios.

Quisiera saber si algunos de ustedes creen que estos escritos son presentados como mis memorias. Ciertamente, ese no es el caso. No me atrevería a escribir sus memorias porque, realmente, ¿por qué habría alguien que esté interesado en lo que he escrito? No. La razón por la que escribí este libro porque quiero pagar a Dios por pagar hacia adelante lo que he aprendido de él acerca de cómo empezar el proceso de oír sus palabras. En este desarrollo, también he aprendido que escuchar es sólo una parte de la audiencia y que la audiencia completa no sólo cambiará tu vida pero muy posiblemente salvarlo. Ahora creo firmemente que la supervivencia en este planeta depende de su habilidad para escuchar a Dios y a comprender lo que le está diciendo que le servirán de guía.

La realidad, como mucho una ilusión como es en realidad, sigue siendo este: Soy una madre y el sueldo de mi esposo no puede llevar todos nuestros gastos de la familia. Me siento, en mi corazón, que la mayoría de los que están leyendo estas palabras ahora están en una posición similar, donde la constante necesidad de encontrar una forma de pagar sus facturas diarias es de suma importancia en su mente. ¿Cómo puede ser? Pero junto con esta realidad, esta rutina, esta cinta o lo que quieras llamarlo, es la constante construcción que pertenecemos a Dios, y no el dólar ganado o gastado.

Para mí, habría sido demasiado fácil adoptar la mentalidad muy común y razonable de trabajar para ganarse la vida. Al hacerlo, me gustaría estar no sólo olvidar pero también aceptar que Dios nunca me apoyaría, como escritor, si tomo cualquier otra ruta de mi propia elección. Sin embargo es lo que sigue: Él, Dios, solos, resucitado mi libro y me quería para "correr con ella."

(Salmo 32:8)
"Yo [el señor] le daré instrucciones y le enseñe en el camino que debes seguir; yo te daré consejos con mi ojo sobre ti."
[AMP]

Leí estas palabras y pensé que millones de personas, no sólo en Sudáfrica, sino en todo el mundo, están desempleados. Las "afortunadas" que tienen trabajos, algunos de ellos, es probable que pongan por arriba con el abuso de los empleadores sólo para mantener esos empleos aunque sean maltratados y víctimas. Es simplemente una forma diferente de esclavitud. ¿Usted realmente piensa que esta es la razón por la que Dios nos creó? Yo no lo hago.

(Salmos 37:7-9)
"Guarda silencio ante Jehová, y espera en él. No te alteres con motivo del que prospera en su camino, Por el hombre que hace maldades. Deja la ira, y desecha el enojo; No te excites en manera alguna a hacer lo malo. Porque los malignos serán destruidos. Pero los que esperan en Jehová, ellos heredarán la tierra."
[RVR 1960]

Mi respuesta en cuanto a la editorial que dudaría mis calificaciones para escribir sobre este tema: "Dios me cualificó." Sí, ya sé que la respuesta probablemente es inaceptable, en la mayoría de los círculos. Incluso, mi público en Los Ángeles, que podría dar testimonio, si fuera necesario, no cabría para la más dudosa de las editoriales.

Entonces, ¿qué puede hacer un autor desconocido para comercializar y vender su libro? La venta de un libro siempre mantiene la esperanza de que sólo podría producir suficientes ingresos para ese autor a pagar sus facturas básicas o en mi caso, los gastos de comercialización de los *Mensajes de Dios* y que es todo lo que este trabajo me ha dado: un lugar donde tengo que mantener mi fe que mi familia sobrevivirá, basado en el simple hecho de que todo lo que quiero es ayudar a la gente y darle gracias a Dios porque me hablaba. *Mensajes de Dios* es mi manera de decir un gran "Gracias". He sobrevivido sólo gracias a la voz de mi Padre. Llegué a un lugar donde me sentí simplemente que no puedo vivir mi vida sin correr la voz del Evangelio.

(Jeremías 11:20)
"Mas, oh Señor de los ejércitos, que juzgas rectamente, que examinas los sentimientos y el corazón, vea yo tu venganza contra ellos, porque a ti he expuesto mi causa."
[LBLA]

Crónicas también explica que: "Los ojos del Señor corren hacia delante y hacia atrás a lo largo de toda la tierra para mostrarse fuerte en nombre de aquellos cuyos corazones están sin culpa hacia Él. Has hecho tonterías en esto; por lo tanto, desde ahora, usted recibirá guerras."

Yo esperaba un resultado en algún momento. Yo sabía que, al final de mis escritos, yo habría explicado todo lo que habían oído y lo que había sucedido. A día de hoy, creo que Dios luchará por mi sustento. Aunque somos guerreros en nuestras propias luchas, Dios es quien que asegura la victoria final. Creer en Dios es compartir esa victoria. De hecho, es lo que Él promete.

En la final, simplemente tenemos que madurar, vamos creciendo, sin embargo, es a través de nuestras guerras que ocurre esto; y a través de esos desafíos, Dios quiere que seamos conscientes de que estamos siendo llamados.

(2 Crónicas 16:7)
"Por cuanto te has apoyado en el rey de Siria, y no el Señor tu Dios, el ejército del rey de Siria se ha escapado de usted."
[AMP]

(Salmos 41:11)
"Por esto yo sé que usted están muy satisfechos conmigo, porque mi enemigo no triunfa sobre mí."
[RVR 1960]

Como mi propia guerra asoló en mi corazón a causa de mi obsesión y paranoia acerca de tener que luchar, financieramente, tuve flashbacks de la vida de mi madre. Ella murió con el bolso vacío. Ella no pudo pasar aun una magra herencia a sus hijos. Estas visiones persistieron como estaba en conflicto con mi Dios. ¿Qué se suponía que iba a ser mi vida? Todo el mundo persigue a algún tipo de carrera. ¿A mí? Cuando no hice caso a la dirección de Dios, obtuve trabajos que conseguí para mí y acabé odiando el 95 por ciento de ellos, con la excepción de mi trabajo en ventas en Johannesburgo como asesora financiera y especialista en inversiones. Yo estaba desprovista de lo que mi corazón me estaba diciendo era un trabajo "significativo".

Era mi corazón "escuchando" a Dios y diciéndome que no era quizás haciendo lo que tenía que hacer. Es la guerra que luchamos con nosotros mismos que ofrece el potencial para llevarnos a Dios.

Es la guerra que luchamos con nosotros mismos que ofrece el verdadero potencial para llevarnos a Dios.

De hecho, una parte de mí dijo: "*Es mejor construir su currículo en una práctica financiera porque casi no hay oportunidades en Sudáfrica y que uno va a acabar exactamente igual a su madre.*" La otra parte estaba diciendo:"*Dios le está llamando, queriendo volver a los Estados Unidos para completar sus enseñanzas sobre la voz de Dios*". Me recordé vagamente a aquella joven que hizo sus maletas en una absoluta fe y salió para Hollywood, un lugar donde Dios simplemente abrió las puertas.

Ahora, la guerra era entre ser una esposa y madre y comprender quién y en qué realmente me había convertido. Allí fue el conflicto de decidir dónde iba. Sin embargo, durante todo el tiempo, yo sabía que debía tener en cuenta que yo ahora era una esposa y madre, yo tenía un marido, un niño y una niña de seis-año que iba a comenzar la escuela.

Es como si hubiera luchado con mi confusión interior que he recordado que, en tienda de ropas para niños, una cosa extraña sucedió. Esto sucedió un miércoles. Me puse muy emocionada al punto de ser demasiada excitada. "*¿Que está sucediendo, Señor?*", le pregunté.

Más tarde ese mismo día, recibí una llamada de asegurar mi liberación de la compañía. Tan catastrófica como la pérdida de un trabajo puede ser, esta noticia llegó como un peculiar relieve, en parte, porque yo no podía simplemente renunciar sin consultarlo primero con mi marido. Porque compartía el estrés de nuestra situación financiera, tendría que haber celebrado tal decisión contra mí. Dios estaba muy feliz de que yo estaba fuera de esa empresa injusta. Poco después, llegó una oportunidad y comencé a estudiar a través de un proveedor de servicios financieros. En una tierra de casi sin perspectivas, ¿cómo puede ocurrir algo como esto? Ahora sé, y espero que esto empezando a ver, también.

Durante este tiempo, Dios me dio un mensaje claro a través de la Biblia en Job 36. Explicó mi sufrimiento y que Dios me estaba mostrando algunos de los principios que él venera. Dios también reveló algunas cosas sobre las que yo tenía que concentrarse.

(Job 36:7-11)
"Él nunca toma los ojos del inocente, pero él les pone en tronos con reyes y exalta a ellos para siempre. Si están enlazados en cadenas, atrapados en una red de problemas, les muestra la razón. Él les enseña a sus pecados de orgullo. Él capta su atención y comandos que resultan del mal. Si escucha y obedece a Dios, será bendecido con prosperidad a lo largo de sus vidas. Todos sus años será placentera."
[NLT]

(Job 36:13)
"Pero el impío y profano en corazón montones de rabia [en la disciplina divina]; no llorar cuando Él se une."
[AMP]

(Job 36:15)
"Pero por medio de su sufrimiento, Él rescata a quienes sufren.
Para él obtiene su atención a través de la adversidad."
[NLT]

(Job 36:15)
"El ofrece a los afligidos en su aflicción y abre sus oídos [a] su voz en la adversidad."
[AMP]

(Job 36:17-19)
«Más tú has llenado el juicio del impío, En vez de sustentar el juicio y la justicia. Por lo cual teme, no sea que en su ira te quite con golpe El cual no puedas apartar de ti con gran rescate. ¿Hará él estima de tus riquezas, del oro, O de todas las fuerzas del poder?
[RVR 1960]

(Job 36:3)
"Tomaré mi saber desde lejos; y atribuiré la justicia a mi Hacedor." [RV]
(Job 36:10)

"despierta además el oído de ellos para la corrección;
Y les dice que se conviertan de la iniquidad." [RV]

Recé y pedí a Dios que me concediera sabiduría y comprensión de mis finanzas, de mi matrimonio, de mi carrera y de mi vocación. Pero me olvidé pedir algo muy importante: "*Entre todos mis problemas, Dios, ¿qué es lo que no estoy viendo*?"

(Job 34:32)
"Enséñame lo qué no veo...".
[RV]

(Job 34:32)
"Ha pedido a Dios que le muestre sus faltas y ha aceptado dejar de hacer el mal."
[GNB]

¿Qué puedo aprender de Job 36?

- Si usted está en problemas, pídele a Dios sobre lo que debería arrepentirse. (¿Orgullo?)
- Cuando alguien le ha ofendido, usted no debe obsesionarse aunque van a ser juzgados. Dios juzgará.

El caso de la policía contra mi ex socio comercial estaba tardando tanto, que me enoje hasta el punto yo estaba furiosa y claramente no en paz, aunque me convencí que iba a dejarlo todo por Dios para resolver el problema. La lección es que no deje su enojo subir o bajar.

Dios me habló de nuevo. Él me mostró los años después de que regresé de entregar el mensaje en los Estados Unidos. El simple hecho es que siempre tuve un ingreso y nunca falté nada. La penosa realidad es que el miedo me hizo presa de yo misma. Tanto es así, que no pude disfrutar de la vida.

Dios claramente quería que yo dejara ir algunas cosas. Quizás deba renunciar al derecho a trabajar, a tener una carrera, tener un sueldo, y ciertamente, el enojo. Lo que yo necesitaba era que Dios tomara el control completo de nuevo.

Creo que lo que usted "oye" se desarrolla en pensamientos y cuando permite usted que Dios guie este proceso, la paz que ha eludido regresará. Pienso ahora y me pregunto cómo no pude ver esto, captarlo, permitir que sucediera en mi vida, especialmente cuando las cosas no iban bien para mí y mi ansiedad me gobernó como un rey demoníaco.

(Proverbios 16:3)
"Comprometan sus obras a Jehová, y sus pensamientos serán establecidos."
[RV]

Una tarde, Dios me despertó como tuvimos que lidiar con un problema. Cada vez que mi marido tuvo que irse lejos, me sentí dejada detrás. Me sentía entumecida, como si me iba a desmayar. Esas circunstancias generaron discusiones largas con mi esposo que estaba simplemente tratando de ganarse la vida y cumplir con sus responsabilidades. Yo estaba siendo gobernada por mi temor de ser abandonada.

Cuando empeoraban las cosas, tuve recuerdos crudos de cómo había pocas oportunidades para socializarme con las mujeres, justo después de que murió mi madre. Sin embargo, mi padre y mi hermano fueron constantemente sobre lo que ellos llaman "viajes de hombres". Yo me quedé en casa, a solas. Algo similar fue manifestándose en mi matrimonio y eso provocó conflictos en el hogar. Me volví tan emocional que eso me condujo a un tipo de ataque de ansiedad.

Dios me despertó diciendo: "*Nunca voy a dejarte*". Recuerdo haber escrito: "*Pero estoy asustada, señor. ¡Todo este libro; y las guerras…!*"

Entonces me acordé de un sueño en el que me vi hablando a una audiencia en los Estados Unidos. Como la población está abandonando el lugar, Dios me dijo que llamara todos para que volviesen a orar por una "liberar energía", y también para abrir los oídos antes de irse a casa. A través de este sueño, yo sabía que Dios estaba planeando para que sea instrumental en la liberación de poder sobre la gente. Pero la madre en mi siguió preguntando "*que estoy supuesta a hacer.*"

Dios respondió simplemente diciendo: "*Nunca te voy a dejar*".

Recuerdo que el pensamiento de abandono y diciendo: "*Está bien, pero hay algunos lugares que usted puede ir y no puedo ir con ustedes, porque yo no soy santa. ¿Entonces qué?*"

Dios estaba tranquilo.

Y continué: "Señor, usted ha dicho que nunca me abandonará, pero esto significaría que no puede ir a ciertos lugares, ya."

Luego dijo, claramente: "*Vas a ir conmigo.*"

Entonces, supe que voy donde Dios va. Puede ser enseñarle y abrirle los oídos, o por ahora, podría ser viajes internacionales cortos o incluso a través configurar estaciones de los medios sociales de comunicación.

Fue sólo al final del manuscrito que llegaría a ser inevitablemente este libro que está leyendo ahora que me di cuenta de que me siento a trabajar para Dios, y nadie más. Después de eso, cualquier trabajo que tuve en Sudáfrica parecía ser muy temporal, tomando una posición secundaria a lo que yo sabía en mi corazón fue mi "misión".

Poco después de esta conversación con Dios, mi esposo y yo patrocinamos una barbacoa durante la cual mi marido y su colega tomaron demasiado. Me desperté sintiendo la presencia de Dios en mi habitación. (Por cierto, la misma cosa sucedió a la esposa en el hogar de la colega; ella me llamó la mañana siguiente.)

Para mí, estar casada significa ser unida con mi marido. Como tal, lo que hace también "está escrito" sobre mí. En este caso, porque la tendencia impía entró en nuestra casa, después de la barbacoa, quería esconderme de Dios, sintiéndome terriblemente tímida. Llevé los pecados de mi marido, lo colocó sobre mis hombros y dije, "Dios, él no entiende. Por favor, perdóname".

Esto fue un claro comprensión de "avance". Inmediatamente, se me ocurrió el pensamiento que quizás también mi hermano no entiende, que mi historia acabaría en el perdón y la paz. Lo que ocurrió a continuación fue algo totalmente inesperado y me impactó realmente, en una mala manera pero permítanme dejar este aquí por un momento para que podamos mirar otra cosa y para que enfrentemos una otra guerra.

Para empaquetar toda mi familia y viajar a los Estados Unidos se convirtió en uno de los conflictos más serios para nuestro hogar. Mi marido es muy práctico; se dio cuenta de que tenía que trabajar para sostener a su familia mientras todo lo que yo quería era salir para que yo pudiera enseñar en los Estados Unidos. Sentí que todavía no era el momento adecuado para enseñar en mi propio país. Dios me estaba dando sentido. Tuve un sueño claro, viajando al sur después de Orlando, para iniciar en un país fuera de los Estados Unidos. Era, en una palabra, confusa.

Pero Dios estaba trabajando detrás de las escenas. Mientras que Él quería cederme desde Sudáfrica, quizás en un sentido financiero, él primero me necesitaba para aprender algo. No es sorprendente, sin embargo, era como si hubiese leído mi mente. Yo no creo que una noción realizada plenamente en el Salmo 4:11, la idea de que "Mi enemigo no triunfe sobre mí." Conciliar ese pensamiento era difícil para mí cuando me recordé de cómo David sufrió mucho en las manos de Saúl que siguió conquistando. ¿Dónde, Cuándo, cómo se decidió la victoria?

Quizás llegue la victoria, pero no toda la victoria en seguida.

Quizás llegue la victoria, pero no toda la victoria en seguida. Ahora, ese es un concepto que vale la pena considerar. Antes del lanzamiento de *Los Mensajes de Dios*, la cantidad exacta que Dios había demostrado previamente en mi sueño sobre el valor de las acciones fue en mi cuenta bancaria. La policía presionó a mi hermano para liberar algunos de mis fondos pero todavía no era suficiente para comprar una oficina en los Estados Unidos y decirle a mi esposo que podría tomar algún tiempo fuera del trabajo. Así, si bien este era un atisbo de buenas noticias, no era un avance completo. Lo que parecía retrasarme fue la idea de que la guerra estaba lejos de acabar. Habiendo regresado de otro abogado especializado en derecho mercantil, un profesional que contrate para ayudarme con la batalla de la segunda empresa, yo estaba tan abrumada que me estrellé en la cama y dormí.

Tener que ir a trabajar el día siguiente, me desperté temprano y allí estaba Él, preguntándome *si quería ir a trabajar hoy*". Yo sabía que tenía mucho que hacer, pero cuando Dios plantea una pregunta como eso, tal vez, pensé que debía quedarme en casa y tomar un té con Dios y mi hija pequeña. Poco sabía entonces, que Dios quería darme un fin a este capítulo sobre la "Guerra."

Aquí es cómo se juega: Dios quiso que yo, con mi familia, para avanzar en la vida, y he visto una batalla judicial atándome Tendría que ser una cosa o la otra, porque yo no podía ver cómo ambos nunca pudieron resolverse.

Con lágrimas en los ojos, me sentía muy estúpido tratar con Dios, una vez más, el implacable tema de mi hermano. Yo no quería publicar este libro hasta que se resolvió.

En un flash, oí, "*Ya no es tu hermano.*" (Pero me había olvidado preguntarle a Dios para cortar el árbol genealógico entre nosotros. ¿Cómo puede ser esto? Dios siguió hablando, "Él es un extraño que trata de impresionarle, pero no hay nada como eso, no Yvon. Estoy estableciendo tu libertad. Él está intentando atrapar a usted, y él está intentando atraparme. Se pondrá enfermo y morirá.»

"¿Qué?" grité yo. Yo no podría escuchar esta última parte, como Dios es lento a la ira y muy paciente. Estaba bien si yo era obtener algunos de lo mío, pero al escuchar lo que estaba escuchando. Pensamientos corrió por mi mente. Morimos todos en algún momento - pero, ¿por qué estaría yo oyendo esto?

Quizás sea que acaba siendo un hombre de negocios muy astuto. Pensé en lo que había leído:

(Salmo 89: 26)
: "Tú eres mi padre y mi Dios, tú eres mi Protector y Salvador."
[GNB]

(Salmo 91:4-8)
"Él nos cubre con Sus alas, usted estará salvo en su cuidado, su fidelidad te protegerá y defenderá, y tu miraras y verás cómo los malvados serán castigados."
[GNB]

Fue cuando tenía mi Biblia y cayó abierta en una determinada escritura y enseguida supe que era lo que yo estaba leyendo la respuesta a lo que yo creía no sucédase.

Dios leyó mi mente; de nuevo. Siempre he tenido problemas con la historia de David y Saúl. Vea abajo lo que le sucede a un hombre que no sólo conoce a Dios, sino aun le reza. En este pasaje, Saúl consulta a una mujer medio para llamar a Samuel que es un profeta.

(1 Samuel 28:10)
"Entonces Saúl hizo un voto secreto: por el Señor vivo, prometo que no será castigado por eso, le dijo a él.
"¿A quién debo llamar para usted?" La mujer preguntó.
'Samuel', contestó.
Cuando la mujer vio a Samuel, la mujer gritó y dijo a Saúl: "¿Por qué me has engañado? Eres el rey Saúl."
"no tengas miedo", el rey le dijo: "¿qué ves?"
"Veo un espíritu que sube desde la tierra", contestó.

"¿Qué aspecto tiene?", preguntó.
'Es un hombre viejo," ella respondió. "Él usándose viste de un manto."
Saúl entonces entendió que era Samuel, y sometiéndose a tierra con mucho respeto.
Y Samuel dijo a Saúl: ¿Por qué me has perturbado? ¿Por qué me hiciste volver?"
Y Saúl respondió, y dijo: "¡Estoy en grandes problemas! Los Filisteos están en guerra conmigo, y Dios me ha abandonado. Él no me responde más, ni por los profetas ni por sueños. Y así lo he llamado, para que me digas lo que debo hacer."
Dijo Samuel: "¿Por qué me llamas cuando el Señor te ha abandonado y se convierte en tu enemigo?"

En esas palabras, ese terror de pensar, se puede saber que Dios realmente podría abandonar a alguien, yo, también. Esto me da pausa, siempre. Y debe usted también.

Cuando pensaba compartir mi vida personal como lo hago más detallado en este capítulo, luché con los malos sentimientos perturbados por la historia misma y cómo le podría hacer sentir usted el lector. Entonces, Dios me preguntó, "¿Cuántas personas no les gustara lo que escribiste?" Sin pensar, dije, "¡No hay demasiadas, Señor!"

Dios es el juicio. No se olvide esto.

> **Usted hará un gran error si crees que Dios es pasivo y no actúa sobre la injusticia. Usted debe darse cuenta de que usted también debe actuar hacia el bien y el mal. Toma una postura.**

Me sangré para este capítulo sobre la guerra y creo firmemente que tengo que compartir con ustedes este capítulo porque conlleva lecciones cuyas tengo la sensación de que Dios quiera que todos nosotros aprendamos. Primero, usted hará un gran error si cree que Dios es pasivo y no actúa sobre la injusticia. En segundo lugar, sabiendo que Dios hace juicio sobre los injustos, debe darse cuenta de que usted también debe actuar hacia el bien y el mal y tomar una posición. Si usted sale sólo con esto después de leer estas páginas, estoy seguro de que le servirán bien.

Muchas personas piensan que los Estados Unidos no deberían haber adoptado una postura firme contra Irak, o cualquier otro gobierno los pecados contra la humanidad. Sea lo que sea su posición, considere que hay algunas escrituras bastante chocantes en la Biblia sobre este mismo asunto:

Hay un tremendo peligro en la pasividad. La inactividad es mortal para la vida espiritual.

(Mateo 25:33-46).

"Nadie, entonces, quién sabe el bueno, él debería hacer y no hacer, pecados."

«¿Vuestros compatriotas deberán ir a la guerra, mientras que usted se sienta aquí?»

(Números 32:6)

"¡Maldito él que es negligente en hacer el trabajo del Señor"!

¡Una maldición sobre él que guarda su espada de derramamiento de sangre!»

(Jeremías 48:10)

"¡Lo que él os diga a hacer, hágalo!"

(Juan 2:5)

La neutralidad no es una opción. Es malo cuando no se impugna lo que no es bueno.

Cuando el exiliado pueblo de Israel se enfrentaba a una gran crisis y peligro, Mardoqueo le recordó a la Reina Ester que ella no se atreve a elegir ser neutro:

> "No pensé que porque esté en la casa del rey, usted solo, de todos los judíos, se escapará. Por si permanece en silencio en este tiempo, respiro y liberación para los judíos surgirán de otro lugar, pero usted y la familia de su padre pereceréis. Y, ¿quién sabe, pero que ha llegado a la posición real para un tiempo como éste?"

Este era sólido defensor por Mardoqueo. Ciertamente, Dios reina soberano sobre los asuntos de los hombres.

Aquellos que tratan de ser neutrales en las batallas de la vida degeneran inevitablemente al nivel de la tibia Iglesia La odisea, que el Señor reprendió:

> *"Yo conozco tus obras, que ni eres frío ni caliente. ¡Ojalá fueras frio o caliente! Así, puesto que eres tibio, y no frio no caliente, te vomitaré de mi boca porque dices: "Soy rico, me he enriquecido y nada tengo necesidad", y no sabes que eres un miserable y digno de lastima, y pobre, ciego y desnudo, te aconsejo que te vistas y no se manifesté la vergüenza de tu desnudez, y colirio para ungir tus ojos para que puedas ver. Yo reprendo y disciplino a todos los que amo; sé, pues, celoso y arrepiéntete.*
>
> Apocalipsis 3:15-19

Es hora de preguntarse a sí mismo algunas cuestiones muy pertinentes:

- ¿En qué problema estoy intentando ser neutral?
- ¿En qué campo de batalla Dios me llama a entrar?
- ¿Qué mensaje estoy ignorando?

Antes de cerrar este capítulo, debo admitir que el final de esta historia sobre la guerra me hizo sentir tan feliz. Como me puse muy ocupada con la vida y ser una mamá trabajadora, me puse muy enojada con mi socio de negocios. Yo recibí un mensaje de su esposa anterior que me informaba de que estaba muy enfermo y sufriendo. Eso fue una mala noticia que me hizo sentir muy triste; entonces me puse a orar: "Por favor, Señor, ten misericordia en él." De repente, un resultado de bienvenida llegó con una oferta para adquirir el edificio donde yo tenía un 30 por ciento de interés.

¿Iba yo a luchar por lo que creo que aún me pertenece a mí o firmar y vender la compañía?

En cuanto a mí y a mis batallas personales; una cosa que he aprendido es que: en algún momento, se debe poner fin una guerra. Tuve un sueño donde yo estaba construyendo un edificio en una granja de pensando que yo podía, porque parte del stand fue mía; mi padre me lo dejó en un anexo a su voluntad. Pero me di cuenta de que la documentación no estaba en orden y el título de propiedad fue en nombre de un otro. No importa las circunstancias que me han llevado a construir en la propiedad, ¿voy a luchar o simplemente aceptar esa pérdida? Decidí tomar la pérdida. Mi vida fue englobada por el perdón y es como quitar las manos de la garganta de su enemigo como tiene grandes cosas para encarar y pasar el tiempo sobre ello. Eso, sin embargo, no significa que voy a arreglar para cualquier otro tipo de pérdidas o firmar cualquier documento que mi socio de negocios o los Auditores corruptos me quieren que firme. Recuerde que en cuanto a asuntos judiciarios una parte impone la confianza, la seguridad así que la confianza en los demás que tiene el deber de actuar en el mejor interés del partido. Decidí actuar contra las acciones de la firma de auditoría en Louis Trichardt también. Ellos confabularon con mi socio de negocio y yo empecé a ir a las instituciones para ayuda. Mi guerra tomo un total de casi 10 años.

Ahora, conforme nos alejamos de este tema de la "guerra", quiero compartir lo siguiente:

Hay que tener en cuenta que en realidad hay algunas batallas que no vamos a ser parte.

Tengo que compartir esta experiencia con ustedes. Pero le advierto de ante mano, que es muy probable que le hacen pensar de forma diferente y puede aún molestarle con respecto a aquellos que se llaman a sí mismos, psíquicos.

Tuve un sueño durante el tiempo que mi editor estaba trabajando en este capítulo sobre la guerra. En este sueño, el espíritu de una mujer que falleció me seguía por donde quiera. Ella (la fallecida) quería llegar a mí, como si necesitase mi ayuda. Ella estaba angustiada y triste y muy emocionada sobre algo. Me di cuenta de que ella quería decirme algo acerca de cómo murió porque tenía la capacidad de escuchar. Alguien le jalaba el cabello largo a través de un arco de jardín, alguien que ella conocía. Pero reprendí y la envió fuera de mi casa, diciendo, "*Yo no hablo con los muertos. Yo soy un mensajero de mi Dios, y no a los muertos.*"

Me desperté y ella estaba allí en mi casa Saltando desde mi cama, grité: "¡en el nombre de Jesucristo, sale!"

Dios no nos permite hablar con los muertos. Está muy claro en la Biblia. Ella probablemente tenía una "válida" razón para querer llegar a mí. Fue asesinada por alguien que la conocía. Ella necesitaba mi "ayudo". Pero no importa cuánto "noble" puede parecer, si yo intenté ayudarla, yo sabía que no podía seguir en ese camino. Yo sólo obedezco a mi Dios.

Este incidente marca la primera vez que los muertos han llegado hasta mí. Quieren justicia para llegar a las cosas malas que suceden. A esta mujer que buscaba mi ayuda que quizá me quería tomar a su batalla, y a todos los espíritus muertos que han sido perjudicados, vivos y a todos mis hermanos y hermanas, he de decir que Dios es nuestra Justicia; Dios es nuestro protector en tiempos de guerra. Dios Es el Juicio.

(Mateo 10:34-39)
"No crean que he venido a traer paz a la tierra. No vine atraer paz, sino espada. Porque he venido a poner en conflicto al hombre contra su padre, a la hija contra su madre, a la nuera contra su suegra, los enemigos de cada cual serán los de su propia familia.

El que quiere a su padre o a su madre más que a mí no es digno de mí; el que quiere a su hijo o a su hija más que a mí no es digno de mí; y el que no toma su cruz y me sigue no es digno de mí. El que se aferre a su propia vida, la perderá, y el que renuncie a su propia vida por mi causa, la encontrara."
(NVI)

¿Qué pueden estar diciendo estas palabras duras parecidas al granito? ¿Cómo una tal roca puede traer una flor? Por favor, viaje conmigo hasta el último capítulo donde encontramos la esperanza en lo que no podemos ver todavía.

21

LLEGANDO AL FINAL

Entrégate a Dios y Dios te devolverá

WOW! - Hemos pasado por muchísimo en este libro. ¿Le abruma? ¿Confundido? ¿Asustado? ¿Ansiosos de comenzar? Esos sentimientos curiosos que probablemente sienten ahora son todos buenos. Juntos, son la energía que necesita para ir desde donde estás ahora a donde usted quisiera estar: En un lugar donde usted pueda oír a Dios decirles directamente, lo que debería estar haciendo con su vida.

Si, después de leer mi muy tumultuosa historia, usted siente que su vida es demasiado mundano, demasiado mediocre, quizás incluso demasiado deprimente, también probablemente piense que he tenido una experiencia única. Pero eso no es así; eso no es el caso. Mi vida se ha convertido en lo que es a través de mi consciente *voluntad de entregarme a Dios*. Por lo tanto, mi respuesta es la siguiente: Los mismos principios por los que vivo pueden ser suyo, suyo para acceder a su propia existencia completamente separada de la vida que vive hoy en día. ¿Es fácil? Usted debe saber, por ahora. ¿Vale la pena? Eso, también, usted debe reunir, de las muchas cosas que hemos visto en las páginas anteriores. Dicho esto, voy a darle una seria advertencia mientras pongo al descubierto un poco más de mi corazón.

Recientemente, Dios estaba en algo de nuevo. Comenzó con lo que parecía ocho pesadillas separadas pero relacionadas. Bueno, sí, me refiero a estas como "pesadillas", porque me molestan terriblemente. Poco me di cuenta que Dios vio algo muy importante que necesita desarrollar dentro de mí, algo para orientar mi comprensión de Su voz, algo tenía que fijar en mí.

Oír de Dios tan frecuentemente tenía (y todavía tiene) una inexplicable efecto sobre mí. Preste atención aquí porque esto probablemente le ocurrirá a usted también. Quiero estar segura que reciba este mensaje, fuerte y claro. Puede ser realmente flojo respecto a sus sueños. ¿Por qué es esto importante? Porque es esta negligencia que abre una peligrosa puerta, una puerta «desprotegida» a través de la cual Lucifer puede enviar los sueños, también.

Dios me "doto" con un sueño que me asustó, a incitarme. He soñado ocho veces que mi esposo nos abandonó a mí y nuestros hijos - ¡por otra mujer! Cuando le dije a mi marido sobre esto, él dijo, "¡Eso es ser retrasado!" Oír esto me puso a pensar: ¿Y si Dios me está avisando? (porque mi Dios se preocupa por mí). ¿Es posible que mi marido pueda estar mintiendo?" Completamente frenética, me puse en contacto con Dios mediante la oración ferviente, y Dios respondió, "El sueño no es para ti".

Yo no esperaba esa respuesta. ¡Que despertar!

Incapaz de lidiar con esa respuesta, he tratado de convencerme de que me pareció escuchar mal. Así, me fui a la naturaleza para aclararlo con Dios. Durante el día, me iba de safari en busca de los "5 Grandes" en el Parque Nacional Kruger (los cinco animales más peligrosos para cazar - a pie - en África son los búfalos, elefantes, leones, leopardos, y rinocerontes) y por la noche, rezaría. Después de un tiempo, me di cuenta que los ocho-mensaje sueños estaban tratando de hacerme perder mi fe en mi matrimonio.

Cuando volví a casa después de un viaje de camping rejuvenecedor, obtuve otro "cambio". Pero, gracias a Dios, ahora me di cuenta de lo que estaba sucediendo. En este próximo sueño, la atención se centró en mis sentimientos después de que mi marido me dejó por otra mujer. Yo estaba muy asustada. Mis pensamientos me consumieron con temor de que voy a estar sola y nunca volveré a tener alguien en mi vida, de nuevo. Durante mis años escolares, no he tenido novios. Ningún muchacho parecía estar interesada en mí.

Aha! Me llamó la atención: Si Lucifer le habla a una persona, tiene que haber una definida y la persistente debilidad en la vida de esa persona que permite que él o ella reciba un tipo específico de mensaje en un sueño. Mi debilidad era mi miedo a estar sola. Lucifer lo conocía y lo utilizo.

Tenía un problema en mi mente subconsciente que permitía a estos sueños tener éxito. Ahora, escúcheme muy atentamente: **Este al acecho de sueños altamente informativo, sueños que aparentemente le dan información que se traduce en que la adopción de medidas a través de la incredulidad.** Durante años, he vivido en la negación de que el diablo podía o atrevería hablarme en sueños. Eso fue hasta que fui acosada por él y los sueños. He luchado con esto. No quise aceptar que una mujer, una mujer sirviendo a Dios, puede recibir un sueño de engaño. Sin embargo, que evidente son las escrituras sobre esto: Incluso Jesús Cristo fue tentado y probado por el diablo. La solución es saber cuál es el sueño de Dios y qué sueño no lo es. De nuevo, hay orientación sobre cómo discernir la diferencia.

Dios dice, "Mis ovejas conocen mi voz." Si usted está viviendo los principios que he citado y que es devoto en su fe, aun cuando el diablo se le acerque, usted forma parte del rebaño de Dios. Usted reconocerá Su voz y no será engañado. Pero cuidado, la no negligencia, es su guardián.

Cuidado, no la negligencia. Tuve un extraño acontecimiento que ocurrió durante un tiempo de luto. Descorazonado y buscando la esperanza de Dios, experimenté otro inquietante e inestable sueño. En este episodio, recibí información interesante que venía en una forma sobrenatural: un enigma en el primer sueño; en el segundo sueño, la respuesta en forma audible. En un caso como este, ¿quién llegaría a creer que no era Dios quien ha hablado? Pero -debo saber esto por ahora - y usted debe aprender esto tan pronto como sea posible, Dios no le enviará un abrumador sueño cargado de información que haga que pierda completamente el enfoque y la perspectiva.

Obtener esos poderosos sueños podría incluso provocar que idealice el mensaje o insistir excesivamente en su promesa. Sin embargo, pudiera ser sólo un sueño de Lucifer para darle a una persona desesperada, y descorazonada falsa esperanza. Sí - ¡falsas esperanzas!

En lugar de disfrutar en la comodidad de la momentánea "bondad" de Lucifer, procure buscar esperanza de un verdadero mensaje. Recuerde, siempre, es el Espíritu Santo quien es nuestro consolador. En tus oraciones, pregunte por el consuelo de Dios. Pero este preparado en su vulnerabilidad que el diablo no entre en su lugar.

En el momento en el que usted piensa que usted puede escuchar la voz de Dios es el momento en que se puede caer. Nunca asuma que usted puede fácilmente escuchar y decir, "Así dice el Señor." En vez de, digamos, "Yo soy humano, soy imperfecto y voy a pensar dos veces antes de decir algo. Yo me humillo ante la voz de Dios y voy a ser lento a profetizar."

Incluso cuando las últimas palabras de este libro estaban siendo escritas, los mensajes de Dios continuaron. Pocos días antes de este libro ir a imprenta, Dios me recordó que los lectores tendrán que estar plenamente consciente de "sueños mentirosos" que nunca -- vienen de Dios.

La redacción de este capítulo trajo muy extrañas sensaciones. Era como si Dios quería que enfocara grandemente en las cosas que escuchamos que "NO son de Dios." Quiero decir, una vez más: "¡No es Dios! ¡No es Dios! ¡No es Dios!" Nuestras mentes son extremadamente vulnerables a ser influenciado por las mismas cosas que decidimos son importantes para nosotros y por las cosas con las cuales nos rodeamos. Tienes que ir a "conocer" a Dios a través de su Palabra (La Biblia) para saber cómo es Él, qué le gusta, qué no le gusta, que es importante para él - y lo que no lo es.

Cuando oras, ¿puede escuchar una respuesta? Asegúrese de que es Dios quien le habla. He aprendido a discernir mis sueños escuchando su voz suave mientras sentimos su presencia. Me sentí humillada por las cosas que perseguí. Claramente, estos eran los mensajes de Dios.

Estoy escribiendo este libro para las próximas generaciones que les irá mucho mejor si pueden aprender la voz de Dios. Muy bien puede resumirse que puede llegar a ser no solo para su propia felicidad sino también para su propia supervivencia.

Pero, hoy en día, ¿quiénes son las personas que verdaderamente buscan la voz de Dios y enseñan a otros su importancia? ¿Dónde están?

Yo estaba molesta con Dios por permitir que me vinieran los sueños equivocados. Sólo me di cuenta mucho más tarde que a pesar de que en la Biblia, dice: *"Mis ovejas conocen mi voz"*, no dice: *"Mis ovejas conocen mi sueño."*

Cuando Dios envía un sueño, de enseñanza un sueño informativo, puede ser molesto si no se discernir correctamente. La interpretación equivocada puede mantenerlo cautivo en una mentira, a veces incluso durante años.

Le voy a dar dos ejemplos:

1) Los sueños de enseñanza:

En el siguiente sueño, Dios me enseña que algunas personas encuentran zonas grises en la vida aceptable mientras yo no tolero la mediocridad. Así, si bien no acepto ninguna zona gris, Dios necesitaba mostrarme que las soluciones no tienen que ser dolorosas.

He soñado que estaba trabajando en los almacenes Valor. Durante la venta de verano, fui hasta las bellas alfombras que tenían un 50 por ciento de descuento. Allí, me encontré con que uno de los miembros del personal estaba "ocultando" un vestido de noche que quería comprar. Ella lo ocultó claramente entre las alfombras, de modo que nadie más pudiera encontrarlo para comprarlo durante el período de venta. La presencie extrayendo de la vestimenta desde el lugar oculto antes de que ella lo comprara. Yo estaba molesto - para mí, esa era una forma de robar y de deshonestidad. La llevé a ella y la vestimenta al gerente de la tienda, quejándome. Ella no mostró ningún remordimiento. Él hizo algo extraño. El vestido costaba R190.00; el precio de venta era de R160.00. Le hizo pagar la diferencia de R30.00, en efectivo, diciendo: "Ahora usted puede tener el vestido en el precio original de R160.00 sin enjuiciamiento."

Le dio una salida sin alertar a las autoridades. Para mí, la situación era un acto de robo. Para el gerente, era una forma de deshonestidad tolerable que podría corregirse.

2) Los sueños informativos:

Los ocho sueños que he mencionado anteriormente podrían ser percibidos como sueños informativos, aunque cada uno de ellos me hizo sentir devastada. Se me olvidó completamente que durante la oración, hace muchos años, oí la voz suave de Dios diciéndome: "*Vas a estar casada mucho tiempo.*" Eso fue todo lo contrario de lo que estos ocho sueños implicaban. Sueños informativo, como hemos visto, puede hacer que usted tome acción. Si malinterpreta los mensajes informativos de esos sueños, la acción que usted tome podría perturbar su vida. Sea cuidadoso.

Otro ejemplo: he soñado que mi esposo estaba utilizando sustancias como la cocaína. No cabe duda de que hubo un mensaje procedente de "fuera". ¿Pero que si yo creyera que era de Dios? Este sueño me estaba informando de algo que fomentaría la incredulidad en mí acerca de mi matrimonio. Recuerde, Dios no nos molesta con tales sueños. Pero -importante recordar - nuestro subconsciente puede.

1. Por un momento, veamos sólo una muestra de las investigaciones que he hecho. Estas entradas se centran en situaciones en la Biblia acerca de los sueños y los peligros de sus interpretaciones. Al considerar estas muestras, céntrese en lo que Dios está diciendo muy claramente acerca de sueños, acerca de profetas que libremente profetizan, sobre aquellos que creen fácilmente lo que oyen. Jeremías 23 vs. 24-40 NIV Traducción

25' he escuchado decir a los profetas que profetizan mentiras en mi nombre. Ellos dicen: "¡He tenido un sueño, he tenido un sueño!"

26' ¿cuánto va a continuar en los corazones de estas profetas mentirosos, que profetizan los delirios de sus propias mentes?

27' piensan que los sueños que se dicen unos a otros harán que la gente olvide Mi Nombre tal como sus antepasados olvidaron Mi Nombre a través de la adoración a Baal.

28' El Señor declara: "Permita que el profeta que tiene un sueño relate el sueño pero deje al que tiene Mi Palabra hablarla fielmente. Por lo que ¿qué tiene que ver la paja con el grano?"

29' "¿No es mi palabra como un martillo que rompe una roca en pedazos?"

34' Si un profeta o un sacerdote o alguien dice: "Esto es un mensaje del Señor, los castigare en su hogar."

36', Pero no debe mencionar "Este es un mensaje del Señor", nuevamente, porque la palabra de cada uno se convierte en su propio mensaje. Por lo tanto, usted distorsiona la palabra del Dios viviente, el Señor Todopoderoso, y a nuestro Dios.

37' Esto es lo que usted sigue diciendo a un Profeta: "¿Cuál es la respuesta del Señor a usted?" o "¿De qué ha hablado el Señor?"

38' Aunque usted declara "Esto es un mensaje del Señor", esto es lo que dice el Señor: "Usted utilizo las palabras "Esto es un mensaje del Señor."

39' Pues: "Seguramente le olvidare y lo echare fuera de mi presencia, junto con la ciudad que le di a usted y a sus antepasados."

2) Jeremías 23 vs. 32 - La Versión de la Biblia:

32' "Oh sí, yo he terminado con los profetas que predican mentiras que sueñan, extendiéndola por todo el país, arruinando la vida de muchas personas con sus temerarias y baratas de mentiras".

3) Jeremías 23 vs. 32 Versión de la Biblia Amplificada:

32' "He aquí, yo estoy en contra de los que profetizan sueños mentirosos ", dice el Señor."

Ahora, haga la pregunta: "¿De dónde provienen los sueños mentirosos?"

Estoy segura de que todos nosotros, en uno u otro momento, ha tenido un vívido sueño que sobresalió entre otros sueños y, si eres como yo, probablemente has preguntado qué significaba. ¿Era de Dios comunicando con nosotros, o fue nuestro propio recuerdo de nuestras actividades diarias?

Una vez más, subrayo que la línea puede ser enloquecedoramente indistinguible. Por eso, es evidente porque aprender a "escuchar" la voz de Dios es muy importante. Al hacerlo, le permite finalmente hacer la distinción.

He conocido a muchas personas inteligentes que tiene mucho que decir acerca de Dios y su voz, ¡pero nunca han leído la Biblia! Es como decir que puedes pilotear un avión pero nunca has volado. No quiero caer en esa categoría.

Leer la Biblia no es un pasatiempo. Es un requisito para comenzar su viaje a escuchar la verdadera voz de Dios. Debe convertirse en una prioridad para usted. Y no sólo de "una prioridad".

Me di cuenta de esto cuando oré a Dios acerca de los sueños perturbadores que recibí. He visto una visión. La visión fue el número uno está acostado sobre su lado. ¿Qué podía un #1 acostado significar? ¡Por supuesto! Mis prioridades no estaban en orden. Yo tenía que volver a lo básico, leer la Biblia y dedicar tiempo a la oración.

Pero cuando usted toma la Biblia y la abre, recuerde, hay una diferencia entre centrarse en sueños y visiones y centrarse en el aprendizaje de la Palabra. Por ejemplo, los gnósticos o místicos siempre elevaran los sueños, visiones o experiencias espirituales por encima de la palabra escrita de Dios. Ellos no cuestionan la autenticidad de un sueño porque su creencia es que no es posible el engaño sobre el que uno debe ser cauteloso. A medida que buscan constantemente fuera de las Escrituras por sus instrucciones, eventualmente negaran la suficiencia de las Escrituras.

He aquí un ejemplo, cuando tuve que estudiar las Escrituras no como pasajes individuales sino como un mensaje en su "totalidad" con el fin de conocer el sentido de un sueño:

Mientras que en los Estados Unidos, he soñado que no vi el amanecer de un día. Yo vi una escritura en la Biblia:

Hechos 2 vs. 19"... y yo hare maravillas en los cielos arriba."

vs. 20 "... el sol se convertirá en oscuridad."

Más allá de estos versos que describen un cambio drástico de la naturaleza, tanto en el cielo como en la tierra, un cambio que aún no ha sucedido, este mismo órgano de trabajo - las Escrituras - incluye esto:

Hechos 2 vs 21-22 "... Y acontecerá, quien invoque el nombre del Señor, será salvado."

Por lo tanto, mi sueño de el sol no esté saliendo puede ser simbólico de que la época todavía no estaba listo para mi mensaje en los Estados Unidos.

Recuerde, la Palabra será siempre superior a sueños y visiones.

Job 33 vs. 14-16:

"Dios pudiera hablar en un sentido o en otro, sin embargo, el hombre no lo percibe. En un sueño, en una visión de la noche, cuando el sueño profundo cae sobre los hombres, mientras duermen en sus camas, entonces él abre los oídos de los hombres y les roba su instrucción.

Wow! Ahora, mire esto:

Capítulo 12, versículos 5-8:

"Oíd ahora Mis palabras; si hay un profeta entre ustedes, yo, el Señor me conocerá en una visión, le hablo en un sueño. No así con Mi siervo Moisés, que es fiel en toda mi casa. Yo hablo con él cara a cara, incluso abiertamente y no en dichos oscuros."

¿Qué es aquí más importante?

Yo diría que no poner demasiada atención en sueños. En lugar céntrese en su relación con Dios, donde Dios puede hablar directamente a su espíritu. Dese a Dios.

Cuando soñamos

Los sueños ocurren cuando uno primero entra en el sueño REM (movimientos oculares rápidos). Soñar entonces puede progresar hacia el dormir mas "profundo" Dormir ocho horas cada noche, usted puede soñar hasta una a dos horas de ese tiempo. Durante una noche de sueño podemos ir atravesar lo que se denomina nivel de dormir Alfa; este es un "sueño más ligero". El sueño profundo es conocido como el sueño de THETA. Pero es en el más amplio, más profundo sueño - llamado sueño Delta que algunas personas tienen las más poderosamente experiencia realista conocido como sueño lúcido.

En el estado de sueño, la mente puede ser más impresionable, afectados por los acontecimientos del día. Durante el sueño, la mente desempeña a menudo compuestos de lo que hemos dicho, pensado o hecho. Proyecta circunstancias débilmente conectadas y lo que pensamos de los eventos del día.

La ansiedad y el estrés son híper formas de energía. Y estas energías pueden producir sueños. Sea consciente de esto. Es importante. Sueños cargados de ansiedad son fútiles, huecos. ¿Puede esto sonar esto como algo que Dios le ofrecería?

Eccl. 5 vs. 7 - Biblia de Estudio de palabra clave hebreo - Griego

"Porque en muchos sueños y con muchas palabras, hay vacío..."

Esta es una palabra de advertencia para aquellos que relatan sus sueños y visiones a los demás creyendo que son todas de Dios.

Jeremías 29 vs. 8 -9 Versión Amplificada de la Biblia

Por cuanto así dice Jehová de los ejércitos, el Dios de Israel: "No dejes que sus (falsos) profetas y sus adivinos que están en medio de vosotros os engañe..."

¿Usted ve? Muchas veces, las Escrituras nos advierten. Y ¿por qué? Porque, en nuestro estado humano, prosperamos en lo que es acerca de nosotros, nuestras necesidades, nuestros deseos y nuestros sueños, especialmente cuando se trata de tener la sensación de que estamos a punto de realizarlo. El problema surge cuando usted asume que todo sueño es Dios hablándole a usted.

Créeme cuando te digo, aquí y ahora, que cuando tienes un sueño o una visión de Dios, se destacara de cualquier otra experiencia que haya tenido. Pero yo digo que esto sólo sucede cuando se "bien" con Dios, siguiendo su Palabra, buscando ningún otro pero la guía de Dios, con un corazón puro. De nuevo, dese a Dios.

Más y más, las Escrituras enseñan exactamente lo mismo.

Ezequiel 13 vs. 2 - 4 KJV

"Ay de los profetas insensatos, que andan en pos de su propio espíritu, y ¡nada han visto!" (

Aquí, Dios plenamente le dice que usted puede creer realmente que está escuchando al Señor, pero realmente es su propio espíritu.

Curiosamente, en el Nuevo Testamento, después del libro de Hechos, en adelante, no se menciona nada acerca de cualquier revelación por los sueños. Pablo tuvo varias "visiones" durante su ministerio. (Ex. Hechos 16 vs. 9-10, Hechos 18 vs. 9, Hechos 22 vs. 17). Pero ninguno de estos eran ocurrencias cotidianas comunes.

Sólo recuerde, como hemos visto en páginas anteriores, es importante estar siempre consciente de que si Dios guarda silencio durante largos períodos de tiempo, usted no debe "forzar" un mensaje por creer que todo lo que oye o cree oír o sueñe está viniendo de Él. No estoy diciendo esto para asustarlo.

Para expandir su capacidad para escuchar a Dios, primero debe expandir su relación con Dios. Dese a Dios.

En el Bukhari Hadith (V9B87N113) Mohammed se encuentra diciendo que un buen sueño es de Alá y un mal sueño es de Satanás. Lamentablemente, muchas personas toman este principio como la forma de interpretar correctamente los sueños. Llegan a la conclusión de que si es bueno, es de Dios; si es negativa, no es de Dios.

Pero eso no es tan simple., Mientras que Dios daría sueños impíos gobernantes, lleva las almas piadosas para interpretarlos.

Como nos acercamos al final de este libro, creo que todos estamos de acuerdo en que los sueños son un misterioso fenómeno. Algunos dicen, "En los sueños, exploramos el camino por delante". Es posible que incluso uno pueda usar vocabulario avanzado en sueños. Incluso he escuchado de personas sorprendidas cuando se les dice que hablaron en fluente italiano, Francés, o Hindi en su sueño. ¿Quién puede explicar tal misterio? Pero, de nuevo, hay un reino del espíritu, de la que las lenguas antiguas y el "hablar en lenguas" emanaban. Por eso tiene sentido para mí un día cuando recibí una canción en una lengua diferente y cantándola se sentía muy "natural" a mí.

El décimo sueño

Dios me dio un décimo sueño mientras trabajaba en este capítulo. Me enseñó acerca de la relación entre la mente subconsciente y nuestros sueños. En este sueño, yo estaba curada emocionalmente después de que mi marido me dejó y yo no estaba molesta ya. Yo lo he aceptado, pero lo curioso fue que cuestionara su falta de contacto con sus dos hijos. Era como si él los abandonara.

En el sueño, quería llamarlo para preguntarle cuándo va a visitar a sus hijos. Ahora, aunque sé que mi esposo adora a sus hijos y no los abandonará, comprendí que el sueño dibujó un escenario. Lo extraño fue que ahora estaba "curada" de mis temores, pero mi mente recordó el hecho de que mi marido quería dejarme en los ocho anteriores sueños. Luego descubrí que la mente subconsciente puede repetir mensajes de temores internos, incluso en un estado sano.

Todas sus experiencias pasadas y sus creencias se almacenan en tu mente subconsciente. Cuando estás dormido, tu mente consciente duerme también, pero tu mente subconsciente permanece despierta. En este punto, la verdadera conexión entre los sueños y la mente subconsciente comienza a aparecer. Por ejemplo: Si usted está preocupado acerca de un problema, entonces lo más probable es que tu mente subconsciente te lo presentará en tus sueños para recordártelo o para ayudarle a resolverlo. Al igual que su mente subconsciente afecta tus sueños, lo mismo puede afectar su actual actitud.

Los sueños también pueden producir un cambio en sus emociones que pueden afectar a su mente subconsciente. Piensen en esto: Si tienes un sueño poderoso que afecta tus emociones en una conmovedora medida, esto podría afectar su comportamiento real cuando despierte. Esto significa que tus sueños afectan a tu mente subconsciente. Esto es potente. Dándose cuenta de esto, he aprendido a orar: "Señor, ¿qué quieres enseñarme en sueño de la mente subconsciente?" Una y otra vez, concédase a Dios.

Dicho esto, vamos a volver al capítulo anterior, mi capítulo "guerra". Algo grande sucedió recientemente

¿Recuerda cómo quite mi atención de mi «enemigo» para unos pocos años, cuando Dios dijo detén la «pelea?» Mi descanso de toda esta confusión le dio realmente a él (mi hermano/socio de negocio) suficiente cuerda para seguir con su comportamiento rebelde; es decir, sus crímenes de acumular sus «gastos privados bajo gastos de la empresa» mientras esperaba que tuviera un arrepentimiento.

Bien como predije-se enfermó. Muy enfermo. Cáncer.

Más recientemente, he recibido un sueño de advertencia. En este sueño, mi socio comercial era muy amable conmigo. De hecho, nos estábamos hablando. Nos tropezamos en una institución financiera. En el sueño, lo escuché hablando -sin su conocimiento- acerca de la venta de nuestro negocio familiar. Él no sabía que yo podía oír todo ya que me encontraba en la habitación justo al lado. Cuando me vio unos minutos más tarde, le pregunté en una voz amigable lo que estaba haciendo.

Él mintió.

En este sueño, Dios me estaba enseñando una lección importante diciendo simplemente, "Él es muy amigable. Pero él todavía no está diciendo la verdad."

A causa de la enfermedad de mi hermano y nuevos desarrollos con la sociedad arrendataria, ahora él está presionado a vender nuestro negocio familiar. Pero, incluso ahora, él todavía esconde cosas de mí. Mi auditor me aconsejó a no firmar ni vender nada a menos que y hasta que pueda ver y estudiar las declaraciones financieras y de gestión del contrato. Hay que tener en cuenta que él claramente no puede vender nuestra empresa familiar sin mi firma.

No he recibido ni de las declaraciones financieras ni las de gestión. Para empeorar las cosas, porque se quitó como director, yo no podía firmar cualquiera de estas declaraciones. Sorprendentemente, los auditores simplemente ignoraron mis peticiones y mis exigencias.

Así, después de seguir la guía de Dios, de disminuir mi lucha en esta "guerra", mi adversario -mi propio hermano- me obligo. Esta vez, volví a abrir la investigación, pero desde una posición mucho más fuerte. Ahora, yo podía "atacar", luchar no sólo por lo que me pertenece, sino también para traer los auditores-Louis Trichardt Town quien atendió mi socio comercial a un juicio justo al exponerlos ante la Junta Regulatoria Independiente de Auditores cuya misión y función es ayudar a crear un sector financiero.de valor ético.

En un aparte, la ruptura que hice con la guerra en mi vida fue muy buena y dulce también a un nivel diferente, Yo podría centrarse simplemente en ser una mamá para mis niños pequeños y realmente obtener más conocimientos en el sector financiero. Por lo que ven, Dios ha cambiado las cosas para mí, en un sentido práctico donde mi enemigo está en la esquina.

He seguido a Dios. Me entregué a Dios. Y Dios ha tenido mi espalda todo el tiempo, y no renunciando a asegurar mi herencia.

Un ejemplo más antes de llegar al final de este viaje. Esta vez, un caso de un sueño directo de Satanás. Se encuentra en Job 4 vs. 13-19. Elifaz describe un sueño en el que vio a un demonio (espíritu). ¿Cómo sabemos que esto era un demonio por su mensaje? Porque su mensaje es sumamente engañoso. Él dice que Dios no pone ninguna confianza en Sus siervos, como si eso implicara que Dios no confía en ninguno de sus ángeles. Esto es una total mentira. Dios ciertamente acuso algunos de "sus ángeles con error" (vers. 18), y con razón, porque pecaron (Revelaciones 12 vs. 4, Judas 6). Pero, mire más adelante a Hebreos 1 vs14. Elifaz no era un hombre que habla verdades. Tenga en cuenta lo que se dice de él en Job 42 vs. 7. El Señor dijo a Elifaz el Temanita: "Mi ira se ha despertado contra usted y sus dos amigos porque no han hablado de mí lo que es justo, como mi siervo Job Cuando digo mi cama me consolara, mi sofá aliviará mi queja, entonces me asustas con sueños y me aterras con visiones."

Los problemas de Job vinieron del Señor (como Dios reconoce en Job 2 vs. 3), sin embargo, fue a través de la mano de Satanás (Job1 vs. 8 -12; Job 2 vs. 3 y 6). Aquí, estos sueños atormentadores son de Dios, pero a través de la mano de Satanás. Así pues, tenemos un ejemplo de Satanás influenciando sobre los sueños de un hombre justo. Por lo tanto, tales sueños pueden venir de Dios. Ahora, no tiene sentido que Dios podría permitir que el temor me atormentara con pesadillas sobre mi esposo ¡para que yo pudiera despertarme y dejar de ser ingenua! Estos sueños desaparecieron completamente después que logré discernirlos correctamente.

Después de todo esto, yo espero que usted pueda ver lo fácil que puede dejarse llevar o preocuparse con los sueños. Pero el mejor consejo que puedo ofrecer es directo de Proverbios 3 vs. 24: "No quede atrapado en los sueños. Quede atrapado en tener temor de Dios, amándolo y tu sueño y vida serán dulce". Como digo una y otra vez, entréguese a Dios.

Sí, sueños, visiones y todo hablo en el libro tienen un lugar en la "Mesa de mensajes." Pero la silla para el "Invitado de Honor", pertenece a Dios, un Dios que espera tan pacientemente para mostrarle su increíble carácter. Un Dios que le preguntara directamente: "¿Qué quieres?" Un Dios que anhela darle los anhelos de vuestro corazón.

Un entregador de mensaje que se muestra a sí mismo en Salmos 21, vs. 2 y 4. **Biblia de Estudio de palabra clave Hebreo - Griego**

"el deseo de su corazón le diste y no le negaste lo que sus labios pronunciaron"

"vida te demando y se la distes, largura de días eternamente y para siempre"

Un entregador de mensaje quien, en Jeremías 33, vs 3, **Biblia de Estudio de palabra clave hebreo - Griego** te llama:

Verso: 3 "Llámeme y te responderé y te enseñare cosas grandes y dificultosas, que tú no sabes".

22

EPÍLOGO-MENSAJES PARA GUIAR Y ENCAUZAR TU FUTURO

PALABRAS FINALES PARA DESEARLE INICIOS FELICES

Sigo orando a Dios y tengo que creer que esta es la razón por la que Dios continúa hablando conmigo.

Te pido, - no, te *ruego* - que hagas lo mejor para "abrir" el diálogo con Dios, orándole, para pedirle ayuda. Entrégate a Dios.

Incluso si no obtienes una respuesta inmediata, recibirás tu orientación. Verás. Pero puede que requiera que seas paciente. Y también requiere que seas perseverante. Continúa orando - aunque obtengas respuestas o no. Dios hablará contigo cuando estés lista para escuchar.

No hay un cronograma con Dios. Me ha tomado casi toda una vida para darme cuenta de esto. Pero, una vez que empiezas a oír a Dios, te pido que pienses en mí. De hecho, di una oración por mí. Yo estaré orando por ti. Ustedes son mis hermanos y hermanas. Hermanos y hermanas hacen esto el uno para el otro.

Dios se asegura que "¡Lo captes!",

Mientras que hay muchas preguntas, incluso dudas, que tendrás, Dios no tiene ninguna. Él continúa hasta que no tú, pero Él esté seguro de que entiendes completamente.

He aquí un ejemplo, que me "demuestra" que la vida después de la muerte que nos han garantizado a través de nuestro Padre realmente existe. Soñé que veía a mi pequeño Chihuahua de nuevo, en la casa de un vecino. Naturalmente, me sentí abrumada con alegría, pero también un fuerte deseo. Corrí allí gritando, "¡Baby ven a casa!" Pero Baby no quería regresar a casa. Ella parecía tener la actitud de que todo, incluyendo la comida, era mejor allí. La señora de la casa sale, camina hacia mí y dice, "A tu perro le gusta estar aquí". Consternada, tuve que irme sabiendo que Baby estaba feliz donde estaba. Me desperté sabiendo que Dios quería que me sienta aliviada de que mi perro que había muerto estaba bien. Dios seguía revelando su naturaleza protectora a través de Sus mensajes.

Este sueño era, una vez más, una manera para que Dios repita un mensaje acerca de la verdadera vida después de la muerte. En un primer mensaje, después de la muerte de mi padre, Dios me aseguró que papá estaba bien donde estaba. Pero, ¿quién iba a esperar que Dios me enviara un mensaje similar confirmando que mi perro estaba bien donde estaba, también? Incluyo este ejemplo para mostrarte que en los mensajes que recibas, en medio de toda la dirección, la guía, el castigo, incluso el silencio, hay una gran esperanza.

La esperanza nos lleva a enfrentar desafíos. Y, de hecho, me llevó a pensar en este libro y cómo presentarlo al mundo. Planeando regresar a los Estados Unidos era muy emocionante, pero los problemas económicos del lanzamiento del libro y la necesaria gira promocional resultaron totalmente desalentadores, por decir lo menos.

Dejar Sudáfrica significaba, quizás, el desarraigo de toda mi familia. Por supuesto, esto implicaría directamente a mi esposo, ya que él es el principal proveedor. Como tal, él tendría que pensar prácticamente en lo que respecta a nuestros hijos. Yo, también, tenía una carrera; pero era cada vez más obvio que mi verdadera vocación resultaría de este libro.

El aspecto más costoso del "lanzamiento" sería toda la campaña de marketing necesaria. Curiosamente, mientras continuaba morando sobre estos problemas tácticos, enfrenté otra "revelación" de Dios.

Dios parecía preocupado por un defecto en mi personalidad. Como con la mayoría de la gente, yo también puedo ser susceptible a ser fácilmente engañada por lo que veo, aunque sienta que tengo una conexión con una persona. Pero Dios tiene mucha paciencia. Como he dicho anteriormente, Él repetirá un mensaje para asegurarse de que comprendas, completamente. ¿Recuerdas cómo, en el capítulo 11, exploramos la noción de que "lo que ves, no es lo que ves"? Ya espero que te des cuenta de que esta será una batalla continua con la que tienes que luchar, no mirar sólo con tus ojos. Cuando oigas a Dios, tu mente no-tus ojos- te dirá lo que debes ver.

Por lo tanto, permíteme darte un ejemplo claro de este rigor necesario de ver con más que con tus ojos. Este incidente me impidió reaccionar demasiado apresuradamente sobre cualquier proposición de negocios aparentemente maravillosa que se me cruzó en mi camino. Soñé que me enamoré de un caballero muy buen mozo, impecablemente vestido. Tuvimos una conexión tan fantástica que inmediatamente quiso casarse conmigo. (En los sueños, el matrimonio puede significar cualquier tipo de contrato o acuerdo entre dos personas).

Mientras yo aún tenía la cabeza en las estrellas, este "hombre perfecto" desapareció sin dejar rastros. Lo busqué por todas partes, desde el lugar donde dijo que trabajaba, hasta donde yo creía que vivía. Finalmente, abandoné la búsqueda y, agotada, tomé un respiro en una cafetería. En esa tienda, Dios me dio una respuesta acerca de la desaparición de este bello hombre. Al instante siguiente, lo veo caminando al lado mío. Yo no podía creer lo que veía: de repente, él era una persona sin hogar - realmente un vagabundo. Él no me reconoció, para nada, ¡la misma persona que quería casarse conmigo!

Este sueño fue mi despertar al hecho de que es mejor estar consciente de cualquier ilusión de que tenga sobre mi propio juicio. Llegué a la conclusión de que debemos orar para la revocación de esas tentaciones que se podrían aparecernos. Asimismo, debemos seguir esforzándonos para vivir nuestras vidas cerca de Dios para que nos permita discernir lo qué puede ser una decisión perjudicial e hiriente.

Dos días después de este sueño era mi cumpleaños. Si recuerdas, después de mi cumpleaños anterior, Dios me había dicho que nunca volvería a ver a la mayoría de los invitados que estaban en esa fiesta. Para este cumpleaños, decidí disfrutar de una pequeña celebración, al aire libre, en un merendero donde mi hija podría correr y jugar. De alguna manera, invité a una persona a quien Dios pensaba que no debería estar en mi camino. El amigo de esta mujer predijo, una semana antes de mis 40, que mi matrimonio no duraría. Evidentemente, no me quería asociar con él. Luego vino un sueño en el que la mujer me envió una factura por 600.00 Rands sudafricanos, aunque yo sabía que no le debía nada. Además de esta "cuenta", su carta de acompañamiento tenía una extraña "actitud" que me pareció muy inquietante. Pero, ¿qué se supone que debía hacer? Ya la había invitado. No podía ahora decirle exactamente que no estaba invitada

Con esto, empecé a rezar para que ella no asistiera a nuestro picnic. Dios me estaba indicando, en sueños, quienes eran las personas preferidas con las que debería forjar amistades. Ella no era una mala persona; ella simplemente no era elegida para compartir mi camino, o quizá Dios sabía que ella estaba hablando a mis espaldas negativamente; o, simplemente, no era la etapa para una amistad.

Dios vino a prepararme para la próxima etapa de mi vocación: yo estaba de regreso en el "capullo" que tenía "entradas" limitadas para que la gente entre en mi vida y cause distracciones.

Pero no sólo otras personas pueden distraernos. Seguramente, sería injusta si no te recuerdo de los peligros del dinero, o, para ser más específica, de tener demasiado dinero. Cuanto más dinero algunas personas adquieren, parece que le dan menos importancia a Dios. Estoy segura de que estamos de acuerdo en que el dinero es una de las cosas más importantes en nuestra vida cotidiana; sin embargo, tantas personas son "cautelosas" con respecto a este asunto, sintiendo que no es apropiado hablar libremente. El dinero es tan personal.

Pero ¿has pensado en hablar de dinero con Dios? Para mí, siempre parecía un tema tan mundano para discutir con Él. Siempre he imaginado que Él estaba por encima de algo tan cotidiano, así que he ignorado el tema. Para mí, conversar con Dios acerca del dinero sería como hablar con mi hija de dos-año acerca de los pájaros y las abejas - no es algo que estaría apurada para hacer.

Una vez más, es insensato menospreciar el dinero simplemente por la codicia de los demás. De hecho, yo respeto el dinero y creo que cuando la gente lo tira a la basura, es un pecado. Un ejemplo rápido: Uno de mis sueños me llevó a advertirle a un amigo contra el despilfarro de dinero y contra viajar a lugares innecesarios en el mundo. El dinero debe respirar, lo que debería hacer es mejorar, pero no estropear la calidad de vida con el cual uno está bendecido. Es decir, mientras no se defina la "calidad de vida" solamente por el dinero.

Cuando necesitaba una cámara de alta calidad para grabar videos de YouTube para mi sitio Web, comencé a averiguar precios en varias tiendas para encontrar la mejor cámara al precio más accesibles. He tenido que mantener un presupuesto estricto porque sabía que en el futuro viajaría, a menudo, a los Estados Unidos. Al no haber comprado una cámara en un largo tiempo, quedé pasmada, horrorizada, consternada por los precios que yo estaba viendo. De hecho, me sentí mal.

Dios me dijo que esperara, conseguiría una más barata más adelante. En una palabra, Él sabe que yo respeto el dinero. Escuchando Su voz, conseguí un precio mejor, y compré el último modelo a un precio excelente, en otra tienda.

¡Imagínate llevando a Dios de compras contigo! Necesitamos la sabiduría de Dios y la previsión con nuestros patrones de gasto.

Como todos, estoy seguro de que, cuando las cosas se vuelven abrumadoras, necesitamos un descanso, una salida, una escapada de vacaciones, para recuperar nuestra compostura y levantar los ánimos. Había llegado a ese punto; sentía que necesitaba un descanso. De repente, tuve el deseo de ir a mi lugar favorito en el mundo entero, un pequeño centro turístico cerca de la frontera con Zimbabwe, un lugar llamado Tshipise. El centro es conocido por su belleza y por sus aguas termales... Mi difunto padre y yo, mientras trabajábamos juntos, solíamos preparar la casa rodante y conducir hasta allí los fines de semana, tan a menudo como podíamos. Realmente extraño las charlas y los consejos que mi padre me daba, mientras descansábamos durante esos pocos días fugaces. Supongo que, en cierto modo, yo quería regresar porque realmente lo estaba extrañando. Algo iba a suceder, yo podía sentirlo.

Efectivamente, fuera de la nada, tuve otro sueño. Vi a mi padre fumar cigarrillos. ¡Cigarrillos! Al ser un paciente del corazón, esto era totalmente inaceptable y discutimos a gritos. Cuando me desperté, recordé lo que el fumar representa - Dios me estaba diciendo que mi papá también me estaba extrañando y que estaba bien echar de menos a Tshipise, nuestro lugar especial. Dios reaccionó con amabilidad a mis pensamientos. Y llegó la paz.

Durante las vacaciones en el mes de julio, tuve un sueño de explicación. Yo estaba conduciendo detrás de unos camiones y vi que uno de los conductores iba a subirse sobre el cordón, sin darme cuenta que él quería girar a la derecha. Mientras que terminó temporalmente sobre el pasto, recuperó el control de su camión y lo manipuló con bastante facilidad. El siguiente conductor de camión, dándose cuenta de que él también debería haber girado a la derecha, sacudió el volante bruscamente, también saltando por encima del cordón, casi volcando su vehículo. Después de luchar contra su camión con furor, logró controlar el camión, al igual que al primer conductor. El tercer vehículo - un tractor - que un joven negro conducía, estaba fuera de control y dirigiéndose directamente hacia mí. Yo di un volantuzo para evitar una colisión frontal y terminé yendo sobre el cordón antes de que yo pudiera detener mi coche. De pronto sentí flojera en mis rodillas. No me podía mover. Le pregunté a un conductor por favor me llevara sobre el cordón; yo simplemente no podía reunir la fuerza en mis piernas que aún estaban temblando.

Este tipo de sueño "explicativo" es lo que yo llamo de alto nivel o mensajes avanzados. Nadie puede interpretar ese sueño porque es un mensaje especial de Dios; en este caso, directamente a Yvon. Sabiendo esto, oré para que

Dios me haga entender. Él me dio la interpretación, diciendo, "*Yvon, tu sacerdocio tomará formas distintas, como la de un autobús que transporta pasajeros, o un camión que transporta una carga completa. Estoy diciéndote que tu camino va a girar a la derecha. Para ninguna otra dirección. Si no estás lista para el giro, tendrás que salir de la carretera, pero eventualmente tomarás el control. Si giras a la derecha muy lentamente, te saldrás del camino y serás tomada por sorpresa. En la carretera hay un tractor que representa un sacerdocio muy lento y poco importante. El joven conductor negro representa una estrechez de miras e incredulidad en mi camino. Ten cuidado del tractor, puede ser pequeño, pero puede empujarte fuera del camino. La mezquindad le dará tal miedo que te congelarás; pedirás ayuda, en caso de duda, de gente de miras estrechas que no tienen fe en lo que estoy planeando para ti. Esta es mi advertencia para ti*".

¡Genial! ¿Qué hacer con eso?

Imaginándome un retorno a los Estados Unidos, armada sólo con mi don y el lanzamiento de *Mensajes de Dios* se estaba convirtiendo en una lucha mental. Una noche me desperté y no pudo volver a dormir, pensando que Dios quería hablar conmigo. La mayoría de mis conversaciones con Dios son bidireccionales, del tipo que tendrías en un cuarto pequeño y tranquilo.

¿Quién dijo que la palabra "oración" tiene que significar un monólogo? Decidí no sentarme en la cama y orar, salí de mi habitación y me encontré con la abrumadora presencia de Dios.

"Guau, ¿Dios, estás en la puerta de mi dormitorio?"

Él dijo, «Sí, no quería molestar a Bella, y tu marido duerme muy poco".

Sorprendida, fui a sentarme en el sofá y oré. Dios dijo suavemente, "¡Te estás yendo al exterior, para quedarte!"

Yo no quería pensar ni hablar de tal cambio enorme, así que evité el tema. Primero de todo, mi marido no estaba convencido de que todo este "viaje" era posible, y estaba preocupado sobre lo que él haría para ganar dinero en los Estados Unidos. En segundo lugar, nuestra vida en Sudáfrica, a pesar de los desafíos, funcionaba perfectamente, con nuestros niños felices y cuidados. No parecía necesario hacer tal cambio definitivo. A veces, no quiero discutir cosas determinadas o urgentes. Sólo quiero relajarme y disfrutar de la conversación con Dios. Visualizándome sentada en el cielo, quisiera ahuyentar a todos fuera de la sala del trono, incluso a los ángeles, solo para estar a solas con mi Dios. ¡Ya sé: cosas locas!

Pero, una vez más, Dios había leído mi mente, preguntándome, "¿Sabes por qué puedes hacer esto?"

Yo sabía que Él se estaba refiriendo a mí ahuyentando a todos fuera de la habitación Celestial. Su pregunta me hizo pensar, y le contesté, "Sí, yo soy la hija del Rey, porque tú eres mi papá". Esto fue simplemente audacia en el cuarto del trono; estaba experimentando el poder del hijo, el parentesco de una hija, sintiéndose cerca y hablando en privado con su padre. Esto me permitió elegir de qué temas hablar y también me permite la libertad de no reaccionar ante ciertas declaraciones.

Dios realmente quiere ser nuestro Padre, y a aquellos que actúan como sus Hijos tienen mejores "oídos".

Acabo de revelar un gran secreto: Dios realmente quiere ser nuestro Padre, y a aquellos que actúan como sus Hijos tienen mejor "oídos".

Tengo que asumir que el "don" en mi vida es algo natural. Es como haber escuchado una voz que diga, "Lo que parece sobrenatural para otros es completamente natural para ti"

Por ejemplo, cuando fui para un tratamiento facial, el esteticista comenzó a charlar acerca de su perro que había muerto recientemente. Sin saber nada acerca de mí, ella se abrió y explicó que ella había oído algo extraño la noche anterior a que el perro se muriera. Ella escuchó las palabras "Mañana, él se va". A la mañana siguiente, ella estaba paranoica acerca de su prometido. Ella no quería que él conduzca. Mientras estaban aún hablando, su perro salió corriendo a la calle. Un coche accidentalmente atropelló al pequeño perro. Lo llevaron a la veterinaria, donde se quedó durante toda la noche. Sus próximas palabras fueron, "probablemente pienses que estoy loca, pero a las 3:00 de la madrugada, me desperté y vi a mi perro en mi habitación. Este resultó ser el momento exacto de la muerte del perro en el hospital de animales". Cuando ella comenzó a llorar yo le dije, "no estás loca; Dios envió a tu perro a despedirse; deberías leer mi libro, *Mensajes de Dios*".

El momento en que llegué a los Estados Unidos, sentí que Dios me estaba conduciendo a algo más. Dios dijo que necesitaba que yo regrese a los Estados Unidos "con mi libro en mi mano". Por lo tanto, mi viaje era para localizar un publicista y una empresa para comercializar el libro.

Ambos, mi marido y yo estábamos asombrados por Chicago. Totalmente abrumadora. Yo no era consciente de que esa ciudad masiva existiera. Cuando prediqué en Los Ángeles, me alojé en las afueras y no viajé o exploré mucho. Por lo tanto, ver el centro de Chicago - desde el interior de la ciudad - era impresionante. Los edificios son impresionantes, enormes y espectaculares. Nunca he visto nada parecido, en ningún lugar.

Fue una estampida mental. Mi cerebro era como una computadora que necesita software nuevo- rápido - para procesar el tamaño enorme y la velocidad de todo en este torbellino, recibí el mensaje de que Dios quería que yo viera donde podía encontrar mis clientes, y quién podía ser de ayuda. Abrumada, me sentía como si a mi pequeño perro asustadizo, Toypom, lo hubiesen dejado en el medio de una autopista de cuatro carriles con miles de coches zumbando alrededor, confrontado con algo que él nunca se hubiese imaginado que ni siquiera existiese. ¡Yo estaba sucumbiendo al desconcierto total, entremezclado con miedo!

Al estar expuesta a todas estas nuevas experiencias, me sentía como si un nuevo "software" se estaba instalando gradualmente en mi cabeza para que yo pudiera comprender por qué Dios estaba diciendo ciertas cosas. Eran las 2 de la mañana, en la habitación del hotel. Mi familia estaba dormida, agotada por los desafíos del día con el transporte público, las multitudes, una agenda repleta, etc. A esa temprana hora, me di cuenta de que mi marido también tenía que ver a mis potenciales "clientes".

Mientras yo oraba, pude ver una visión de Dios haciendo una copa con Sus manos, recogiendo agua para que yo bebiera. Cuando tomo un sorbo de las manos de Dios, veo que es oro - agua que nunca he visto o pensaba que existía. Es entonces que me di cuenta de que el no ver lo invisible está limitando mi capacidad para entender algunos mensajes de Dios. Aquí, Dios me está mostrando y dándome cosas que nunca he visto antes; Él quiere que lo absorba y comprenda todo.

Al día siguiente, me encontré con una firma de relaciones públicas, sintiéndose como un pequeño gusano de África en un gran lugar. Pero, a decir verdad, yo sabía que lo que tengo que ofrecer es mucho, mucho más grande que cualquier creación artificial.

La reunión con un publicista muy entusiasmado estuvo bien, aunque las cotizaciones eran extremadamente caras. Mi mente regresaba a otro sueño que tuve poco después de llegar a Chicago. En él, yo estaba volando en un ala delta, relajándome y disfrutando de mi vuelo. Cuando aterricé, me encontré con un hombre de edad madura, alguien con mucha experiencia en la vida. Había una verdadera química entre nosotros.

Verás que Dios usa la relación hombre/mujer para explicar o aclarar muchas cosas. Estuvimos inesperadamente enredados. Sucedió tan rápido que me sorprendí al escucharme decir, "¡Casémonos!" Pero él simplemente daba vuelta y nunca llegaba a firmar el contrato, pero dio todas las indicaciones como si lo fuese a hacer. Las acciones del publicista con el que nos encontramos en Chicago fueron muy similares a este sueño.

Este sueño indica claramente que uno no debe confiar únicamente en los instintos o los planes por sí solos. Es fácil hablar. Hablar es barato. Y también lo es la percibida "química". Lo que realmente importa es el que está dispuesto a firmar en la línea punteada, quien demuestra un compromiso. Dios escogería a la persona que iba a presentarme a los Estados Unidos. Yo sabía que tenía que ignorar las vibraciones positivas que tuve en la empresa de publicidad.

Basta decir que estos sueños sin duda fueron cambiando mi actitud hacia las posteriores reuniones de negocios. Cuando nos reunimos con dos productores de Hollywood, rápidamente percibí que no eran impulsores de mi visión. Sólo me proporcionaron consejos e ideas. Luego de hablar de los sueños con mi patrocinador, decidimos no hacer más decisiones basadas en apariencias. Porque mi pobre marido estaba con nosotros cuando hablábamos. No tuvo más remedio que escuchar a nosotros, "gente loca", hablar acerca de los mensajes de Dios. Sabía que mi marido no entendía- no podría entender- realmente o compartir nuestra determinación. Era aún más difícil para mi marido el hecho de que yo no le podía dejar leer el libro *Mensajes de Dios* hasta el momento justo.

El día anterior a retornar a Sudáfrica fue increíblemente agitado, emocionante y agotador. Conducimos desde San Diego a Los Ángeles. Era una bonita excursión familiar. Mi marido condujo mientras yo navegaba. Pasamos algunos de los lugares donde yo había predicado. Estoy feliz de informarte que mi marido quedó impresionado.

Era por la tarde cuando todo salió a la luz. Desayunamos y almorzamos con dos productores de cine en Beverly Hills, ya que me habían dado a entender que mi libro tenía potencial de convertirse en una película. Bella estaba sentada en el regazo de su papá mientras hablaba con los productores acerca de diversos aspectos de la filmación de mi libro.

No me di cuenta de que mi marido estaba cada vez más incómodo con la situación. Bella estaba cada vez más cansada y aburrida después de un largo día y empezó a jugar con las tazas y los platillos, haciendo un juego de mover la vajilla. A continuación, una taza y un platillo se cayeron al suelo. Con camareros corriendo para limpiar el desorden, mi pequeña Bella decidió que había tenido suficientes shocks para un viaje.

¡Vimos con horror como ella abrió su pequeña boca, jadeó silenciosamente un par de veces, y luego empezó a gritar a todo pulmón! Es obvio que no hay nada malo con sus pulmones. Mi esposo reaccionó primero. La recogió en sus brazos y se apresuró a salir. Era una escena perfecta para una película, una sobre cómo todos los presentes experimentan el mismo evento desde perspectivas radicalmente diferentes.

Una vez que todos se habían asentado, nos reímos a carcajadas, todos excepto mi pobre marido quien se estaba encargando de Bella en el coche. No volvió. Después de la cena, mi familia afortunadamente tuvo que hacer unas pocas paradas adicionales para adquirir una variedad de pequeños artículos. Mi marido estaba preocupadamente tranquilo, pero pensé que al descansar juntos iba a cambiar su estado de ánimo.

Por último, a las 10 de la noche, paramos en un estacionamiento desconocido para él. Muchos amigos hispanos aparecieron de la nada. Uno de mis conocidos difundió la palabra de que me reuniría con ellos allí, y muchas personas del público a las cuales me había dirigido en la otra ocasión vinieron a saludarme y a conocer a mi familia. Para ese entonces, mi pequeña de 2 años dormía profundamente.

Esa noche, mi marido y yo tuvimos un argumento en nuestra habitación del hotel - en realidad, acerca de nada- que, en retrospectiva, es realmente gracioso. Mi marido estaba claramente asombrado y confundido.

En la mañana, vio los lugares de la ciudad en los que yo había predicado. Por la tarde, tuvimos una cena con gente que no conocíamos y conversamos sobre temas que mi marido no conocía ni le interesaban.

Entonces, ¡Llego la hora de la verdad! Mi marido pensó que se había casado con una entrenadora personal, una bella dama que estaba muy en forma. De repente, vio a un lado diferente de la misma mujer. Esta otra mujer era intelectual y preparada, sabía de los suburbios de Los Ángeles, había predicado a una auténtica variedad de público de todo tipo. Su esposa estaba cómoda charlando con profesionales acerca de innumerables temas y, posteriormente, enfrentó, tranquilamente lo que él creía ser un accidente catastrófico. Ella tenía "seguidores", gente extraña que viajarían grandes distancias, simplemente para ver a su esposa nuevamente.

Una vez que él vio esta imagen más completa de la persona con la que se había casado, las cosas mejoraron. De hecho, él dijo algo hermoso durante el vuelo de regreso a Sudáfrica. De la nada, él dijo ¡que él sabía que sería imposible para él vivir sin la pequeña Bella y sin mí! Esto me conmovió profundamente. Ahora, realmente estaba deseando compartir mi libro con él.

Confiar en la intuición personal

La maestría personal: ¿Has escuchado este término? Resulta que la clave de la maestría personal es el conocimiento o ser consciente de las propias debilidades.

Para mí, esto es fácil: uno de mis más evidentes defectos es confiar demasiado fácilmente en mi "intuición femenina". Por ejemplo, una buena, relación sencilla y fluida significa algo para mí. Pero Dios me ha enseñado a confiar en Él para que me guíe.

Dios me bendijo con un sueño de aliento en el último día antes de partir de los Estados, y otro después de nuestra llegada a Sudáfrica. Ten presente que regresé sin tener un publicista.

Soñé que me "pasaba mi tiempo" con un hombre joven. Su mamá, conocida como Srita. Krieket, en realidad había sido mi maestra de segundo grado. En la vida real, ella ponía a todos sus estudiantes "brillantes e inteligentes" en la primera fila de la clase. Los niños "mediocres" llenaban la parte media de la clase. A mí me pusieron en la fila de atrás, con los niños "tontos". Ella no tenía fe en mí. En este sueño, ella estaba completamente en contra de que yo pasara tiempo con su inteligente hijo, pero finalmente tuvo que aceptarme y no pudo impedir que yo influenciara a su hijo.

La interpretación es la siguiente: Dios está diciendo que yo "pasaba tiempo" con personas que tenían fe como la de los niños. Otras personas que querían etiquetarme como ridícula serán incapaces de cambiar mi camino. Tenía que confiar en que Dios crearía un camino para mí y mi familia, para completar mi tarea. Nadie podría señalarme con el dedo o decir que yo estaba siendo poco realista. Nadie podrá evitar que yo "pase tiempo "con quien debiera. Puedo ser "etiquetada" en cierta forma, pero no va a ayudar a quienes me "etiquetan".

¿Por qué Dios haría inevitable que yo fuera a los Estados Unidos? ¿Estás de acuerdo en que un nuevo entorno puede cambiar los patrones de pensamiento? Con nuevos ojos, vi las luchas de Sudáfrica. La ciudad de Johannesburgo, de repente parecía la metrópoli más pobre en los Estados

Unidos. Mi viaje a los Estados Unidos me ha permitido crecer, ver y comprender tales comparaciones.

Mi entorno afectaron mis "dones.". Conscientemente, no pensaba mucho en mi don, o que su poder podría crecer. De alguna manera, mi propia vida y mi propio país estaba afectando quien era yo, lo que yo estaba pensando, y espantosamente quién yo iba a ser. Era evidente que mi "estado" actual estaba limitando quién debería ser. Dios quería que salga de mi país. El estar aquí estaba teniendo un efecto negativo sobre mi vocación y sobre mis habilidades. Como tal, de hecho tenía una influencia negativa sobre la fe en mi misma. Pero al experimentar otros lugares, me doy cuenta de que puedo ayudar a millones de personas. Sudáfrica es como un pequeño estado norteamericano.

Ahora, ¿qué dirías tú si fueras un abogado de inmigración y un cliente entra a su oficina diciendo, "Señor, mi vida de alguna manera no está avanzando y parece que Dios me quiere en los Estados Unidos, porque tengo que enseñar algo…" todo el tiempo, mirando a este funcionario en los ojos? Sí, es difícil de imaginar, ¿verdad?

Mientras me preparaba para terminar mi vida en Sudáfrica, soñé que estábamos socializándonos en la fiesta organizada para mí por una amiga hispana, un evento para que yo pudiera conocer algunas personas. Entonces, la cosa más extraña sucede: empiezo a escuchar las cosas más increíbles de Dios - justo en el medio de la fiesta. Había un hombre sentado en una silla frente a mí con una copa en su mano.

Me di cuenta de que estaba fuera de práctica cuando escuché que Dios decía, "Dile que se irá a su casa". Él me dio estas cuatro sencillas palabras para que transmitiera. Entonces, Dios indicó, "Dile, 'Debes volver al lugar". Al parecer, este hombre no estaba seguro si debía regresar a su estado natal.

Las personas que vinieron a verme, socialmente, presenciaron mi don sin expectativa alguna, como si todo hubiese sido planeado. En algún momento, empecé limitándome a pensar que mi don era sólo para ser usado en grandes conferencias. Pero aquí, Dios me mostró que su don para mi funciona todo el tiempo.

Aunque necesitaba estar un poco más en práctica con mi don, era bueno saber que yo estaba enseñando a través de "demostración", aunque sea en un sueño. Todavía en el sueño, tanto Deon y mi marido se estaban volviendo muy inquietos. Querían "pasar el tiempo" y socializarse mientras yo estaba atrapada profetizando a extraños. Todo esto está muy bien para mí, pero la forma en que Dios nos usa no puede ser tan compartimentada.

Habiendo demostrado con éxito mi don en una situación social dentro de un pequeño grupo de personas, me preguntaba cómo esto funcionaría. Era bastante costoso volar a los Estados Unidos a menudo, ¿simplemente para socializarme? ¿Dios me estaba diciendo que llevara a mi marido a fiestas y comunidades? Empezaba a sonar más que un poco loco; pero el foco real del sueño era hacer el trabajo de Dios en un ambiente informal.

Dios nuevamente leyó mi mente. Me acordé de un sueño que me angustió porque mi marido me dejó por otra mujer - no, ¡otras dos mujeres! Esto en realidad significaba que él se estaba permitiendo distraerse por otras cosas. Cuando me quejé, en el sueño, a mi amigo Deon, simplemente dijo, "¡Toma $50.000 y anda a comprar alguna ropa!" Esto significaba que tenía que continuar con mis preparativos para el lanzamiento del libro. La ropa representa la preparación. Mi objetivo era prepararme, y dejar a Dios que trabajara con mi marido.

La cosa acerca de Dios es que él hablará; pero cuando te siente terriblemente inquieta, como si algo estuviese mal, puedes esperar un mensaje que no te va a gustar mucho. En mi caso, Dios me retiró de un campo de batalla. Tenemos que dejar algunas batallas sobre la mesa para poder avanzar a mayores cosas, por mejores razones.

Isaías 40:2
"Hablen con ternura a Jerusalén y díganle que se acabaron sus días tristes y que sus pecados están perdonados. Sí, el Señor le dio doble castigo por todos sus pecados". [NTV],

Me di cuenta que tengo una tarea de Dios, pero en primer lugar, necesitaba deshacerme de algunas de las habituales cosas en mi vida. Además, tenía que darme cuenta de que todos somos diferentes. Pueden existir múltiples vocaciones futuras para una persona. ¡Yo podría ser una persona con "potenciales múltiples" que tendrá una amplia gama de puestos de trabajo a lo largo de mi vida, en el plan de Dios! Si estás constantemente inquieta, lo siguiente podría ser un mensaje de Dios para ti cuando pasas tu tiempo quizás en cosas infructuosas:

Isaías 58:6-8

"El ayuno que he escogido, ¿no es más bien romper las cadenas de injusticia?

Y desatar las correas del yugo, poner en libertad a los oprimidos ¿y romper toda atadura?

¿No es acaso el ayuno compart***ir tu pan con el hambriento y dar refugio a los pobres sin techo?,***

Vestir al desnudo ¿y no dejar de lado a tus semejantes?

Si así procedes, tu luz despuntará como la aurora y al instante llegará tu sanidad;

Tu justicia te abrirá el camino, y la gloria del Señor te seguirá".

[NVI]

Esto es muy claro. Pero, ¿cuántos de nosotros realmente quieren escucharlo? No nos está diciendo que todos debemos reexaminar nuestras "aficiones." El tiempo que dedicamos a la pintura, a trotar, a socializarnos; ¿estas horas no podrían utilizarse de manera más productiva ayudando a los pobres?

Tomé esta revelación como una señal de que mi enfoque tenía que cambiar. Dios me estaba dando un propósito específico: comenzar a enseñar al mundo "a oír Su voz". Parece que tendría que "terminar mi vida" en Sudáfrica, luego ir a otro continente para enseñar acerca de la voz de Dios.

He soñado que mi difunto padre vino a decirme algo. El me explicó que mi hermano/socio de negocio empezó a hacer cosas malas porque él se estancó como persona. Este sueño me hizo darme cuenta de que cualquiera, incluido yo misma, puede caer en lo negativo. El aburrimiento de lo mundano, el trabajo repetitivo durante un largo tiempo, llevaron a mi hermano a hacer cosas destructivas en su búsqueda de algo diferente. Aprendiendo esto en mi sueño, parecía que el propio Dios, encontró una excusa y estaba pidiendo disculpas por la mala conducta de mi hermano. Dios, realmente me dio un gran regalo cuando fui a Estados Unidos: me enseñó a pensar, a planear - de forma diferente. Él me enseñó a ver el panorama general.

Eclesiastés 8:17

"Pude ver todo lo hecho por Dios. ¡El hombre no puede comprender todo lo que Dios ha hecho en esta vida! Por más que se esfuerce por hallarle sentido, no lo encontrará; aun cuando el sabio diga conocerlo, no lo puede comprender".

[MSB]

En una forma muy memorable, Dios me explicó que su voz es como una luna sonriente. Mira a la luna; si sólo ves un cuarto de ella, definitivamente no ves toda la imagen. Es similar a los mensajes de Dios, sobre todo al principio, cuando sólo podrías obtener información de "nivel de entrada" o promesas de "nivel básico". ¡Puedes estar seguro de que detrás de todo lo que oyes, te espera algo mucho más grande y mucho más brillante!

Con esa imagen de una luna creciente brillante y resplandeciente por encima de nosotros, quiero darles las gracias por recorrer este camino conmigo. Ahora sabes más acerca de mí, no porque yo compartí sino porque te tomaste el tiempo de aprender de mis experiencias. Sin embargo, este libro no es realmente acerca de Yvon Bell, la persona. Se trata de las oraciones de Yvon Bell que tomas lo que ella te ofrece y lo aplicas en tu propia vida. Este libro está pensado para ayudarte a dar el primer paso que cambiará tu vida en tu camino para oír la voz de Dios, en toda su gloria.

Lo más importante es que permita que las palabras en estas páginas se asienten en tu corazón, echen raíces, y entonces florezcan en obras de fe. Esta fe no es sólo tu luz, sino también tu fuerza para hacer el viaje hacia Dios. A medida que tomes el primer paso en esa dirección, sabe siempre, en tu corazón, que tú nunca estás sola. Llámalo a Dios para que te ayude. Estás en buenas manos. De hecho, Dios está llevando el mayor peso para ti - tu alma.

Printed in the United States
By Bookmasters